LE ROMAN DE RENART

LE ROMAN
DE RENART
I

Texte établi et traduit
par
Jean Dufournet,
professeur à la Sorbonne,
et
Andrée Méline,
professeur agrégée

Introduction, notes,
bibliographie et chronologie
par
Jean Dufournet

Publié avec le concours
du Centre national des Lettres

GF
FLAMMARION

On trouvera à la fin de ce volume un lexique, à la fin du second volume une bibliographie et une chronologie.

© 1985, FLAMMARION, Paris, pour cette édition.
ISBN 2-08-070418-4

INTRODUCTION

Quelle est donc cette œuvre qui, au détriment du vieux mot *goupil,* imposa à la langue courante le nom commun de *renard,* et dont le succès fut tel qu'au XIIIe siècle, Gautier de Coinci reprochait aux moines de préférer à la lecture des textes pieux celle des aventures du malicieux animal et de peindre sur les murs de leurs appartements des scènes de la vie de ce dangereux héros ? Le *Roman de Renart,* qui nous révèle l'envers du Moyen Age chevaleresque et courtois, est en fait un recueil de contes — ou *branches* — fort divers, voire contradictoires, sans liaison organique ni unité de ton, qui ont été écrits de 1171 à 1250 par une vingtaine d'auteurs très différents par leur personnalité, leur talent, leur goût, leurs préoccupations, et dont l'ordre n'est conforme ni à la logique du récit, ni à la chronologie de la création.

Le protagoniste qui, ici, se glisse dans sa tanière et, là, nargue ses ennemis du haut de sa forteresse féodale de Maupertuis, est tantôt un animal qui trompe pour le plaisir de tromper aussi bien que pour se procurer de la nourriture ou se tirer d'un mauvais pas, tantôt un grand seigneur cynique, hardi, brutal, dénué de scrupules : se traitant lui-même de *petis hom* (XIV, v. 918), il tend à prendre la place du roi dans la branche XI, sans doute critique virulente de Jean sans Terre qui, en 1193, se saisit du royaume de son frère Richard Cœur de Lion en répandant la fausse nouvelle de sa mort. Farceur plutôt sympathique au début, surtout en face du brutal et grossier Isengrin, le goupil devient un personnage odieux et méchant avec les animaux comme avec les paysans, il finit par incarner le Mal. Le souci d'amuser cède peu à peu la place à une satire de plus en plus caustique, et aux animaux qui demeurent entre eux (II, Va, I) ou se liguent contre les hommes (V, XV) ou même se mesurent à eux (IX), se substituent des êtres humains.

Dans ce roman protéiforme, à coloration tour à tour cléricale et féodale, nous passons de l'anecdote et de la fable ésopique, témoin les épisodes de Chantecler le coq et de Tiécelin le corbeau, à l'épopée héroï-comique, relatant la longue rivalité du loup et du goupil, et au fabliau, comme dans la branche Ib, cependant qu'ailleurs prédominent l'exotisme et la magie (XXIII) ou la satire violente et obscène (VII) d'un clerc défroqué qui malmène les moines de Corbie. Le récit peut se réduire à une seule histoire plaisante (IV), ou nous présenter une large peinture de l'aristocratie de la forêt (I, II).

Quelques branches sont bien localisées : la IXe est l'épopée d'un village briard, la VIIe se déroule dans la vallée de l'Oise, la XIIe aux alentours de Bayeux ; les autres nous permettent seulement de les situer à la campagne, sans que nous puissions relever aucune indication topographique.

La plupart des auteurs sont demeurés anonymes ; mais on attribue les branches II et Va, les plus anciennes, à Pierre de Saint-Cloud, poète cultivé et adroit, qui avait fréquenté les tribunaux et les gens de loi, et qui eut l'idée de mettre à la disposition d'un large public des aventures que jusqu'alors seuls pouvaient goûter des clercs versés dans la connaissance du latin. La branche XII, qui ressortit à la parodie et à la revue de fin d'année plus qu'à l'épopée animale, a été écrite par Richard de Lison qui avait approché des évêques et des abbés et touché tant à la scolastique qu'à la dialectique. Quant au prêtre de la Croix-en-Brie, fort pudibond, lecteur assidu des meilleures branches de la collection, il s'intéresse dans la IXe aux paysans de sa paroisse sans éprouver pour eux beaucoup de sympathie. De ces poètes, les uns suivent docilement leurs sources, les autres, tel celui de la branche XV, ajoutent des épisodes de leur cru ; certains sont de connivence avec le goupil et applaudissent à ses succès

(III, IV), fascinés par l'habileté de leur héros qui bientôt
leur échappe ; d'autres, que scandalisent sa méchanceté et
son hypocrisie, aiment à décrire ses échecs, ainsi dans la
branche V où le renard, cruellement battu par le loup, doit
ensuite renoncer à goûter au jambon qu'il a dérobé à un
vilain et à croquer le grillon dont il entendait faire son
repas. Il arrive que le goupil n'apparaisse plus dans les
branches les plus tardives (XVIII, XIX, XX), remplacé par
Isengrin, ou, plus tôt, que le chat Tibert tende à le
supplanter (XV).

I. — UN DIVERTISSEMENT DE CLERCS.

Mais qu'il s'agisse de l'œuvre de clercs qui ont beaucoup lu et beaucoup retenu, personne n'en doute plus
maintenant. Certes, au XIXᵉ siècle, des savants aussi estimables que Jacob Grimm et Léopold Sudre ont soutenu
que le *Roman de Renart* était le terme de traditions
populaires, d'origine germanique pour le premier (le nom
du protagoniste — *Reginhart* ou *Reinhart* — ne semble-t-il pas l'attester ?), apportées par les Francs, modi-
fiées et modelées par le génie français — littérature orale,
composée, à en croire L. Sudre, de contes venus de tous
les horizons, de l'Inde, de l'Antiquité classique, du folklore médiéval, et tant bien que mal rapetassés, récits
sortis de la foule, transmis d'abord sous une forme parlée
et populaire, confiés ensuite à l'écrit par des scribes qui,
modestes greffiers, se bornent à enregistrer et à juxtapo-
ser les données de la tradition, sans rien y mettre du leur.
En fait, les enquêtes, menées au XIXᵉ siècle par Paulin
Paris et surtout au XXᵉ par Lucien Foulet, ont mis l'accent
sur la création individuelle des poètes et ont établi que le
Roman de Renart, tel que nous le connaissons, est formé
de poèmes originaux, le plus souvent riches et fins, élaborés par des auteurs dont certains étaient très habiles et
qui s'inspirèrent, dans une « collaboration féconde de
l'imagination antique et de l'esprit médiéval », de fables

ésopiques et d'œuvres latines du Moyen Age. En voici les plus importantes : les *Romulus*, recueils d'apologues en prose ou en vers ; l'*Ecbasis captivi*, épopée animale du Xe ou du XIe siècle, tout imprégnée de l'atmosphère conventuelle, où les bêtes de la ferme délivrent le veau enlevé par le loup, en même temps qu'histoire des mésaventures d'un jeune moine, récit assez pesant qui multiplie les allusions aux poètes latins, Horace, Virgile, Ovide, Prudence, et fait une large place à la fable du *Lion malade* que reproduit la branche X de notre roman ; le *Gallus et Vulpes* du XIe siècle, où le coq s'efforce d'échapper aux crocs du goupil ; la *Disciplina clericalis*, de Pierre Alphonse, juif converti du début du XIIe siècle, dont nous avons une traduction en prose et deux en vers, signes de sa diffusion, et qui est à l'origine des branches IV et IX. Mais il est une œuvre que les romanciers français ont plus particulièrement utilisée, lui empruntant de nombreux épisodes et conservant souvent son esprit général : c'est l'*Ysengrimus*, poème touffu et compliqué, alourdi d'érudition et d'allusions satiriques, qu'un moine nommé Nivard écrivit vers le milieu du XIIe siècle et où déjà le malicieux goupil est appelé *Reinardus* et son compère *Ysengrimus*.

Mais il serait excessif de réduire les sources du *Roman de Renart* à la littérature cléricale en langue latine. En réalité, les auteurs, qui ont à coup sûr écrit pour la foule, n'ignoraient rien de la production française de leur temps, et l'on peut se faire une idée de leur culture en se reportant, pour l'essentiel, à l'énumération des œuvres que Renart, teint en jaune et déguisé en jongleur (Ib), prétend connaître : romans arthuriens, *Tristan et Iseut*, romans antiques, lais et fables de Marie de France, *Voyage de saint Brandan*, épopées des différents cycles — il est question d'Olivier et de Roland, d'Ogier et de Charlemagne, voire de certains *ports* (passages) où Isengrin guettera son dangereux rival (IV, v. 476-478). Bien plus, les premières branches, qui ont rencontré un large succès, ont inspiré les plus tardives, quelquefois fortement. Ainsi discernons-nous l'influence de la branche I, la plus célèbre bien qu'elle ne soit pas la première chronologique-

ment, dans la branche X, *Renart médecin,* où le chien
Roënel et le cerf Brichemer ont pris, comme messagers
du roi Noble et comme victimes de Renart, la place de
l'ours Brun et du chat Tibert ; dans la branche Ia, véritable
plagiat selon des juges sévères : le rusé goupil manifeste
l'intention de se faire ermite comme, avant, il se croisait,
il reçoit de dame Fière la lionne un *bref* magique qui doit
le sauver de la mort et qui correspond à l'anneau de la
branche I, l'arrivée de la *biere chevaleresce* qui trans-
porte le corps de Pelé le rat rappelle l'apparition de
Chantecler et de Pinte menant le deuil de Coupée ; dans la
branche VI où, de nouveau, Renart est traduit devant la
Cour, traîné par son cousin Grimbert ; dans la branche
XVII : le goupil y mutile un *moine blanc* comme Tibert
mettait à mal un prêtre. Chaque élément de la branche XIV a sa source, peu ou prou, dans celles qui l'ont
précédée, puisque, comme l'Isengrin de la branche III, le
loup Primaut est tonsuré et qu'il essaie de voler des
anguilles, qu'il corrige son adversaire comme dans la
branche V et qu'à l'instar de plus d'un héros de cette
geste animale, il prête serment sur des reliques trompeu-
ses. Il arrive même à des poètes de s'imiter eux-mêmes
— tel Pierre de Saint-Cloud dans la branche II où l'histoire de Tiécelin provient en grande partie de celle de
Chantecler — ou de reproduire certains procédés de
composition, comme de raconter une anecdote prélimi-
naire avant de commencer le récit proprement dit :
dans IV, le conte des deux seaux fait suite à la chasse
infructueuse de Renart dans le couvent des *moines
blancs ;* dans VIII, le héros rend visite à un ermite, puis se
met en route pour son pèlerinage.

   S'il s'agit donc de récits élaborés qui ne sont rien
moins que spontanés et qui sortent des livres comme la
décoration de nos cathédrales sort, pour une bonne part,
du *Speculum Ecclesiae* d'Honorius d'Autun, il demeure
que les poètes, dont on ne saurait minimiser la culture,
l'art et le talent, ont aussi utilisé, comme l'avait fait leur
prédécesseur Nivard, des contes oraux qui circulaient
dans le peuple. L'*Ysengrimus,* par exemple, ne nous
raconte pas les malheurs du moineau Droïn dont le gou-

pil, dans la branche XI, croque un à un les enfants sous
prétexte de les baptiser; en revanche, cette perfidie nous
est rapportée dans un poème en moyen haut allemand,
Des hundes nôt, et dans de nombreuses histoires moder-
nes, tous issus sans doute d'un modèle indien. De même,
la fable d'Isengrin qui croit pêcher dans un étang et qui
est retenu par sa queue (III) n'est pas particulière à l'*Ysengrimus :* on le découvre dans le folklore universel, en
Hongrie, en Grèce, au Soudan.

Ces clercs à la personnalité fort différente mais, pour la
plupart, familiers des réalités juridiques et ecclésiasti-
ques, pleins de mépris pour les vilains et les desservants
de campagne, ont cherché le plus souvent à faire rire leur
public, cultivé ou non, et à s'amuser eux-mêmes par des
moyens variés. Jouant avec les mots, ils se sont complu à
les accumuler dans des énumérations plus ou moins longues, mais en compliquant le procédé. Tantôt ils mêlent
des termes qui appartiennent à divers registres : les bêtes
qui, à la fin de la branche I (v. 1577-1580), traquent le
goupil jurent que rien ne saurait le protéger, *plasseïz*
(clôture), *mur, ne fossé ne rolleïz* (palissade faite de
troncs horizontaux), *ne forteresce ne donjons, crues*
(creux) *ne tesniere* (tanière) *ne boisson* (buisson). Tantôt
ils parodient l'épopée, remplaçant les nobles chevaliers
par des chiens ou des vilains. Que l'on relise la fin
grandiose de la branche Va qui décrit la poursuite du
renard par une meute de mâtins et de chiennes : les noms
des uns rappellent des héros sarrasins (*Harpin, Moranz,
Gorfaut, Tirant, Amirant*) ou chrétiens, tels qu'*Oliviers*
ou *le chien Macare Deriviers ;* ceux des autres sont diver-
sement cocasses, comme *Oiselez, Gresillons, Passe-
avant, Poignant, Trottemenu, Brisebois, Malignouse,
Malparliere...* Et voici, d'après le manuscrit de
Cangé, les paysans grotesques qui donnent la chasse à
l'ours :

> Devant lui vient Hurtevilain
> Et Joudoïn Trousseputain
> Et Baudoïn Porteciviere
> Qui fout sa fame par derrieres,
> Girout Barbete qui l'acole

Et un des fiuz sire Nichole,
Et Trosseanesse la puant,
Qui por la moche va fuiant,
Et Corberant de la Ruelle,
Le bon voideor d'escüelle,
Et Tiegerins Brisefouace
Et li fil Tieger de la Place (I, v. 657-668).

Sans aucun doute, les auteurs, du moins les plus doués, ont eu du plaisir à manipuler et à utiliser le plus grand nombre de mots ; sinon, comment expliquer l'extraordinaire foisonnement de vocables pour désigner la ruse, le mensonge, les pièges, l'acte sexuel ? Traqué par les hommes et les bêtes, le goupil devra se garder des dangers que représentent toutes sortes d'*engins : laz, broion, ceoignole, raiseul, roiz, trebuchet, loviere, cepel, trape, croichon, croichoiz...* ; le plus souvent, il sera contraint de fuir — *gandillier, estordre, eschiver, eschaper* — ou de se cacher — *quatir, tapir, croupir, mucier...* Heureusement pour lui, ce trompeur universel qui tout le monde *deçoit* ou *engigne* ou *abete*, s'y connaît en ruse, lui *qui set de frape, de lobe, de bole, de guile, d'abet, de renardie, de toutes frumes* ; ce *vezié*, ce *recuit*, n'ignore rien de la *guiche*, du *barat*, de la *boidie*, de la *voidie* ; il endort ses victimes de ses mensonges et de ses belles paroles, usant de *treslue, fallue, favele, fauvele, falorde, farlores, farloines, frecele, loquelle, losenge, erlue,* etc.

Quelques-uns des poètes de *Renart*, comme plusieurs auteurs de fabliaux et, plus tard, Molière, aiment à déformer les mots, à entendre leur langue baragouinée par un étranger. Le goupil, jongleur breton dans la branche Ib, parle un anglais mêlé de flamand et de haut allemand, mutilant les termes par des aphérèses et des apocopes *(allumer* devient *lumer, engendrer gendrer épousé bosez...),* remplaçant les modes personnels par des infinitifs et des participes passés, ponctuant ses propos de *fout* équivoques, utilisant la troisième personne au lieu de la première *(je dira)* et le masculin à la place du féminin *(ton main),* substituant *f* à *v (foutre merci* pour *vostre merci)* et *b* à *p,* introduisant enfin des mots fran-

chement étrangers comme *ya, goditoët, godehelpe* [1]... Le
goupil réjouit Isengrin en déformant son propre nom qui
se mue en *Rallart* ou ceux des héros épiques Roland et
Olivier qui, échangeant leur dernière syllabe, se trans-
forment en *Olivant* et *Rollier*. Dans la branche Va, le
chameau, légat du pape, s'exprime dans un jargon
franco-italien, saupoudré de latin, qui est probablement
une critique amusante du cardinal Pierre de Pavie, ami et
légat d'Alexandre III, bien vu du roi Louis VII, au sur-
plus « versé dans les usages juridiques et la science du
droit ». Une étude systématique, qui n'a pas encore été
entreprise, révélerait sans doute de nombreux jeux de
mots, comme celui-ci au vers 321 de la branche XV :
Tibert, qui mange une andouille, invite Renart à demeurer au pied de la croix, malgré les chiens qui se rappro-
chent, *vont chantant messes et matines* et *aprés pour les
mors chanteront, mors* désignant l'office tant des morts
en général que du mort que sera devenu le goupil, et les
morsures qu'il récoltera. Ajoutons que les noms propres,
la plupart d'origine française, servent à caractériser brièvement les personnages, comme Tardif le limaçon, Espi-
nard le hérisson, Couard le lièvre, Petitpas le paon,
Bruyant le taureau...

Non contents de jongler avec les mots, les poètes
s'appliquent à inventer de nouvelles ruses et de nouvelles
métamorphoses, enchérissant sur leurs devanciers et,
soucieux de se distinguer, jetant leur héros dans des
situations difficiles, désespérées même, pour l'en tirer
ensuite. Ils ont essayé en particulier, chacun à sa manière, de trouver une solution originale au problème délicat qui était de condamner à mort Renart, dont la culpabilité éclatait aux yeux de tous, et de le sauver en fin de
compte pour que pût se poursuivre la série de ses aventures. Dans I, la sentence rendue, pour échapper au gibet,
le goupil part en pèlerinage ; dans Ia, au moment d'être
exécuté, il est racheté par l'or de sa femme ; dans VII,

---

1. L'usage de ce jargon à des fins comiques se retrouve dans des
textes comme la *Paix aux Anglais* et le roman de Philippe de Beauma-
noir, *Jehan et Blonde*

après son duel judiciaire avec Isengrin, il est sauvé de la pendaison par l'intervention de frère Bernard de Grand-Mont, intervention d'ailleurs tout à fait plausible au XIIe siècle ; dans XXIII, il n'esquive le gibet qu'en proposant de trouver une épouse pour le roi ; dans XXVII, jugé, il est acquitté, mais il devra apprendre un métier. Jeu qui ressortit à l'art du roman-feuilleton et qui n'exclut pas un sens certain de la composition, plus subtile qu'on ne l'a dit, témoin la branche II, la plus ancienne, qui, à structure tripartite dans chacun de ses épisodes, s'ouvre sur un demi-échec de Renart avec Chantecler, se poursuit par un double échec avec la mésange et le chat Tibert, s'achève sur un nouveau demi-échec avec le corbeau Tiécelin auquel le goupil ne peut arracher que son fromage et quelques plumes.

Le plus original est peut-être la parodie à peu près constante des genres nobles du temps, l'épopée et le roman. Une lecture rapide nous permet de déceler le plus apparent que nous livrons pêle-mêle : titres de la société féodale (Isengrin est connétable et le cerf Brichemer sénéchal) ; vie grandiose de la cour, où les animaux, promus barons, se réunissent, pour juger un coupable ou préparer la guerre ou célébrer un événement heureux, dans la grande salle du palais, autour de Noble qui siège sur un *faudestuel si riche come a roi estuet* et à qui il répugne, en émule du roi Arthur, que quelqu'un soit malmené pour avoir aimé ; atmosphère de fête qu'une aventure vient interrompre, comme dans les romans bretons ; formules venues des chansons de geste :

> Qui lors veïst vilains venir
> Et formïer par le boscage
> . . . .
> Qui donques veïst le moton
> Con il ruoit les cous d'aïr
> Et reculoit por meuz ferir
> . . . .
> Lors veïssiez en molt poi d'oure... ;

énumérations déjà signalées de combattants, vilains aux armes vulgaires et aux épithètes grossières ; brisure du

couplet de deux vers et dialogues coupés à la manière de
Chrétien de Troyes; appels au lecteur: *Seignor, or escotez merveilles... Or poëz oïr fiere guerre;* motifs épiques
de l'armement — du loup et du goupil dans la branche VI — et des songes prémonitoires de Chantecler et de
Renart, rappelant ceux de Charlemagne avant le désastre
de Roncevaux ou, dans le *Couronnement de Louis,* de
Guillaume d'Orange avant qu'il n'affronte le géant païen
Corsolt; scènes de dispute à la Cour: le singe, l'ours, le
taureau imitent Roland et Ganelon, ou encore Atys et
Othon dans le *Roman de Thèbes;* sièges interminables,
combats et charges, duels de Renart et d'Isengrin (VI) [1],
du bélier Belin et du loup (VIII), de Renart et de Chantecler (XVII); comptes rendus de missions; déplorations de
sœurs et d'épouses, se lamentant sur la mort d'un être
cher (comme Pinte sur la tombe de Coupée) ou la perte
des attributs virils de leur mari (Ib, v. 2703-2710). La
reine, dame Fière, n'est pas sans rappeler Guenièvre, la
femme du roi Arthur: elle souffre de partager la couche
d'un vieil époux; aussi le viol dont elle est victime ne
semble-t-il pas la plonger dans une profonde détresse;
attirée d'ailleurs par le goupil, elle lui prête son anneau,
comme Laudine, dans le *Chevalier au lion,* confie le sien
à Yvain; elle le sauve de la mort grâce à un talisman
qu'elle lui fait porter par le blaireau Grimbert, elle lui fixe
un rendez-vous secret, le pleure quand il agonise. La
louve Hersent veut, comme Iseut, prouver son innocence
contre l'accusation d'adultère, « par seirement et par
joïse », c'est-à-dire par un serment solennel ou, si l'on ne
s'en contente pas, elle acceptera le jugement par le feu ou
par l'eau. Renart, comme les amants courtois de Chrétien
de Troyes, *aime d'amor fine* (IV, v. 160) sa femme Hermeline, tandis que le lion Noble tient de Charlemagne et
d'Arthur, et qu'Isengrin rappelle, par moments, le roi
Marc.

Au-delà de ces motifs, au demeurant évidents, une

---

1. C'est la parodie d'un duel de champions tel qu'on le trouve dans le
Chevalier au lion de Chrétien de Troyes, où le héros Yvain affronte les
fils du *netun* (diable).

enquête minutieuse découvrirait l'imitation fréquente de passages ou de procédés d'œuvres contemporaines. En plus d'un endroit, les poètes de *Renart* utilisent le procédé de la reprise dont le *Roman de Thèbes*, entre autres, fait grand usage et que l'insertion d'images familières peut rendre cocasse. Ainsi, le goupil craint d'être dépouillé de sa peau :

> Poor a de perdre sa corce *(son écorce)*
> Se plus n'i vaut engin que force ;
> Molt dote perdre sa gonele *(son paletot)*
> S'auques ne li vaut sa favele (II, v. 617-620)[1].

Dans la branche XIII, les chasseurs cherchent partout Renart, comme dans le *Chevalier au lion* les serviteurs d'Esclados le Roux fouillent le château pour retrouver le meurtrier de leur maître, Yvain ; mais, tandis que celui-ci demeure invisible grâce à un anneau magique, le rusé animal s'est tout simplement dissimulé parmi des peaux de goupil suspendues au plafond. Ailleurs, les poètes semblent suivre de près des chansons du cycle de Guillaume d'Orange, telles que le *Couronnement de Louis* ou la *Prise d'Orange*. Comme le vaillant baron qui s'apprête à combattre le géant Corsolt, comme bien d'autres héros épiques, Renart, fuyant ses ennemis,

> En son un grant tertre s'areste,
> Vers Orient torne sa teste.
> Lors dist Renart une proiere
> Qui molt fut pressïouse et chiere (Ib, v. 2217-2220),

tandis que ce rustre d'Isengrin fait le contraire de ce qui est prescrit, tournant le dos à l'Orient et la tête vers l'Occident. A l'imitation de Guillaume qui s'est teint le corps en noir pour pénétrer dans la ville d'Orange, Renart, teint en jaune — il est tombé dans la cuve d'un teinturier, comme le chacal du *Pantchatantra* — donne le change au loup qui se plaint devant lui de ses vilains tours

---

1. Voir encore Ib, 2479-2482, 3043 et s., 868-869 ; XIII, 1170-1171...

passés et le menace sans le reconnaître, de la même
manière que le païen Aragon, brûlant de se venger, rappelle les pertes et les défaites que le Narbonnais a infli-
gées à son camp. L'imitation est peut-être encore plus
nette dans la branche XIII où le goupil, pour échapper à
Isengrin et à Hersent, se teint le visage et le corps d'une
herbe qui *molt ert pressiose et chere* en sorte que *lors fu
plus noir que arrement* [1], et où le roi emprunte son fameux rire à l'Aymeride : *si commença un pou a rire*
(v. 1628). Dans un clocher, Tibert (XII) lutte contre des
vilains qui s'excitent en poussant de vigoureux cris de
guerre *(Avant, font il, baron cremu)* — proche du Guillaume de la *Prise d'Orange* qui se bat contre des Sarrasins au sommet d'un escalier : l'auteur, qui a fait de la
pelisse du chat un haubert que, comme dans les épopées,
on *freint et delace et delice* (v. 1356), nous met sur la
voie en précisant que l'un des combattants *ot non Guillaume* (v. 1379).

Le comique, on a pu s'en rendre compte, naît surtout
du passage constant du monde animal au monde féodal et
du mélange de l'un et de l'autre, les poètes s'efforçant en
général de n'éliminer aucun des deux aspects de leurs
héros qui, conservant leur comportement de bêtes sauvages ou domestiques, représentent aussi les personnages
typiques de la société médiévale, et « c'est même ce
curieux mélange de féodalisme et de renardie qui faisait
un des charmes du poème premier » (L. Foulet). Ce que
ne comprit pas l'auteur de la branche XI, puisqu'il trans-
forma Renart et ses ennemis en seigneurs qui vont à la
croisade, prennent des villes, se battent à la lance, cap-
turent et échangent des prisonniers. Il serait facile de
multiplier les exemples : la louve pique des éperons, le
corbeau *laisse corre* son cheval sur un fromage (le poète
de la branche X est obsédé par cette métaphore au point
de l'appliquer à tous ses personnages) ; Brichemer, revêtu
du haubert, porte le bouclier ; Renart prend par la main
l'écureuil, lui jette les bras autour du cou, se lave en sa

---

1. Dans la *Prise d'Orange*, Guillaume *Arrement fist tribler en un
mortier Et autres herbes que connoissoit li ber* (v. 376-377).

compagnie, ou, devenu Chuflet (XIII), il est transporté par
Brun, Baucent et Bernard *lié desoz le ventre d'un cheval,*
comme un chevalier frappé d'infamie ; Tibert, vexé que le
goupil dise du mal de sa monture, recommence à plusieurs reprises l'épreuve sportive ; Renart et Isengrin,
dans la branche VI, choisissent avec attention leurs armes
et se battent selon les règles du duel judiciaire. Il est plus
drôle encore de voir le blaireau, au retour d'une mission,
se présenter devant le roi, ôter son chapeau et *se secouer,*
ou Renart, assiégé dans son redoutable château de Maupertuis, se glisser parmi ses ennemis à la faveur de la nuit
et les attacher aux arbres par la queue ou le pied ; ou
d'assister à cette courte scène de la branche Va : à la vue
d'Isengrin, le chien Roënel s'éloigne prudemment, mais
le loup, à la manière d'un puissant baron, le rappelle d'un
geste large et lui offre une trêve.

II. — UNE CRITIQUE VIVIFIANTE DE LA SOCIÉTÉ MÉDIÉVALE.

Mais faut-il ne voir dans ce roman qu'un jeu innocent
dont le seul but serait de divertir? Il ne semble pas :
c'est aussi une œuvre caustique qui, par ennui de l'éloquence et de l'héroïsme, tend à montrer, sous l'affabula-
tion animale, les hommes dans leur réalité cruelle et
crue, et qui « loin d'être une berquinade,... étonne par
son âpreté vengeresse et par son audace licencieuse »
(A.-M. Schmidt). Derrière la parodie, il convient de déceler d'abord une critique plaisante de la littérature épique
et courtoise. Face aux outrances de la grandeur chevaleresque, le *Roman de Renart* pousse au premier plan la ruse,
la bêtise, la cupidité, l'égoïsme, la cruauté, la peur,
l'acharnement sur le vaincu. Il est significatif que ce soit le
limaçon Tardif, gonfanonier de l'armée royale, qui cap-
ture Renart dans la branche Ia : nous sommes ici proches de
l'absurdité de la fatrasie. Contre les excès de la courtoisie
et du raffinement, de l'abstraction et de l'artifice, la

sexualité reprend une place importante, comme l'attestent les scènes de viol et de mutilation, le vocabulaire abondant qui désigne l'acte sexuel ou les organes génitaux, le goût, du moins chez certains poètes, de l'obscénité et de la grossièreté. Les auteurs ont voulu restituer au monde son véritable visage, bestial, hypocrite, méchant : n'est-ce pas rabaisser et ridiculiser les hommes, et en particulier les nobles, que de choisir des animaux pour les représenter ? Comme l'a bien remarqué M. Pierre Le Gentil, « il s'agit surtout d'inviter l'homme à comprendre que le travestissement animal dont on l'affuble avec drôlerie lui sied tout aussi bien que ceux sous lesquels il n'a que trop tendance à se guinder ». Il s'agit aussi de l'inviter à se méfier des autres — *et fox ne crient* (ne craint pas) *tant qu'il est pris* — comme de soi-même :

> Mes en cest monde n'a si sage
> Au chef de foiz n'aut a folage

en ce monde, personne n'est assez sage pour ne pas commettre de folie un jour ou l'autre. Sur cette intention des poètes, la branche XV, largement originale à ce qu'il semble, nous éclaire ; elle dénonce successivement, dans le monde des bêtes, puis dans celui des hommes, et plus précisément des prêtres, la fausseté de l'amitié et l'avidité de l'égoïsme qui, en fin de compte, est déçu.

La satire la plus anodine nous paraît être celle de la femme, puisque le roman ressasse tous les vieux thèmes de la littérature médiévale. Renart, dictant son testament, ne se fait pas beaucoup d'illusions sur la fidélité de son épouse Hermeline : moins de trois jours après sa mort, elle aura retrouvé sa joie (Ia, 2005-2006). Cette prédiction se réalise dans la branche suivante Ib : la renarde, se croyant veuve, tarde-t-elle à prendre un nouveau mari, Poncet, dont Renart se venge cruellement ? Toutefois, l'auteur précise : *Mais la dame n'avoit nul tort, tuit disoient que estoit mort.* Chassée de sa maison, elle rencontre la louve Hersent avec laquelle elle se querelle : les deux mégères échangent de violentes injures, puis des coups. C'est surtout Hersent qui symbolise la sensualité, la duplicité et l'inconstance de la femme. Elle invite Renart à profiter de l'absence du loup, quitte à accuser ensuite son complice : dans l'*Ysengrimus*, elle n'est jamais présentée comme consentante. Elle manifeste violemment son désespoir et sa colère quand elle se rend compte qu'Isengrin, qu'elle a vainement aguiché, a perdu sa virilité. Au contraire d'Hermeline, elle souhaite la défaite de son époux dans le duel qui l'oppose au goupil (VI), en sorte que le loup peut grommeler :

> ... Fox est qui met s'entente
> En famme, pour riens qu'ele die :
> Poi sont de fames sans boidie.
> Ja la moie ne crerai mais.
> Par famme est plus guerre que pais,
> Par famme sont honiz maint homme,
> De touz les maus est fame somme... (v. 1280-1286) [1].

Accusée, Hersent utilise divers moyens pour se disculper : elle offre de subir une épreuve judiciaire de *caude eve ou de fer caut ;* elle recourt à des formules ambiguës : elle n'a jamais rien fait qu'une nonne n'eût pu faire — en réalité, c'est une double critique de la louve qui ment et des religieuses impudiques dont ailleurs on signale l'ardeur ; enfin, elle rejette la faute sur le goupil.

Mais il n'est pas mauvais de constater que, sur ce point comme sur d'autres, le *Roman de Renart* nous offre un monde trop complexe pour ne pas être contradictoire. C'est ainsi que la femme, sous les traits de la poule Pinte ou de la compagne du chien Roënel, représente une certaine sagesse en face de l'entêtement masculin. Dans la branche IX, Brunmartin, qui est de noble naissance, l'emporte sur son mari Liétard qu'elle conseille utilement, travailleuse, énergique et maîtresse de maison hors pair. Ailleurs (XII), la servante du curé de Blagny donne une leçon de courage aux hommes qui n'osent attaquer le chat, soupçonné d'être une incarnation du diable : armée de sa quenouille, elle s'avance gaillardement vers l'en-

---

1. Voir des propos semblables dans la bouche du même Isengrin, Ib, v. 2520-2524.

nemi. La renarde elle-même est, en général, une bonne épouse qui, Renart menacé de pendaison, apporte en hâte une forte rançon et qui le soigne avec tendresse quand il revient en piteux état.

Le portrait des vilains manifeste les préjugés des clercs contre les paysans à qui ils reprochent leur grossièreté et leur enrichissement. Qu'il s'agisse de Constant des Noes (II), de Liétard (IX) ou de Bertaut (XVI), ils sont à l'ordinaire bien nantis : le second ne conduit-il pas un attelage de huit bœufs ? Travailleurs acharnés, ils ignorent le loisir, la largesse, la vie facile, et cette âpreté choque les poètes ; ils se divertissent rarement à jouer à la *choule* ou à écouter quelques airs de vielle. Ils sont retors (le suggèrent les discours embarrassés de Liétard) et déloyaux : le même vilain essaie de ne pas tenir la promesse qui le lie à Renart, voire de le faire tuer par ses mâtins. Pour s'élever socialement (Liétard a épousé une « demoiselle »), ils mettent tous leurs soins à amasser, vendant chapons et gelines au marché plutôt que de les faire rôtir pour eux, se contentant de peu, de pain, de légumes, de porc salé, sans cesse obligés de se défendre contre les ineursions des bêtes sauvages qu'attirent leurs richesses, à l'occasion braconniers. Le poète de la branche IX a décrit avec vivacité le transport nocturne de l'ours tué dans la forêt du redoutable comte Tibaud : à minuit, Liétard s'en va sans bruit, au petit pas — il ne mettra son cheval au trot qu'à cinq portées d'arc du hameau ; les roues de sa charrette, bien graissées de suif, ne crient pas ; sa femme et sa fille, à qui il a fait la leçon, ne soufflent mot ; à peine est-il de retour à la maison qu'il dépèce la bête, son valet lavant chaque morceau à l'eau claire ; pour finir, il cache le lardier dans une huche et fait jurer à son serviteur de ne rien révéler à personne. Cette branche IX, on le voit, est un document précieux pour se familiariser avec les travaux et les jours d'un petit village briard où les délits de chasse comptaient parmi les plus graves (Liétard craint d'être mis à mort par le comte Tibaud qui n'accepte aucune rançon) et où un voisin envieux pouvait, ayant surpris le secret du paysan, exercer sur lui un fructueux chantage.

Si les poètes sont assez attentifs aux réalités campa-
gnardes pour en évoquer d'un mot les activités, labours,
moissons, récoltes, entretien des haies..., pour raconter
les mésaventures des paysannes chargées de veiller,
l'une, sur la basse-cour, l'autre, sur les fromages qui
sèchent au soleil, il ne leur déplaît pas d'imaginer les
vilains réduits à un véritable servage par le goupil qui,
despotique et exigeant, leur ordonne d'abattre leurs
chiens et vide leur poulailler : Bertaut, à la branche XVI,
subira le même sort que Liétard. Dans la branche XVI,
Renart est encore plus agressif, puisque, après avoir couvert d'ordures un paysan, il le pousse dans la rivière, lui
jette pierres et mottes de terre, l'envoie par le fond.
Oraison funèbre du lion :

> Je n'ai mie vilain tant chier.
> Autant ameroie a touchier
> A un ort vessel de ma main
> Conme je feroie a vilain (v. 1183-1186) [1].

Primaut (XIV) se sauve en emportant un morceau de la
fesse d'un campagnard, qualifié de *fel et cuivert* (canaille), morceau que Renart refuse de manger :

> Char a vilein noire o blanche
> Si n'est prous en nule seison.
> J'ameroie plus un oison
> Que a manger char de vilein (v. 846-849).

Pour compléter ce portrait, les poètes ridiculisent les
vilains, comme l'avait fait Chrétien de Troyes dans le
Conte du Graal où des bourgeois gros et gras, des *vilains
engrez* assiègent le donjon d'Escavalon [2], traités par la

---

1. Traduction d'A.-M. Schmidt, Paris, Albin Michel, 1963, p. 158 :
« Les bouseux me répugnent trop. Certes, j'aimerais mieux toucher un
vaisseau souillé de poison que de regarder un manant. »
2. Ed. W. Roach, v. 5936 et s. : *Lors veïssiez vilains engrez* (en
colère) — *Qui prenent haces et gisarmes ; — Cist prent un escu sans
enarmes, — Cist prent un huis, et cist un van...* Dans une contre-épo-
pée arrageoise du XIIIe s., *La Prise de Neuville*, des tisserands contrefont
les chevaliers, portant une cotte de coton et une coiffe de bourre,
ceignant l'épée du côté droit.

jeune châtelaine de *vilenaille*, de *chiens esragiés*, de *pute servaille*. Couards, les manants se servent maladroitement des armes nobles : dans la branche XII, l'un d'eux, *hardiz autresi con un levres*, n'arrive pas à retirer l'épée de son fourreau et, terrorisé à la vue de Renart et de Tibert, bat précipitamment en retraite, un autre brise sur une pierre le fer de sa lance.

Parfois, le *Roman de Renart* s'élève jusqu'à une remise en question de la société et de la justice féodales. Si l'on en croit les poètes, à cette époque de basse moralité où, dans la débauche générale, les bâtards se multiplient et où, tout le monde étant trompé, il vaut mieux se taire et ne pas divulguer ses malheurs, chacun s'efforce de duper autrui, sans profit d'ailleurs, car on finit par être victime de ses propres machinations (XV, v. 39-47) ; mais c'est Renart qui l'affirme pour mieux *engignier* Tibert, comme ailleurs il soutient que les rois accueillent mal les seigneurs pauvres, oublient les services rendus, suivent les avis de mauvais conseillers, écrasent d'impôts les petites gens, changent le cours des monnaies, s'approprient le bien d'autrui. La critique semblera plus limitée si l'on remarque que le romancier de la branche I s'en prend surtout aux cuisiniers et aux sénéchaux qui l'ont sans doute traité avec désinvolture ou mépris quand il vivait de la générosité des grands. Cependant, Noble lui-même, en qui l'on peut voir le roi Louis VII, a perdu beaucoup de son prestige, bien qu'il ne soit pas un prince tout à fait ridicule ni un fantoche trop facile à berner, et que certains, comme R. Bossuat, aient reconnu en lui « un souverain à la française, soucieux du bonheur de son peuple, fort de son droit, conscient de ses devoirs, sachant tempérer de scrupules humains la rigueur des lois ». Tour à tour débonnaire et despotique, velléitaire, dupé par les hypocrites, sensible à l'attrait de l'or — *del avoir fu molt covoitoz* (I, v. 2065) — il accepte la rançon de Renart, pour qui il a un faible, malgré ses nombreux crimes, il lui pardonne, heureux d'être déchargé d'une affaire délicate, cédant à une facilité coupable en graciant constamment un dangereux vassal. Une scène, par sa complexité même, retient notre attention à la fin de la branche Ia où peut-être ne faut-il pas voir uniquement le plagiat de la branche II que L. Foulet a dénoncé. Aux abois, Renart, pour s'échapper, frappe le roi d'une pierre à la tête. Est-ce simplement un moyen assez facile pour permettre au goupil de sortir d'un mauvais pas et de poursuivre sa carrière? Ou bien l'épisode traduit-il les sentiments profonds de l'auteur, ou signale-t-il le mépris que certains grands, au XIIᵉ siècle, affichaient à l'égard de leur suzerain, ou bien donne-t-il une nouvelle preuve de la perversion de Renart, symbole d'une noblesse rebelle, arrogante et rapace qui, à en croire la branche VII, se réserve les bons morceaux, ne laissant aux autres que les chardons?

D'autre part, quel visage présente la justice dans cette œuvre qui n'épargne en fait que les bourgeois bien rentés? Sans doute est-il vrai que Noble, avec la complicité amusée de Pierre de Saint-Cloud, s'efforce de sauvegarder les formes légales, réunit ses barons pour prévenir les guerres privées et trouver une solution équitable aux différends, donnant à chaque partie la possibilité de s'exprimer, requérant les conseils des plus sages et des plus compétents qui défendent les droits de l'individu ou de la propriété; mais il ne semble pas que le poète admire beaucoup celui qui rappelle les devoirs des rois et que l'on présente comme un légiste consommé, le chameau, puisqu'il place dans sa bouche un ridicule charabia franco-italien et qu'il l'appelle *Musart,* c'est-à-dire l'étourdi qui perd son temps à des bagatelles. Et que sort-il de la longue délibération au cours de laquelle plusieurs ne sont guidés que par le désir de se venger? Il est décidé que, pour mettre un terme au conflit qui oppose le loup au goupil, celui-ci s'*escondira* en prêtant serment devant le chien Roënel; mais Renart est disposé à se parjurer, et le mâtin — choisi d'abord comme arbitre, puis devenu, après sa mort feinte, une sainte relique — n'hésite pas, soudoyé par Isengrin, à fausser le jugement et à tendre un piège au goupil. Toutefois, il importe de ne pas trancher trop vite, puisqu'en fin de compte, le serment ne fut pas prononcé, et il se pourrait, comme l'estime L. Foulet, que le poète fût «une manière de légiste en gaîté qui caricature sans amertume des institutions qu'au fond il respecte ».

S'agissant de clercs dont certains, proches des goliards (comme celui de la branche VII), avaient jeté le froc aux orties, il n'est pas étonnant que la religion occupe une place importante dans le *Roman de Renart*, avec son cortège de cérémonies, de pratiques (messes de relevailles, par exemple, ou liens créés par le baptême entre le parrain et la marraine, entre le *compère* et la *commère*...), de superstitions : Tibert, envoyé auprès du goupil, s'attend au pire pour avoir vu un busard tourner à gauche. Mais par qui est représenté le clergé ? Quelques-uns de ses membres méritent certes le respect, tel celui qui, à la fin de Ib, sépare Hersent et Hermeline et les engage à retourner auprès de leurs époux, ou encore le saint homme de la branche VIII qui confesse Renart et l'invite à se rendre à Rome pour solliciter le pardon du pape. Mais la plupart — et de nouveau éclate la complexité contradictoire d'un monde romanesque en perpétuel changement — sont des curés de campagne qui ne se distinguent guère des vilains, vivant maritalement avec une maîtresse [1], sans choquer, semble-t-il, leurs ouailles, possédant du bétail, cultivant la terre, épandant le fumier, fabriquant des pièges. Apres au gain, ne se disputent-ils pas longuement les bénéfices des cures, comme le suggère le débat qui oppose Tibert à Renart dans la branche XII ? Les silhouettes de ces prêtres campagnards ne sont pas flattées. Voici, à la branche XII, dessiné par Richard de Lison, le curé du Breuil qui s'est mis en route pour aller remplacer son confrère de Saint-Martin de Blagny, parti pour une foire (*Robe va querre a sa putain*, v. 566). Quasi illettré, il ne sait lire que les prières de la messe, *ne saveit d'autres livres rien*, ignorant la lettre et l'esprit de l'Ecriture, peu soucieux de pratiquer la charité chrétienne. En revanche, il a la passion de la chasse, il se mêle au groupe qui essaie de se saisir du chat, il s'y acharne et, quand Tibert a réussi à s'enfuir, il n'obtient pour récompense que d'être rossé par ses compagnons.

---

1. On voit celle de Rufrangier couper du bois dans la branche XV.

Tibert lui adresse de vives remontrances : « Maudit soit le
prêtre chasseur ! Il doit vivre d'un autre travail quand il a
été ordonné prêtre, il doit vivre au service de Dieu. »
Soumis à un véritable examen [1], le curé est incapable,
sans le secours de ses livres, de répondre aux questions et
témoigne d'une piètre connaissance du latin, confondant
faba et *fabula* [2]. A la branche XV, deux prêtres en route
pour le synode, Turgis et Rufrangier, rencontrent à leur
tour le chat. Aussitôt le second convoite sa fourrure pour
s'en faire un couvre-chef ; mais le premier de protester : il
n'entend pas perdre sa part. Dispute, puis arrangement :
Rufrangier gardera toute la pelisse, mais, pendant le
voyage, il paiera toutes les dépenses de son compagnon
sans que celui-ci consente à l'aider. Tibert leur jouera un
tour de sa façon : loin de se laisser attraper, il s'enfuira
avec le cheval de son agresseur qui le prendra pour le
diable. Dans la branche I, le chat a maille à partir avec un
ecclésiastique luxurieux que ruine *une putain,* si bien

> Que il n'avoit ne buef ne vache,
> Ne autre beste que je sache,
> Fors deus gelines et un coc.

Le prêtre Martin de la branche XVIII ne dépare pas la
collection, s'y connaissant mieux en rôti de porc sans
graisse qu'en lecture rapide, fort compétent pour élever
ses brebis *dont il ot maint fromage.*

Quant aux moines *noirs* ou *blancs,* c'est-à-dire aux
bénédictins et aux cisterciens, à l'ordinaire fort riches,
comme les religieuses « grassement pourvues de tous les
biens que la terre crée », ils n'échappent pas à cette
virulente critique. L'auteur de la branche IV les accuse de
félonie, de paresse, de cupidité ; celui de la branche III
évoque la vie plutôt agréable de l'ordre de Tiron. Le loup
lui-même n'est-il pas tonsuré, ne veut-on pas faire de lui

---

1. L'évêque Jean de Pontoise ordonna aux archidiacres de vérifier si
les clercs connaissaient les dix commandements, les sept sacrements,
les sept péchés capitaux (mortels) et les éléments du credo.
2. On retrouve une scène voisine dans le fabliau *Du prêtre qui dit la
Passion.*

un abbé ? Cette scène, d'ailleurs imitée de l'*Ysengrimus,*
ne pouvait manquer de provoquer le rire par le contraste
qui existe entre le caractère glouton et grossier du novice
et le rôle que le poète lui attribue. Le jeune Martinet (I)
qui consacre son temps à tendre des filets pour les bêtes
sauvages, deviendra à son tour *moines rendus.* Aussi
s'explique-t-on que Renart, bien qu'il soit menacé par le
roi, préfère courir les risques de la vie séculière plutôt que
d'entrer au couvent (I, v. 1012-1016). Plus tard, à la fin
de la branche VI, enfermé dans un monastère, s'il présente toutes les apparences de la vraie piété — *les signes
fet del moniage* — il n'a rien oublié en fait de sa vie
passée, se souvenant des poules dont il avait l'habitude de
ronger l'échine ; peu de temps après, n'y tenant plus, il
dévore des gelines et se fait chasser.

Mais peut-être la satire est-elle encore plus acerbe
contre les institutions et les pratiques religieuses que
contre les personnes. Certes, il ne semble pas qu'il faille
accorder une trop grande importance à la parodie fréquente, minutieuse et souvent cocasse des offices religieux : funérailles de Coupée (I) et de Renart lui-même
(XVII) [1], vêpres célébrées par Tibert et Renart (XII), messe
dite par le loup Primaut qui, ivre, tonsuré et consacré par
le goupil, habillé de tous les vêtements sacerdotaux,
chante l'office à pleine gorge, avant d'être chassé par les
paroissiens. On peut y voir, avec John Flinn, outre un
rappel de la fête des fous, une critique des longs offices et
de la musique polyphonique, une parodie satirique du
chant liturgique de la fin du XIIᵉ siècle ; il est possible
aussi que les poètes aient voulu suggérer que souvent,
seuls les habits et la tonsure distinguent le prêtre de ses
fidèles, prêtre indigne qu'une bête pourrait remplacer.
Mais, avant de rien affirmer, que l'on se rappelle l'enterrement burlesque de la cathédrale de Strasbourg : sur
un bas-relief, aujourd'hui disparu et connu grâce à un

---

1. Dans cette br. XVII, celle de la « procession Renart », au comique
débridé et irrespectueux, Bernard prononce un sermon qui s'achève en
obscénités variées (voir la traduction d'A.-M. Schmidt, p. 170), Brichemer lit l'épître, le roncin Ferrant l'évangile *secundum le gorpil
Renart.*

dessin du XVIe siècle, des animaux portaient en terre un hérisson, un cerf disait la messe et un âne chantait au lutrin. Il s'agit, plutôt que de satire, de familiarité et de désinvolture, d'exercices de style plus ou moins brillants sur des thèmes chers à la poésie latine de l'époque [1].

Plus aiguë est la critique de la confession. A plusieurs reprises, Renart avoue ses fautes — au blaireau Grimbert (I), au milan Hubert (VII), à un saint ermite (VIII), à Bernard l'archiprêtre (XVII). Sans doute est-ce un moyen commode pour multiplier les notations satiriques, pour retracer l'histoire du héros et rattacher une nouvelle aventure à un passé fécond en ruses ; sans doute les poètes recherchent-ils un effet comique par le nombre, la variété et l'imprévu des tours joués par le goupil à ses adversaires, se plaisant à en allonger la liste qui rend encore plus drôle le repentir hypocrite du pénitent, suivi bientôt d'une rechute. Mais les auteurs ne s'interrogent-ils pas sur l'utilité de ce sacrement ? Renart promet de s'amender, mais à peine est-il absous qu'il propose au blaireau de croquer quelques poules ; dans la branche VII, il dévore même son confesseur. En outre, il éprouve une jouissance sadique à scandaliser par le rappel détaillé de ses péchés, il savoure de nouveau le bonheur de ses tromperies passées. Le plus souvent, le repentir est feint, l'hypocrisie contamine toute dévotion. D'autre part, l'excommunication paraît être une arme qui n'effraie plus : Renart reconnaît qu'il a été, pendant neuf ans, *parjure excommunié*, mais il ne s'en préoccupe pas car, dit-il, *jamais mon âme ne sera damnée à cause de l'excommunication*.

Que penser des pèlerinages ? La plupart y vont par intérêt, comme Renart (I) qui, la corde au cou, ne cherche qu'à éviter la mort, même si ailleurs (VIII) il semble faire preuve d'un repentir sincère, ou Belin (VIII) dont le propriétaire a promis la chair à des moissonneurs et la peau à un prud'homme qui en fera des bottes, ou l'âne Bernard (VIII), lassé de porter des sacs de charbon et de sentir

1. Voir aussi la veillée funèbre de la br. XVII où les bêtes jouent, boivent, chantent durant toute la nuit.

l'aiguillon. Dès le départ, ils entreprennent de se gober-
ger aux dépens du loup Primaut. Quelques péripéties
encore, et ils reviennent sur leurs pas. Renart reflète la
pensée de ses compagnons quand il affirme : « Par mon
chef, ce voyage est rude et pénible. Il est au monde bien
des honnêtes gens qui ne furent jamais à Rome. Tel qui
visita les sept églises est revenu pire qu'avant. Je veux
prendre moi aussi le chemin du retour. Je vivrai de mon
travail et de mes profits légitimes, je ferai l'aumône aux
pauvres gens » (trad. de R. Bossuat). Doit-on parler avec
L. Foulet de critique sans amertume ? Pèlerin de Saint-
Jacques-de-Compostelle (v), le goupil avait essayé de
jouer un mauvais tour au grillon. La croisade, qui permet
aussi d'échapper au châtiment, n'est pas plus respectable.
Loin d'améliorer ceux qui s'y engagent, elles les perver-
tit, comme le déclare le lion :

> Quant revendroit, si seroit pire,
> Quar tuit ceste custume tenent :
> Qui bon i vont, mal en revenent (I, v. 1406-1408).

De surcroît, elle est inutile. Tel est le sens du quolibet que
Renart lance au roi Noble quand, échappé au péril, il se
débarrasse du bourdon et de la besace du croisé : « Noradin te salue par mon intermédiaire, moi qui suis un bon
pèlerin ; les païens te redoutent à un point tel qu'il s'en
faut de peu que tous ne s'enfuient. » C'est une allusion
(cruelle) à Nour ad-Dîn, le sultan d'Alep qui régna de
1146 à 1173 et infligea de sérieux revers aux chrétiens.

Les miracles eux-mêmes sont contestés. Sur la tombe
de la sainte martyre Coupée, le lièvre Couart est délivré
des fièvres dont il tremblait depuis deux jours ; aussitôt
Isengrin de déclarer qu'il a mal à l'oreille, de se coucher
au même endroit et de proclamer qu'il est guéri. L'auteur
ajoute : s'il ne s'agissait pas d'un article de foi que personne ne doit mettre en doute et si le mâtin Roënel n'avait
témoigné en faveur du fait miraculeux, les courtisans
auraient estimé que c'était un mensonge. La critique est
assez subtile : sur un premier miracle que l'on peut tenir
pour vrai encore que la guérison de cette fièvre provoquée

par la peur soit susceptible d'une explication naturelle, on
en greffe de faux, destinés à favoriser des intérêts assez
sordides, à une époque où l'on dénonçait le culte des
fausses reliques.

III. — LA VIE QUOTIDIENNE
DES ANIMAUX ET DES HOMMES.

Plutôt que la parodie et la satire, ce qui pour beaucoup
fait le charme du *Roman de Renart,* du moins en ses
meilleurs moments, c'est la peinture fidèle des bêtes dans
leur comportement habituel et leurs gestes familiers.
Cette peinture, à coup sûr, manifeste une attirance certaine du public et des poètes pour le monde animal
(faut-il, avec Béatrix Beck, parler de lycanthropie?), une
attention proche de celle des artistes qui, sur les murs de
la cathédrale de Lyon, dans les médaillons qui ornent les
soubassements du portail, sculptèrent des bêtes des
champs et des bois — un escargot glissant sur des feuilles, un écureil sautillant sur des branches de noisetier, un
corbeau perché sur un lapin mort, deux poulets qui se
grattent... De surcroît, des auteurs, devenus rusés à force
d'observer le goupil, peuvent ainsi, le cas échéant, dissimuler la virulence de leurs attaques. Parmi les héros de
cette geste, pas de bêtes allégoriques ou fabuleuses, li-
corne, pélican ou guivre [1], telles qu'on en rencontre dans
les *Bestiaires* ou les romans courtois. Peu d'animaux
exotiques, à l'exception du singe, du chameau et du lion.
Les auteurs les avaient-ils vus dans des ménageries? A en
juger d'après leurs récits, il est plus probable qu'ils les

---

1. Sauf dans la br. XI où les païens sont représentés par des bêtes
exotiques ou monstrueuses : « Tout un peuple de scorpions, d'olifants,
de tigres, d'yvoires, de bugles et de dromadaires, aussi féroces que
superbes, de guivres, de serpents sans nombre, de couleuvres et de
lézards tombe sur nous pour notre honte » (traduction d'A.-M. Schmidt).

ont empruntés à la tradition littéraire, antique et médiévale : le lion, en particulier, rendu célèbre par un roman
récent de Chrétien de Troyes, symbolisait la résurrection
du Christ, car l'on croyait que, de son rugissement, il
rappelait à la vie, au bout de trois jours, les lionceaux
mort-nés. Peu d'animaux domestiques, mis à part les
chiens, le bélier, l'âne, le coq, les poules. Le chat lui-
même, dont les rapports avec l'homme ne sont rien moins
que cordiaux, fait partie de la troupe des bêtes sauvages
de l'Occident médiéval, importants seigneurs comme le
renard, le blaireau, le loup, le sanglier, l'ours, le cerf, ou
plus humbles comparses tels que le lièvre, le grillon, le
limaçon, auxquels s'ajoutent le milan, la mésange...

De quelques traits suggestifs, les plus habiles — et les
moins prétentieux — de ces romanciers esquissent le
cadre ainsi que les gestes caractéristiques de leurs héros à
deux ou quatre pattes. Le chat, dont les griffes aiguës et
les dents menues et tranchantes incitent Renart à la prudence [1], se chauffe au soleil, joue avec sa queue, saute de
branche en branche pour échapper aux pierres et aux
bâtons, ou, menacé, se hérisse, crache au visage du prêtre
Rufrangier qu'il griffe ; la corneille lisse méthodiquement
son plumage avec son bec ; le goupil, avant de se coucher, tourne en rond à l'endroit qu'il a choisi ; le coq
gratte la terre, puis dort d'un œil, une patte repliée,
l'autre droite ; la mésange, que le renard essaie de croquer, a déposé ses œufs *sor la branche d'un chesne crues*
(creux) ; le grillon chante dans le foyer, et le loup, alléché
par la bonne odeur des anguilles qui cuisent à la broche,

> Du nez commença a fronchier
> Et ses guernons a delechier.

Aucune simplification ne réduit le comportement des
animaux à un modèle unique : le loup, en quelques coups
de dents, dévore sa proie en sorte *qu'il n'i laisse ne pel ne
os,* tandis que le chat fait durer le plaisir, dégustant, au

---

1. Il convient de se rappeler que le chat sauvage, d'une force redoutable, est capable d'étrangler un renard.

sommet d'une croix, l'andouille qu'il a dérobée au renard, témoin ulcéré, et qu'il a en outre *sanctifiée*. Des
détails peuvent surprendre un lecteur moderne, mais les
spécialistes les ont confirmés. Le blaireau ne cesse de
défendre le goupil, même s'il se tient sur ses gardes et
n'est pas tout à fait désintéressé (il réclame une part de
l'héritage de Renart); il l'aide à échapper à la justice, à
tromper le roi, à retrouver la reine, tout en ne sortant pas
du cadre de la loi. Invention de poète? Non, on a observé
qu'il arrive que renards et blaireaux partagent le même
terrier et plus précisément que le blaireau tolère la présence de renards et de lapins dans les salles supérieures de
son terrier, tandis que lui-même se réserve la chambre
centrale. Le goupil ne dévore sur-le-champ qu'une seule
des poules qu'il a tuées; il enfouit les autres dans la terre,
les recouvre de paille, pour les mettre plus tard à l'abri
dans sa *fosse,* sorte de garde-manger, qui ne se confond
pas avec l'*accul* où il vit avec sa famille. Les rapports
entre les bêtes sont assez bien suggérés : le mouton soutient le renard contre le loup, le chat hésite à porter un
message du lion au goupil qu'il *tient mout a gaignon*
(mâtin), mais, lorsqu'il a à choisir entre celui-ci et le
loup, il se prononce pour le premier qu'il admire secrète-
ment au point de confirmer ses propos mensongers.

Les poètes se sont plu à suivre le renard dans sa vie
quotidienne, en particulier quand il chasse pour nourrir sa
nombreuse famille dont il s'occupe avec soin — autre
trait bien observé. Cheminant prudemment à travers la
lande, avançant parmi les choux d'un jardin, il *coloie,* il
tend le cou de tous les côtés pour essayer de discerner
quelque proie; il se couche derrière une haie, le museau
entre les pattes, attendant une aubaine. La nécessité le
pousse souvent à s'introduire dans un poulailler; après
quelques allées et venues, il réussit à se glisser à l'intérieur du *courtil* que défendent pourtant des pieux et des
buissons d'épines : il hésite, se reprend, revient sur ses
pas, s'approche enfin des volailles, le cou baissé, sans
faire de bruit : ici, il accule trois gelines qu'il étrangle, là,
il se saisit du coq qui parvient à lui échapper. Cette quête
du gibier est semée d'embûches et de dangers. Des chas-

seurs de la noblesse, entourés de veneurs et de chiens,
parcourent les campagnes et les bois; un peu partout, des
engins sont disposés pour protéger récoltes et biens contre
les dégâts des bêtes sauvages : Tibert tombe dans le collet
qu'a tendu Martinet, le fils du prêtre; Roënel est pris dans
le piège d'une vigne; Renard s'empêtre dans un filet
d'oiseleur dont il ne se délivre qu'en mordant à belles
dents le pied et la main d'un vilain; lors d'une autre
sortie, il est mis à mal par les trois chiens de Liétard : le
premier, Clavel, lui ensanglante l'oreille; le second,
Corbel, lui mord la queue et le troisième, Tison, lui
arrache un pan de sa fourrure. On comprend que Renart et
ses congénères préfèrent se cacher dans la forêt, accueil-
lant refuge, au Moyen Age, pour les ermites, les amoureux, les chevaliers errants, les brigands, les hors-la-loi.
Le goupil s'y précipite :

> Del blé s'en ist le grant troton,
> Si se fiert enz en la forest,
> Ce est li leuz qui plus li plaist
> Et ou il a mainz de peür.
> Or est aaise et aseür,
> Se ne fust la fain qui le grieve (XVI, v. 684-689).

Mais, pour aller quêter sa pâture, il lui faut, à tout
moment, quitter ce lieu hospitalier.

A travers les aventures des animaux, c'est le paysage
de la campagne médiévale que nous devinons. A vrai
dire, nous ne nous éloignons guère de l'Ile-de-France et
de la Normandie, où, comme sur l'ensemble de notre
pays, malgré les défrichements, la forêt [1], cernant les
maisons, occupe toujours une surface très importante.
Dans les villages peu nombreux, quelques artisans : le
teinturier, le corroyeur, le forgeron, le fabricant de peignes. Les paysans produisent eux-mêmes ce qu'ils mangent; une exception : des marchands ambulants vendent
les poissons de mer et de rivière que l'on consomme les
jours maigres. Un habitat dispersé; çà et là, quelques
opulentes abbayes fortifiées. Les paysans cultivent toutes

---

1. Des chênes surtout, mais aussi des tilleuls, des trembles...

les céréales, mais déjà surtout le blé ; des fèves (les haricots ne sont pas encore connus), des choux, des pois qui tiennent dans l'alimentation médiévale la place de la pomme de terre aujourd'hui ; un peu partout, même là où le climat n'est pas très favorable, la vigne, si précieuse qu'on la fait garder à l'époque de la vendange. Comme arbres fruitiers, des pommiers, des poiriers, des noyers. Le mouton, parmi les bêtes domestiques, semble prédominer, tandis que la chèvre est rare ; le porc ne joue aucun rôle dans le roman, bien qu'il y soit très souvent question d'andouilles, de jambon, de lard, et que le poète de la branche III rappelle une vieille coutume campagnarde :

> Ce fu un pou devant Noël
> Que l'en metoit bacons en sel.

Les volailles abondent, enfermées dans des enclos pour les préserver des crocs et des griffes des bêtes sauvages : poules, canards, oies, mais nous ne voyons dans l'œuvre ni pigeon ni lapin. Les ruches procurent le miel dont on se sert pour sucrer les aliments. Si la pêche à la queue d'Isengrin fournit l'occasion d'une pittoresque évocation de l'hiver, la plupart des scènes, ici comme dans les romans arthuriens, se situent au retour de la belle saison, au moment de l'Ascension, ce qui accroît l'impression dominante de bien-être et d'abondance dans une campagne riche de ressources multiples et jouissant d'un climat tempéré.

Quelles que soient les disparates et les contradictions de ce recueil qui permet au lecteur attentif de déceler de nombreux aspects de la vie et de la mentalité médiévales, à condition qu'il ne néglige aucune des branches, le *Roman de Renart* conserve cependant une certaine unité grâce à la présence de son protagoniste, *le ros de pute aire,* dont la couleur dénonçait au Moyen Age la fourberie et la méchanceté. Meneur de jeu infatigable, maître incontesté de la ruse, génie de l'imprévu que ne saurait surprendre aucune situation, hâbleur sans défaillance que sert une imagination d'une étonnante fécondité, très pro-

che quelquefois de Panurge, il invente à plaisir mensonges cyniques et histoires, décrivant à Isengrin les joies
alléchantes du paradis et les douces contraintes de l'ordre
de Tiron, apportant à la mésange la nouvelle de la paix
universelle, transformant, pour duper Roënel, un piège
en reliquaire vénéré devant lequel il manifeste une piété
bruyante, sachant flatter et séduire ses interlocuteurs par
leurs points faibles, offrant du miel à l'ours, des souris au
chat, des anguilles au loup. Comédien exceptionnel, il
déguise sans cesse sa pensée, revêt toutes sortes de mas-
ques, tout à tour teinturier, jongleur breton, moine pieux,
médecin formé à Salerne et à Montpellier [1]. Aux ressources de l'instinct il ajoute celles de l'intelligence, lucide,
habile, sensé et savant, malin et méchant — par jeu
autant que par nécessité — au point de passer pour une
incarnation du Diable, un *vif maufé*. Emporté par une
farouche volonté de puissance, il se plaît à persécuter les
autres, à les tromper, à les mutiler, à les humilier, à les
déshonorer ; il harcèle ses victimes de ses sarcasmes, il
s'acharne sur elles : lorsque Roënel est pendu à la *ceoignole, Renars li ros… li dist que des vignes fust garde ;* à
l'ours qui s'échappe ensanglanté et estropié, il demande :

> De quel ordre voulez-vous être,
> Vous qui avez un capuchon rouge ?

Remédiant par la finesse et l'astuce à sa petite taille et à
sa faiblesse naturelle — *Renars,* dit la branche VI, *n'iert
pas de tel puissance Conme Ysengrins* — d'une agressi-
vité à peu près constante, mais toujours sournoise et
dissimulée, il utilise les pièges des hommes pour perdre
ses ennemis, il les fait tomber dans des guet-apens. Ce
bon époux, ce bon père jouit sadiquement des malheurs
d'autrui, il viole la louve sous les yeux du loup, il possède la reine pendant son sommeil ; méprisant les autres,

---

1. Comme il joue bien son rôle ! Présentant l'urinal au soleil, il « le
hausse à bout de bras, l'éclaire, l'examine, prenant son temps, le tourne
et le retourne sans cesse, pour voir comment l'urine vire. Enfin les
cernes des humeurs apparaissent dans le liquide. Renart revient vers son
malade, saisit son bras, tâte son pouls, palpe sa peau, toque ses flancs »
(trad. d'A.-M. Schmidt).

il cherche à faire d'eux des objets qu'il domine totalement et dont il dispose à son gré. Au contraire du loup, il ne renonce jamais à se venger. Hypocrite et « virtuose de l'imposture », prodigue de faux serments, faussaire habile qui supprime les complices gênants (XI), libre-penseur que n'arrêtent ni les interdits de la religion ni les prescriptions de la loi, il ne respecte rien ni personne, affranchi de toutes les contraintes, soucieux de vivre avec intensité, cédant avec joie aux mauvais instincts qui sommeillent dans le cœur des hommes. Goupil sans doute, mais aussi grand seigneur courageux qui « n'oublie jamais son rang », il affronte en baron l'hostilité générale :

> Ne fet pas chere de coart,
> Ainz commence enmi la meson
> Teste levee sa reson.

Surprenant par ses métamorphoses et par là suspect [1], ce héros d'un nouveau genre apporte la joie avec lui (le prologue de la branche X l'atteste) et séduit par sa subtilité, sa vivacité, son refus d'être dupe, son indépendance dans un monde fortement hiérarchisé, par cette union des contrastes que Béatrix Beck a bien remarquée : n'est-il pas « plus intelligent, plus inventif que quiconque, audacieux, libre de tout préjugé comme de tout scrupule, malgré sa petite taille et sa faiblesse physique constamment vainqueur, mais toujours en danger de mort et souvent blessé, orgueilleux et affamé, rebelle et diplomate » ?

Jean DUFOURNET.

Il m'est agréable de remercier, d'une part, M. Claude Régnier, professeur à la Sorbonne, qui m'a aidé à résoudre certaines difficultés, d'autre part, trois de mes étudiants Ch. Bofill, P. Lyon et A. M. Ribayne, avec lesquels j'ai travaillé sur le *Roman de Renart* au cours de l'année universitaire 1968-1969.

---

1. « Renart est un véritable Protée : méchant et cruel, sérieux jusqu'à la philosophie ; plaisant jusqu'à la force, d'esprit à la fois mûr et juvénile. Il plaît en inquiétant » (P. Jonin).

LE ROMAN DE RENART

NOTE LIMINAIRE

Pour établir notre texte que nous destinons aussi bien au grand public qu'aux étudiants des facultés, nous avons suivi l'édition d'Ernst Martin, mais nous avons modifié, en plus d'un endroit, la ponctuation et appliqué, en général, les règles publiées dans la *Romania* (LII, 1926, p. 243-249); de plus, nous avons apporté un certain nombre de corrections qui nous ont été suggérées soit par E. Martin lui-même *(Observations sur le Roman de Renart),* soit par G. Tilander *(Notes sur le texte du Roman de Renard),* soit par le recours aux manuscrits.

Si nous avons, dans cette seconde édition, supprimé la plupart des notes, nous avons en revanche, pour aider le lecteur, introduit une traduction continue de l'ensemble des branches. Cette traduction se veut avant tout fidèle; aussi n'avons-nous fait aucune coupure ni supprimé aucun vers, même si, çà et là, l'original, qui n'a pas toujours la même qualité littéraire, paraît long et répétitif.

Toutefois, notre objectif essentiel est de faciliter l'accès au texte lui-même. Si l'on est, au premier contact, désorienté par les graphies du texte, on le sera moins quand on reconnaîtra bien souvent, sous une forme légèrement différente, des mots qui vivent encore dans le français commun ou les parlers régionaux d'aujourd'hui, quand on se rendra compte que le même son pouvait être rendu au Moyen Age par des signes divers. Voici quelques-unes de ces alternances qui pourront faciliter la lecture du texte et l'utilisation du glossaire :

AI/E	: let — laid; mes — mais; set — sait; auré — aurai, etc.
AIM/EIM	: eime — (il) aime.
AIN/EIN	: ainz — einz; ainc — einc...
AN/EN	: tans — tens *(temps)*...
AR/ER	: sarmon — sermon; apparchu — aperçu...
C/CH	: trencerai — trancherai; cemin — chemin...
CA/CHA	: capel — chapeau; carrière — charrière; cascuns — chacun; escaufer — échauffer...
CH/C	: manache — menace; archons — arçons; achole — accole; corochier — courroucer...
CH/G	: venchié — vengié; damache — dommage — damage...
E/IE	: chen — chien; chet — chiet (cf. le désuet *il échet*); bere — bière; arere — arrière;
ER/RE	: fermir — frémir; berbis — brebis; pernés — prenez...
EÜ/OÜ	: deceü — deçoü (c'est notre *déçu*)...
G/GU	: gerre — guerre...
J/G	: jesir — gésir; ganbe — jambe; gument — jument...
L, devant une consonne, équivaut à un U : molt — mout *(beaucoup)*; malvaise — mauvaise...	
O/EU	: sol — seul; dol — deul (c'est notre *deuil*)...
O/OU	: ros — roux; for — four; po — pou *(peu)*; cocher — coucher...
QUI/CUI	: quit — cuit (du verbe *cuidier* encore employé par La Fontaine).
U/OU	: u ou *(où)*...
U/EU	: ju — jeu...
UE/EU	: puet — peut; duel — deul *(deuil)*; bués — bœuf...
X/US	: notre *mieux* s'écrit soit *mieus*, soit *miex*, soit même *mius*; *ieux* et *iex* correspondent à notre *yeux*.

Ajoutons que les consonnes sont tantôt simples, tantôt doubles *asieger* et *assieger*, *aseür* et *asoür* pour *assuré*, *guere* et *guerre*...), que l'*h* initial sera présent ou absent *(ost* et *host)*.

Dernier conseil : que les lecteurs se laissent porter par le texte, mais qu'ils fassent attention aux faux amis, c'est-à-dire aux mots qui se retrouvent en français moderne avec une forme semblable, mais un sens différent. Ainsi en est-il, par exemple, pour *converser*, *dras* (draps), *encor*, *garder*, *gasté* (gâté), *graciër*, *navrer*, *poison*, *si*, *trop*, *vertu*, *viände*...

PERROT, qui son engin et s'art
Mist en vers fere de Renart
Et d'Isengrin son cher conpere,
Lessa le meus de sa matere,
5 Car il entroblïa le plet
Et le jugement qui fu fet
En la cort Noble le lïon
De la grant fornicacïon
Que Renart fist, qui toz maus cove,
10 Envers dame Hersent la love.
　　Ce dit l'estoire el premer vers
Que ja estoit passé ivers
Et que la rose espanissoit
Et l'aube espine florissoit
15 Et pres estoit l'Asencïons,
Que sire Noble li lïons
Totes les bestes fist venir
En son palés por cort tenir.
Onques n'i ot beste tant ose
20 Qui remansist por nule chose
Qui ne venist hastivement,
Fors dan Renart tant solement,
Le mal lere, le soulduiant,
Que li autre vont encusant
25 Et enpirant devant le roi
Et son orgueil et son desroi.
Et Ysengrin qui pas ne l'eime,
Devant toz les autres se cleime
Et dit au roi : « Baux gentix sire,
30 Car me fai droit de l'avoutire

Le Jugement de Renart
Le Siège de Maupertuis
Renart teinturier — Renart jongleur

PIERROT qui mit son intelligence et son art
à écrire en vers l'histoire de Renart
et d'Isengrin son cher compère
ne traita pas le plus piquant de son sujet,
5 car il négligea le procès
et le jugement qui eurent lieu
à la cour de Noble le lion
à propos de la fornication immodérée de Renart,
qui nourrit tous les vices en son sein,
10 avec dame Hersant, la louve.
    L'histoire, en son début,
rapporte que l'hiver venait de se terminer,
que la rose s'épanouissait,
que l'aubépine était en fleur
15 et que, à l'approche de l'Ascension,
sire Noble le lion
convoqua toutes les bêtes
dans son palais pour tenir sa cour.
Aucune bête n'eut l'audace
20 de s'attarder — toutes affaires cessantes —
et de ne pas accourir
si ce n'est le seigneur Renart,
ce mauvais larron, ce fourbe,
que les autres ne cessent d'accuser
25 et de calomnier devant le roi
pour son orgueil et son inconduite.
Et Isengrin, qui ne le porte pas dans son cœur,
se plaint solennellement le premier
et dit au roi : « Cher et noble roi,
30 fais-moi donc justice de l'adultère

Que Renart fist a m'espossee
Dame Hersent, quant l'ot serree
A Malpertuis en son repere,
Quant il a force li volt faire,
35 Et conpissa toz mes loveaux :
C'est li dels qui plus m'est noveax.
Renart prist jor de l'escondire
Qu'il n'avoit fet tel avoultire.
Quant li seint furent aporté,
40 Ne sai qui li out enorté,
Si se retrest molt tost arere
Et se remist en sa tesnere.
De ce ai oü grant coroz. »
Li rois li a dit oiant toz :
45 « Ysengrin, leissiez ce ester.
Vos n'i poés rien conquester,
Ainz ramentevez vostre honte.
Musart sont li roi et li conte,
Et cil qui tiennent les granz corz
50 Devienent cop, hui est li jorz.
Onques de si petit domage
Ne fu tel duel ne si grant rage.
Tele est cele ovre a escïent
Que li parlers n'i vaut noient. »
55 Dist Brun li ors : «Biaux gentix sire,
Ja porrïez asez meuz dire.
Est Ysengrin ne mort ne pris,
Se Renart a vers lui mespris,
Que bien n'en puist avoir venchance ?
60 Ysengrin est de tel puissance,
Se Renart pres de lui manoit,
Et por la pes ne remanoit
Qui novelement est juree,
Que ja oüst vers lui duree.
65 Mes vos estes prince de terre :
Si metés pes en ceste guerre !
Metés pes entre vos barons :
Qui vos harrez, nos le harrons,
Et meintendron de vostre part.
70 S'Isengrins se pleint de Renart,

que Renart a commis avec mon épouse,
dame Hersant, après l'avoir enfermée
dans Maupertuis sa demeure
pour lui faire violence
35 et pour uriner sur tous mes louveteaux :
c'est la plus fraîche de ses offenses.
Renart fixa une date pour jurer
qu'il n'avait pas commis cet adultère.
Quand on apporta les reliques,
40 suivant les conseils de je ne sais qui,
il déguerpit soudain
et retourna dans sa tanière,
à ma grande colère. »
Le roi lui a répondu en public :
45 « Isengrin, renoncez à ce procès.
Loin d'en tirer profit,
vous ne faites que rappeler votre infortune.
Bien naïfs sont les rois et les comtes,
et ceux qui tiennent les grandes assemblées
50 récoltent des cornes par les temps qui courent.
Jamais, d'un si petit dommage
ne naquit tant de désolation ni de fureur.
Croyez-moi, dans ce genre d'affaire,
mieux vaut se taire. »
55 Brun l'ours dit : « Cher et noble roi,
vraiment, vous pourriez tenir un bien meilleur discours.
Isengrin est-il mort ou prisonnier
pour ne pouvoir tirer une bonne vengeance
de Renart, si celui-ci l'a offensé ?
60 Si Renart était à sa portée,
et si l'affaire n'était en suspens
à cause de la paix récemment jurée,
Isengrin est assez fort
pour lui résister.
65 Mais vous êtes le souverain de cette terre,
vous devez imposer la paix dans cette guerre !
Imposez la paix parmi vos barons :
celui que vous haïrez, nous le haïrons
et nous nous rangerons de votre côté.
70 Dans la mesure où Isengrin accuse Renart,

Fetes le jugement seoir :
C'est li meuz que g'en puis veoir.
Se l'un doit a l'autre, si rende,
Et del mesfet vos pait l'amende.
75 Mandés Renart a Malpertuis :
Ge l'amenrai, se je le truis
Et vos m'i volés envoier,
Si l'aprendrai a cortoier.
   — Sire Brun, dit Bruianz li tors,
80 Mal daheit ait, sans vostre cors,
Qui ja conseillera le roi
Qu'il prende amende del desroi,
De la honte et del avoutere
Que Renart fist a sa conmere.
85 Renart a fait tante moleste
Et conchiee tante beste
Que ja nus ne li doit aidier.
Conment doit Ysengrin plaidier
De chose qui si est aperte
90 Et conneüe et descoverte ?
De moi sa ge, que que nus die,
Se cil qui tot le mont conchie,
Eüst ma fame en sa baillie,
Contre son gré l'oüst sesie,
95 Ja Malpertuis nel garandist,
Ne forteresce qu'il feïst,
Que je ne l'eüsse escuillié
Et puis en un conping gitié.
Hersent, dont vos vint en coraje ?
100 Certes ce fu molt grant damaje,
Quant Renart qui est fox garçons
Vos monta onques es arçons.
   — Sire Bruiant, dist li tessons,
Cist maux, se nos ne l'abesson,
105 Porra encore trop monter,
Car tex porra le mal conter
Et bien espandre et essaucier
Qui nel porra pas abessier.
Et puis qu'il n'i ot force fete,
   N huis brisié ne treve enfrete,

ordonnez que justice soit faite :
je ne vois pas de meilleure solution.
Si l'un a des devoirs envers l'autre, qu'il s'en acquitte
et qu'il répare sa faute envers vous.
75 Envoyez chercher Renart à Maupertuis.
Je le ramènerai si je le trouve
et si vous consentez à m'y envoyer,
je lui apprendrai les bonnes manières !
— Seigneur Brun, dit Bruyant le taureau,
80 maudit soit (ce n'est pas pour vous que je parle)
celui qui conseillera dorénavant au roi
d'accepter une réparation pour la faute,
le déshonneur et l'adultère
que Renart a imposés à sa commère.
85 Renart a causé tant de dommages,
humilié tant de bêtes
que personne ne doit plus l'aider.
Comment ? Isengrin devrait plaider
dans une affaire si claire,
90 si évidente, si manifeste ?
Pour ma part, on aurait beau dire,
je suis bien sûr que si celui qui tourne chacun en ridicule,
avait tenu ma femme à sa merci,
s'il l'avait prise contre son gré,
95 jamais Maupertuis ni aucune forteresse
n'auraient pu empêcher
que je ne lui coupe les choses
et que je ne le jette dans un tas d'ordures.
Hersant, à quoi donc pensiez-vous ?
00 En vérité, quel grand malheur
que Renart, cette folle canaille,
vous ait un jour enfourchée !
— Seigneur Bruyant, reprit le blaireau,
ce mal, si nous ne le ramenons à de justes proportions,
05 risque encore de grossir démesurément
car il est beaucoup plus facile de rapporter un malheur,
ce le propager, de l'amplifier
que de le réduire.
Et du moment qu'il n'y eut ni violence,
10 ni effraction, ni violation de trêve

Se Renart li fist par amors,
N'i afiert ire ne clamors.
Pieça que il l'avoit amee.
Ja cele ne s'en fust clamee,
115 S'en li en fust; mes, par mon chef,
Ysengrin l'a trop pris en gref.
Voiant le roi et son barnaje,
Gart Ysengrin a son damaje!
Se li vasseax est enpiriés
120 Et par Renart mal atiriez
Le vaillant d'une nois de coudre,
Pres sui que je li face soudre,
Des que Renart sera venus
Et li jugement ert tenus;
125 Mes c'est li meus que ge i sent,
Li blame soit dame Hersent.
Ahi, quel onor et quel plet
Vos a hui vostre mari fet
A tantes bestes regarder!
130 Certes l'en vos devroit larder,
S'il vos apele bele suer,
Se jamés li portés bon cuer.
Il ne vos crient ne ne resogne ».
Hersent rogist, si ot vergoine,
135 Que tot le poil li vet tirant,
Si respondi en sozpirant:
« Sire Grinbert, je n'en puis mes.
Ge amasse molt meus la pes
Entre mon segnor et Renart.
140 Voir, il n'ot onques en moi part
En tel maniere n'en tel guise,
Si que j'en feroie un joïse
De caude eve ou de fer caut.
Mes mon escondire, que vaut,
145 Lasse, caitive, malostrue,
Quant je ja n'en serai creüe?
Par trestoz les sainz qu'on aore
Ne se Damledex me secore,
C'onques Renart de moi ne fist
150 Que de sa mere ne feïst.

et que Renart l'a prise par amour,
colère et plainte sont déplacées.
Il y a longtemps qu'il l'aimait.
Jamais Hersant ne s'en serait plainte
115 s'il n'avait tenu qu'à elle, mais, parole d'honneur,
Isengrin a pris la chose trop à cœur.
En présence du roi et de ses barons,
qu'Isengrin considère son dommage !
Si le vase est abîmé
120 ou endommagé, par la faute de Renart,
si peu que ce soit,
je suis prêt à le lui faire payer
dès qu'il sera arrivé
et que le jugement aura été rendu.
125 Voilà la solution qui me semble la meilleure...
Que le blâme retombe sur dame Hersant !...
Hélas ! quel honneur, quelle réputation
vous a faits votre mari
en vous exposant aux regards de tant de bêtes !
130 Vraiment, vous mériteriez qu'on vous larde de coups
si jamais il vous appelle « ma chère sœur »
et que vous lui répondiez tendrement.
Il n'a pour vous ni crainte ni respect. »
Hersant rougit et, de honte,
135 tous ses poils se redressent.
Elle répondit en soupirant :
« Seigneur Grimbert, qu'y puis-je ?
Je préférerais mille fois voir la paix régner
entre mon époux et Renart.
140 En vérité, Renart ne m'a jamais prise
de la façon que l'on dit,
je veux bien me disculper
par l'eau bouillante ou le fer chaud.
Mais à quoi bon chercher à me justifier,
145 pauvre malheureuse, infortunée que je suis,
puisque je suis condamnée à n'être jamais crue ?
Par tous les saints que l'on révère,
aussi vrai que je souhaite le secours de Notre-Seigneur
je jure que jamais Renart n'a fait de moi   [Dieu,
150 rien qu'il n'eût fait à sa mère.

Por dan Renart nel di je mie
Ne por amender sa partie,
C'autretant m'est qu'en de lui face,
Ne qui que l'eint ne qui le hace,
155 Con vos est d'un cardon asnin;
Mes je le di por Ysengrin,
Qui de moi par est si jalox
Que toz jors s'en quide estre cox.
Foi que je doi Pinçart mon fil,
160 Oan le premer jor d'avril
Que pasques fu, si con or sist,
Ot dix anz qu'Isengrin me prist.
Les noces furent molt pleneres,
Que les fosses et les lovieres
165 Furent de bestes totes pleines,
Voire certes, si qu'a grant peines
Peüssiés tant de vuit trover
Ou une oe poüst cover.
La devin ge loiale espose,
170 Ne m'en tenés pas a mentose
N'a songnant ne a beste fole.
Or revendrai a ma parole.
Qui m'en voult croire, si m'en croie,
Et si voil bien que chacun l'oie:
175 Onc, foi que doi sainte Marie,
Ne fis de mon cors puterie
Ne mesfet ne maveis afere
Q'une none ne poïst fere. »
    Quant Hersent ot sa raison dite
180 Et ele se fu escondite,
Bernars li annes qui l'oï
Dedens son cuer s'en esjoï,
Qar or quide tot a estros
Que Isengrin ne soit pas cos.
185 « Ahi, fet il, gentil barnesse,
Qar fust or si loial m'annesse,
Et chen et lou et autres bestes,
Et totes femes, con vos estes,
Qar si me face Dex pardon,
190 Si me doinst il trover cardon

Ce n'est pas pour le seigneur Renart que je parle ainsi,
ni pour favoriser sa cause
(je me moque du sort qu'on lui réserve,
de savoir qui l'aime ou le hait
155 tout autant que vous vous moquez du chardon des ânes)
mais je le dis pour Isengrin :
il est tellement jaloux
qu'il s'imagine tous les jours être cocu.
Sur la tête de Pinçart, mon fils,
160 voilà dix ans le premier avril
— c'était jour de Pâques —
qu'Isengrin me prit pour femme.
Ses invités étaient si nombreux à la noce
que nos fosses et nos tanières
165 étaient noires de bêtes
tant et si bien qu'à la vérité vous auriez eu toutes
à trouver assez de place   [les peines du monde
pour faire couver une oie.
Je devins alors sa légitime épouse,
170 vous ne devez pas me prendre pour une menteuse,
une dévergondée ni une écervelée...
Pour en revenir à mon propos,
chacun est libre de me croire,
mais je veux que chacun m'entende :
175 jamais, par la foi que je dois à sainte Marie
je n'ai livré mon corps à la débauche
ni au dévergondage, ni à rien
qu'une nonne n'aurait pu faire. »
    Quand Hersant eut terminé son discours
180 et qu'elle se fut justifiée,
Bernard l'âne est tout réjoui
de tout ce qu'il a entendu
car il s'imagine aussitôt pour de bon
qu'Isengrin n'est pas cocu.
185 « Ah, dit-il, noble dame,
si mon ânesse,
si les chiens, les loups et les autres bêtes,
si toutes les femmes étaient aussi loyales que vous l'êtes !
Aussi vrai que je demande à Dieu de me pardonner
190 et de me procurer de tendres chardons

Qui soit tendres en ma pasture,
Que vos n'oüstes onques cure
De Renart ne de son deduit,
Ne de s'amor, si con je quit.
195 Mes li secles est si maveis,
Si mesdisans et si pugnés,
Qu'il tesmoinne ce qu'il ne voit
Et blame ce que loer doit.
Ahi, Renart li forsenés,
200 Con de mal hore tu fus nés
Et engendrés et conceüs,
Quant tu ja ne seras creüs !
Or ert la novele espandue
Que aviez Hersent croissue.
205 Ele en velt ci fere un joïse
Onques par lui ne fu requise.
Hé, gentix sire deboneire,
Qar metez pes en cest afere,
Et s'aiez de Renart merci !
210 Lessiez le moi, vostre merci,
Ça aconduire a sauveté.
De qanqu'Isengrin l'a reté
Itele amende li fera
Con vostre cort esgardera ;
215 Et se il a fait par despit
Le hardement et le respit
Qu'il a pris de venir a cort,
Amendera einz qu'il s'en tort.
— Sire, ce respont li conciles,
220 Onques ne vos aït saint Giles,
(Se vos plest et vos commandez)
Se ja Renart i est mandez
Hui ne demein : se il n'i vient,
Aprés demein, e s'il s'en tient,
225 Fetes li a force amener,
Et puis tel livroison doner
Dont il en après se recort. »
Ce dit Nobles : « Vos avés tort
Qui Renart volez forsjuger.
230 Tel os poés vos bien ronger,

dans ma pâture,
vous ne vous êtes jamais souciée, je le crois,
ni de Renart, ni de ses jeux,
ni de son amour.
195 Mais le monde est si méchant,
si médisant, si répugnant
qu'il jure avoir vu ce qu'il ignore
et qu'il blâme ce qu'il faut louer !
Ah ! Renart l'insensé,
200 il faut que vous soyez né,
qu'on vous ait engendré et conçu sous une mauvaise
puisqu'on ne vous croira jamais !   [étoile,
On colportait partout
que vous aviez violé Hersant.
205 La voici qui veut solennellement prouver
qu'il ne l'a jamais sollicitée.
Oh ! roi noble et généreux,
rétablissez donc la paix dans cette affaire
et faites grâce à Renart !
210 Laissez-moi, je vous en supplie,
le conduire ici en toute sécurité.
Pour réparer la faute dont l'accuse Isengrin,
il payera l'amende
que décidera votre cour ;
215 et si c'est par mépris
qu'il a eu la hardiesse
de venir en retard à la cour,
il fera amende honorable avant de repartir.
    — Sire, réplique l'assemblée,
220 si du moins vous le permettez,
que jamais saint Gilles ne vous assiste
si vous convoquez une nouvelle fois Renart
aujourd'hui ou demain : s'il n'est pas arrivé
après-demain et s'il persiste dans son attitude,
225 faites-le venir de force
et ordonnez qu'on lui inflige une correction
qu'il ne soit pas près d'oublier. »
Noble réplique : « Vous avez tort
de vouloir fausser le procès de Renart.
230 Si l'un de vous fait le malin devant moi,

S'aucun de vos me mene orgoil,
Ce meïme vos pent a l'ueil.
Renart ne hé ge mie tant,
Por rien qu'en li voist sus metant,
235 Que je le voille encor honir,
S'il se voult a moi abonir.
Ysengrin, pernez cest juïse
Que vostre feme vos devise,
Se vos laissiez ne le volez.
240 Gel prendroie. — Sire, tolez !
Se Hersent porte le joïse,
Et ele soit arse et esprise,
Tex le saura qui or nel set.
Liez en sera qui or me het.
245 Lors diront il tot a estrox :
« Vez la le coz et le jalox ! »
Meuz me vaut il, selonc le plet,
Soufrir la honte qu'il me fet
Tant que je me puisse venger.
250 Mez, einz qu'en doive vendenger,
Quit ge Renart movoir tel gerre
Ne le garra ne clef ne serre
Ne mur ne fosse desfensable.
— Or dont, dit Nobles, au deable !
255 Por le cuer bé, sire Ysengrin,
Prendra ja vostre gerre fin ?
Quidiez i vos rien gaagnier,
Renart mater ne meegnier ?
Foi que je doi saint Lïenart,
260 Ge connois tant les arz Renart
Plus tost vos puet il fere ennui,
Honte et damaje que vos lui.
D'autre part est la pes juree
Dont la terre est aseüree :
265 Qui l'enfrendra, s'il est tenuz,
Molt mal li sera avenuz. »
    Quant Ysengrin oï le roi
Qui de la pes prenoit conroi,
Molt fu dolanz, ne set que fere,
270 Ne n'en set mes a quel chef trere.

de ce plat de votre façon
vous goûterez aussi.
Je ne hais pas assez Renart,
malgré tous les crimes dont on l'accuse,
235 pour vouloir aussi l'humilier
si lui, de son côté, promettait de m'être fidèle.
Isengrin, acceptez l'épreuve
que votre femme vous propose
si vous ne voulez pas renoncer à vos poursuites.
240 Je l'accepterais si j'étais vous. — Sire, halte-là!
Si Hersant subit l'épreuve
et qu'elle est brûlée et consumée,
tous ceux qui ignorent encore mon infortune l'appren-
Mes ennemis s'en réjouiront   [dront alors.
245 et ne manqueront pas de dire :
« Hou, hou, le cocu, hou, hou, le jaloux! »
J'ai intérêt, dans ces conditions,
à supporter l'humiliation qu'il me fait,
jusqu'à ce que je puisse me venger.
250 Mais, avant le temps des vendanges,
je compte lancer une guerre si terrible contre Renart
que rien ne pourra l'en préserver : ni clé, ni serrure,
ni muraille, ni fossé de défense.
— Eh bien donc, dit Noble, allez au diable!
255 Morbleu, seigneur Isengrin,
vous serez donc toujours en guerre?
Croyez-vous y gagner quelque chose?
Croyez-vous dompter Renart? L'estropier?
Par saint Léonard,
260 je connais suffisamment les tours de Renart pour affirmer
qu'il peut causer tourment, honte et dommage
beaucoup plus vite que vous ne le pouvez vous-même.
De surcroît, la paix est proclamée
qui a rendu sa tranquillité au royaume.
265 Celui qui enfreindra la loi, s'il est pris,
passera un mauvais quart d'heure. »
    En entendant le roi
se faire le défenseur de la paix,
Isengrin fut affligé, il ne sait que faire
270 ni quel parti prendre.

A la terre, entre deus eschames,
S'asiet la coue entre les janbes.
Or est Renart bien avenu,
Si Dex li oüst porveü,
275 Q'en tel point avoit pris li rois
L'acorde, maugré as yrois,
Que ja preïst la gerre fin
Entre Renart et Ysengrin,
Se ne fust Chantecler et Pinte
280 Qui a la cort venoit soi qinte
Devant lo roi de Renart pleindre.
Or est li feus grés a esteindre.
Car sire Chantecler li cos
Et Pinte qui pont les ues gros,
285 Et Noire et Blance et la Rossete
Amenoient une charete
Qui envouxe ert d'une cortine.
Dedenz gisoit une geline
Que l'en amenoit en litere
290 Fete autresi con une bere.
Renart l'avoit si maumenee
Et as denz si desordenee
Que la cuisse li avoit frete
Et une ele hors del cors trete.
295   Quant li rois ot jugié asez,
Qui del pleider estoit lassez,
Ez les jelines meintenant
Et Chantecler paumes batant.
Pinte s'escrie premereine
300 Et les autres a grant aleine :
« Por Deu, fet ele, gentix bestes
Et chen et leu tex con vos estes,
Qar conseilliez ceste chaitive !
Molt hé l'oure que je suis vive.
305 Mort, car me pren, si t'en delivre,
Quant Renart ne me lesse vivre !
Cinc freres oi tot de mon pere :
Toz les manja Renart li lere,
Ce fu grant perte et grant dolors.
310 De par ma mere oi cinc serors,

Il s'assied entre deux tabourets à même le sol,
la queue entre les jambes.
Quelle chance pour Renart
si Dieu l'avait voulu ainsi !
275 Le roi, en dépit des mécontents,
avait imposé la réconciliation
en sorte que la guerre entre Renart et Isengrin
aurait bel et bien pris fin,
si Chantecler et Pinte n'étaient venus
280 à la cour en compagnie de trois autres poules
pour porter plainte devant le roi contre Renart.
Maintenant, il va être difficile d'éteindre l'incendie
car sire Chantecler le coq
ainsi que Pinte, la poule qui pond les gros œufs,
285 et Noire, et Blanche, et Roussette
amenaient une charrette
enveloppée de rideaux.
Une poule reposait à l'intérieur,
amenée sur une litière
290 aménagée en cercueil.
Renart, de ses dents,
l'avait si rudoyée et maltraitée
qu'il lui avait brisé la cuisse
et arraché une aile.
295   A peine le roi, fatigué des débats,
venait-il d'en finir avec une longue séance
que surviennent Chantecler et les poules
se frappant de leurs paumes.
Pinte la première, puis les autres,
300 s'écrient à pleins poumons :
« Par Dieu, dit-elle, nobles bêtes,
chiens, loups, vous tous qui êtes ici,
assistez donc une malheureuse de vos conseils !
Je hais l'heure de ma naissance.
305 Mort, prends-moi donc, hâte-toi
puisque Renart m'ôte la vie !
J'avais cinq frères, tous fils de mon père :
ce voleur de Renart les mangea tous.
Quelle perte immense ! Quelle cruelle douleur !
310 Du côté de ma mère, j'avais cinq sœurs,

Que virges poules, que mescines :
Molt i avoit beles jelines.
Gonberz del Frenne les passoit,
Qui de pondre les anguissoit :
315 Li las ! mal les i encressa,
Qar ainc Renart ne l'en laissa
De totes cinc que une soule :
Totes passerent par sa goule.
Et vos qui la gisez en bere,
320 Ma douce suer, m'amie chere,
Con vos estieez tendre et crasse !
Que fera vostre suer la lasse
Que a nul jor ne vos regarde ?
Renart, la male flambe t'arde !
325 Tantes foiz nus avez foleez
Et chacies et tribulees,
Et descirees nos pelices,
Et enbatues dusq'as lices.
Ier par matin devant la porte
330 Me jeta il ma seror morte,
Puis s'en foï parmi un val.
Gonberz n'ot pas isnel cheval,
Ne nel poïst a pié ateindre.
Ge me voloie de lui pleindre,
335 Mes je ne truis qui droit m'en face,
Car il ne crent autrui manace
N'autrui coroz vaillant deus foles. »
Pinte la lasse a ces paroles
Chaï pamee el pavement,
340 Et les autres tot ensement.
Por relever les quatre dames
Se leverent de lor escames
Et chen et lou et autres bestes,
Eve lor getent sor les testes.
345   Quant revindrent de paumoisons,
Si con nos en escrit trovons,
La ou lo roi virent seoir
Totes li vont au pié chaoir
Et Chantecler si s'ajenoille
350 Et de ses lermes ses piez moille.

de jeunes vierges, des jeunes filles,
des amours de poulettes.
Gombert de Fresne les nourrissait,
les gavait pour la ponte.
315 Le pauvre ! A quoi bon les avoir engraissées
puisque sur les cinq,
Renart ne lui en laissa jamais qu'une seule ?
Toutes prirent le chemin de son gosier.
Et vous qui gisez dans ce cercueil,
320 ma douce sœur, mon amie chère,
comme vous étiez tendre et grassouillette !
Comment votre sœur infortunée
va-t-elle pouvoir vivre sans jamais plus vous voir ?
Renart, que le feu de l'enfer vous brûle !
325 Combien de fois vous nous avez persécutées,
pourchassées, secouées,
combien de fois vous avez déchiré nos pelisses !
Combien de fois vous nous avez traquées jusqu'aux palis-
Hier matin, devant la porte,   [sades !
330 il me jeta le cadavre de ma sœur
avant de s'enfuir dans un vallon.
Gombert ne possédait pas de cheval rapide
et n'aurait pas pu le rattraper à pied.
Je voulais engager des poursuites contre lui
325 mais je ne trouve personne qui me rende justice,
car Renart se soucie comme d'une guigne
des menaces et de la colère d'autrui. »
A ces mots, la malheureuse Pinte
tombe évanouie sur le pavé,
340 aussitôt imitée par ses compagnes.
Pour relever ces quatre dames,
le chien, le loup et les autres bêtes
se levèrent de leurs tabourets
et leur aspergèrent la tête d'eau.
345   Revenues à elles,
comme nous dit l'histoire,
quand elles voient le roi assis sur son trône,
elles courent ensemble se jeter à ses pieds
tandis que Chantecler s'agenouille
350 et lui baigne les pieds de ses larmes.

Et quant li rois vit Chantecler,
Pitié li prent du baceler.
Un sopir a fet de parfont,
Ne s'en tenist por tot le mont.
355 Par mautalant drece la teste.
Onc n'i ot si hardie beste,
Ors ne sengler, que poor n'et
Quant lor sire sospire et bret.
Tel poor ot Coars li levres
360 Que il en ot deus jors les fevres.
Tote la cort fremist ensenble.
Li plus hardis de peor tremble.
Par mautalent sa coue drece,
Si se debat par tel destrece
365 Que tot en sone la meson,
Et puis fut tele sa reson :
« Dame Pinte, fet l'enperere,
Foi que doi a l'ame mon pere
Por qui je ne fis aumonne hui,
370 Il me poisse de vostre anui,
Se ge le peüsse amender.
Mes je ferai Renart mander
Si que vos a vos euz verrés
Et a voz oreilles orrés
375 Con grant venchance sera prise,
Quar j'en voil fere grant justise
Del omecide et du desroi. »
    Quant Ysengrin oï lo roi,
Isnelement en piés se drece :
380 « Sire, fet il, c'est grant proece.
Molt en serés par tot loés,
Se vos Pinte venger poés
Et sa seror dame Copee
Que Renart a si esclopee.
385 Ge nel di mie por haïne,
Mes je le di por la mescine
Qu'il a morte, que je le face
Por chose que je Renart hace. »
Li emperere dit : « Amis,
390 Il m'a molt grant dol el cuer mis.

A la vue de Chantecler,
le roi est saisi de pitié pour le jeune homme.
Il a poussé un grand soupir
rien au monde n'aurait pu l'en empêcher.
355 De colère, il redresse la tête.
Toutes les bêtes sans exception, même les plus coura-
[geuses
— ours ou sangliers — sont remplies de peur
lorsque leur suzerain se met à soupirer et à rugir.
Le lièvre Couart eut si peur
360 qu'il en eut la fièvre pendant deux jours.
Toute la cour frémit à l'unisson.
Le plus hardi tremble de peur.
De colère, Noble redresse la queue
et il s'en frappe, en proie à un tel désespoir
365 que toute sa demeure en résonne.
Puis il tint ce discours :
« Dame Pinte, dit l'empereur,
par la foi que je dois à l'âme de mon père
pour lequel je n'ai pas encore fait l'aumône aujourd'hui,
370 votre malheur me désole
et je voudrais pouvoir le réparer.
Mais je vais faire venir Renart
si bien que vous verrez de vos propres yeux
et entendrez de vos propres oreilles
375 combien la vengeance sera terrible :
je veux le châtier de façon exemplaire
pour son crime et son orgueil. »
    Isengrin n'a pas plutôt entendu le roi
qu'il se relève en toute hâte :
380 « Sire, dit-il, vous agissez à merveille.
On chantera partout vos louanges
si vous parvenez à venger Pinte
et sa sœur dame Coupée
que Renart a si sauvagement estropiée.
385 Ce n'est pas la haine qui m'inspire :
Je parle ainsi à cause de la demoiselle
qu'il a tuée
et non à cause de griefs personnels.
L'empereur dit : « Mon ami,
390 Renart m'a mis au cœur un immense chagrin

Ce n'est or pas li premereins.
A voz et a tos les foreins
Me plein, si con je fere sueil,
Del avoltire et del orgueil
395 Et de la honte qu'il m'a fete,
Et de la pes qu'il a enfrete.
Mes or parlons d'autre parole.
Brun li ors, pernez vostre estole,
Si commandés l'ame del cors!
400 Et vos, sire Bruianz li tors,
La sus enmi cele costure
Me fetes une sepouture!
— Sire, dit Brun, vostre plesir. »
Atant vet l'estole sesir,
405 Et non mie tant solement;
Et li rois au commendement
Et tuit li autre del concile
Ont commencié la vigile.
Sire Tardis li limaçons
410 Lut par lui sol les trois leçons,
Et Roënel chanta les vers,
Et li et Brichemers li cers.
      Quant la vigile fu chantee
Et ce vint a la matinee,
415 Le cors porterent enterrer,
Mes einz l'orent fet encerrer
En un molt bel vaissel de plom,
Onques plus bel ne vit nuz hom.
Puis l'enfoïrent soz un arbre
420 Et par desus mirent un marbre,
S'i ot escrit le non la dame
Et sa vie; et commandent l'ame.
Ne sai a cisel ou a grafe
I ont escrit en l'espitafe:
425 « Desoz cest arbre, enmi ce plain,
Gist Copee, la sor Pintein.
Renart qui chascun jor enpire,
En fist as denz si grant martire. »
Qui lors veïst Pintein plorer,
430 Renart maudire et devorer,

et ce n'est pas la première fois.
Devant vous tous, devant tous les étrangers à ma cour,
je l'accuse avec toute la solennité qui m'est coutumière,
d'adultère, d'insolence,
400 de lèse-majesté,
de violation de la paix.
Mais il est temps de passer à un autre sujet :
Brun l'ours, prenez votre étole
et priez pour le repos de cette âme !
400 Et vous, seigneur Bruyant le taureau,
dans ce champ, là-bas,
creusez-moi donc une sépulture !
— Volontiers, sire, dit Brun. »
Alors, il va prendre l'étole
405 et tout ce qu'il lui faut.
Sous sa direction, le roi
et tous les courtisans
ont commencé l'office funèbre.
A lui tout seul, seigneur Tardif le limaçon
410 a lu les trois leçons.
Roenel chanta les versets,
en alternance avec Brichemer le cerf.
  L'office terminé,
dans la matinée,
415 ils portèrent le corps en terre
non sans l'avoir auparavant déposé
dans un magnifique cercueil de plomb,
le plus beau qu'on ait jamais vu.
Ils l'enfouirent sous un arbre
420 et ils posèrent, par-dessus, une dalle de marbre
portant son nom et les événements de sa vie ;
et ils recommandent son âme à Dieu.
Je ne sais si c'est au burin ou au ciseau
qu'ils ont gravé cette épitaphe :
425 « Sous cet arbre, dans cette plaine,
gît Coupée, la sœur de Pinte.
Renart, qui chaque jour devient pire,
de ses dents la tortura cruellement. »
Personne alors n'aurait pu voir Pinte pleurer.
430 maudire Renart et le vouer à l'enfer,

Et Chantecler les piez estendre,
Molt grant pitié l'en poïst prendre.
   Quant li deuls fu un poi laissié
Et il fu del tot abessiez,
435 « Emperere, font li baron,
Qar nos vengiés de cel laron
Qui tantes guiches nos a fetes
Et qui tantes pes a enfretes.
— Molt volontiers, dit l'enperere.
440 Qar m'i alés, Brun, bauz doz frere :
Vos n'aurez ja de lui regart.
Dites Renart de moie part
Q'atendu l'ai trois jors enters.
— Sire, dit Brun, molt volenters. »
445 Atant se met en l'ambleüre
Parmi le val d'une coture,
Que il ne siet ne ne repose.
Lors avint a cort une chosse,
Endementers que Brun s'en vet,
450 Qui Renart enpire son plet,
Qar misire Coart li levres,
Que de poor pristrent les fevres,
(Dous jors les avoit ja oües)
Merci Deu, or les a perdues
455 Sor la tombe dame Copee.
Car quant ele fu enterree,
Onc ne se vout d'iloc partir,
S'eüst dormi sor le martir.
Et quant Ysengrin l'oï dire
460 Que ele estoit vraie martire,
Dit qu'il avoit mal en l'oreille ;
Et Roonel qui li conseille
Sus la tombe gisir le fist.
Lors fu gariz, si con il dist.
465 Mes se ne fust bone creance
Dont nus ne doit avoir dotance,
Et Roënel qui le tesmoingne,
La cort quidast ce fust mençoingne.
   Quant a la cort vint la novele,
470 A tex i ot qu'ele fu bele.

ni voir Chantecler tendre les pattes
sans en éprouver une immense pitié.
Le chagrin devenu moins vif
puis complètement apaisé,
435 les barons dirent : « Majesté,
vengez-nous donc de ce voleur
qui s'est ri de nous tant de fois
et qui a violé tant d'accords.
— Très volontiers, dit l'empereur.
440 Brun, mon très cher frère, allez-y pour moi.
Ne craignez rien de Renart.
Dites-lui de ma part
que je l'ai attendu pendant trois jours.
— Sire, très volontiers, dit Brun. »
445 Alors, prenant l'amble,
il descend par un champ cultivé,
sans s'arrêter ni se reposer.
Or, pendant qu'il voyage,
survint à la cour un événement
450 qui n'arrangera pas les affaires de Renart.
En effet, monseigneur Couart le lièvre
qui, de peur, avait attrapé la fièvre
(il en souffrait déjà depuis deux jours)
fut alors guéri par la grâce de Dieu
455 sur la tombe de dame Coupée
dont il n'avait à aucun moment
voulu s'éloigner après l'enterrement,
quitte à dormir sur le corps de la martyre.
Et quand Isengrin entendit dire
460 que c'était une vraie martyre,
il se plaignit de l'oreille.
Sur les conseils de Roenel,
il se coucha sur la tombe
puis proclama qu'il était guéri.
465 Mais, s'il ne s'était agi d'un article de foi
que nul ne doit mettre en doute
et sans le témoignage de Roenel,
la cour aurait cru que c'était un mensonge.
Lorsque la nouvelle parvint à la cour,
470 elle en réjouit certains

Mes a Grinbert fu ele lede,
Qui por Renart parole et plede
Entre lui et Tybert le chat.
S'or ne set Renart de barat,
475 Mal est bailliz, s'il est tenuz,
Qar Brun li ors est ja venuz
A Malpertus le bois enter
Parmi l'adrece d'un senter.
Por ce que grant estoit sis cors,
480 Remeindre l'estuet par defors,
S'estoit devant la barbacane ;
Et Renart qui le mont engane,
Por reposer ert trais arere
Enmi le fonz de sa tesnere.
485 Garni avoit molt bien sa fosse
D'une geline grant et grosse,
Et s'avoit mangié au matin
Deux beles cuisses de poucin.
Or se repose et est a ese.
490 Atant es vos Brun a la hese :
« Renart, fait il, parlez a moi !
Ge sui Brun messagier lo roi.
Issiez ça fors en ceste lande,
S'orrez ce que li rois vos mande. »
495 Renart set bien que c'est li ors,
Reconneü l'avoit au cors ;
Or se commence a porpenser
Con se porra vers lui tenser :
« Brun, fet Renart, baus doz amis,
500 En molt grant peine vos a mis
Qui ça vos a fet avaler.
Ge m'en devoie ja aler,
Mes que j'aie mangié ançois
D'un mervellos mangier françois ;
505 Qar, sire Brun, vos ne savez,
L'en dit a cort : «Sire, lavez»
A riche home, quant il i vient.
Garis est qui ses manches tient [1].

---

1. Sauvé est celui qui tient les manches du puissant qui se lave les

mais elle déplut à Grimbert,
le défenseur et le partisan de Renart,
avec Tibert le chat.
Maintenant, si Renart ne s'y connaît en ruse,
475 il lui en cuira si on l'attrape,
car Brun l'ours est déjà parvenu
à Maupertuis, au cœur de la forêt,
en suivant continuellement un sentier.
Sa forte corpulence
480 l'oblige à rester dehors
et à se tenir devant la barbacane.
Cependant Renart, le trompeur universel,
s'était retiré au fin fond de sa tanière
pour se reposer.
485 Il avait abondamment pourvu son terrier
d'une grosse et grasse poule
et, pour son petit déjeuner,
il avait eu deux belles cuisses de poulet.
A présent il se repose, satisfait.
490 Voilà que maintenant Brun est parvenu à la barrière :
« Renart, dit-il, venez me parler.
C'est moi, Brun, le messager du roi.
Sortez par ici, dans la lande,
et vous entendrez le message du souverain. »
495 Renart sait bien que c'est l'ours :
il l'avait parfaitement reconnu à sa démarche.
Alors, il se met à réfléchir
comment il pourra se protéger de lui.
« Brun, mon cher ami, dit Renart,
500 quel épuisant effort vous a imposé
celui qui vous a fait dévaler jusqu'ici !
Je m'apprêtais justement à partir,
tout de suite après avoir mangé
une délicieuse spécialité française...
505 En effet, seigneur Brun, si vous ne le savez,
apprenez que l'on dit à la cour, à tout homme puissant,
dès qu'il arrive : « Seigneur, lavez-vous les mains !
Il a de la chance celui qui lui tient les manches ! »

mains avant le repas, car il en retire honneur et profit. Il faut se rappeler
que les manches des vêtements étaient amples et longues.

De primes vient buef a l'egrés.
510 Aprés vienent li autre mes,
Quant li sires les velt avoir.
Qar povres hom qui n'a avoir
Fu fet de la merde au dïable.
Ne siet a feu, ne siet a table,
515 Ainz mangüe sor son giron.
Li chen li vienent environ
Qui le pain li tolent des meins.
Une fois boivent, c'est del meins[1].
Ja plus d'une fois ne bevront,
520 Ne ja plus d'un sol mes n'auront.
Lor os lor gitent li garçon,
Qui plus sont sec que vif carbon.
Chascun tient son pain en son poing.
Tuit furent feru en un coing,
525 Et li seneschal et li queu.
De tel chose ont li seignor peu
Dont li laron ont a plenté.
Qar fussent il ars et venté !
La char lor enblent et les peins
530 Qu'il envoient a lor puteins.
Por tel afere con ge di,
Beax sire, avoie des midi
Mon lart et mes pois aünés,
Dont je me sui desjeünés,
535 Et s'ai bien mangié set denrees
De novel miel en fresces rees.
— Nomini Dame, Cristum file[2],
Dit li ors, por le cors saint Gile,
Cel meuls, Renart, dont vos abonde ?
540 Ce est la chose en tot le monde
Que mes las ventres plus desire.
Car m'i menés, baux tres doz sire,
Por le cuer bé, Dex ! moie cope ! »

1. Pour l'interprétation du tour *c'est del meins*, voir J. Orr, *Essais d'étymologie et de philologie françaises*, Paris, Klincksieck, 1963, p. 137-157.
2. Déformation plaisante de l'invocation latine : *In nomine Domini, Christi filii*.

D'abord on sert le bœuf au verjus,
510 ensuite les autres plats,
     dès que le noble hôte en manifeste le désir...
     Quant au pauvre, qui ne possède rien,
     on le prend pour de la crotte de bique :
     pour lui, pas de place près du feu, pas de place à table,
515 il doit manger sur ses genoux.
     Les chiens le harcèlent
     pour lui arracher le pain des mains.
     Aux pauvres, on ne donne qu'un coup à boire.
     Ils doivent se contenter d'une seule tournée,
520 ils doivent se contenter d'un seul plat.
     La valetaille leur lance ses os
     plus secs que des charbons ardents.
     Chacun serre son pain dans son poing.
     Sénéchal, cuisinier,
525 sont faits sur le même modèle
     Ces voleurs servent chichement les seigneurs
     pour se gaver.
     Ah ! s'ils pouvaient être brûlés et leurs cendres dispersées
     Ils dérobent de la viande, du pain,   [au vent !
530 pour en faire cadeau à leurs putains.
     Pour toutes ces raisons,
     cher seigneur, je m'étais, dès midi,
     préparé du lard avec des pois,
     pour m'ôter la faim du ventre ;
535 après cela, j'ai bien mangé pour sept deniers
     de gâteaux frais de miel nouveau.
     — *Nomini Dame, Cristum file,*
     réplique l'ours, par saint Gilles,
     ce miel, Renart, d'où vient-il ?
540 Il n'est rien au monde
     que mon pauvre ventre désire davantage.
     Conduisez-moi donc là-bas, mon très cher seigneur,
     par Dieu, que le ciel me pardonne ! »

Et Renart li a fet la lope
545 Por ce que si tost le desçoit,
Et li chaitis ne s'aperçoit,
Et il li trempe la corroie.
« Brun, dit Renart, se je savoie
Que je trovasse en vos fïance
550 Et amistié et alïance,
Foi que je doi mon fil Rovel,
De cest bon miel fres et novel
Vos enplirai encui le ventre
Ça, an dedens, si que l'en entre
555 El bois Lanfroi le forestier.
Mes ce que vaut ? ce n'a mestier,
Qar, se je ore o vos aloie
Et de vostre ese me penoie,
Tost me fereez male part.
560 — Qu'avez vos dit, sire Renart ?
Mescreez me vos dont de rien ?
— Oïl. — De qoi ? — Ce sa ge bien :
De traïson, de felonnie.
— Renart, or est ce dïablie,
565 Quant de tel chosse me desdites.
— Non faz : or en soiez toz quites !
Ne vos en port nul mal corage.
— Vos avés droit, que par l'omaje
Que je fis Noble le lïon,
570 Onc vers vos n'oi entencïon
D'estre traïtres ne triceres,
Ne envers vos estre boiseres.
— Ge n'en quier autre seürté,
Ge me met en vostre bonté. »
575 Trestot Brun a Renart otroie.
Atant se mistrent a la voie.
Onques n'i ot resne tenu
De si a tant qu'il sont venu
El bois Lanfroi le forester ;
580 Iloc s'arestent li destrer.
Lanfroi, qui le bois soloit vendre,
Un chesne ot conmencé a fendre.
Deus coins de cesne toz entiers

Renart lui fait la grimace :
545 Brun est si facile à tromper !
Le malheureux ne s'aperçoit de rien,
et l'autre lui mijote un mauvais tour.
« Brun, dit Renart, si j'étais assuré
de trouver en vous loyauté,
550 amitié, fidélité,
sur la tête de mon fils Rovel,
je vous remplirai aujourd'hui même le ventre
de ce bon miel tout frais
qui est là-bas, juste à l'entrée
555 du bois de Lanfroi le forestier.
Mais à quoi bon ? C'est inutile
car, si je vous accompagnais
et me décarcassais pour vous,
vous auriez tôt fait de me faire un mauvais parti.
560 — Que dites-vous, seigneur Renart ?
Vous méfiez-vous de moi ?
— Oui. — Que craignez-vous ? — Ça, je le sais bien :
d'être trahi, trompé.
— Renart, il faut que vous soyez possédé
565 pour me soupçonner de tels crimes !
— Non pas, soyez tranquille.
Je ne vous en veux pas.
— Vous avez raison car, par le serment d'hommage
qui me lie à Noble le lion,
570 je n'eus jamais l'intention
d'être déloyal, traître
ou trompeur envers vous.
— Ces assurances me suffisent.
Je m'en remets à vous. »
575 Aucune objection de la part de Brun.
Ils se mettent en route
et vont à bride abattue,
ils font route
jusque dans le bois de Lanfroi le forestier
580 où les destriers font halte.
Lanfroi qui vendait du bois
avait commencé à fendre un chêne.
Deux coins

I avoit mis li forestiers.
585 « Brun, fet Renart, bau doz amis,
Vez ci ce que je t'ai premis.
Ici dedenz est li castoivre.
Or del mangier, si iron boivre :
Or as bien trové ton avel. »
590 Et Brun li ors mist le musel
El cesne et ses deus piés devant,
Et Renart le vet sus levant
Et adreçant en contremont.
En sus se trest, si le semont :
595 «Cuverz, fait il, ovre ta boce !
A pou que tes musauz n'i toce.
Fil a putein, ovre ta gole ! »
Bien le concie et bien le bole.
Maudite soit sa vie tote,
600 Que jamés n'en traisist il gote,
Que n'i avoit ne miel ne ree.
Endementres que Brun i bee,
Renart a les coinz enpoigniez
Et a grant peine descoigniez.
605 Et quant li coing furent osté,
La teste Brun et li costé
Furent dedens le cesne enclos.
Ore est li las a mal repos :
Moult l'avoit mis en male presse.
610 Et Renart, qui ja n'ait confesse,
(Quar onc ne fist bien ne ammone)
De long s'estut, si le ranprone :
« Brun, fet il, jel savoie bien
Que querïez art et engien
615 Que ja del miel ne gosteroie.
Mes je sai bien que je feroie,
S'une autre fois avoie a fere.
Molt estes ore deputere
Que de cel miel ne me paés.
620 Ahi ! con me conduisïez,
Et con seroie a saveté,
Se g'estoie en enfremeté !
Vos me laireés poires moles. »

y avait été enfoncés par le forestier.
585 « Brun, fait Renart, mon très cher ami,
    voilà ce que je t'ai promis :
    la ruche est là-dedans.
    A table donc et ensuite nous irons boire !
    A présent, tu as trouvé ton bonheur. »
590 Et Brun l'ours mit son museau
    dans le chêne ainsi que ses deux pattes de devant,
    et Renart le soulève
    et le pousse vers le haut.
    Puis le goupil s'écarte et l'excite :
595 « Feignant, fait-il, ouvre donc la gueule !
    Ton museau y arrive presque !
    Fils de pute, ouvre la gueule ! »
    Il le raille et le roule dans la farine.
    Maudit soit-il sa vie durant
600 car jamais l'ours n'en aurait rien tiré,
    pour la bonne raison qu'il n'y avait ni miel ni rayon.
    Tandis que Brun s'évertue à ouvrir la gueule,
    Renart a empoigné les coins
    et les a arrachés à grand-peine.
605 Du coup,
    la tête et les flancs de Brun
    se trouvèrent coincés dans le chêne.
    Voilà le malheureux dans une fâcheuse posture :
    il court là un grand danger.
610 Alors Renart — puisse-t-il ne jamais recevoir l'absolu-
    lui qui n'a jamais fait le bien ni l'aumône —   [tion
    se tient à distance et l'accable de bons mots :
    « Brun, dit-il, j'étais sûr
    que vous chercheriez un moyen
615 pour m'empêcher de goûter au miel !
    Mais je sais bien ce que je ferais,
    si c'était à recommencer.
    Vous êtes un sacré coquin
    pour me refuser ma part.
620 Ah ! elle était belle votre compagnie !
    Ah ! je serais bien soigné
    si j'étais malade !
    Vous ne me laisseriez que des poires blettes ! »

Atant es vos a cez paroles
625 Sire Lanfroi le forestier,
Et Renart se mist au frapier.
Quant li vileins vit Brun l'ors pendre
Au cesne que il devoit fendre,
A la vile s'en vient le cors.
630 « Harou ! harou ! fait il, a l'ors !
Ja le porrons as poins tenir. »
Qui dont veïst vileins venir
Et formïer par le boscage !
Qui porte tinel, et qui hache,
635 Qui flaël, qui baston d'espine.
Grant peor a Brun de s'escine.
    Quant il oï venir la rage,
Fremist et pense en son corage
Que meus li vient le musel perdre
640 Que Lanfroi le poüst aerdre,
Qui devant vient a une hace.
Tent et retent, tire et relache [1],
Estent le cuir, ronpent les venes,
Si durement que a grans peines
645 Fent li cuirs et la teste qasse.
Del sanc i a perdu grant masse,
Le cuir des piés et de la teste.
Onc nus ne vit si leide beste.
Li sans li vole del musel,
650 Entor son vis n'ot tant de pel
Dont en poïst fere une borse.
Einsi s'en vet le filz a l'orse.
Parmi le bois s'en vet fuiant,
Et li vilein le vont huiant :
655 Bertot le filz sire Gilein,
Et Hardoïn Copevilein,
Et Gonberz et li filz Galon,
Et danz Helins li niez Faucon,
Et Otrans li quens de l'Anglee
660 Qui sa feme avoit estranglee ;
Tyegiers li forniers de la vile

---

1. Dans d'autres manuscrits, on a *resache*, « tire ».

Sur ces entrefaites,
625 voici que survient monseigneur Lanfroi le forestier,
et Renart prit ses jambes à son cou.
A la vue de l'ours Brun pendu
au chêne qu'il devait fendre,
le vilain retourne au village en courant :
630 « Haro, haro, crie-t-il, sus à l'ours !
Pour sûr, nous allons pouvoir l'attraper ! »
Ah ! si vous aviez vu les paysans accourir
et grouiller dans le taillis,
armés l'un d'un gourdin, l'autre d'une hache,
635 l'autre d'un fléau et l'autre d'un bâton d'épine !
Brun a grand-peur pour son échine.
    A entendre ce déchaînement,
il tremble et juge préférable
de sacrifier son museau
640 plutôt que de se laisser capturer par Lanfroi
qui arrive en tête avec une hache.
Il tend ses muscles, les durcit encore ; il tire, recommence
— son cuir se distend, ses veines se rompent —
si fort que la peau, au prix de mille souffrances,
645 se déchire et que la tête se brise.
Il a perdu beaucoup de sang,
le cuir des pattes et de la tête :
on n'a jamais vu de bête aussi horrible !
Le sang jaillit de son museau ;
650 sur sa face il ne reste pas assez de peau
pour faire une bourse.
Ainsi s'en va le fils de l'ourse.
Sans relâche, il s'enfuit à travers le bois ;
sans relâche les vilains le poursuivent de leurs cris :
655 Bertold, le fils du seigneur Gilles,
et Hardouin Butevilain,
et Gombert, et le fils de Galon,
et messire Hélin, le neveu de Faucon,
puis Otran, le comte d'Anglée,
660 qui avait étranglé sa femme,
Tigiers, le boulanger du village,

Qui esposa noire Cornille,
Et Aÿmer Brisefaucille
Et Rocelin li filz Bancille,
665 Et le filz Oger de la Place,
Qui en sa mein tint une hache;
Et misire Hubert Grosset [1]
Et le filz Faucher Galopet.
Li ors s'enfuit a grant anguisse.
670 Et li prestres de la parose
Qui fu pere Martin d'Orliens,
Qui venoit d'espandre son fiens,
(Une force tint en ses meins)
Si l'a feru parmi les reins,
675 Que par pou ne l'a abatu.
Molt l'a blecié et confondu.
Cil qui fet pinnes et lanternes,
Ateint Brun l'ors entre deus cesnes:
D'une corne de buef qu'il porte
680 Li a tote l'escine torte.
Et d'autres vileins i a tant
Qui as tinels le vont batant,
Que a grant peine s'en escape.
Or est Renarz pris a la trape,
685 Se Bruns li ors le puet ateindre.
Mes quant il l'oï de loin pleindre,
Tantost s'est mis par une adrece
A Malpertuis sa forterece,
Ou il ne crient ost ne aguet.
690 Au trespasser que Bruns a fet
Li a Renart deus gas lanciés:
« Brun, estes vos bien avanciés,
Ce dit Renart, del miel Lanfroi
Que vos avés mangié sans moi?
695 Vostre male foi vos parra.
Certes il vos en mescharra
Que ja n'aurés en la fin prestre.
De quel ordre volés vos estre
Que roge caperon portés? »

1. Dans le mas. *O*, ce personnage s'appelle *Grospet*.

qui épousa Corneille la noiraude
et Aymer Brisefaucille
et Rousselin le fils de Banquille
665 et le fils d'Ogier de la Place,
armé d'une hache,
et monseigneur Hubert Petitgros,
et le fils de Fauché Galopet.
L'ours se sauve, saisi de panique.
670 Comme le prêtre de la paroisse
— c'était le père de Martin d'Orléans —
venait d'étendre son fumier,
il tenait une fourche à la main,
il lui en frappa les reins si violemment
675 qu'il manqua de l'abattre.
Brun en fut terriblement blessé et commotionné.
Le fabricant de peignes et de lanternes
le rattrape entre deux chênes :
d'un coup de corne de bœuf,
680 il lui a disloqué l'échine.
Et il y a tant de paysans
qui n'arrêtent pas de l'assommer de leurs massues
qu'il en réchappe à grand-peine.
Maintenant, Renart peut être sûr de passer un mauvais
685 si l'ours Brun parvient à le rejoindre ;   [moment,
mais dès qu'il a, de loin, entendu ses plaintes,
le goupil a pris le chemin
de Maupertuis sa forteresse
où il ne craint ni armée ni embuscade.
690 Lorsqu'il voit l'ours passer,
il lui a lancé deux boutades :
« Brun, vous voilà bien avancé
d'avoir mangé sans moi
le miel de Lanfroi.
695 Votre déloyauté vous perdra.
Assurément, cela vous portera malheur,
jamais aucun prêtre ne vous assistera à votre mort.
Dans quel ordre voulez-vous entrer
pour porter un chaperon rouge ? »

700 Et li ors fut si amatés
      Qu'il ne li pot respondre mot.
      Fuiant s'en vet plus que le trot,
      Qu'encor quide caoir es meins
      Lanfroi et les autres vileins.
705   Tant a alé esporonant
      Que dedens le midi sonant
      En est venus en la carere
      Ou li lïons tint cort plenere.
      Pasmés chaï el parevis.
710 Li sans li cuevre tot le vis
      Et si n'aporte nule oreille.
      Trestote la cort s'en merveille.
      Li rois dit : « Brun, qui t'a ce fet ?
      Ledement t'a ton capel treit,
715 Par pou qu'il ne t'a escuissié. »
      Brun avoit tant del sanc lessié
      Que la parole li failli :
      « Rois, fet il, ainsi m'a bailli
      Renart com vos poés veoir. »
720 Atant li vet au pié caoir.
         Qui lors veïst le lïon brere,
      Par mautalant ses crins detrere !
      Et jure le cuer et la mort.
      « Brun, fet li rois, Renart t'a mort,
725 Ne quit q'autre merci en aies,
      Mes par le cuer et par les plaies
      Je t'en ferai si grant venchance
      Qu'en le saura par tote France.
      Ou estes vos, Tyberz li chaz ?
730 Alés moi por Renart vïas !
      Dites moi le rox deputere
      Qu'il me viegne a ma cort dreit fere
      En la presence de ma gent,
      Si n'i aport or ni argent,
735 Ne parole por soi deffendre,
      Mes la hart a sa goule pendre. »
      Tybers ne l'osa refuser ;
      Qar, s'il s'en poüst escuser,
      Encor fust sans lui lⁱ senters,

700 Et l'ours était si hébété
    qu'il ne trouva rien à répondre.
    Il continue de fuir à vive allure,
    tant il a peur de retomber entre les mains
    de Lanfroi et des autres vilains.
705   Il a si bien éperonné son cheval
    qu'avant midi sonné
    il est arrivé dans la carrière
    où le lion tenait sa cour plénière.
    Il tombe sans connaissance sur le parvis :
710 sa face est couverte de sang ;
    de plus, il lui manque les deux oreilles.
    La cour entière en est frappée de stupeur.
    Le roi demande : « Brun, qui t'a arrangé de la sorte ?
    Il t'a vilainement arraché ton chapeau
715 et t'a presque cassé la cuisse. »
    Brun avait tant perdu de sang
    qu'il n'arrivait plus à parler :
    « Roi, c'est Renart
    qui m'a mis dans l'état que vous voyez »,
720 dit-il avant de tomber à ses pieds.
        Ah ! si vous aviez vu alors le lion rugir
    et s'arracher les poils de colère !
    Il jure par le cœur et la mort de Dieu :
    « Brun, dit le roi, Renart t'a tué :
725 je ne crois pas que tu puisses attendre un autre geste de
    mais, par le cœur et par les plaies de Dieu,   [pitié,
    je te vengerai si bien
    qu'on le saura partout en France.
    Où êtes-vous, Tibert le chat ?
730 Vite, allez de ma part chercher Renart.
    Dites en mon nom à ce maudit rouquin
    de venir à ma cour me rendre des comptes
    en présence de tous mes vassaux
    et de n'apporter ni or, ni argent,
735 ni belles paroles pour se défendre
    mais seulement la corde dont on le pendra. »
    Tibert n'osa pas refuser.
    S'il avait pu se défiler,
    le sentier attendrait encore sa visite.

740 Mes a anvis ou volonters
   Convient au sene aler le prestre,
   Et Tybert se met a senestre.
   Parmi le fons d'une valee,
   Tant a sa mule esporonee
745 Qu'il est venus a l'uis Renart.
   Deu recleime et saint Lïenart [1],
   Cil qui deslïe les prisons,
   Qu'il le gart par ses oreisons
   Des meins Renart son conpaignon,
750 Qar il le tient tant a gaignon
   Et a beste de put conroi,
   Neïs a Dex ne porte il foi.
   La rien qui plus le desconforte,
   Ce fu, quant il vint a la porte,
755 Entre un frenne et un sapin
   A veü l'oisel saint Martin.
   Asez huca : « A destre, a destre ! »
   Mes li oisauls vint a senestre.
   Tibert s'en tint une grant pose.
760 Or vos di que ce fu la chosse
   Qui plus l'esmaie et plus le donte.
   Son cuer dit que il aura honte
   Et grant ennui et grant vergoigne.
   Tant dote Renart et resoigne
765 Qu'il n'ose entrer en sa meson.
   Par dehors conte sa reson,
   Mes mavés en est ses gaainz :
   « Renart, fet il, baux doz conpainz,
   Respon moi, es tu la dedenz ? »
770 Ce dit Renart entre ses denz
   Tot coiement que il ne l'oie :
   « Tybert, par vostre male joie
   Et par vostre male aventure
   Soiez venus en ma pasture !

---

   1. Saint Léonard était le patron et le libérateur des prisonniers. Voir
J. Dufournet, *Adam de la Halle à la recherche de lui-même ou le Jeu
dramatique de la Feuillée*, Paris, Sedes, 1974 p. 112-115, et éd.
d'*Adam de la Halle, le Jeu de la Feuillée*, Gand, Ed. Scientifiques,
1977, p. 132.

740 Mais de gré ou de force,
le prêtre doit aller au synode.
Tibert monte donc en amazone
et, suivant le fond d'une vallée,
il a si bien éperonné sa mule
745 qu'il est arrivé à la porte de Renart.
Il se recommande à Dieu puis à saint Léonard,
le libérateur des prisonniers,
afin que par ses prières
le saint le protège des griffes de Renart son compagnon,
750 un vrai chien selon lui,
un débauché
qui ne craint même pas Dieu.
Son abattement fut à son comble lorsque,
arrivant à la porte de Renart,
755 il vit, entre un frêne et un sapin,
l'oiseau de saint Martin.
Il s'époumonna : « A droite, à droite ! »
Mais l'oiseau tourna à gauche.
Tibert en resta longtemps cloué sur place.
760 Je vous l'assure : ce fut l'incident
qui l'effraya et le paralysa le plus.
Son cœur lui dit qu'il va connaître honte,
souffrances et humiliations.
Renart lui inspire une si grande peur
765 qu'il n'ose pas entrer chez lui.
De dehors, il délivre son message,
mais il n'en retire qu'un piètre profit.
« Renart, dit-il, mon cher compagnon,
réponds-moi, es-tu là chez toi ? »
770 Et Renart réplique entre ses dents
assez bas pour ne pas être entendu :
« Tibert, puissiez-vous être entré sur mes terres
pour votre malheur
et pour votre infortune !

775 Si serés vos, s'engin ne faut. »
       Et puis li respondi en haut :
       « Tybert, ce dist Renart, welcomme !
       Se tu venoiez or de Rome
       Ou de seint Jaque frescement,
780 Bien soiez venus hautement
       Conme le jor de pantecoste. »
       Mes sa parole, que li coste ?
       Si le salue belement.
       Et Tybert li respont brement :
785 « Renart, nel tenés a desroi,
       Se je vien ça de par le roi :
       Ne quidiez pas que je vos hace.
       Li rois durement vos manace.
       Vos n'avés a la cort voisin,
790 Fors dant Grinbert vostre cosin,
       Qui ne vos hee durement. »
       Et Renart li respont brement :
       « Tybert, or lessiez manacier
       Et sor moi lor denz aguiser.
795 Ge vivrai tant con je porrai.
       G'irai a la cort, si orrai
       Qui sor moi voudra noient dire.
       — Ce sera grant savoir, baux sire.
       Ge le vos lo, et si vos eim,
800 Mes certes je ai si grant fein
       Que tote en ei corbe l'escine.
       Avez vos ne coc ne geline,
       Ne chosse qu'en puisse manger ?
       — Que trop me menés grant dangier,
805 Ce dist Renart ; baraz, baraz,
       De soris crasses et de raz,
       Ge cuit que n'en gosteriez.
       — Si feroie. — Non feriez.
       — Certes ja n'en serai lassez.
810 — Et je vos en donrai asez
       Demein, einz le soleil levant.
       Or me sivez, g'irai avant. »
             Atant s'en ist de sa tesnere,
       Tybert le sivi par derere

775 Il en sera ainsi si ma ruse ne m'abandonne. »
Puis il lui a répondu à voix haute :
« Tibert, welcome !
Bienvenue, bienvenue à vous
comme si vous veniez d'arriver de Rome
780 ou de Saint-Jacques
par un jour de Pentecôte ! »
Mais que lui coûtent les beaux discours ?
Il y ajoute un grand salut.
Tibert lui répond en quelques mots :
785 « Renart, ne me tenez pas rigueur
si je viens ici de la part du roi.
Ne croyez surtout pas que je sois votre ennemi.
Le roi se répand en menaces contre vous et,
hormis le seigneur Grimbert votre cousin,
790 vous n'avez pas de proche à la cour
qui n'éprouve pour vous une haine farouche. »
Mais Renart l'interrompt :
« Tibert, laissez-les donc menacer
et se faire les dents sur moi.
795 Je vivrai aussi longtemps que je le pourrai.
Je vais aller à la cour et j'entendrai alors
ceux qui auront à se plaindre de moi.
— Ce sera très sage, cher seigneur,
et je vous le conseille en toute amitié.
800 Mais vraiment j'ai si grand faim
que j'en ai le dos tout voûté.
N'auriez-vous pas un coq ou une poule
ou quelque autre chose à manger ?
— Vous êtes bien délicat,
805 dit Renart ; si l'on vous présentait des tas
de souris grasses et de rats,
je crois que vous n'y toucheriez pas.
— Mais si ! — Mais non !
— Je vous jure que je n'en serai jamais rassasié.
810 — Eh bien ! je vous en donnerai tant et plus,
demain, avant le lever du soleil.
Suivez-moi. Je vais passer le premier. »
Il sortit alors de sa tanière
suivi de Tibert

815 Qui n'i entent barat ne gile.
     Traiant en vont a une vile
     Ou il n'avoit coc ne geline
     Dont Renart n'ait fet sa cuisine.
     « Tybert, savez que nos ferons?
820 La dedenz entre ces mesons,
     Fet soi Renart, esta uns prestres,
     Et ge conois molt bien ses estres.
     Asés a forment et aveine,
     Mes les soris en font grant peine :
825 Mangié en ont bien demi mui.
     N'a encor gueres que g'i fui.
     Lores lor fis une envaïe.
     Dis gelines pris sans faillie.
     Les cinc en ai ge mangies hui,
830 Et les autres mis en estui.
     Voiz ci par la ou l'en i entre.
     Passe outre, saoule ton ventre ! »
     Mes li leceres li mentoit,
     Car li prestres qui la manoit,
835 N'avoit ne orge ne aveine.
     De ce n'estoit il ja en peine.
     Toute la vile le plaignoit
     Por une putein qu'il tenoit,
     Qui mere estoit Martin d'Orliens ;
840 Si l'avoit gité de granz biens
     Que il n'avoit ne buef ne vache
     Ne autre beste que je sache
     Fors deus gelines et un coc.
     Martinet, qui puis ot le froc
845 Et qui puis fu moines rendus,
     Avoit au trou deus las tendus
     Por Renart prendre le gorpil.
     Dex garisse au prestre tel fil
     Qui ja aprent si bel barat
850 Con de prendre gorpil ou chat !
     « Tybert, passe outre, dit Renart.
     Fi ! merde, con tu es cuart !
     Ge t'atendrai au trou ça fors. »
     Et Tybert lance avant son cors.

815 qui ne flairait ni ruse ni tromperie.
A force de cheminer, ils parviennent à un village
où il n'y avait ni coq ni poule
dont Renart n'eût fait son repas.
« Tibert, dit Renart, savez-vous ce que nous allons faire ?
820 Là-dedans, parmi ces maisons,
habite un prêtre.
Je connais parfaitement sa demeure.
Il a du froment et de l'avoine en quantité
mais les souris font des ravages :
825 elles lui en ont bien mangé un demi-muid.
J'y étais encore il n'y a pas longtemps
et je leur ai fait la chasse.
J'ai pris dix poules à coup sûr.
J'en ai mangé cinq aujourd'hui,
830 et j'ai mis les autres dans mon garde-manger.
Voici par où l'on rentre.
Passez de l'autre côté et mettez-vous-en plein la lampe ! »
Mais la canaille lui mentait,
car le prêtre qui demeurait là
835 n'avait ni orge ni avoine.
C'était le cadet de ses soucis.
Tout le village le plaignait
à cause de la traînée qu'il entretenait,
la mère de Martin d'Orléans.
840 Elle lui avait mangé toute sa fortune
si bien qu'il ne lui restait plus ni bœuf ni vache
ni aucune autre bête à ma connaissance,
hormis deux poules et un coq.
Le petit Martin, qui depuis a pris le froc
845 et s'est fait moine reclus,
avait tendu, en travers du trou, deux lacets
pour prendre Renart le goupil.
Que Dieu conserve au prêtre un tel fils
qui manifeste déjà de tels dons
850 pour capturer renard ou chat !
« Tibert, vas-y donc, dit Renart.
Peuh ! merde, quel froussard tu fais !
Je t'attends dehors, devant le trou. »
Et Tibert se met à courir.

855 Et or se pot tenir por fol,
    Que li las l'a pris par le col.
    Tret et retret Tybert li chaz :
    Con plus tret, plus estreint li las.
    Eschaper quide, rien ne vaut,
860 Qar Martinez li clerçons saut.
    « Or sus, or sus ! fet il, bel pere !
    Aïde, aïde, bele mere !
    Alumez, si corez au trou :
    Li gorpilz est tenus por fou [1]. »
865   La mere Martinet s'esveille,
    Saut sus, s'alume la chandelle.
    A une mein tint sa conoille.
    Li prestres, en son poing sa coille,
    S'est erraument du lit sailliz.
870 Lors est Tybert molt asailliz,
    Qu'il prist cent cox de livroison
    Eins qu'il partist de la meson.
    Fiert li prestres, fiert la soignanz.
    Et Tybert jete avant les danz,
875 Si con nos trovons en l'estoire,
    Esgarda la colle au provoire :
    As denz et as ongles trenchans
    Li enracha un des pendans.
    Quant la feme vit sa grant perte,
880 Lors par fu sa dolor aperte.
    Trois fois s'est chaitive clamee,
    A la quarte chaï pammee.
    Au duel que Martinet menoit
    De sa mere qui se pasmoit,
885 Tybert s'en eschape li chaz,
    Qu'il ot as denz mangiez les laz.
    Il a esté bien ledengiez,
    Mes en la fin s'est bien venchez
    Del prestre qui si le batoit.
890 Ahi, con il s'en vencheroit

----

1. Se rappeler qu'au Moyen Age le fou était maltraité, ce qui explique notre traduction. Sur le fou, voir nos livres cités à propos du
vers 746.

855 Maintenant il peut mesurer sa folie
car le lacet l'a saisi à la gorge.
Tibert le chat tire tant et plus :
plus il tire, plus le lacet l'étrangle.
Il croit pouvoir s'échapper mais sans succès,
860 car Martin, le petit clerc, saute du lit.
« Debout, debout, crie-t-il, cher père !
A l'aide, à l'aide, chère mère !
Allumez la chandelle et venez vite au trou :
le renard est foutu ! »
865 La mère de Martinet se réveille,
bondit et allume la chandelle.
Elle tient sa quenouille à la main.
Le prêtre, se tenant la queue,
a tout aussi vite sauté de son lit.
870 Voilà Tibert assailli de toutes parts :
il a écopé d'une volée de cent coups de bâton
avant de s'échapper de la maison,
frappé par le prêtre, frappé par sa bonne amie.
Mais Tibert montre les dents
875 et, nous dit la chronique,
lorgnant les couilles du prêtre,
de ses dents et de ses griffes acérées,
il lui arracha l'une des pendeloques.
A la vue de cette catastrophe,
880 la femme a laissé éclater sa douleur.
Par trois fois elle s'est traitée de malheureuse
et à la quatrième elle s'est évanouie.
Profitant des pleurs que Martinet versait
sur sa mère sans connaissance,
885 Tibert le chat s'échappe
après avoir rongé les lacets.
Il a été bien malmené
mais finalement il s'est bien vengé
du prêtre qui le rouait de coups.
890 Ah ! comme il se vengerait

De Renart, s'il ert au desore!
Mes li lecheres n'i demore,
Ainz s'enfoï sans plus atendre
Des que Tybert vit au laz prendre.
895 Quant Martinet dit : « Levés sus »,
Onques n'i volt demorer plus,
Ainz s'en foï a son repere,
Et cil remeist por le mal trere.
« Ahi, fait il, Renart, Renart !
900 Ja Dex n'ait en vostre arme part !
Bien doüsse estre chastïez
Qui tantes fois sui conchïez
Par le barat Renart le rox !
Et li prestres, li maveis cox,
905 Qui Dex doint mal giste et pou pain
Entre lui et s'orde putein,
Qui hui m'a fet tele envaïe !
Mes d'un des pendanz n'a il mie.
A tot le meins en sa paroche
910 Ne puet soner qu'a une cloche.
Et Martinez son filz d'Orliens,
Que ja ne croisse en lui nus biens,
Qui si m'aloit jui batant !
Ja ne muire il de si q'atant
915 Qu'il ait esté moines retrez
Et puis par larecin desfez ! »
    Tant a sa pleinte demenee
Qu'il est venus en la valee
Et en la cort ou li rois siet.
920 Ou il le voit, as piez li chet,
Si li reconte la merveille.
« Dex ! dist li rois, car me conseille !
Con oi ore grant dïablie
De Renart qui si me conchie !
925 Ne je ne puis trover nullui
Qui me venche de cest ennui.
Sire Grinbert, molt me merveil
Se ce est par vostre conseil
Que Renart me tient si por vil.
930 — Ge vos plevis, sire, nenil.

de Renart, s'il l'avait à sa merci !
Mais la canaille n'a pas attendu,
elle a pris le large sans demander son reste,
dès qu'elle a vu Tibert pris au lacet.
895 Aussitôt que Martinet a crié : « Debout ! »
Renart n'a pas voulu s'attarder davantage,
il s'est enfui dans son repaire
tandis que l'autre restait pour encaisser les coups.
« Ah ! ah ! Renart, Renart, fait Tibert,
900 que Dieu n'ait jamais votre âme en partage !
Pourtant, j'aurais dû me méfier
après toutes les fois où j'ai été roulé
par ce rouquin de Renart !
Quant au prêtre, ce maudit coquin,
905 que Dieu lui donne un taudis et un croûton de pain,
à lui et à sa saloperie de putain,
pour m'avoir attaqué aujourd'hui de la sorte !
Mais il a perdu un de ses grelots
et il reste que dans sa paroisse
910 on ne peut plus sonner que d'une cloche.
Et Martinet d'Orléans, son fils,
qu'il végète misérablement,
lui qui m'assommait aujourd'hui de tout son cœur !
Qu'il ne meure pas avant
915 d'avoir été moine cloîtré
et puis mis à mort pour vol ! »
      Sans cesser ses plaintes,
il finit par arriver dans la vallée
où le roi tenait sa cour.
920 Dès qu'il le voit, il se jette à ses pieds,
et lui conte son étonnante mésaventure.
« Dieu, dit le roi, j'ai besoin de tes conseils.
J'en apprends de belles ! Ce diable
de Renart me nargue une fois de plus,
925 et je ne peux trouver personne
qui me venge de cet affront !
Seigneur Grimbert, je finis par me demander
si c'est sur vos conseils
que Renart me méprise ainsi.
930 — Je vous assure que non, sire.

— Alés donc tost, sel m'amenés,
Gardés sans lui que ne venés.
— Sire, ce ne puis je pas fere.
Renart est si de put afere
935 Bien sai que pas ne l'amenroie,
Si je vos letres n'en avoie.
Mes s'il veoit vostre seel,
Foi que je doi saint Israel,
Lors sai ge bien que il vendroit,
940 Ja nul essoingne nel tendroit.
— Par foi vos dites voir, baux sire. »
Lors li devise la matire
Li rois et Baucent li escrist
Et seela qanque il dist.
945 Puis bailla Grinbert le seel.
Et cil se mist en un prael,
Et aprés entra en un bos.
Molt li sua la pel del dos
Ainz qu'il venist a l'uz Renart.
950 Au vespre trove en un essart
Un senter qui bien le conduit
A l'uis Renart devant la nuit.
Li mur sunt haut et li destroit.
Par un guicet s'en ala droit,
955 Aprés entra el premer baille.
Dont ot peor qu'en ne l'asaille
Renart, quant celi ot venir.
Pres de meson se volt tenir
Tant qu'il sache la verité.
960 Es vos Grinbert en la ferté.
Au pont torneïz avaler
Au petit pas et al aler,
Ainz qu'il entrast en la tesnere,
Le cul avant, la teste arere,
965 L'a bien Renart reconeü,
Ainz que de plus pres l'ait veü.
Grant joie en fet et grant solaz,
Au col li met andous les braz ;
Desoz li ploie deus cossins
970 Por ce qu'il estoit ses cosins.

— Partez donc sur-le-champ et ramenez-le-moi ;
ne vous avisez pas de revenir sans lui.
— Sire, c'est impossible.
Considérez la grande malice de Renart :
935 je suis certain que je ne le ramènerai pas
sans lettres de créance.
Mais à la vue de votre sceau,
je le jure par saint Israël,
il viendra, j'en suis sûr,
940 sans chercher à se dérober.
— Par ma foi, vous avez raison, cher seigneur. »
Alors le roi lui dicta le message,
et Baucent l'écrivit textuellement.
Il scella la lettre royale
945 et la remit à Grimbert.
Celui-ci traversa un pré
puis s'enfonça dans un bois.
Il était en nage
avant d'arriver chez Renart.
950 Le soir, dans un essart, il trouve
un sentier qui le conduit directement
à sa porte avant la nuit.
Hauts sont les murs et les défilés.
Il prit tout droit par une petite porte
955 pour entrer dans la première enceinte.
L'entendant venir, Renart
craignit une attaque.
Il décida de ne pas s'éloigner de la maison
jusqu'à ce qu'il en ait le cœur net.
960 Voilà Grimbert dans la forteresse.
A sa façon de descendre le pont tournant
à petits pas, à sa façon
d'entrer dans la tanière
le cul d'abord, la tête ensuite,
965 Renart l'a bien reconnu
avant même de l'avoir vu de près.
Il lui fait fête,
il se jette à son cou,
il glisse deux coussins sous lui :
970 n'était-ce pas son cousin ?

De ce tien ge Grinbert a sage,
Que ne volt conter son message
Devant qu'oüst mangié asez,
Et quant li mangers fu finés,
975 « Sire Renart, ce dist Grinbert,
Trop est vostre barat apert.
Savez vos que li rois vos mande,
Non mie mande, mes conmande ?
Que vos li viengnés fere droit
980 En son palés ou que il soit.
Prendra ja vostre gerre fin ?
Que demandés vos Ysengrin
Ne Brun l'ors ne Tybert le chat ?
Mar veïstes vostre barat.
985 Ne vos en puis doner confort :
Ja n'en aurés el que la mort,
Ne vos ne tuit vostre chael.
Tenez mon, brisiés cest seel,
Gardés que la letre vos dit. »
990 Renart l'ot, si tremble et fremist.
A grant peor la cire brise
Et voit que la letre devise.
Il sospira, au premer mot
Bien sot a dire qu'il i ot :
995   « Mesire Nobles li lïons,
Qui de totes les regïons
Est des bestes et rois et sire,
Mande Renart honte et martire
Et grant ennui et grant contrere,
1000 Se demein ne li vient droit fere
Enz en sa cort devant sa gent.
Si n'i aport or ne argent,
Ne n'ameint hon por lui deffendre,
Fors la hart a sa gole pendre. »
1005   Quant Renart entent la novele,
Le cuer li bat soz la mamele,
Tot le vïaire li neirci.
« Por Deu, fet il, Grinbert, merci !
Conseilliez cest dolant chaitif !
1010 Molt hé l'ore que je tant vif,

Pour moi, Grimbert est un sage
parce qu'il se garda bien de délivrer son message
avant d'avoir mangé à sa faim.
Le repas terminé,
975 Grimbert dit : « Seigneur Renart,
personne n'ignore plus vos maudits tours.
Savez-vous ce que le roi vous fait dire
ou plus exactement ce qu'il vous ordonne ?
Vous devez aller
980 dans son palais, où qu'il se trouve.
Cesserez-vous un jour les hostilités ?
Qu'avez-vous à reprocher à Isengrin,
à Brun l'ours ou à Tibert le chat ?
Votre tromperie va vous porter malheur.
985 Je ne puis vous dire aucune parole d'espoir :
seule la mort vous attend,
vous et toute votre descendance.
Tenez donc, brisez ce sceau
et prenez connaissance du message. »
990 A ces mots, Renart tremble comme une feuille.
Mort de peur, il brise le cachet de cire
et découvre le contenu de la lettre.
Il soupire car, dès le premier mot,
il a bien compris de quoi il retournait :
995 « Messire Noble le lion,
roi et suzerain
des bêtes du monde entier,
voue Renart à la honte, à la torture,
aux pires ennuis et contrariétés
1000 s'il ne vient demain rendre des comptes
à la cour, devant ses vassaux.
Inutile d'apporter de l'or ou de l'argent,
inutile de s'accompagner d'un défenseur,
qu'il prenne seulement la corde pour le pendre. »
1005 A cette nouvelle,
le cœur de Renart se met à battre la chamade
et tout son visage s'assombrit.
« Par Dieu, supplie-t-il, Grimbert, de grâce,
conseillez le pauvre malheureux que je suis !
1010 A quoi bon avoir vécu si longtemps

Quant je serai demein pendus.
Qar fusse je moignez rendus
A Clugni ou a Cleresvax [1] !
Mes je conois tant moines fax
1015 Que je croi q'issir m'en conviegne.
Por ce est meus que je m'en tiegne.
— N'aiez de ce, dit Grinbert, cure !
Vos estes en grant aventure.
Tant con vos estes ci sanz gent,
1020 Confessiés vos a moi brement !
Rent toi a moi verai confés,
Qar je n'i voi prestre plus pres. »
Renart respont : « Sire Grinbert,
Ci a conseil bon et apert,
1025 Qar se ge vos di ma confesse
Devant ce que la mort m'apresse,
De ce ne pot venir nus max,
Et, se je muir, si serai sax.
    Or entendez a mes pechez !
1030 Sire, g'ai esté entechez
De Hersent la feme Ysengrin ;
Mes je vos en dirai la fin.
Ele en fu a droit mescreüe,
Que voirement l'a je fotue.
1035 Or m'en repent, Dex ! moie cope !
Meinte fois li bati la crope.
Ysengrin ai ge tant forfet
Que nel puis neer a nul plet.
Dex mete or m'ame a garison !
1040 Trois foiz l'ai fet metre en prison,
Si vos dirai en queil manere.
Gel fis chaoir en la lovere
La ou il enporta l'agnel.
La ot il bien batu la pel,
1045 Qu'il prist cent cox de livroison
Ains qu'il partist de la meson.

---

1. Les moines de Cluny (des bénédictins) étaient appelés aussi moines noirs, ceux de Clairvaux (abbaye fondée par saint Bernard), moines blancs.

si c'est pour être pendu demain ?
Ah ! si j'avais été moine reclus
à Cluny ou à Clairvaux !
Mais je connais tant de moines hypocrites
1015 que je ne pourrais pas, je crois, y rester.
Autant donc me tenir à l'écart de cette voie.
— Ne vous souciez pas de cela, dit Grimbert,
vous êtes en danger de mort
profitez que nous soyons seuls ici
1020 pour vous confesser rapidement à moi.
Repentez-vous bien sincèrement
car je ne vois pas de prêtre plus près. »
Renart réplique : « Seigneur Grimbert,
voilà un précieux conseil.
1025 En effet, si je me confesse à vous
avant que la mort m'oppresse,
il ne peut m'en venir aucun mal
et si je meurs, je serai sauvé.
     Maintenant, écoutez bien mes péchés !
1030 Seigneur, j'ai fauté
avec Hersant, la femme d'Isengrin ;
mais je vais vous dire le fin mot de l'histoire.
On l'a soupçonnée avec raison
car il est vrai que je me la suis envoyée.
1035 Comme je m'en repens, Dieu, mea culpa !
Je l'ai sautée plus d'une fois.
J'ai tant fait de mal à Isengrin
que je ne puis le nier devant aucune instance.
Dieu sauve mon âme !
1040 Trois fois, je l'ai fait attraper,
voici comment :
je l'ai fait tomber dans le piège à loup
quand il emporta l'agneau.
Là, sa peau fut bien battue
1045 puisqu'il fut roué de cent coups au moins
avant de pouvoir quitter la maison.

Gel fis el braion enbraier
Ou le troverent trois bercher,
Sil batirent con asne a pont.
1050 Trois bacons avoit en un mont
Chés un prodome en un larder :
De çous li fis ge tant manger
N'en pot issir, tant fu ventrez,
Par la u il estoit entrés.
1055 Gel fis pecher en la gelee
Tant qu'il out la queue engelee.
Gel fis pecher en la fonteine
Par nuit, quant la lune estoit plene.
De l'ombre de la blance image
1060 Quida de voir ce fust furmage.
Et si refu par moi traïz
Devant la charete as plaïz.
Cent foiz a esté par moi mat,
Par fine force de barat.
1065 Li fis je tant qu'il devint moines,
Puis dit qu'il volt estre chanoines,
Qant en li vit la char manger,
Fox fu qui de lui fist berger.
Ge ne vos auroie hui retrait
1070 Tot le mal que je li ai fet.
Il n'a beste en la cort le roi
Qui ne se puist pleindre de moi.
Je fis Tybert chaoir es laz,
Qant il cuida mengier les raz.
1075 De tot le parenté Pintein
Que soulement lui et s'antein
N'i a remeis coc ne jeline
Dont je n'aie fet ma cuisine.
Quant li os fu devant mon crués
1080 De senglers, de vaches, de bués
Et d'autres bestes bien armees,
Que Ysengrin ot amenees
Por cele gerre metre a fin,
Retin Roonel le mastin.
1085 Bien furent set vinz conpaignon,
Que chen, que lisches, que gaingnon.

Je le fis tomber dans le piège
où trois bergers le découvrirent
et le battirent comme plâtre.
1050 Trois jambons étaient empilés
dans le garde-manger d'un bourgeois.
Je lui en fis tant manger
qu'il ne put sortir, à cause de son gros ventre,
par où il était entré.
1055 Je le fis pêcher dans la glace
jusqu'à ce qu'il eût la queue gelée.
Je le fis pêcher dans l'eau
une nuit de pleine lune.
Il prit sans hésitation
1060 son reflet pour un fromage.
Une autre fois je l'ai trompé
devant la charrette aux poissons.
Cent fois, je l'ai vaincu.
Au prix de mille tromperies
1065 j'ai fait en sorte qu'il devint moine
puis il voulut devenir chanoine
quand on lui vit manger de la viande.
Il fallait être fou pour l'engager comme berger.
Une journée ne suffirait pas
1070 pour que je vous rapporte tous mes torts envers lui.
Il n'y a pas de bête à la cour du roi
qui n'ait une raison de se plaindre de moi.
J'ai fait prendre Tibert au lacet
alors qu'il s'imaginait manger des rats.
1075 De toute la parenté de Pinte
il n'est resté qu'elle et sa tante.
Les autres, coqs ou poules,
sont tous passés dans mes repas.
Une fois que devant mon terrier se trouvait
1080 l'armée de sangliers, de vaches, de bœufs
et d'autres bêtes bien armées
qu'Isengrin avait amenées
pour en finir avec cette guerre,
j'enrôlai Roenel le mâtin et,
1085 avec lui, bien cent quarante compagnons,
des chiens, des chiennes, des mâtins.

Tuit furent batu et plaié,
Mais malement furent laié,
Qar je lor toli lor soudees.
1090 Quant les oz s'en furent alees,
Par gile et par conchïement
Lor toli ge lor convenant.
Au departir lor fis la loupe.
Or me repent, Dex! moie coupe!
1095 Or voil venir a repentanche
De quanque j'ai fet en m'enfanche.
— Renart, Renart, ce dit Grinbert,
Vos pechez m'avés descovert
Et le mal que vos avés fet.
1100 Se Dex vos gite de cest plet,
Gardés vos bien del renchooir.
— Ja Dex ne me lest tant veoir,
Ce dist Renart, que je mesface
Nule chose que Dex desplace. »
1105 Il li otroie quanqu'il vout.
Il s'abaissa et cil l'asout
Moitié romanz, moitié latin.
Renart, quant ce vint au matin,
Besa sa feme et ses enfans.
1110 Au departir fu li dous grans.
Il prist congié a son manage :
« Enfant, fet il, de haut lignaje,
Pensez de mes casteax tenir,
Que que de moi doie avenir,
1115 Contre contes et contre rois,
Que vos ne troverés des mois
Conte, prince ne chasteleine
Qui vos forface un fil de leine.
Ja par ous ne serés grevez,
1120 Se vos avés les pons levés,
Que vos avés asés vitaille.
Ne quit devant set ans vos faille.
Que vos iroie ge disant?
A Damedeu toz vos conmant,
1125 Qui me rameint si con je vueil. »
Atant feri le pié au sueil ;

Tous récoltèrent des plaies et des bosses...
Mais peu d'argent
car je leur pris leur solde.
1090 Les armées dispersées,
je les privai, par ruse et par tromperie
de ce que je leur avais promis.
Je les quittai avec un pied-de-nez.
Comme je m'en repens maintenant! Dieu, mea culpa!
1095 A présent, je veux expier
tous mes péchés de jeunesse.
— Renart, Renart, dit Grimbert,
vous m'avez dévoilé vos péchés
et le mal que vous avez fait.
1100 Si Dieu vous sort d'affaire,
gardez-vous bien de retomber dans le péché.
— Que Dieu, répond Renart, ne permette pas que je vive
pour commettre une faute   [assez longtemps
qui Lui déplaise! »
1105 Il consent à tout ce que veut Grimbert.
Il baisse la tête et l'autre l'absout
moitié en français, moitié en latin.
Renart, quand le matin arriva,
embrassa sa femme et ses enfants.
1110 La séparation fut déchirante.
Il prit congé des siens :
« Enfants de haut lignage, dit-il,
veillez à défendre mes châteaux,
quoi qu'il puisse m'arriver,
1115 contre rois et comtes
car, des mois durant, vous ne trouverez
aucun comte, roi ou châtelaine
capables de vous faire la moindre égratignure.
Jamais ils ne vous causeront de tort
1120 si vous avez relevé les ponts
car vos réserves sont importantes.
Je ne crois pas que vous manquiez de rien avant sept ans.
Que vous dire de plus ?
Je vous recommande tous à Dieu,
1125 qu'il me ramène ici comme je le souhaite. »
Alors il frappe le sol du pied;

Au departir de sa tesnere
A conmencïe sa proiere :
     « Dex, fait il, rois omnipotens,
1130 Maintien mon savoir et mon sens
Que je n'i perde par peor
Par devant lo roi mon segnor,
Quant Ysengrin m'acusera,
De quanqu'il me demandera,
1135 Que je li puisse reson rendre
Ou del noier ou del defendre :
Me doint sein et sauf repairer
Que je me puisse encor vengier
De cels qui me font si grant guere. »
1140 Lors se couca adens a tere,
Et trois fois se rendi copables,
Puis se segna por les dïables.
     Or s'en vont li baron a cort,
Et passent l'eve qui la cort,
1145 Et les destrois et la monteinne,
Et puis chevauchent par la pleigne.
En ce que Renart se demente,
El bois ont perdue la sente,
La voie et le chemin ferré.
1150 Et nequedent tant ont erré
Qu'il s'avoient parmi un pleins
Delés une grange a noneins.
La meson est molt bien garnie
De toz les biens que terre crie,
1155 De let, de formaches et d'ués,
De berbiz, de vaches, de bués,
D'unes et d'autres norriçons.
     « Ça, dit Renart, nos adreçons,
Par encoste de ces espines.
1160 Vers cele cort a ces gelines :
La est la voie que lessons.
     — Renart, Renart, dit li tessons,
Dex set bien por qoi vos le dites.
Filz a putein, puanz heirites,
1165 Malvés lecheres et engrés,
N'estieés vos a moi confés

au moment de quitter sa tanière
il a commencé sa prière
« Dieu, dit-il, roi omnipotent,
1130 préserve ma science et mon intelligence ;
ne me laisse pas perdre mes moyens par peur
devant le roi mon suzerain
lorsque Isengrin m'accusera ;
permets que je me justifie
1135 point par point
en niant ou en me défendant ;
accorde-moi de revenir sain et sauf
pour pouvoir encore me venger
de ceux qui s'acharnent contre moi. »
1140 Sur ce, il s'étendit face contre terre,
et par trois fois battit sa coulpe.
Enfin il se signa pour se protéger des démons.
　　　Maintenant les barons s'en vont à la cour.
Ils traversent une rivière qui court par là
1145 et les défilés de la montagne,
puis chevauchent à travers la plaine.
Tandis que Renart se lamente,
ils se sont perdus dans le bois,
plus de sentier, de chemin ni de grand-route.
1150 Et pourtant, ils ont tant marché
que les voici cheminant dans une plaine,
le long de la ferme d'un monastère.
La propriété regorgeait
de tous les produits de la terre :
1155 lait, fromages, œufs,
brebis, vaches et bœufs,
avec les petits des unes et des autres.
« Or ça, dit Renart, allons
du côté de ces buissons d'épines
1160 vers cette basse-cour.
Notre route est par là.
— Renart, Renart, dit le blaireau,
Dieu connaît vos intentions.
Fils de pute, sale hérétique,
1165 salaud, canaille,
ne vous êtes-vous pas confessé à moi ?

Et avïez merci crië ? »
Fet il : « Ge l'avoie oblïé.
Alon nos ent, je sui toz prest.
1170 — Renart, Renart, por noient est.
Dex parjures, Deu foi mentie,
Toz jors durra ta lecherie.
Con tu es fole crïature !
Tu es de mort en aventure,
1175 Et as pris ta confessïon.
Or si vels fere traïson.
Certes grant peché te cort sore.
Vien t'ent : maleoite soit l'eure
Que tu onques nasquis de mere !
1180 — Belement le dites, baux frere !
Alon nos ent en pes amblant. »
N'en ose fere autre samblant
Por son cosin qui le chastie,
Et neporoc sovent colie
1185 Vers les jelines cele part.
Molt est dolant, quant il s'en part,
Et qui la teste li coupast,
As gelines tot droit alast.
     Or s'en vont li baron ensenble :
1190 Dex, con la mule Grinbert anble !
Mes li chevax Renart açope.
Li sans li bat desoz la crope :
Tant crient et dote son segnor,
Qu'onques mes n'ot si grant peor.
1195 Tant ont alé et plein et bos
Et l'anbleüre et les galos,
Et tant ont la monteigne alee,
Qu'il sont venu en la valee
Qui en la cort lo roi avale.
1200 Descendu sont devant la sale.
     Sitost com Renart vint a cort,
Onc n'i ot beste ne s'atort
Ou d'oposer u de respondre.
Or est Renart pres de confondre.
1205 N'en tornera qu'il ne s'en cuisse,
Qar Ysengrin ses dens aguise

N'avez-vous pas imploré votre pardon?
— Je l'avais oublié, dit l'autre.
Allons-nous-en. Je suis tout prêt.
1170 — Renart, Renart, je ne suis pas dupe.
Parjure, traître à Dieu,
tu seras toujours un fripon.
Quel fou tu fais!
Tu risques la mort,
1175 tu viens de te confesser
et tu cherches encore à trahir!
En vérité, un péché mortel te menace.
Pars d'ici! Maudite soit l'heure
de ta naissance!
1180 — Comme vous parlez bien, cher frère!
Partons au petit trot, sans nous disputer. »
Bien qu'il n'ose rien laisser paraître,
de peur d'être réprimandé par son cousin,
Renart tend souvent le cou
1185 du côté des poules.
Il a le cœur fendu de s'en éloigner:
il sacrifierait sa tête
pour aller tout droit vers les poules!
    Maintenant les barons chevauchent ensemble.
1190 Mon Dieu, comme la mule de Grimbert trotte!
En revanche, le cheval de Renart trébuche.
Le sang bat violemment sous sa croupe:
il craint et redoute tant son maître
qu'il n'a jamais éprouvé une si grande peur.
1195 A force de cheminer par bois et par plaine,
à travers la montagne,
au trot et au galop,
les voici parvenus dans la vallée
qui descend vers la cour du roi.
1200 Ils ont mis pied à terre devant la grande salle.
    Renart n'est pas plus tôt arrivé à la cour
que chaque bête, sans exception, se prépare
soit à l'affronter, soit à lui répondre.
A présent, sa dernière heure est proche.
1205 Il ne repartira pas sans qu'il lui en cuise,
car Isengrin aiguise ses dents

Et Tybert li chaz se conseille,
Et Bruns qui la teste ot vermeille.
Mes, qui q'aint ou hee Renart,
1210 Ne fet pas chere de coart,
Ainz conmence enmi la meson,
Teste levee, sa reson :
    « Rois, fet Renart, je vos salu
Con cil qui plus vos a valu
1215 Que baron qui soit en l'enpire.
Mes tort a qui vers vos m'enpire.
Ne sai se c'est par mon oür,
Ge ne fui onques asoür
De vostre amor un jor enter.
1220 Ge parti de cort avantier
Par vostre gré et par amor,
Sanz maltalant et sanz clamor ;
Or ont tant fet li losenger
Qui de moi se volent venger,
1225 Que vos m'avés jugé a tort.
Mes puis, sire, que rois s'amort
A croire les maveis larons,
Et il lesse ses bons barons,
Et gerpist le chef por la qeue,
1230 Lors vet la terre a male veue,
Qar cil qui sont serf par nature
Ne sevent esgarder mesure.
S'en cort se poënt alever,
Molt se peinent d'autrui grever.
1235 Cil enortent le mal a fere
Que bien en sevent lor prou fere,
Et enborsent autrui avoir.
Ice voudroie je savoir
Que Bruns et Tybert me demande.
1240 Il est voirs, se li rois conmande,
Que bien me poënt fere let.
Encore ne l'ai ge forfet,
Qu'il ne sevent dire por qoi.
Se Bruns manja li miel Lanfroi
1245 Et li vileins le ledenja,
Et il por qoi ne s'en venja ?

et Tibert le chat réfléchit
tout comme Brun à la tête pourpre.
Mais qu'on l'aime ou qu'on le haïsse,
1210 Renart ne paraît pas s'en effrayer;
au contraire, au centre du palais,
tête levée, il commence son discours :
« Roi, dit Renart, je vous salue,
moi qui vous ai aidé
1215 plus qu'aucun autre baron du royaume.
Mais on a tort de me dénigrer auprès de vous.
Je ne sais si c'est pure malchance :
jamais je n'ai pu être sûr
de votre amour un jour entier.
1220 J'ai quitté votre cour avant-hier,
avec votre consentement et votre amitié,
sans que vous manifestiez la moindre colère.
A présent, les jaloux qui cherchent à se venger de moi
ont si bien fait
1225 que vous m'avez condamné injustement.
Mais dès l'instant, sire, qu'un roi commence
à placer sa confiance dans les fripons malfaisants
et à délaisser ses bons barons,
dès qu'il abandonne l'élite pour la racaille,
1230 alors son royaume court à sa perte
car les êtres d'origine servile
sont incapables de modération.
Si on les laisse s'élever à la cour,
ils s'acharnent à nuire aux autres.
1235 Ils encouragent à faire le mal
parce qu'ils y trouvent leur intérêt
et empochent les richesses d'autrui.
Je voudrais bien savoir
ce que Brun et Tibert me reprochent.
1240 Oui, c'est vrai, si le roi le veut,
ils peuvent me porter des coups sévères.
Pourtant, je ne leur ai fait aucun mal;
eux-mêmes sont incapables de dire de quoi ils m'accu-
Si Brun a mangé le miel de Lanfroi   [sent.
1245 et qu'il a été puni par le vilain
pourquoi lui-même ne s'en est-il pas vengé?

Ja a il tex meins et tex piez,
Si granz musteax et si grant giez.
Se misire Tybert li chaz
1250 Manja les soris et les raz
Quant en le prist et li fist honte,
Por le cuer bé, a moi qu'en monte ?
D'Ysengrin ne sa ge que dire,
Que il n'a mie tort del dire
1255 Que j'avoie sa feme amee.
Et quant ele ne s'est chamee,
Sui je lecheres de m'amie ?
Li fox jalox en a envie :
Est por ce drois que l'en me pende ?
1260 Nenil, sire : Dex m'en defende !
Molt est grant vostre roiauté :
La foi et la grant loiauté
Que j'ai toz jors vers vos eüe
M'a la vie el cors meintenue.
1265 Mes, foi que doi Deu et saint Jorge,
G'ai tote chenue la gorge.
Vels sui, si ne me puis aidier,
Si n'ai mes cure de plaidier :
Peché fet qui a cort me mande.
1270 Mes puis que missire conmande,
Si est il drois que je i viegne.
Or sui devant lui, si me tiegne
Et si me face ardoir ou pendre,
Qar ne me puis vers lui deffendre.
1275 Ge ne sui pas de grant puissance,
Mes ce seroit povre venchance,
S'en parleroient meinte gent,
Se l'en sanz jugement me pent.
— Renart, Renart, dist l'enperere,
1280 Dahez ait l'ame vostre pere
Et la pute qui voz porta
Quant ele ne vos avorta !
Or me dites, traïtres lere,
Por quoi estes tant baretere ?
1285 Bien savés parler et plaidier :
Mes ce que vaut ? ce n'a mestier.

Il a pourtant les mains et les pattes qu'il faut,
de bons muscles et une poigne de fer.
Si monseigneur Tibert le chat
1250 fut surpris à manger des souris et des rats
et reçut une correction,
corbleu, en quoi cela me regarde-t-il ?
Je ne sais trop quoi dire au sujet d'Isengrin
car il n'a pas tort de prétendre
1255 que j'ai aimé sa femme.
Mais puisqu'elle ne s'est pas plainte
suis-je un mauvais amant pour ma dame ?
Ce fol jaloux en crève d'envie :
est-ce une raison pour me pendre ?
1260 Oh ! non, sire, Dieu m'en préserve !
Votre pouvoir est immense ;
je dois à la fidélité et à la grande loyauté
que je vous ai toujours manifestées
d'être encore en vie.
1265 Mais, par la foi que je dois à Dieu et à saint Georges,
me voici avec la gorge entièrement blanche.
Je suis vieux, je n'ai plus de forces,
je n'ai plus guère envie de plaider :
c'est une mauvaise action que de me convoquer à la cour.
1270 Cependant, puisque mon souverain l'exige,
il est juste que je m'y rende.
Me voici devant lui, qu'il se saisisse de moi,
qu'il me fasse brûler ou pendre,
car je ne peux pas me défendre contre lui.
1275 Je ne suis pas très costaud :
ce serait une misérable vengeance,
et les langues iraient bon train
si l'on me pendait sans jugement.
— Renart, Renart, dit l'empereur,
1280 maudite soit l'âme de votre père
et maudite soit la garce qui vous porta
sans avorter !
Dites-moi donc, sale coquin,
pourquoi vous mentez tant et plus.
1285 Ah ! vous avez la langue bien pendue et vous plaidez
mais à quoi bon ? C'est peine perdue,   [bien ;

N'en partirés en nule guise
Que de vos ne fache justice.
N'i a mester chere hardie
1290 Ne n'i vaut vostre renardie.
Molt savez de la fauve annesse,
Se ja n'avez vostre promesse
Que l'en vos a toz jors promisse.
Hui estes venus a juïse
1295 Tel con jugeront mi baron,
Que l'en doit fere de laron
Et con de felon traïtor.
N'en partirés sans mavés tor,
Se ne vos poés escondire
1300 De quanque l'en vos voldra dire.
— Sire, dit Grinbert li tessons,
Se nos vers vos nos abessons
Por droit fere et por afetier,
Ne devez pas por ce tretier
1305 Vostre baron vilainement,
Mes par loi et par jugement.
Entendés ça, ne vos ennuit,
Renart est venuz par conduit.
S'est qui vers lui fache clamor,
1310 Vos li otroiez par amor
A respondre par jugement
En vostre cort, voiant la gent. »
Ains que Grinbert oüst finee
Sa reson et bien terminee,
1315 Se dreça en piez Ysengrin
Et li motons sire Belin,
Tybert li chas et Rooneax,
Et don Tiecelins li corbeax,
Et Chantecler et dame Pinte,
1320 Si con el vint a cort soi quinte,
Et Espinarz li heriçons,
Et danz Petipas li poons.
Frobers li gresillon s'avance,
Qui sor les autres crie et tance,
1325 Et danz Roxax li escuireus
Qui il a fet de molt granz deuz.

n'attendez rien d'autre
que les rigueurs de ma justice.
Inutile de prendre votre air arrogant,
1290 inutile de jouer au plus fin.
Vous avez plus d'un tour dans votre sac
si vous ne récoltez pas
ce que l'on vous a toujours promis.
Voici venue l'heure de la sentence
1295 que prononceront mes barons
comme il se doit contre les voleurs
et les traîtres sans foi.
Vous n'échapperez pas à votre triste sort
si vous ne pouvez vous disculper
1300 de toutes les accusations.
    — Sire, dit Grimbert le blaireau,
si nous nous inclinons devant vous
pour rendre la justice et rétablir la paix,
vous ne devez pas pour autant
1305 traiter votre baron avec mépris
mais avec équité et justice.
Considérez, ne vous déplaise,
que Renart est venu sous votre sauvegarde.
S'il se trouve quelqu'un pour se plaindre de lui,
1310 ayez la bonté de le laisser se défendre
selon les procédures légales
en séance publique de votre cour. »
Avant même que Grimbert eût achevé
et conclu son discours,
1315 Ysengrin se mit debout
ainsi que le seigneur Belin, le mouton,
Tibert le chat et Roenel,
et seigneur Tiécelin le corbeau,
Chantecler, dame Pinte,
1320 venue à la cour avec quatre compagnes,
Épineux le hérisson,
et seigneur Petitpas le paon.
Frobert le grillon s'avance,
dominant le concert de cris et de blâmes,
1325 et sire Rousseau l'écureuil
qui eut fort à souffrir de Renart.

Coars li levres molt s'argue
De cort en cort, de rue en rue :
Meinte fois li a fet ennui,
1330 Vencher s'en quide encor encui.
Or est Renart en mal randon,
Se l'en le velt metre a bandon,
Mes li rois les fet en sus terre,
Lui en lest en venchance fere.
1335   Li rois a parlé hautement
Si que l'oënt tote sa gent :
« Segnor, fet il, entendés moi !
De cest laron de pute foi,
Quel justise de lui ferai,
1340 Dites conment m'en vencherai.
— Sire, font li baron au roi,
Trop est Renart de pute loi.
Nus ne vos sauroit desloër
Que vos nel fachois encroër. »
1345 Li rois respont : « Bien avés dit.
Or tost, fet il, sanz contredit !
Se Renart s'en estoit tornez,
Jamés ne seroit retornez.
Sachez qu'il nos en mescaroit,
1350 Tex n'en set mot qui en plorroit. »
     Sor un haut mont en un rocher
Fet li rois les forches drecer
Por Renart pendre le gorpil :
Estes le vos en grant peril.
1355 Li singes li a fet la moue,
Et si li done lez la joe.
Renart regarde arere soi,
Et voit qu'il vienent plus de troi.
Li un le tret, l'autre le bote :
1360 N'est merveille se il redote.
Coars li levres l'arocoit
De loing, que pas ne l'aproçoit.
A l'arocher qu'a fet Coart
En a crollé le chef Renart :
1365 Coarz en fu si esperduz
Que onques puis ne fu veüs.

Couard le lièvre arrive en toute hâte,
de ferme en ferme, de rue en rue :
maintes fois victime du goupil
1330 il croit venu le moment de se venger.
Voilà Renart en fâcheuse posture
si on lui règle son compte,
mais le roi les retient :
qu'on lui laisse le soin de la vengeance.
1335 Le roi a parlé haut et fort
afin que tous ses vassaux l'entendent :
« Seigneurs, crie-t-il, écoutez-moi bien !
Dites-moi quel châtiment réserver
à ce coquin sans foi ni loi,
1340 et la façon de me venger de lui.
— Sire, répliquent les barons,
Renart est complètement corrompu.
Personne ne vous en voudra
si vous le faites pendre. »
1345 Le roi répond : « C'est bien parlé.
Qu'on se dépêche, et sans discussion !
Si on laissait filer Renart,
jamais il ne reviendrait.
Sachez que nous le regretterions
1350 et plus d'un innocent pourrait s'en mordre les doigts. »
Au sommet d'une haute montagne, sur un rocher
le roi fit dresser la potence
pour pendre Renart le goupil :
le voici en grand péril.
1355 Le singe lui a fait la grimace
et lui a donné une gifle.
Renart, jetant les yeux derrière lui,
en voit venir plus de trois.
Tiré par l'un, poussé par l'autre :
1360 rien d'étonnant s'il a peur.
Le lièvre Couard le visa
de loin, il se gardait bien de l'approcher.
Au moment où il le visait,
Renart bougea la tête.
1365 Couard en fut si affolé
qu'on ne le revit plus,

Del signe qu'ot veü s'esmaie.
Lors s'est muchez en une haie:
D'iloc, ce dit, esgardera
1370 Quel justice l'en en fera.
Mar i muça, si con je croi:
Enqui aura poor de soi.
Renart se vit molt entrepris,
De totes parz lïez et pris,
1375 Mes il ne pot engin trover
Conment il s'en puist escaper.
Del eschaper est il noienz,
Si li enginz n'i est trop granz.
   Quant il vit les forces drecer,
1380 Lors n'ot en lui que corocier,
Et dit au roi : « Baux gentix sire,
Qar me lessiés un petit dire.
Vos m'avez fet lïer et prendre,
Or me volés sans forfet pendre,
1385 Mes j'ai fet de molt grant pechez
Dont je sui auques entechez;
Or voil venir a repentance.
El non de seinte penitance
Voeil la crois prendre por aler,
1390 La merci Deu, outre la mer.
Se je la muir, si serai sax.
Se je sui penduz, ce ert max,
Si seroit molt povre venjance.
Or voeil venir a repentance. »
1395 Atant li vet chaoir as piez.
Au roi en prist molt grant pitiez.
Grinbert revint de l'autre part
Qui merci crïe por Renart :
« Sire, por Deu entent a moi !
1400 Qar le fai bien, porpense toi
Con Renart est prous et cortois.
Se Renart vient dusqu'a cinc mois,
Encor aura mester molt grant,
Qar n'avés plus hardi serjant.
1405 — Ce, dit li rois, ne fet a dire.
Quant revendroit, si seroit pire,

effrayé par ce miracle.
Alors, il s'est caché dans une haie :
de là, pense-t-il, il observera
1370 quel sort on réserve à Renart.
Mal lui en prit, à mon avis,
car aujourd'hui il craindra pour sa peau.
Renart se vit en mauvaise posture,
lié, retenu de tous côtés,
1375 mais il ne put trouver la moindre ruse
pour s'échapper.
Impossible d'échapper à la justice
sans une ruse exceptionnelle.
    A la vue de la potence que l'on dressait,
1380 le chagrin l'envahit,
alors il dit au roi : « Cher et noble roi,
laissez-moi dire quelques mots.
Vous m'avez fait lier et prendre,
vous voulez maintenant me faire pendre sans raison,
1385 mais j'ai commis de très graves péchés
qui ne sont pas sans souiller mon âme.
Je veux à présent m'engager dans la voie du repentir.
Au nom de la sainte pénitence,
je veux prendre la croix pour aller,
1390 s'il plaît à Dieu, au-delà des mers.
Si je meurs là-bas, je serai sauvé.
Si je suis pendu, ce sera une faute
et quelle piètre vengeance !
Je veux à présent m'engager dans la voie du repentir. »
1395 Sur ce, il se jette aux pieds du roi
qui en ressentit une vive compassion.
De son côté, Grimbert revient à la charge
et réclame la grâce de Renart :
« Sire, au nom de Dieu, écoute-moi bien !
1400 Fais une bonne action, considère
la vaillance et la courtoisie de Renart.
S'il revient au bout de cinq mois,
il sera alors bien utile,
car vous n'avez pas de plus hardi soldat.
1405 — Ne dites pas cela, dit le roi.
A son retour, il serait pire

Qar tuit ceste custume tenent :
Qui bon i vont, mal en revenent.
Tot autretel refera il,
1410 S'il escape de cest peril.
— Se il n'a lores bone pes,
Sire, il n'en reviegne jamés ! »
Ce dit li rois : « Et il la pregne
Par tel convent que la remeingne. »
1415 Quant Renart l'ot, si a grant joie.
Ne set s'il fornira la voie,
Mes conment que il en doie estre,
La crois est en l'espaule destre.
Escrepe et bordon li aportent.
1420 Les bestes molt s'en deconfortent :
Cil qui enpeint et boté l'ont,
Dient qu'encor le conperront.
       Ez vos Renart le pelerin
Escrepe au col, bordon fresnin.
1425 Li rois li dit qu'il lor pardont
Trestoz les maus que fet li ont,
Et degerpisse engins et max :
Adont, s'il mort, si sera sax.
Renart ne met riens en defois
1430 De qanque li prie li rois,
Ainz li otroie toz ses dis
Tant que il soit d'iloc partis.
Ront le festu, si lor pardone.
De cort se part un pou ainz none,
1435 Onques nus d'ous ne salua,
Enz en son cuer les desfia,
Ne mes que li rois et s'espouse
Ma dame Fere l'orgellose,
Qui molt estoit cortoisse et bele.
1440 Renart gentement en apele :
« Sire Renart, proiez por nos
Et nos reproierons por vos.
— Dame, fet il, vostre proiere
Devroie ge avoir molt chere ;
1445 Et molt par devroit estre liez
Por qui proier dengneriez.

comme tous ceux qui y vont :
on part bon, on en revient méchant.
Il fera comme eux
1410 s'il réchappe à ce péril.
— S'il n'est pas alors en paix avec sa conscience
sire, qu'il n'en revienne jamais. »
Et le roi dit : « Qu'il prenne la croix
à condition qu'il reste là-bas. »
1415 A ces mots, Renart est fou de joie.
Il ne sait pas s'il accomplira le pèlerinage
mais, en attendant,
la croix est sur son épaule droite.
On lui apporte la besace et le bâton.
1420 Les bêtes en sont consternées :
celles qui l'ont bousculé et poussé
se disent qu'elles le paieront un jour.
    Voilà donc Renart devenu pèlerin
avec la besace au cou et le bâton de frêne.
1425 Le roi lui demande de leur pardonner
tout le mal qu'ils lui ont fait
et de renoncer à la ruse et au mal.
Ainsi, s'il meurt, il sera sauvé.
Renart souscrit sans réserve
1430 aux prières du roi ;
il va même jusqu'à céder à toutes ses demandes,
jusqu'au moment de son départ.
Il rompt la paille et pardonne à ses ennemis.
Il quitte la cour dans l'après-midi.
1435 Il ne salua personne
mais les défia tous en son cœur
à l'exception du roi et de son épouse,
la glorieuse dame Fière,
un modèle de délicatesse et de beauté.
1440 Avec grâce, elle s'adresse à Renart :
« Seigneur Renart, priez pour nous
et, de notre côté, nous prierons pour vous.
— Dame, fait-il, il serait normal que votre prière
me fût infiniment précieuse
1445 et que celui pour qui vous daigneriez prier
fût transporté de joie.

Et se cel vostre anel avoie,
Molt en seroit mellor ma voie.
Et sachez, se le me donez,
1450 Bien vos sera gerredonez :
Redonrai vos de mes jouax
Tant que bien vaura cent aneax. »
La roïne l'anel li tent,
Et Renart volenters le prent.
1455 Entre ses denz basset a dit :
« Certes qui unques ne le vit
L'anel, por voir le comparra.
Ja por nullui ne remandra. »
Renart mist l'anel en son doi,
1460 Puis si a pris congié au roi.
Le cheval fiert des esperons,
Fuiant s'en va les granz trotons.
Vers la haie s'est aprociez
La u Coart s'estoit muchez.
1465 Fain a gregnor que il ne selt,
De jeüner li chés li delt.
Atant s'en entra en la haie :
Coart le voit, molt s'en esmaie ;
En piez se dreche de poor,
1470 Puis si li a oré bon jor.
Ce dit Coarz : « Molt par sui liez
Que vos estes seins et haitiez :
Forment me poisse del ennui
Que l'en vos a fet si grant hui. »
1475 Dit Renart qui tot le mont boise :
« Quant il de mon anui vos poise
Et que bel ne vos est del nostre,
Dex doint qu'il nos repoist del vostre ! »
Quant Coart l'ot, molt bien l'entent,
1480 Ne s'asoüre de noient,
Ainz s'apareille de foïr,
(Que molt se dote de traïr)
Qu'il se volt trere vers le plein,
Mes Renart le sesist au frein :
1485 « Par le cuer bé, sire Cuart,
Ça esterroiz, ce dit Renart.

Et si j'avais votre anneau que voilà,
ma route en serait plus facile.
Si vous me le donnez, sachez
1450 que vous n'aurez qu'à vous en féliciter.
En retour, je vous donnerai de mes joyaux,
la valeur de cent anneaux. »
La reine lui tend l'anneau
que Renart s'empresse de prendre.
1455 Il grommelle entre ses dents :
« En vérité, celui qui ne m'a pas vu
de près va s'en souvenir.
Personne ne pourra l'empêcher. »
Renart mit l'anneau à son doigt,
1460 puis il a pris congé du roi.
Éperonnant son cheval,
il s'enfuit au grand galop.
Il s'approcha de la haie
où Couard s'était caché.
1465 Il a plus faim que d'habitude,
le jeûne lui donne la migraine.
Alors, il s'enfonça dans la haie ;
Couard le voit, tremble ;
de peur, il se redresse
1470 et lui souhaite ainsi le bonjour :
« Si je suis ravi
de vous voir frais et dispos,
je suis désolé des mauvais traitements
qu'on vous a fait subir aujourd'hui. »
1475 Renart, le trompeur universel, réplique :
« Puisque mon malheur vous afflige
et que notre état actuel ne vous plaît pas,
que Dieu nous accorde de nous restaurer de votre per-
Ces paroles parfaitement claires   [sonne ! »
1480 ne rassurent en rien Couard
qui se prépare à fuir
(car il redoute une trahison)
avec l'idée de se diriger vers la plaine
mais Renart le retient par le frein :
1485 « Parbleu, seigneur Couard,
vous ne bougerez pas d'ici, dit Renart.

Ja cist vostre chevax inneax
Ne vos garra de mes chaiax
Ne lor en face livroison. »
1490 Pognant le vet de son bordon.
        La cort le roi et li serjant
Fu en un val parfont et grant.
Entre quatre roches agües,
Contremont hautes vers les nües.
1495 En la plus haute Renart monte,
O lui Coart cui il fet honte.
Coart pendant vet contreval
Par devers les piés au cheval.
Renart, qui molt est deputere,
1500 En quide bien livroisson fere
A ses enfanz sanz demorance.
Or penst Dex de la delivrance !
Renart regarde en la gaudine
Et voit le roi et la roïne.
1505 Tant voit barons et tantes bestes,
Li bois fermist conme tempestes.
Entr'ous parloënt de Renart,
Mes mot ne sevent de Coart
Conme il l'enmeine en sa prison
1510 Tot autresi con un laron.
Renart a pris as meins la crois,
Si lor escrie a haute vois :
« Danz rois, tenés vostre drapel !
Que Dex confonde le musel
1515 Qui m'enconbra de ceste frepe
Et del bordon et de l'escrepe ! »
Son cul en tert voiant les bestes,
Puis si lor jete sor les testes.
En haut parole et dit au roi :
1520 « Sire, fet il, entendés moi !
Saluz te mande Noradins [1]
Par moi qui sui bons pelerins,
Si te crement li paien tuit
A pou que chacuns ne s'en fuit. »

_____

[1]. Il s'agit du musulman Nour ed-Dîn, vainqueur des chrétiens.

Jamais votre rapide monture
n'empêchera que vous soyez livré
en pâture à mes renardeaux. »
1490 Il le pique de son bâton de pèlerin.
    La cour du roi et ses hommes d'armes
se trouvaient dans une vallée profonde et large
entourée de quatre montagnes pointues
qui s'élevaient très haut vers le ciel.
1495 Sur la plus haute monte Renart
en compagnie de Couard qu'il couvre de honte
et qui pend, la tête en bas,
tout près des pattes de son cheval.
Ce gredin de Renart
1500 compte bien le donner sans retard
en pâture à ses enfants.
Que Dieu, à présent, pense à libérer le prisonnier !
Renart regarde dans la lande
et voit le roi et la reine.
1505 Il voit tant de barons et de bêtes
que le bois s'agite comme sous la tempête.
Renart est au centre de leurs conversations,
mais ils n'ont aucune nouvelle de Couard
et ignorent que le goupil l'emmène dans sa prison
1510 comme un vulgaire brigand.
Se saisissant de la croix,
Renart leur crie d'une voix forte :
« Sire le roi, reprenez vos oripeaux !
Que Dieu anéantisse le freluquet
1515 qui m'embarrassa de cette guenille,
de ce bâton et de cette besace ! »
Il s'en torche le derrière sous les yeux des bêtes
puis les leur jette sur la tête.
Bien fort, il dit au roi :
1520 « Sire, prêtez-moi attention !
Noradin m'a chargé, moi qui suis un bon pèlerin,
de te transmettre ses salutations.
Tous les païens te craignent tant
que pour un peu ils s'enfuiraient ! »

1525 Tant lor a dit gas et lanciez
     Que dant Coarz s'est delaciez,
     Si sist sor un cheval corant;
     Si fist un saut molt avenant.
     Ainz que Renart se regardast
1530 Et que il garde s'en donast,
     Fu Coars molt pres de la cort
     Sor son cheval qui molt tost cort.
     Les costez a tos pertusiez,
     Qar li bordons i fu fichés,
1535 Et la pel des piez et des meins
     A ronpue, n'est mie seins.
     Tant s'est penés et travelliez
     Qe as piés lo roi s'est lanchez,
     Et li conte la dïablie.
1540 « Sire, fet il, por Dex aïe !
     — Dex, fet li rois, con sui traïs
     Et afolez et malbailliz
     De Renart qui si pou me crent !
     Or sai bien qu'a maveis me tient.
1545 Segnors, fet il, or aprés tuit,
     Que ge le voi ou il s'enfui :
     Par le cuer bé, s'il nos estort,
     Vos estez tuit pendu et mort,
     Et cil de vos qui le prendra,
1550 Toz ses lignages franc sera. »
        Qui dont veïst sire Ysengrin
     Et le moton sire Belin,
     Et Brun l'ors et Pelé le rat,
     Et mon segnor Tybert le chat,
1555 Et Chanteclerc et dame Pinte
     Si con el vint a cort soi quinte.
     Et segnor Ferran le roncin
     Et dant Roonel le mastin !
     Frobert le siut li gresillons
1560 Et Petitporchaz li fuirons.
     Aprés le seut sire Baucens
     Li sengler as agües dens,
     Bruanz li tors tot enragiez
     Et Brichemers toz eslessiez.

1525 Il les a tant couverts de quolibets
que le seigneur Couard s'est détaché :
il est monté sur un cheval rapide
et a fait un saut des plus réussis.
Avant que Renart n'ait regardé autour de lui
1530 et ne s'en soit rendu compte,
Couard était presque arrivé à la cour
sur son cheval rapide,
les flancs transpercés
par le bâton du pèlerin,
1535 la peau des pieds et des mains
déchirée ; il est dans un triste état.
Au prix de mille souffrances
il s'est jeté aux pieds du roi
et lui a raconté le tour diabolique.
1540 « Sire, dit-il, par Dieu, secourez-moi !
— Mon Dieu, dit le roi, comme me voilà trahi,
blessé, perdu par le fait
de Renart qui me craint si peu !
Je sais bien maintenant qu'il me méprise.
1545 Seigneurs, ajoute-t-il, poursuivez-le tous
car je vois par où il s'enfuit.
Pardieu, s'il nous échappe
vous êtes tous pendus et tués,
mais celui qui l'attrapera
1550 anoblira tout son lignage. »
    Ah ! si vous aviez vu alors le seigneur Isengrin,
seigneur Belin le mouton,
et Brun l'ours et Pelé le rat,
et monseigneur Tibert le chat,
1555 et Chantecler et dame Pinte
venue à la cour avec quatre compagnes,
et seigneur Ferrand le roncin,
et sire Roenel le mâtin !
Le grillon Frobert le suit
1560 et Petitfouineur le furet.
Viennent ensuite le seigneur Baucent
le sanglier aux dents pointues,
le taureau Bruyant en furie
et Brichemer à bride abattue.

1565 Li limaçons porte l'enseigne,
     Bien les conduit par la canpaigne.
     Renart regarde arere soi,
     Et voit qu'il vienent sanz deloi,
     Et vit Tardif qui les cadele,
1570 O l'enseigne qui molt ventele.
     Ne set conseil que fere doie.
     Un saut a fet fors de la voie :
     Entrés s'en est en une croute ;
     Aprés le siut tote la rote.
1575 Li autre point ne l'asoürent,
     Molt le manachent tuit et jurent
     Que nel puet garir plasseïz,
     Mur ne fosse ne rolleïz
     Ne forteresce ne donjons,
1580 Crués, ne tesnere, ne boisson
     Que il ne soit pris et rendus
     Au roi, et qu'il ne soit pendus.
     Renart voit qu'il ne puet durer
     Ne por foïr ne por aler.
1585 La boche li vet escumant.
     Tuit li autre le vont sivant,
     Si li poillent le peliçon
     Qu'en haut en volent li flocon,
     Si li pertuisent toz les reins
1590 A poi ne chet entre lor meins.
     Molt le tenent en fere frape :
     C'est merveille s'il lor escape.
     Por quant tant s'est esbaneiés
     Q'a Malpertuis s'est adrechés,
1595 Son fort chastel et sa meson,
     Sa forterece, son donjon,
     Ou il ne crent ost ne asaut.
     Or qui mes velt aler, si aut :
     Hui mes li est poi de manace,
1600 Qui amer nel velt, si le hace.
     Sa feme a l'encontre li vient,
     Qui molt le dote et molt le crent.
     Troi filz avoit la dame france :
     C'est Percehaie et Malebrance,

1565 Le limaçon, qui porte l'enseigne,
sait bien les conduire à travers la plaine.
D'un coup d'œil derrière lui
Renart voit qu'il est suivi de près;
il voit Tardif les guider
1570 avec l'enseigne qui claque au vent.
Il hésite sur le parti à prendre.
D'un saut, il quitte la voie
et s'est engagé dans un souterrain;
toute la bande lui emboîte le pas.
1575 Elle n'a rien de rassurant:
tous le couvrent de menaces, jurent
que rien — ni clôture,
ni murailles, ni fossés, ni palissades
ni forteresse, ni donjon,
1580 ni trou, ni tanière, ni buisson —
ne pourra empêcher qu'il ne soit pris,
livré au roi et pendu.
Renart voit qu'il ne peut leur résister
ni par la fuite, ni par la course.
1585 La gueule écumante,
il est talonné par tous les autres
qui arrachent sa pelisse
dont les touffes s'envolent
et qui lui percent le dos de coups.
1590 Pour un peu, il tombe entre leurs mains;
ils l'ont réduit à leur merci.
C'est un miracle s'il leur échappe.
Cependant, après s'être bien amusé,
il s'est dirigé vers Maupertuis,
1595 son château fort, sa demeure,
sa forteresse, son donjon,
où il ne craint ni armée, ni assaut.
Maintenant, l'attaque qui veut!
A cette heure, il se moque bien des menaces:
1600 libre à ceux qui ne veulent pas l'aimer de le haïr!
Sa femme vient à sa rencontre,
pleine de crainte et de respect.
La noble dame avait trois fils:
Percehaie, Malebranche

1605 Et li tiers si a nun Rovel,
     Ce est des autres le plus bel.
     Trestuit li viennent environ,
     Si le prenent par le giron
     Et virent les plaies qui senent.
1610 Molt le dolosent et conpleignent;
     Totes li levent de blanc vin,
     Si l'aseent sor un cossin.
     Li disner fu aparelliez :
     Tant estoit las et travelliez
1615 Qu'il ne manja que le braon
     D'une jeline et le crepon.
     La dame le fist bien baignier
     Et puis ventuser et sener
     Tant qu'il refu en la santé
1620 Ou il avoit devant esté.

Branche Ia [1]

     Misire Noble l'enperere
     Vint au castel ou Renart ere,
     Et vit molt fort le plasseïs,
     Les murs, les tors, les rolleïs,
1625 Les fortereces, les donjons :
     Si haut n'i tressist uns bozons.
     Vit les trenchees et les murs
     Fors et espés et hauz et durs.
     Vit les quernaux desus la mote
1630 Par la ou en entre en la crote.
     Garde, si vit levé le pont
     Et la chaene contremont.
     Li chastax sist sor une roche.

---

1. Sur cette branche, on pourra lire notre commentaire dans *Défense et illustration de la branche Ia.*

1605 et le troisième, le plus beau de tous,
Rovel.
Tous l'entourent,
le prennent par le pan du vêtement,
voient ses plaies qui saignent.
1610 Tous le plaignent, gémissent sur son sort.
Ils lavent ses plaies au vin blanc
et l'installent sur un coussin.
On prépara le dîner :
Renart était si fatigué, si épuisé
1615 qu'il ne mangea que la cuisse
d'une poule et son croupion.
La dame lui fit prendre un bon bain,
poser des ventouses, le fit saigner
si bien qu'il recouvra
1620 la santé.

Le Siège de Maupertuis

Messire Noble, l'empereur,
arriva au château où se trouvait Renart.
Il vit la formidable enceinte,
les murailles, les tours, les murs de rondins,
1625 les forteresses et les donjons,
s'élevant plus haut qu'un trait d'arbalète.
Il vit les fossés et les murailles,
solides, épaisses, élevées, inébranlables.
Il vit, au sommet du château, les créneaux
1630 qui donnent sur l'entrée.
Observant mieux, il vit le pont relevé
et la chaîne remontée.
Le château se dressait sur un rocher.

Li rois tant con il puet l'aproce,
1635 Devant la porte a pié descent
Et li barnages ensement.
Au chastel vienent environ,
Chascun i tent son pavellon
Et herbergent de totes parz.
1640 Or puet avoir peor Renarz,
Mes par asaut n'iert ja conquis,
Ne par force ne sera pris :
Se traïs n'est ou afamez,
Ja ne sera par host grevez.
1645   Renart fu bien en sa vigor.
Montés s'en est en son la tor,
Si vit Hersent et Ysengrin
Qui sont logié desos un pin.
A haute vois lor escrïa :
1650 « Sire conpaing, antendés ça !
Que vos senble de mon castel ?
Veïstes vos onques si bel ?
Dame Hersent, conment qu'il prenge,
Ge vos ai folé la vendenge,
1655 Et moi ne caut s'iriés en est
Li cox, li jalox qui vos pest.
Et vos, sire Tyberz li chaz,
Ge vos fis cheoir en mes laz.
Ainz qu'ississiez de la prison,
1660 Eüstes vos tel livroison :
Tex cent cous quit que vos oüstes
Que vin ne eve n'i boüstes.
Et vos, misire Brun li ors,
Ge vos fis ja prendre tel cors,
1665 Quant voussistes le miel manger,
Bien vos i quidai damacher :
Vos i laissastes les oreilles
Si que tuit virent les merveilles.
Et vos, misire Chantecler,
1670 Je vos fis ja si haut chanter
Que par cele gorge vos ting ;
Vos m'eschapastes par engin.
Et vos, danz Brichemers li cers,

Le roi s'en approcha le plus possible,
1635 et mit pied à terre devant la porte,
imité de tous ses barons.
Ils se dispersèrent autour du château,
chacun dressant sa grande tente,
s'installant un peu partout.
1640 Renart, maintenant, a des raisons d'avoir peur
mais aucun assaut ne viendra à bout de lui.
Jamais il ne sera pris de force,
jamais, à moins qu'on recoure à la trahison ou à la
il n'aura à souffrir d'une armée.   [famine,
1645   Son entrain retrouvé,
Renart est monté au sommet de la tour
et il vit Hersant et Isengrin
qui s'étaient installés sous un pin.
Il leur cria bien fort :
1650 « Un moment d'attention, mon cher compagnon.
Que pensez-vous de mon château ?
En avez-vous déjà vu de plus beau ?
Dame Hersant, quoi qu'il advienne,
je vous ai tanné le cuir
1655 et peu m'importe que cela déplaise
à ce cocu de jaloux qui vous entretient.
Et vous, monseigneur Tibert le chat,
je vous ai pris au collet
et, avant d'échapper,
1660 vous avez reçu une bonne volée de coups,
une centaine bien comptée, je crois,
sans avoir le temps de dire ouf !
Et vous, messire Brun l'ours,
vous avez dû piquer un beau cent mètres
1665 quand vous avez voulu manger le miel.
Je pensais bien que vous en sortiriez en triste état,
vous y avez laissé les oreilles
à la stupéfaction générale.
Et vous, messire Chantecler,
1670 je vous fis chanter des notes aiguës
de sorte que je parvins à vous attraper,
vous vous êtes tiré d'affaire par la ruse.
Et vous, maître Brichemer le cerf,

Je vos ting ja dedenz les ners [1].
1675 Par mon engin et par mon los
Perdistes de la pel del dos
Trois coroies que chen vos firent;
Molt a ci de cels qui le virent.
Et vos, sire Pelés li ras,
1680 Ge vos fis ja caoir es laz,
Qui bien vos estreindrent la gorge,
Quant vos alastes mengier l'orge.
Et vos, misire Tiecelin,
A vos di ge, par seint Martin,
1685 Je vos fis ja mon ju poïr :
Se bien ne soüssiez foïr,
Vos i laississiez vostre gaje,
Quant je vos toli le formaje
Que je mangai a molt grant joie
1690 Por ce que mester en avoie.
Et vos, Rossaus li escuireus,
Ge vos fis ja de molt granz dels,
Quant je vos dis qu'estoit juree
La pes et bien aseüree.
1695 Del cesne vos fis je descendre,
Ice vos quidai ge cher vendre.
Par la coue vos ting as denz,
Molt fustes tristres et dolenz.
Qu'iroie je fesant lonc conte ?
1700 N'i a celui n'aie fet honte.
Encor en quit je fere asez
Ainz que cist mois soit trespassés,
Qar j'ai l'anel en ma sesine
Que me dona ier la roïne.
1705 Bien sachez tuit, se Renart vit,
Tel le conperra qui nel vit.
— Renart, Renart, dit li lïons,
Molt par est fors vostre mesons,
Mes n'est si fors ne l'aie asisse,
1710 N'en tornerai, si sera prise;

---

1. La traduction est de M. Claude Régnier : je vous ai tenu par les
tendons, c'est-à-dire solidement; je vous ai bien eu.

je vous ai tenu bien solidement
1675 et mon habileté autant que mes conseils
vous ont fait perdre, sur le dos,
trois courroies, prélevées par des chiens.
Beaucoup, qui sont ici, en furent témoins.
Et vous, sire Pelé le rat,
1680 les lacets où je vous ai précipité
vous ont bien étranglé,
quand vous alliez manger de l'orge...
Et vous, messire Tiécelin,
je vous le dis, par saint Martin,
1685 vous vous êtes repenti de m'avoir écouté.
Si vous n'aviez pas pris la fuite à temps,
vous seriez resté en gage
lorsque je vous ai dérobé ce fromage
que j'ai d'autant plus apprécié
1690 que j'en avais grand besoin.
Quant à vous, Roussel l'écureuil,
quelles souffrances je vous ai causées
en vous affirmant que la paix
était jurée et garantie !
1695 Par ce moyen, je vous ai fait descendre du chêne
et je comptais vous le faire payer cher.
De mes dents, je vous ai attrapé par la queue,
et vous n'avez pas manqué d'en souffrir.
A quoi bon insister?
1700 Je vous ai couverts de honte, tous autant que vous êtes,
et je compte vous en faire voir bien d'autres
avant la fin du mois,
car j'ai en ma possession l'anneau
que la reine me donna hier.   [vivre,
1705 Soyez tous bien convaincus que si Renart continue à
ceux qui ne le connaissent pas encore s'en mordront les
— Renart, Renart, dit le lion,   [doigts.
votre demeure est très solide
mais sa solidité ne m'empêchera pas de l'assiéger,
1710 et je ne partirai pas avant de l'avoir prise.

Et d'une rien vos asoür,
Qu'a mon vivant le sege jur;
Ne por pluie, ne por orage,
N'en tornerai en mon aage :
1715 Anchois iert li castax rendus
Et vos par la gule penduz.
— Sire, sire, ce dit Renart,
Einsi esmaie l'en coart ;
Qar j'ai çaiens asés vitaille,
1720 Ne quit devant set ans me faille ;
Et anchois que il soit rendus,
Vos sera il molt chers vendus.
J'ai asés capons et jelines,
Et asés bestes armelines,
1725 Si ai assez oés et formaches,
Grosses brebiz et grosses vaches.
En cest castel est la fontene
Qui asés est et clere et seine.
Et d'une rien me puis vanter :
1730 Ne puet tant plovoir ne venter,
Se l'eve chaoit del ciel tote,
Que ja chaens n'en caroit gote.
Cist chastax est si bien assis
Ja par force ne sera pris.
1735 Or vos seés, je m'en irai,
Travelliez sui, si mangerai
Avoc ma feme la cortoise.
Se jeünez, pas ne m'en poise. »
      A icest mot jus s'en avale,
1740 Par un guicet entre en la sale.
La nuit se dorment cil de l'ost,
Et lendemein se levent tost.
Ses barons fait li rois venir :
« Or tost, fait il, del asaillir !
1745 Nos estovroit aparellier,
Qar cest laron veoil desrochier. »
A icest mot s'eslessent tuit,
Au castel vienent de grant bruit.
Li asaus fu molt mervelleus,
1750 Onc ne vit nus si perilleus :

Et mettez-vous bien dans la tête
que je l'assiégerai ma vie durant.
Aucune pluie, aucun orage
ne me feront rebrousser chemin autant que je vivrai,
1715 avant que je n'aie vu le château rendu
et vous-même pendu au gibet.
— Sire, sire, réplique Renart,
voilà des menaces juste bonnes à effrayer les poltrons,
car j'ai ici suffisamment de vivres
1720 pour ne pas en manquer, je pense, d'ici sept ans.
Et avant que mon château ne vous soit rendu
vous aurez à le payer très cher.
J'ai une armée de chapons, de poulettes,
des bêtes à cornes en quantité...
1725 J'ai à foison des œufs et des fromages,
de grosses brebis et de grosses vaches.
Ce château possède une source
d'une transparence et d'une pureté sans égales,
et s'il est une chose dont je puis me vanter,
1730 c'est que, même s'il pleuvait et ventait tant et plus,
même si toute l'eau du ciel se déversait,
eh bien! il n'en tomberait pas une seule goutte à l'inté-
Ce château est si bien situé   [rieur.
qu'on ne le prendra jamais de vive force.
1735 Et maintenant, installez-vous donc, moi je vous laisse;
je suis exténué, aussi vais-je prendre mon repas
en compagnie de ma charmante épouse.
Et vous, si vous jeûnez, c'est le cadet de mes soucis. »
        Après ce discours, il descend
1740 et par une porte basse pénètre dans la grand-salle.
Les soldats du roi se reposèrent durant la nuit
et se levèrent tôt le lendemain.
Le roi convoqua ses barons:
« Allons, dit-il, préparons-nous
1745 à attaquer,
car je veux débusquer ce misérable. »
Alors tous de laisser éclater leur joie
et de se diriger vers le château avec une bruyante ardeur.
Quel assaut terrible!
1750 Jamais on n'en vit d'aussi redoutable:

Des le matin dusqu'a la nuit
Ne finerent d'asaillir tuit.
La nuit les a fait departir,
Vont s'ent, si laissent l'asaillir.
1755 Et lendemein aprés mangier
Reconmencerent le mestier.
Onc nel pourent de tant grever
Que piere en poïssent oster.
Bien i fu demi an li rois,
1760 Renart n'i pert vaillant un pois.
Onques n'i furent un sol jor
Que n'asaillissent a la tor,
Mes ne la porent enpirier
Dunt el vausist meins un denier.
1765   Un soir furent molt travellié
Et d'asaillir molt anuié,
Chascuns se jut soürement
En sa loge molt longement.
Et la roïne fu iree
1770 Et vers lo roi molt corecee,
Si va cocher a une part.
Atant es vos venir Renart,
De son castel molt coiement,
Vit les dormir soürement,
1775 Chascun gisoit dessoz un cesne,
Ou fou, ou tremble, ou charme, ou fresne.
Renart a bien chascun loié
Ou par la coue ou par le pié.
Molt par a fait grant d'iablie,
1780 A chacun arbre le suen lie,
Nes lo roi lïa par la coue,
Grant merveille est se il desnoue.
Puis si s'en vint par la roïne
La ou ele gisoit sovine;
1785 Entre les janbes li entra.
Cele de lui ne se garda,
Bien cuida que ce fust li ber
Q'a lui se voussist acorde-
Or poëz oïr grant merveille,

du matin jusqu'à la nuit,
tous participèrent à de continuels assauts.
La nuit les obligea à se séparer.
Ils s'en allèrent, abandonnant l'attaque.
1755 Le lendemain, après s'être restaurés,
ils reprirent leur besogne.
Mais, à aucun moment, ils ne purent endommager le
pas même en arracher une seule pierre.   [château,
Le roi resta bien là six mois :
1760 Renart n'y perdit pas un radis.
Il ne se passa pas de jour
sans qu'ils attaquent la tour,
mais ils furent incapables de l'abîmer,
si peu que ce fût.
1765   Un soir, alors qu'épuisés
et excédés de tous ces assauts,
chacun était étendu dans sa tente,
l'esprit tranquille, pour une longue nuit,
la reine, qui était fâchée
1770 et irritée contre son époux,
s'était couchée à l'écart de la tente royale.
Or voici que Renart était sorti
de son château en toute tranquillité.
Il les vit dormir paisiblement,
1775 étendus l'un sous un chêne,
les autres sous un hêtre, un tremble, un charme ou un
Il les attacha solidement l'un après l'autre   [frêne.
par la queue ou par la patte.
Quel tour diabolique il leur a joué là !
1780 A chaque arbre il attacha son homme
sans oublier le roi qu'il lia par la queue ;
ce sera un vrai miracle s'il réussit à défaire le nœud !
Ensuite il s'approcha de la reine
qui était couchée sur le dos.
1785 Il se glissa entre ses jambes.
Sans se méfier de Renart,
elle crut que c'était son mari
qui voulait se réconcilier avec elle.
Maintenant, vous pouvez entendre quelque chose de tout
                              [à fait extraordinaire :

1790 Il li fist et ele s'esveille.
Quant vit que Renart l'a traïe,
Si s'escrïa tote esbahie,
Et ja estoit l'aube crevee,
Li jorz granz et la matinee.
1795 Por le cri sont tuit estormi
Cil qui estoient endormi :
De Renart le rox s'esbahirent
Qant avec la dame le virent,
Et por ice qu'il li fesoit
1800 Tel jou qui pas ne lor plesoit.
Tuit escrïent : « Levez, levez,
Et cel privé laron pernez ! »
Mis sire Nobles en piez saut,
Et sache et tire : ne li vaut.
1805 Par pou la coue n'a ronpue,
Grant demi pié l'a estendue.
Et li autre sachent et tirent,
Par pou li cul ne lor descirent.
Mes dan Tardif li limaçon,
1810 Qui solt porter le gonfanon,
Oblïa Renart a loier.
Cil cort les autres desloier,
Tret l'espee, si les desnoe,
A chascun coupe ou pié ou coue :
1815 Del desloier s'est si hastez
Qu'asés i ot des escoëz.
Ainz que tuit soient desnoé
Sont li plusor tuit escoué.
Envers lo roi s'en vienent tuit
1820 Si cum il puent de grant bruit.
Et quant Renart les vit venir,
Si s'aparelle de foïr.
En ce qu'il entre en sa tesniere
Le saisist Tardis par derrere,
1825 Par un des piez ariers le tire,
Molt se contient bien conme sire.
Atant i vint li rois pognant
Et tuit li autre esporonant,
Et dan Tardis qui Renart tient,

1790 pendant que Renart la besognait, elle s'éveilla.
Voyant que Renart l'avait prise en traître,
elle poussa un cri, stupéfaite.
Depuis longtemps, le jour avait paru
et la matinée était bien avancée.
1795 Le cri de la reine tira
tous les dormeurs de leur sommeil.
Jugez de leur stupeur lorsqu'ils virent
ce rouquin de Renart en compagnie de la dame,
tout à un jeu
1800 qui était loin de leur plaire.
Tous hurlèrent : « Debout, debout ;
et saisissez-vous de ce fieffé brigand ! »
   Messire Noble se dresse sur ses pattes.
Il tire et tire encore : en pure perte.
1805 Il s'est presque arraché la queue
qu'il a allongée d'un bon demi-pied.
Et les autres tirent, tirent encore ;
ils sont bien près de se déchirer l'arrière-train.
Mais Renart avait oublié
1810 d'attacher maître Tardif le limaçon,
le porteur de l'oriflamme,
qui courut donc délier les autres.
D'un coup d'épée, il trancha les nœuds,
coupant à chacun le pied ou la queue.
1815 Son zèle est si grand
que beaucoup y perdirent la queue.
Avant que tous ne soient détachés
la plupart n'en ont plus.
Tous se dirigent vers le roi
1820 dès qu'ils le peuvent, en grand tapage.
A ce spectacle,
Renart s'apprête à détaler.
Mais au moment où il entre dans sa tanière,
Tardif l'attrape par derrière
1825 et le ramène par une patte.
Une conduite vraiment chevaleresque !
Alors le roi les rejoint, piquant des deux,
et tous les autres qui jouent des éperons.
Seigneur Tardif qui tient Renart

1830 Lo roi le rent qui devant vient.
     De totes pars le prenent tuit,
     Tote l'ost en fremist et bruit.
          Estez vos que Renart fu pris,
     Molt en sont lié cil du païs.
1835 As forces le meinent por pendre,
     Li rois n'en volt raençon prendre.
     « Sire, dist Ysengrin au roi,
     Por amor Deu, bailliez le moi,
     Et j'en prendrai si grant venchance
1840 Qu'en le saura par tote France. »
     Li rois n'en velt fere neent,
     De ce sont tuit lié et joiant.
     Les elz a fait Renart bender,
     Li rois li prist a demander :
1845 « Renarz, Renarz, dist li leons,
     Ci voi de tex escorpïons
     Qui vos vendront encui l'outrage
     Que fait avez en vostre aage,
     Et le deduit de la roïne
1850 Que teniez jui sovine :
     De moi honir vos vi tot prest ;
     Mais je sai bien conment il est.
     Or parleron d'autre Bernart,
     Si vos metron el col la hart. »
1855   Danz Ysengrin en piez se drece,
     S'aert Renart par la chevece,
     Del poing li done tel bufet
     Del cul li fait salir un pet.
     Et Brun l'aert par le chaon,
1860 Les denz i mist dusqu'au braon ;
     Et Roënax parmi la gorge
     Trois tors li fet fere en un orge.
     Tiberz li chaz gite les denz
     Et les ongles qu'il ot ponnanz,
1865 Sesist Renart au peliçon.
     Bien li valut une friçon.
     Tardis qui porte la banere,
     Li a doné une cropere.
     Tant veïssez bestes venir

1830 le remet au roi, arrivé en tête.
De tous côtés, on se saisit du goupil.
Un sourd frémissement parcourt l'armée entière.
    Voilà donc Renart capturé,
pour la plus grande joie des gens du royaume.
1835 Ils le conduisent au gibet pour le pendre.
Le roi ne voulait pas entendre parler de rançon.
« Sire, dit Isengrin au roi,
pour l'amour de Dieu, livrez-le-moi :
j'en tirerai une telle vengeance
1840 qu'on le saura dans tout le pays de France. »
Mais le roi repoussa sa requête,
approuvé joyeusement par tous ses sujets.
Il a fait bander les yeux du prisonnier
et s'adressa à lui :
1845 « Renart, Renart, dit le lion,
j'ai sous les yeux des instruments de torture
propres à vous faire payer tous les excès
que vous avez commis dans votre vie,
et en particulier le plaisir que vous avez pris avec la reine
1850 quand vous la teniez couchée sous vous :
je vous ai vu tout prêt à me couvrir de honte
mais je sais bien ce qui me reste à faire...
A présent, revenons à nos moutons :
qu'on vous mette la corde au cou ! »
1855   Le seigneur Isengrin se met debout
et empoigne Renart par le collet.
Il lui assène un tel coup de poing
que l'autre en lâche un pet.
Et Brun l'ours le saisit par la nuque
1860 et plante les dents dans le gras de la cuisse.
Et Roenel, l'attrapant par la gorge,
lui fait faire trois tours d'un champ d'orge.
Tibert le chat, dents et griffes sorties
(il les avait fort pointues),
1865 prit Renart par la pelisse
et lui fit passer un mauvais quart d'heure.
Tardif, le porte-bannière,
lui a donné une fessée.
Quelle cohue ! Une bête sur trois

1870 Li tierz n'i puet pas avenir.
Tant en i vient parmi la rue,
Qui n'i puet avenir s'i rue.
    Dan Renarz qui le secle engigne,
Fiert meinte beste et hocepigne,
1875 Ne set sos ciel que fere doie,
Molt crient que morir ne se voie.
Renart n'i avoit nul ami,
Tuit li estoient enemi.
Bien savés tuit certeinement
1880 Cest parole apertement
Que, puis que hon est entrepris
Et par force loiez et pris,
Bien puet l'en veoir au besoing
Qui l'eime et que de lui a soing.
1885 Por dan Renart que l'en devoure
Ploure Grinbert et prie et oure :
Ses parens ert et ses amis;
Loié le voit et entrepris :
Ne set conment il le reqoe,
1890 Que la force n'est mie soe.
Pelez li raz s'est avanciez,
Encontre Renart s'est lanciez,
Entre lor piez chet en la fole.
Renart l'aert parmi la gole,
1895 Entre ses braz forment l'estreint
Morir l'estot, si le destreint.
Onques nus d'ous ne s'en garda,
Ne nel vit, ne nel regarda.
    Madame Fiere l'orgilluse
1900 Qui molt est prous et mervelluse,
S'en est fors de la cambre issue.
De dol fermist tote et tressue,
Que por Renart, que por l'anui
Que l'en li a fait si grant hui.
1905 Del don del anel se repent,
Qu'ele set bien certeinement,
Qu'ele en aura contrere asés,
Quant cist aferes ert passés,
Mes n'en velt fere nul senblant.

1870 ne réussit pas à atteindre Renart.
La foule est si dense que ceux qui n'arrivent pas
à leur but se bousculent dans la rue.
Renart, l'universel trompeur,
se débat comme un beau diable,
1875 mais il est à court d'idées,
effrayé de se sentir acculé à la mort.
Dans cette foule aucun ami :
il n'a que des ennemis.
Vous connaissez tous sur le bout du doigt
1880 cette vérité incontestable :
dès que vous vous trouvez en difficulté,
ligoté ou pris de force,
vous pouvez savoir, en cette occasion,
qui vous aime ou se soucie de vous.
1885 A voir Renart mis en pièces,
Grimbert pleure et prie et implore :
n'était-il pas son parent, son ami ?
Or le voilà attaché et captif.
Il ne sait comment le secourir,
1890 car la force n'est pas de son côté.
Le rat Pelé s'est avancé,
il s'est jeté sur Renart.
Il tombe dans la cohue des pattes.
Renart le saisit à la gorge
1895 et l'étreint de toutes ses forces entre ses bras
si bien que l'autre n'a plus qu'à mourir.
Personne ne fit attention à la scène
qui n'eut ni témoin ni spectateur.
L'orgueilleuse dame Fière
1900 qui est pleine de qualités et de charme,
est sortie de la chambre,
toute frémissante et moite de douleur
à cause tant de Renart que de l'opprobre
qu'on lui a fait subir aujourd'hui.
1905 Elle se repent de lui avoir donné son anneau
car elle sait pertinemment
que ce don lui attirera une foule d'ennuis,
dès que l'affaire de Renart sera réglée ;
mais elle n'en veut rien laisser paraître.

1910 Son petit pas s'en va amblant,
     Devant Grinbert s'est arestee,
     A lui parla conme senee :
     « Sire Grinbert, dist la roïne,
     Mar vit Renart son fol convine
1915 Et sa folie et son otrage :
     Hui en reçoit molt grant damage ;
     Si vos aport ici un bref,
     Nus n'a poür de mort si gref,
     S'il l'avoit par bone creance,
1920 Que ja de mort oüst dotance.
     Se dan Renart l'avoit sor lui,
     Ne doteroit la mort mes hui,
     Ne por droiture ne por tort
     N'auroit mes hui poor de mort.
1925 Dites de par moi le reçoive
     Baset que nus s'en aperçoive,
     Que grant pitiez me prent de lui.
     Gardés nel dites a nului.
     Ge nel di pas por lecerie,
1930 Se Dex me doinst bone escherie !
     Por ce qu'il est bien afaitiez,
     Me poise qu'il est deshaitiez. »
     Grinbert respont : « Douce honoree,
     Franche roïne coronee,
1935 Cil qui haut siet et de loing mire,
     Et de toz biens est rois et sire,
     Qui t'a mis en si grant honor,
     Icil te gart de deshonor !
     Car, s'il en puet estordre viz,
1940 Encor sera molt vostre amis. »
     A icest mot le bref li tent,
     Et Grinbert volentiers le prent,
     Et la roïne li conseille
     Molt priveement en l'oreille
1945 Que, quant Renart ert escapez
     De ce dont il est entrapez,
     Que il ne lest en nule guise,
     Por l'amor que il a premise,
     Que il a li parler ne voise

1910 Elle s'avance à petits pas,
     s'arrête devant Grimbert
     et lui parle en personne avisée :
     « Seigneur Grimbert, dit la reine,
     par sa conduite insensée, par sa folie
1915 et son outrecuidance, Renart a attiré le malheur sur lui.
     Il le paie bien cher aujourd'hui.
     Cependant, je vous apporte ici même un talisman :
     personne — fût-il à l'article de la mort —
     n'aurait à la redouter
1920 s'il avait une foi totale en ses pouvoirs.
     Si le seigneur Renart le portait sur lui,
     il n'aurait plus désormais à redouter la mort.
     Qu'il fût ou non en tort,
     il n'aurait plus désormais à craindre la mort.
1925 Dites-lui de l'accepter de ma part,
     mais à voix basse pour ne pas attirer l'attention,
     car il m'inspire une grande pitié.
     N'en parlez surtout à personne.
     Mes intentions sont pures
1930 (Que Dieu me compte au nombre de ses élus !)
     mais c'est un être si raffiné
     que ses malheurs me touchent.
     — Dame chère et vénérée, répond Grimbert,
     noble reine couronnée,
1935 puisse celui qui siège dans les cieux et contemple
     d'en haut toutes choses, le roi et le maître de tout,
     lui qui vous a élevée à un si haut rang,
     puisse-t-il vous préserver du déshonneur !
     Car, si Renart peut en sortir vivant,
1940 il sera désormais le meilleur de vos amis. »
     A ces mots, la reine tend à Grimbert le talisman
     qu'il s'empresse de prendre,
     puis elle lui recommande à l'oreille,
     en grand secret, de dire à Renart
1945 que, dès qu'il aura échappé
     à sa prison,
     il ne manque en aucune façon,
     au nom de l'amour qu'il lui a promis,
     de venir lui parler

1950 Priveement et sanz grant noise.
         A icest mot se departirent :
     Si enemi Renart mar virent.
     La hart li ont ja el col mise,
     Ja fust molt pres de son joïse,
1955 Quant Grinbert ses cosins i vient
     Et voit Renart qu'Ysengrins tient.
     Trere le velt as forces sus,
     Li autre se sont tret en sus.
     Dant Grinbert parla hautement
1960 Et oiant toz comunaument :
     « Renart, sanz nule autre devise,
     Hui estes venus a joïse,
     Par ci vos en convient passer.
     Si vos doüssiez confesser
1965 Et fere lez a vos enfanz
     Dont vos avez trois bauz et janz.
     — Vos dites bien, ce dist Renart.
     Bien est que il aient lor part.
     Mon castel laiz mon filz l'ainzné
1970 Qui ja n'iert pris par ome né ;
     Mes tors, mes autres forteresces
     Lerai ma feme as cortes tresces ;
     A mon filz l'autre, Percehaie,
     Lerai l'essart Tibert Fressaie
1975 Ou il a tant soriz et raz,
     Il n'en a tant jusq'a Aras ;
     Et a mon petit filz Rovel
     Lairai l'essart Tibaut Forel
     Et le cortil detrers la grance
1980 Ou a meinte jeline blance.
     Ne lor sai plus que departir,
     De ce se poront bien garir.
     Einsi lor devis ci lor lais
     Que ici devant toz lor lais.
1985 — Pres est, dist Grinbert, vostre fins,
     Et ge sui pres vostre cosins :
     De vostre avoir aucune rien
     Me relaissiez, si ferez bien
     Et si ferés molt grant savoir. »

1950 en tête à tête, très discrètement.
    Alors, ils se séparèrent.   [connaissance.
Les ennemis de Renart vont regretter d'avoir fait sa
Déjà, ils lui avaient mis la corde au cou,
déjà l'heure de son jugement s'apprêtait à sonner,
1955 lorsque survient Grimbert, son cousin,
qui le découvre aux mains d'Isengrin.
Celui-ci voulait hisser le goupil au sommet du gibet;
les autres s'étaient écartés.
D'une voix forte Grimbert s'adressa
1960 à l'ensemble des bêtes.
   « Renart, il n'y a pas d'autre solution,
votre dernière heure est maintenant arrivée,
il vous faut en passer par là.
Aussi devriez-vous vous confesser
1965 et faire votre testament en faveur de vos enfants :
vous en avez trois, vifs et beaux.
   — Vous parlez d'or, approuva Renart.
Il est juste que chacun ait sa part.
Je lègue à mon fils aîné mon château
1970 dont aucun homme ne pourra s'emparer.
Mes tours, mes autres forteresses,
je les lègue à ma femme aux courtes tresses.
A mon second fils Percehaie
je lègue l'essart de Tibert Fressaie
1975 où l'on trouve tant de souris et de rats
qu'il n'y en a pas autant d'ici jusqu'à Arras.
A mon benjamin Rovel
je lègue l'essart de Thibaut Forel
ainsi que le jardin derrière la métairie
1980 avec toutes ses poules blanches.
Je n'ai plus rien à partager,
mais ces biens leur suffiront largement.
Voici donc ce que je leur lègue
et leur accorde publiquement.
1985   — Votre fin est imminente, dit Grimbert,
et je suis là, moi, votre cousin;
si vous me laissez une part
de votre bien, ce sera justice
et la preuve d'une grande sagesse.

1990 Renart respont : « Vos dites voir,
     Et se ma feme se marie,
     Foi que devez seinte Marie,
     Tolés li quanque je li les
     Et si tenés ma terre en pes,
1995 Qar molt m'aura tost oblïé
     Puis que me saura devïé.
     Ainz que Tibaut soit crestïens
     En aura un en ses lïens.
     Qar, qant li om est en la biere,
2000 Sa feme esgarde par deriere :
     S'ele veit home a son plaisir,
     Ne puet pas son voloir tessir,
     Con plus recoie et va tremblant,
     Qu'il ne li face aucun senblant [1].
2005 Tot autretel fera la moie,
     Jusqu'au tiers jor raura sa joie.
     Se mon sennor le roi plesoit
     Et une chose me fesoit
     Qu'il voussist que je fusse moines,
2010 Reclus hermites o canoines,
     Et me laissast vestir la haire,
     Certes ce li devroit molt plaire.
     Cest mortel seicle et ceste vie
     Lairoie : plus n'en ai envie. »
2015   Dist Ysengrin : « Cuiverz traïtres,
     Et que est or ce que vos dites ?
     Tante guenche nos avés faite,
     Quel treslue nos avez traite !
     En vos auroit bele persone,
2020 S'avieez vestue la gone !
     Ja Dex ne doinst le roi onor,
     S'il ne vos pent a desonor,
     Et s'il ne vos en aseüre,
     Qar la harz est vostre droiture :
2025 Qui de mort vos respiteroit,

---

1. G. Tilander a compris différemment : « La femme ne peut sup-
primer sa volonté d'avoir un nouveau mari, sans qu'elle en fasse aucun
semblant, quand elle tremble et se plaint le plus. »

1990   — C'est vrai, répond Renart :
si ma femme se remarie,
par la foi que vous devez à sainte Marie,
ôtez-lui sa part d'héritage
et gardez ma terre en paix,
1995 car elle aura tôt fait de m'oublier
dès que j'aurai quitté ce monde.
Elle n'attendra pas la conversion de Thibaut
pour mettre le grapin sur quelqu'un d'autre...
En effet, dès qu'un homme repose dans son cercueil,
2000 sa femme se retourne :
si elle trouve un homme à son goût,
elle est incapable de réprimer son désir ;
au plus fort de ses plaintes et de ses tremblements,
elle lui fera des avances.
2005 La mienne fera comme les autres,
avant trois jours, elle aura retrouvé le sourire.
Si le bon plaisir de monseigneur le roi
était d'accepter
que je devinsse moine,
2010 ermite reclus ou chanoine,
et de consentir que je revêtisse la haire,
il ne pourrait qu'en éprouver une vive satisfaction.
Je renoncerais à ce monde périssable et à cette vie
qui ne m'inspirent plus que du dégoût. »
2015   Isengrin dit : « Sale traître,
qu'est-ce que vous nous chantez là ?
On ne compte plus les fois
où vous nous avez trompés ou bernés !
Vraiment l'habit ferait de vous
2020 un beau moine !
Que Dieu refuse toute gloire au roi
s'il ne vous met à mort par pendaison infamante
et s'il ne vous assure
que la corde est tout ce que vous méritez :
2025 celui qui retarderait l'heure de votre mort,

Jamés mis cuers ne l'ameroit,
Cil qui laron a pendre areste,
Toz jors het mes lui et son estre. »
Ce dit Renart : « Sire Ysengrin,
2030 Or seront vostre li cemin.
Encor est Dex la ou il selt,
Que tex ne peche qui s'en delt. »
Ce dist li rois : « Pensés del pendre,
Car ne puis mie tant atendre. »
2035   Ja fust pendus, qui que s'en pleigne,
Quant li rois garde aval la plagne,
Si vit une grant chevaucie
Ou meinte dame avoit irie ;
Et si ert la feme Renart
2040 Qui vint pognant tot un essart.
Molt par venoit hastivement
Mervellos dol va demenant.
Si troi fil pas ne s'atardoient,
Avoc le grant dol qu'il faisoient :
2045 Lor chevoz ronpent et detirent,
Et tote lor robe descirent ;
Tel noisse font et tel crïee
Qu'en les oïst d'une liuee.
Ne venoient pas belement,
2050 Ainz chevaucent isnelement ;
Un somier tot cargié d'avoir
Ameinent por Renart avoir.
Ançois qu'il ait oü confesse,
Ont cil deronpue la presse,
2055 Qui vienent par si grant desroi
Que choü sont as piez lo roi.
La dame s'est tant avancie
Que avant toz s'estoit lancie :
« Sire, merci de mon segnor
2060 Por Deu le pere creator !
Ge te donrai tot cest avoir,
Se de lui vels merci avoir. »
Rois Nobles choisi le tresor
Devant lui et d'argent et d'or.
2065 Del avoir fu molt covoitoz

jamais plus je ne l'aimerais.
Pour retarder la pendaison d'un brigand,
il faut vraiment se vouer à soi-même une haine éternelle.
— Seigneur Isengrin, répondit Renart,
2030 libre à vous de choisir votre voie.
Dieu est toujours à la même place,
et l'on peut souffrir sans avoir péché. »
Le roi intervint : «Occupez-vous de le pendre,
car je ne peux attendre aussi longtemps. »   [minations,
2035 L'exécution aurait bel et bien eu lieu en dépit des récri-
si le roi n'avait regardé en bas dans la plaine
où il vit venir une imposante troupe à cheval,
avec bon nombre de femmes éplorées.
C'était l'épouse de Renart qui traversait
2040 tout un essart, en éperonnant sa monture.
Elle filait comme le vent
et sa douleur fendait l'âme.
Ses trois fils ne traînaient pas en route
malgré leurs démonstrations de douleur :
2045 ils se tiraient et s'arrachaient les cheveux,
ils déchiraient leurs vêtements.
L'on aurait pu entendre leurs cris
et leur vacarme à une lieue de là.
Ils ne venaient pas en bon ordre,
2050 mais chevauchaient à bride abattue,
menant avec eux un cheval lourdement chargé
de richesses pour racheter Renart.
Avant que le goupil n'ait reçu l'absolution,
ils ont fendu la foule
2055 et, sur leur lancée,
ils vont se jeter aux pieds du roi.
La dame avait pris tant d'avance
qu'elle s'y élança la première :
« Sire, pitié pour mon époux
2060 au nom de Dieu, le père créateur !
Je te donnerai toutes ces richesses
si tu acceptes de lui faire grâce. »
Noble le Roi examina le trésor
qui étalait devant lui de l'argent et de l'or.
2065 Il était fort cupide ;

Et dist : « Dame, foi que doi vos,
Renart n'a pas vers moi bon plet,
Q'a mes omes a trop mesfet
Que nus nel vos poroit retrere.
2070 Por ce en doi vengance fere,
Quant de son mesfet ne s'amende.
Bien a deservi qu'en le pende.
Ce me dïent tuit mi baron
Q'as forces pende le laron,
2075 Et por voir, se je ne lor ment,
Par tens ert livrés a torment.
— Sire, por Deu en cui tu croiz,
Pardonne li a ceste foiz. »
Li rois respont : « En Deu amor
2080 Por vos li pardong a cest tor,
Et si vos ert par tel rendus
Q'au premer mesfait ert pendus.
— Sire, fet ele, et je l'otroi,
Ja ne sera recuis par moi. »
2085   Atant le firent desbender,
Li rois l'a fait atant mander
Et il i vient toz eslessiez,
Les menuz sauz joianz et liez.
« Renart, fait il, gardés vos mes !
2090 De ci avez vos ore pes,
Mes quant vos me forferés primes,
Vos revendrés a ce meïmes.
— Sire, fait il, Dex m'en desfende
Que je ne face qu'en me pende. »
2095 Grant joie fet a sa mesnie
Que devant lui voit ameisnie :
Celui bese et cestui enbrace,
Car ne voit chose tant li place.
     Quant Ysengrin le vit delivre,
2100 Lors voussist mels morir que vivre.
Grant poor ont trestuit de lui
Qu'il ne lor face encore ennui ;
Si fera il, se Dex li done
Que il voie ou vespres ou none.
2105 Torner s'en voldrent par derere,

aussi répondit-il : « Dame, je vous avoue franchement
que Renart n'a pas mes faveurs.
Il a tant nui à mes vassaux
qu'il est impossible de tout vous raconter.
2070 C'est pourquoi je dois les venger.
Puisqu'il refuse de s'amender,
il a bien mérité la corde.
Mes barons sont unanimes à me réclamer
de pendre ce brigand au gibet.
2075 En vérité, si je suis loyal envers eux,
on le livrera bientôt au supplice.
     — Sire, au nom de Dieu en qui tu crois,
pardonne-lui pour cette fois !
     — Pour l'amour de Dieu, répondit le roi
2080 et par égard pour vous, je lui pardonne, pour cette fois-ci.
Mais il va vous être rendu à une seule condition :
à la première incartade, il sera pendu.
     — Sire, dit-elle, j'y consens.
Je ne viendrai plus jamais vous implorer à son sujet. »
2085   Alors on ordonna de délier Renart
que le roi fit aussitôt venir auprès de lui.
Il s'avança, tout rayonnant,
en sautillant, guilleret et ravi.
« Renart, dit le roi, désormais, attention !
2090 Vous avez obtenu le pardon de vos fautes
mais, à la moindre récidive,
vous vous retrouverez au même point.
     — Sire, répond Renart, que Dieu m'empêche de com-
une faute qui me vaudrait d'être pendu. »   [mettre
2095 Il fait fête à sa famille
qu'il voit rassemblée devant lui,
embrasse l'un, serre l'autre dans ses bras :
car aucun spectacle ne peut lui faire plus de plaisir.
     Isengrin, quand il le vit libre,
2100 aurait préféré être à cent pieds sous terre.
Chacun est envahi par la crainte
d'être à nouveau la victime du goupil,
Ce qui ne manquera pas de se produire, si Dieu
lui accorde de vivre jusqu'au soir, ou même un peu
2105 Au moment où les barons comptaient se retirer,   [moins.

Quant li rois vit par la chariere
Et voit venir par une adrece
Une biere chevalerece [1] :
Ce estoit Chauve la soriz
2110 Et Pelez li raz sez mariz
Que dan Renart ot estranglé,
Quant desoz lui l'ot enanglé.
En la compaigne dame Chauve
Estoit sa sor ma dame Fauve
2115 Et diz que freres que sorors.
Au roi vienent a granz clamors
Que filz que filles, bien quarante,
D'autrez cosins plus de sesante.
De la noisse que il menoient
2120 Trestot ensi con il venoient,
Trestos li airs retentissoit
Et toz li cielz en fermissoit.
Li rois s'est tres un poi sor destre
Por savoir que ce pooit estre ;
2125 Entent le cri, entent la noise,
Or n'a talant que il s'envoisse.
Quant Renart ot le duel venir,
De poor conmence a fermir ;
Grant poor a de cele bere.
2130 Sa feme en envoia arere
Et sa mesnie et ses enfans,
Mes il remest li sosduians.
Molt coiement issent de l'ost.
A lor chevaus en vienent tost ;
2135 Renart remeint en aventure.
La biere vient grant aleüre ;
Ma dame Chauve par la presse,
Ou voit le roi, forment s'eslesse,
« Sire merci », fet ele en haut.
2140 A terre chet, li cuers li faut.
La biere chet de l'autre part.
Trestuit se cleiment de Renart

---

1. La *biere chevalerece* était une bière portée comme une litière, par
deux chevaux, l'un devant, l'autre derrière.

le roi, qui regardait la route,
vit venir, par un chemin de traverse,
une bière portée par deux chevaux.
C'était Chauve, la souris,
2110 avec la dépouille de son mari, le rat Pelé,
que Renart avait étranglé
en l'étouffant sous lui.
Pour accompagner dame Chauve
venaient sa sœur dame Fauve.
2115 et dix personnes, des frères et des sœurs.
Vers le roi s'avancent, en poussant de grands cris,
ses fils et ses filles, une bonne quarantaine,
sans compter les cousins, plus de soixante.
Le concert de leurs plaintes,
2120 en chemin,
faisait retentir tout l'espace
et frémir toute la voûte céleste.
Le roi s'est légèrement déplacé vers la droite
pour voir ce qui pouvait bien se passer.
2125 Les cris, le vacarme qu'il entend
ne le mettent pas de bonne humeur.
Quand Renart entendit s'approcher le cortège funèbre,
il se mit à trembler de peur :
cette bière l'effrayait.
2130 Il renvoya sa femme à la maison
avec ses gens et ses enfants ;
mais lui, le misérable, il resta là.
Les autres quittent discrètement le camp
et s'en retournent vivement à cheval.
2135 Renart reste au milieu du danger.
La bière arrive à vive allure.
Dame Fauve fend la foule et,
dès qu'elle voit le roi, elle se précipite vers lui.
« Sire, pitié ! » crie-t-elle.
2140 Elle tombe à terre, évanouie.
La bière tombe de l'autre côté.
Tous se plaignent de Renart

En font une noise si grant
Qu'en n'i oïst pas Deu tonant.
2145 Et li rois si volt Renart prendre,
Mes il ne le volt pas atendre,
Ains s'en foï, si fist que sages,
Que pres li estoit ses damages.
N'avoit que fere de lonc conte,
2150 Desus un grant chesne s'en monte.
Aprés lui vont tuit arouté.
Soz le chesne sont aresté,
Le sege metent environ,
N'en descendra se par els non.
2155 Li rois i vient, si li conmande
Qu'il aille jus et si descende.
« Sire, ce ne fera je mie
Se tes barnages ne m'afie
Et vos ne m'en livrés ostages
2160 Que ne m'en vendra nus damages,
Car je voi molt, ce m'est avis,
Entor moi de mes enemis :
Se chascun me tenoit a plein,
Il me donroit tot el que pain.
2165 Or vos tenés la jus tuit coi,
Contés d'Auchier et de Lanfroi [1] !
Qui set noveles, si les cont :
Ge l'orai bien de ça amont. »
Li rois oï gaber Renart,
2170 De maltalent fermist et art ;
Deus cogniez fait aporter.
Le chesne prennent a couper.
Renart a grant poor oüe
Quant iceste chosse a veüe.
2175 Les barons voit toz arengiez ;
Chascun atant qu'il soit vengiez,
Ne set conment s'en puisse aler.
Un petit prist a devaler,
En son poing tint une grant roche,

---

1. Ogier le Danois et Lanfroi étaient des héros épiques. Mais Lanfroi
est aussi le forestier dont a été victime Brun l'ours.

dans un tel vacarme
que l'on n'aurait pas entendu Dieu tonner.
2145 Alors le roi voulut arrêter Renard,
mais celui-ci ne l'avait pas attendu :
il avait pris la fuite, et c'était un sage parti,
car sa perte était imminente.
Renart n'avait que faire d'un long sermon.
2150 Il grimpe au sommet d'un grand chêne.
Tous les autres, en rangs serrés, de s'élancer à sa pour-
et de s'arrêter au pied du chêne   [suite
autour duquel ils mettent le siège.
Impossible à Renart de descendre sans passer parmi eux.
2155 Le roi arrive et lui ordonne
de descendre.
« Sire, je m'en garderai bien,
à moins que vos barons ne me jurent
et que vous-même ne me garantissiez par des otages
2160 qu'il ne me sera fait aucun mal
car il y a autour de moi, ce me semble,
beaucoup de mes ennemis.
Si chacun d'eux me tenait bien,
ce ne serait pas pour me donner du pain.
2165 Maintenant, tenez-vous tous bien tranquilles, en bas.
Racontez l'histoire d'Ogier et de Lanfroi.
Si quelqu'un en connaît d'autres, qu'il les raconte !
Moi, d'en haut, je n'aurai pas de peine à les entendre. »
Les quolibets de Renart
2170 mettent le roi dans une colère noire.
Il donne l'ordre d'apporter deux cognées.
L'on commence à abattre le chêne.
Quelle peur a Renart
quand il s'en aperçoit !
2175 Il voit les barons, en rangs serrés,
brûlant de se venger.
Il ne sait comment il pourra s'en sortir.
Il commence à descendre un peu,
une grosse pierre à la main.

2180 Voit Isengrin qui si l'aproche.
     Oiez con par fet grant merveille !
     Le roi en fiert delez l'oreille :
     Por cent mars d'or ne ce tenist
     Li rois q'a terre ne chaïst.
2185 Tuit li baron i acorurent
     Entre lor bras le socorurent.
     Endementres qu'il entendoient
     A lor segnor que il tenoient,
     Renart saut jus, si torne en fuie.
2190 Quant che virent, chascun le huie,
     Et dïent tuit si con il sont
     Que jamais jor nel chaceront,
     Car ce n'est pas choze avenable,
     Ainz est un raim de vif dïable.
2195 Or est remeis li chaceïz,
     Fuiant va vers un plasseïz.
     Lo roi enportent si baron
     Droit et palais de sa meson.
     Huit jors se fist li rois seigner
2200 Et sejorner et haiesier,
     Tant qu'il revint en la santé
     Ou il avoit devant esté ;
     Et Renart einsi s'en eschape,
     Des or gart bien chascun sa cape !

Branche Ib

2205   Li rois a fait son ban crïer,
       Par tot plevir et afïer
       Que qui porra Renart tenir,
       Que ja nel fache a cort venir,
       Ne roi ne conte n'i atende,
2210   Mes meintenant l'oci ou pende.
       De tot çou fu molt pou Renart,

2180 Il voit Isengrin s'approcher de lui.
Mais écoutez bien ce qu'il a l'audace de faire !
De sa pierre, il frappe le roi près de l'oreille,
si bien que même pour cent marcs d'or
le souverain n'aurait pas pu s'empêcher de tomber.
2185 Tous les barons se précipitèrent vers lui
et le soutinrent entre leurs bras.
Pendant qu'ils s'occupaient
de soutenir leur suzerain,
Renart saute à terre et s'enfuit.
2190 Quand ils le voient, tous le couvrent de huées,
unanimes pour proclamer
que jamais plus ils ne le poursuivront
car ce n'est pas une créature normale
mais bel et bien un rejeton du diable !
2195 C'en est maintenant fini de la poursuite.
Renart s'enfuit vers un enclos,
les barons emportent leur maître
directement dans le palais royal.
Pendant huit jours, le roi se fit saigner,
2200 dorloter, divertir,
si bien qu'il recouvra
la santé.
Voilà donc comment Renart se tira d'affaire :
que chacun soit désormais sur ses gardes !

Renart teinturier - Renard jongleur

2205 Le roi a fait battre tambour
et proclamer solennellement partout
que celui qui pourra s'emparer de Renart
ne devra pas le conduire à la cour
ni attendre l'arrivée d'un roi ou d'un comte,
2210 mais il devra le tuer ou le pendre sur-le-champ.
Renart ne s'inquiète pour si peu

Fuiant s'en va vers un essart.
Son petit pas s'en va tendant.
Environ lui va regardant ;
2215 N'est merveille s'il se regarde,
Qui de totes bestes a garde.
En son un grant testre s'areste,
Vers Orïent torne sa teste.
Lors dist Renart une proiere
2220 Qui molt fut pressïouse et chiere.
« Hé Dex, qui meins in trinité,
Qui de tans perilz m'as jeté
Et m'as soufert tans malz a fere
Que je ne doüsse pas fere,
2225 Garde mon cors d'ore en avant
Par le tien seint conmandement !
Et si m'atorne en itel guisse,
En tel maniere me devise,
Qu'il ne soit beste qui me voie,
2230 Qui sache a dire que je soie. »
Vers Orïent sa teste cline,
Granz colz se done en la poitrine,
Drece sa poe, si se seigne,
Va s'ent le plein et la montegne.
2235 Mes de fein sofre grant destrece.
Envers une vile s'adreche
En la meson d'un teinturier
Qui molt savoit de son mester.
Sa teinture avoit destempree
2240 Au mielz qu'il pout et atrempee.
Faite l'avoit por teindre en jaune.
Alez fu querre une droite aune
Dont il voloit son drap auner
Qu'en la cuve voloit jeter.
2245 Laissiee l'avoit descoverte,
Et la fenestre estoit overte,
Dont il veoit a sa teinture,
Quant la fesoit et nete et pure.
Renart dedenz la cort s'en entre
2250 Por proie querre a ués son ventre :
Le cortil a trestot cherchié

il s'enfuit vers un essart.
Il s'y dirige à petits pas,
surveillant les alentours.
2215 On ne doit pas s'en étonner :
il doit se garder de toutes les bêtes.
Au sommet d'un grand tertre il s'arrête
et tourne sa tête vers l'Orient.
Alors, il prononça une prière
2220 qui était excellente :
« O Dieu de Trinité,
Toi qui m'as délivré de tant de périls,
et qui m'as laissé faire
tant de mauvaises actions,
2225 protège-moi désormais
par ta sainte volonté !
Arrange-moi de telle manière,
déguise-moi de telle façon
qu'aucune bête, en me voyant,
2230 ne puisse me reconnaître. »
Il incline sa tête vers l'Orient,
il se bat vigoureusement la coulpe,
lève la patte et fait le signe de la croix.
Il s'en va par monts et par plaines,
2235 mais la faim le fait cruellement souffrir.
Il se dirige vers un village
où demeurait un teinturier
très habile dans son métier.
Il avait, du mieux possible,
2240 dissous son colorant dans l'eau
pour obtenir une teinture jaune.
Il était parti chercher une mesure exacte d'une aune
afin de mesurer l'étoffe
qu'il voulait plonger dans la cuve.
2245 Il avait laissé la cuve découverte
et la fenêtre ouverte
pour surveiller si sa teinture
prenait bien, de façon uniforme.
Renart pénètre dans la cour
2250 en quête d'une proie qui satisferait sa panse :
il a parcouru tout le jardin

Et tot environ reverchié,
N'i puet trover rien qu'il manjuce.
Parmi la fenestre se muce.
2255 Renart n'i voit ame dedenz,
Il joint les piez, si sailli enz.
Esbahiz fu quant vint en l'ombre,
Oiez con li maufez l'enconbre !
Malbailliz fu et deçoüz,
2260 Car dedenz la cuve est coüz.
Au fonz va, mes pas n'i demoure ;
Isnelement resailli soure.
La cuve out auques de parfont,
Par desus noe qu'il n'afont.
2265 Atant estes vos le vilein
Qui l'aune tenoit en sa mein.
Son drap a auner reconmence.
Quant il oï Renart qui tence
Por ce que oissir s'en voloit,
2270 Tant a noé tot se doloit,
Li vileins a drecé l'oreille,
Oï Renart, molt se merveille.
A terre jeta toz ses draz,
A lui en vient plus que le pas.
2275 Renart choisist en la teinture,
Par lui en vint grant aleüre.
Ferir le volt parmi la teste,
Qant il conut que ce fu beste ;
Mes Renart forment li escrie :
2280 « Baus sire, ne me ferez mie !
Je sui beste de ton mester,
Si te puis bien avoir mester.
Sovent en ai esté lassez,
Si en sai plus que toi asez.
2285 Encor t'en cuit asés aprendre
De mesler teinture avoc cendre,
Qar ne sez conment en le fet. »
Dist li vilein : « Ci a bon plet.
Par ont venistes ça dedenz ?
2290 Por qoi entrastes vos çaienz ? »
Ce dist Renart : « Por atenprer

et fouillé tous les environs
sans rien trouver qui se mange.
Il se cache dans le renfoncement de la fenêtre.
2255 Comme il ne voit âme qui vive à l'intérieur,
il y saute à pieds joints.
Quelle surprise en arrivant dans la partie obscure !
Écoutez comme le diable se met en travers de sa route :
amère fut sa déconvenue
2260 car il tomba dans la cuve.
Il va au fond mais il n'y reste pas :
vite, il remonte.
La cuve était assez profonde
et il doit nager à la surface pour ne pas couler.
2265 Or voici qu'arrive le manant
tenant son aune à la main.
Il se met à mesurer son étoffe.
Au bruit du goupil qui se débat
parce qu'il voudrait bien sortir
2270 et qu'il s'épuise à force de nager,
le manant tend l'oreille
et s'étonne beaucoup d'entendre Renart.
Il jeta ses étoffes à terre
et se précipita vers lui.
2275 Avisant Renart dans la teinture,
il redoubla de vitesse.
Il voulut le frapper sur la tête
quand il s'aperçut que c'était un animal,
mais Renart lui cria d'une voix forte :
2280 « Cher seigneur, ne me frappez pas !
Je suis une bête de ta corporation
et je peux, pour cette raison, t'être fort utile.
Au prix d'efforts épuisants et répétés,
je suis devenu beaucoup plus savant que toi.
2285 Je pense pouvoir t'apprendre le secret
du mélange de teinture et de cendre
car tu ignores comment le faire.
    — Voilà qui est bien, dit le vilain.
Par où êtes-vous entré ici ?
2290 Pourquoi êtes-vous entré dans la cuve ? »
Renart répond : « Pour tremper

Ceste teinture et atorner :
C'est la costume de Paris
Et de par tot nostre païs.
2295 Ore est ele molt bien a droit
Atornee tot a son droit.
Aidiez moi tant que je fors soie,
Puis vos dirai que je feroie. »
Quant li vileins Renart entent
2300 Et voit que la poe li tent,
Par tel aïr le sache fors
Par pou ne li a tret del cors.
Quant Renart vit qu'il fu au plein,
Trois paroles dist au vilein :
2305 « Prodom, entent a ton afere,
Que je n'en sai a nul chef trere,
Mes en ta cuve iere sailliz,
A poi ne fui molt malbailliz.
Car si m'aït Seinz Esperiz,
2310 Noiez i dui estre et periz :
Grant peor ai oü del cors,
Dex m'a eidié quant j'en sui fors.
Ta teinture est molt bien pernanz :
Jaunez en sui et reluisanz.
2315 Ja ne serai mes coneüz
En leu ou j'ai esté veüz.
Molt par en sui liez, Dex le set,
Que trestoz li siecles me het.
Or remanez, car je m'en voiz
2320 Querre aventure par ce bois. »
      A icest mot de lui se part
Fuiant s'en vait vers un essart :
Molt se regarde, molt se mire,
De joie conmença a rire.
2325 Fors del chemin, les une haie,
Voit Ysengrin, molt s'en esmaie,
Ou il atendoit aventure,
Qar fein avoit a desmesure ;
Mes molt par estoit granz et forz.
2330 « Las ! dist Renart, or sui ge morz,
Qar Ysengrin est fors et cras

et préparer cette teinture.
C'est la méthode de Paris
et de toute notre région.
2295 Maintenant, elle est prête
à souhait.
Aidez-moi à sortir
et je vous dirai mes intentions. »
A ces mots, le manant, voyant
2300 la patte que Renart lui tend,
l'extirpe comme une brute
et lui arrache presque le bras.
Quand Renart se vit sur la terre ferme,
il dit deux mots au manant :
2305 « Mon brave, occupe-toi de ton ouvrage
car moi, je n'y connais rien du tout.
J'étais tombé dans ta cuve
et je l'ai échappé belle
car (que le Saint-Esprit m'assiste !)
2310 j'aurais dû y périr noyé.
J'ai craint pour mes os
mais, grâce à Dieu, j'en suis sorti.
Ta teinture prend très bien :
me voilà devenu jaune vif.
2315 Jamais on ne me reconnaîtra
dans aucun lieu où l'on m'a déjà vu.
J'en suis fort aise, Dieu m'est témoin,
car le monde entier me hait.
Restez donc ici. Pour moi, je pars
2320 chercher fortune dans ce bois. »
Là-dessus, il le quitte
et s'enfuit vers un essart :
il s'examine, s'admire beaucoup,
part d'un rire joyeux.
2325 A l'écart du chemin, près d'une haie,
il voit Isengrin, à son grand déplaisir,
qui attendait une aubaine
car il avait une faim de loup.
En outre, le loup était très grand et très fort.
2330 « Hélas ! dit Renart, je suis perdu :
Isengrin est fort et gras,

Et je de fein megres et las.
Molt en ai sosfert grant angoisse.
Ne quit pas qu'il me reconoisse,
2335 Fors q'au parler (ce sa je bien)
Me conostra sor tote rien.
G'irai a lui, a que qu'il tort,
S'orrai noveles de la cort. »
Lors se porpense en son corage
2340 Que il changera son langaje.
Ysengrin garde cele part
Et voit venir vers lui Renart.
Drece la poe, si se seigne,
Ançois que il a lui parveigne,
2345 Plus de cent fois, si con je cuit :
Tel poor a por poi ne fuit.
Qant ce out fet, puis si s'areste
Et dit que mes ne vit tel beste,
D'estranges terres est venue.
2350 Ez vos Renart qui le salue :
« Godehelpe, fait il, bel sire [1] !
Non saver point ton reson dire.
— Et Dex saut vos, bau dous amis !
Dont estes vos ? de quel païs ?
2355 Vos n'estes mie nés de France
Ne de la nostre connoissance.
— Nai, mi seignor, mais de Bretaing.
Moi fot perdez tot mon gaaing
Et fot cerchier por ma conpaing,
2360 Non fot mes trover qui m'enseing.
Trestot France et tot Engleter
L'ai cerchiez por mon compaing qer.
Demorez moi tant cest païs
Que j'avoir trestot France pris.
2365 Or moi volez torner arier,
Non saver mes ou moi le quier,
Mes torner moi Paris ançois
Que j'aver tot apris françois.

---

1. Renart parle dans cette branche un mauvais français entremêlé
d'anglais incorrect, de breton, voire de flamand et de haut allemand.

alors que je suis amaigri, épuisé par la faim.
J'en ai connu tous les tourments.
Je ne crois pas qu'il me reconnaisse
2335 mais, lorsque j'ouvrirai la bouche, je peux être sûr
qu'il me reconnaîtra entre tous.
Je vais aller le trouver — advienne que pourra ! —
pour avoir des nouvelles de la cour. »
Alors lui vient l'idée
2340 de changer de langage.
Regardant de ce côté, Isengrin
voit venir Renart à sa rencontre.
Il lève la patte et se signe,
plus de cent fois, je crois,
2345 avant que l'autre ne l'ait rejoint.
Il a tellement peur que pour un peu il s'enfuirait.
Après cela, il s'arrête
et dit qu'il n'a jamais vu semblable bête :
elle doit venir d'un pays étranger.
2350 Voici Renart qui le salue :
« Goodbye, dit-il, cher seigneur.
Moi pas savoir parler ton langue.
— Que Dieu te garde, très cher ami !
D'où êtes-vous ? de quel pays ?
2355 Vous n'êtes pas originaire de France
ni d'aucun pays que nous connaissons.
— Niet, mon seigneur, mais de Bertagne.
Moi foutre avoir perdu tout ce que j'avoir gagné
et moi foutre chercher ma compagnon,
2360 Moi foutre pas avoir trouvé quelqu'un pour renseigner
Tout le France et tout le Angleterre   [moi.
j'avoir parcouru pour mon compagnon trouver.
Moi avoir demeuré tant dans ce pays
que moi connaître tout le France.
2365 Maintenant moi vouloir retourner,
moi plus savoir où le chercher,
mais moi avant tourner à Paris
pour moi finir apprendre tout le français.

— Et savez vos neisun mestier?
2370 — Ya, ge fot molt bon jogler.
Mes je fot ier rober, batuz
Et mon vïel fot moi toluz.
Se moi fot aver un vïel,
Fot moi diser bon rotruel,
2375 Et un bel lai et un bel son
Por toi qui fu semblés prodom.
Ne fot mangié deus jors enters,
Or si mangera volenters.
Conment as non? dist Ysengrin.
2380 — Moi fot aver non Galopin.
Et vos, conment, sir bel prodom?
— Frere, Ysengrin m'apele l'on.
— Et fot vos nez en cest contré?
— Oïl, g'i ai meint jor esté.
2385 — Et saver tu del roi novel?
— Por qoi? Tu n'as point de vïel.
— Je fot servir molt volenter
Tote la gent de ma mester.
Ge fot savoir bon lai breton
2390 Et de Merlin et de Noton,
Del roi Artu et de Tristran,
Del chevrefoil, de saint Brandan.
— Et ses tu le lai dam Iset [1]?
— Ya, ya: goditoët,
2395 Ge fot saver, fet il, trestoz. »
Dist Ysengrin: « Tu es molt prous
Et si ses molt, si con je croi.
Mes, foi que doiz Artu lo roi,
Se tu veïs, se Dex te gart,
2400 Un ros garçon de pute part,
Un losenger, un traïtor
Qui envers nullui n'ot amor,

1. *Merlin* est le prophète et l'enchanteur des romans de la Table ronde, *Noton* est une forme de *nuiton, netun,* qui a donné notre *lutin* (dans le *Chevalier au lion* de Chrétien de Troyes, les fils du *netun* sont des personnages diaboliques); le *lai du Chèvrefeuille* raconte un épisode de l'histoire de Tristan et Iseut; le *Voyage de saint Brandan* rapporte le voyage de ce saint en Enfer et au Paradis terrestre.

— Est-ce que vous avez un métier?

2370 — Ya, ya, moi être foutre très bon jongleur.
Mais moi hier foutre avoir été volé, battu
et mon vielle foutre avoir été pris à moi.
Si moi foutre avoir un vielle,
moi foutre dire bon rotruenge

2375 et un beau lai et un beau chant
pour toi qui sembler une homme de bien.
Foutre moi pas avoir mangé pendant deux jours entiers
et maintenant je mangera volontiers.
— Comment t'appelles-tu? dit Isengrin.

2380 — Ma nom foutre être Galopin.
Et vous, comment, seigneur, homme de bien?
— Frère, on m'appelle Isengrin.
— Et foutre être né dans cette pays?
— Oui, j'y ai vécu longtemps.

2385 — Et avoir toi nouvelles du roi?
— Pourquoi? tu n'as point de vielle.
— Moi foutre servir très volontiers
ma répertoire à tout le monde.
Moi foutre savoir bon lai breton

2390 de Merlin et de Noton,
du roi Arthur, et de Tristran,
du chèvrefeuille, de saint Brandan...
— Et tu connais le lai de dame Iseut?
— Ya, ya, by god,

2395 moi les savoir, absolument tous. »
Isengrin dit: «Tu me sembles très doué
et très savant.
Mais par la foi que tu dois au roi Arthur,
n'aurais-tu pas vu — Dieu te garde! —

2400 un sale rouquin, une sacrée engeance,
un lécheur, un traître
au cœur de pierre,

Qui tot deçoit et tot engigne ?
Damledex doinst q'as poinz le tiegne !
2405 Avanter escapa lo roi
Par son engin, par son bofoi,
Qui pris l'avoit por la roïne
Que devant lui tenoit sovine,
Et por autres forfez asez
2410 Dont onc ne pot estre lassez.
Tant m'a forfet que je voldroie
Que il tornast a male voie.
Se gel pooie as poinz tenir,
Molt tost le convendroit morir :
2415 Li rois m'en a doné congié,
Bien conmandé et otroié. »
      Renart tenoit le chef enclin.
« Par foi, fet il, dant Ysengrin,
Malvés lecher fot il devez ?
2420 Conment fot il a non pelez ?
Dites nos. — Conment il a non ?
— Fot il donques pelez Asnon [1] ? »
Ysengrin rist, quant il ce ot,
Et por le non d'Asnon s'esjot,
2425 Molt l'amast mels que nul avoir.
« Volez, fait il, son non savoir ?
— Oïl ; conment fot il pelez ?
— Renart a non li desfaez.
Toz nos deçoit, toz nos engigne,
2430 Dex doinst que ge as poinz le tiegne !
De lui seroit la terre quite.
Sa part en seroit molt petite.
— Toz fot il malement tornez,
Se tu le foz aver trovez.
2435 Foi que devez le seint martir
Et seint Tomas de Cantorbir,
Ne por tot l'or que Dex aver
Ne fot voloir moi lui sambler.

---

1. C'est sur le conseil de M. Rousse que nous avons modifié la
ponctuation de ce passage : ainsi comprend-on mieux la réplique du faux
jongleur.

un trompeur et un roublard de première?
Ah! Dieu, si je le tenais entre mes mains!
2405 Avant-hier, il échappa au roi
jouant d'astuce et de boniments,
alors qu'il avait été pris
pour avoir mis la reine sur le dos
et pour mille autres méfaits
2410 qu'il n'est jamais las de commettre.
Il m'a tant fait de mal que je souhaite
qu'il lui arrive malheur.
Ah! si je pouvais le tenir entre mes mains,
il faudrait qu'il meure au plus vite!
2415 J'ai, pour le faire, la permission,
l'ordre et l'autorisation du roi. »
Renart gardait la tête baissée :
« Par ma foi, dit-il, seigneur Isengrin,
cette mauvaise canaille être complètement fou.
2420 Comment foutre sa nom être pelé?
dites-nous. — Comment il a nom?
— Lui être donc pelé Anon? »
A ces mots, Isengrin éclate de rire,
mis en joie par le nom d'Anon.
2425 Il ne donnerait pas cette plaisanterie pour tout l'or du
« Vous voulez connaître son nom? [monde.
— Oui, comment foutre être pelé?
— Ce misérable s'appelle Renart.
Il nous berne tous, il nous roule tous.
2430 Ah! Dieu, si je pouvais le tenir entre mes mains!
La terre serait débarrassée de lui
et il n'y occuperait qu'une toute petite place.
— Lui être foutrement fichu
si toi l'avoir trouvé.
2435 Par la foi que vous devez au saint martyr,
à saint Thomas de Cantorbire,
pour tout l'or que Dieu avoir,
moi foutre pas vouloir lui ressembler.

— Vos avés droit, dist Ysengrin.
2440 Ne vos gariroit Apollin,
Ne tot li ors qui soit en terre,
Que jamés nos moüssiés gerre.
Mes or me di, baus doz amis,
Del mestier dont t'es entremis,
2445 Ses en tu tant servir a cort
Que nul jogleres ne t'en tort
Et que n'en soies entrepris
Par nul qui soit en cest païs ?
— Par mon segnor seint Jursalen,
2450 Ne fot itel trovés oan.
— Donques t'en ven avoques moi
Et je t'acointerai au roi
Et a ma dame la roïne
Qui tant par est gente meschine,
2455 Et je te voi et bel et gent,
Si t'acointerai a la gent.
Et se tu vels a cort venir,
Ge te ferai bien retenir.
— Fotre merci, dist Galopins.
2460 Je fot saver molt bons chopins,
Si fot saver bon lecheri
Dont je fot molt a cort cheri.
Se pot aver moi un vïel,
Fot moi diser bon rotruel,
2465 Et fot un vers dit de chançon
Por toi qui fot sembler prodom. »
Dist Ysengrin : « Sez que tu fai ?
Vien t'ent, une vïele sai
Chés un vilein, que tote nuit
2470 I asenblent si voisin tuit.
A ses enfanz en fet grant joie,
N'est gueres nuiz que je ne l'oie.
Par la foi que je doi seint Pere,
La vïele est et bone et chere,
2475 Se tu vienz avoc moi a cort,
Tu l'auras, a qoi que il tort. »
Atant se metent a la voie.
Andui s'en vont et font grant joie.

— Vous avez raison, dit Isengrin,
2440 car ni Apollon ni tout l'or du monde
ne vous sauveraient si bien que vous ne seriez jamais
en état de nous faire la guerre.
Mais parle-moi plutôt, mon cher ami,
de ce métier que tu exerces.
2445 Saurais-tu t'en tirer à la cour
mieux qu'aucun autre jongleur
et échapper aux critiques
des gens de ce pays?
— Par monseigneur saint Jérusalem,
2450 moi foutre pas encore avoir trouvé mon maître.
— Alors, viens avec moi :
je te présenterai au roi
et à sa majesté la reine,
une très élégante jeune personne.
2455 Comme je te vois beau et séduisant,
je te présenterai aux courtisans.
Si tu acceptes de venir à la cour,
je me charge de t'y faire engager.
— Foutre grand merci, dit Galopin.
2460 Moi savoir de foutus bons tours,
moi savoir aussi foutues bonnes blagues,
avec ça, moi être le coqueluche à la cour.
Si moi pouvoir avoir un vielle
moi dire foutue bonne ritournelle
2465 et chanter foutu couplet de chanson
pour toi qui sembler foutu homme de bien. »
Isengrin reprit : « Sais-tu ce que tu vas faire ?
Viens donc. Je sais qu'il y a une vielle
chez un paysan, car toute la nuit
2470 tous ses voisins se réunissent chez lui.
Il s'en sert pour amuser ses enfants,
il ne se passe pas de nuit sans que je l'entende.
Par la foi que je dois à saint Pierre,
la vielle est en parfait état.
2475 Si tu viens avec moi à la cour,
tu l'auras, quoi qu'il puisse arriver ! »
Alors ils se mettent en route,
en joyeuse compagnie.

Dant Ysengrin asés li conte
2480 Conment Renart li a fet honte.
Asez li conte en son françois,
Renart li respont en englois.
Tant sont alé qu'il sont venu
Triés la meson a un rendu,
2485 Droit la u Ysengrin savoit
Celui qui la vïele avoit.
Dedenz le cortil au vilein
S'en entrerent andui a plein.
Le vilein ont molt redoté,
2490 Lez le paroi sont acouté.
Il vont escoutant tote nuit
Con li vileins fet son deduit.
Quant li dormirs le va matant,
Chocier s'en va de meintenant.
2495 Ysengrin a drecé l'oreille,
Puis si regarde et oreille,
Q'en la paroi un trou avoit,
Plus a d'un an qu'il l'i savoit,
Et par une ais qui ert fendue
2500 Vit la vïele au clou pendue.
Souflent et ronflent molt forment
Tant que il se vont endormant.
Un grant mastins gist lez le feu,
Delez la couce ot fet son leu,
2505 Par un petit au fou ne touce,
Mes li essombres de la couce
Nel laissa veoir Ysengrin :
« Frere, fet il a Galopin,
Atent moi ci, g'irai veoir
2510 Conment je la porrai avoir.
— Tot fot moi sol ? ce dit Renart.
— Conment, es tu donc si coart ?
— Coarz ? nai voir, mes g'ai poor
Par ci ne soit par cest contor :
2515 Se moi fot sol, ja fot portez,
Por ce fot moi desconfortez. »
Ysengrin l'ot et si s'en rist,
Ses cuers forment li atendrist,

Seigneur Isengrin lui raconte par le menu
2480 comment Renart l'a couvert de honte
et à son long récit en français
Renart répond en anglais.
Chemin faisant, ils sont arrivés
derrière la demeure d'un moine,
2485 directement à l'endroit où Isengrin savait
qu'habitait l'homme à la vielle.
Tous deux sont entrés tout à fait
dans le jardin
et, par crainte du paysan,
2490 ils se sont appuyés au mur.
Ils ont écouté pendant toute la nuit
aussi longtemps que le paysan a joué.
Dès que le sommeil le gagne,
celui-ci va se coucher sur-le-champ.
2495 Isengrin a dressé l'oreille.
Ensuite, par un trou du mur
qu'il connaissait depuis plus d'un an,
il regarde et tend l'oreille,
et, à travers la fente d'une planche
2500 il vit la vielle pendue à un clou.
Les autres soufflent et ronflent à grand bruit
avant de s'endormir enfin.
Un énorme mâtin est allongé près du feu,
il s'est installé près du lit,
2505 vraiment tout près du feu,
mais l'ombre du lit
l'empêche de voir Isengrin.
« Frère, dit celui-ci à Galopin,
attends-moi ici, je vais voir
2510 comment il me sera possible de la prendre.
— Moi foutre rester tout seul ? dit Renart.
— Comment, tu es donc si peureux ?
— Peureux, oh ! non, mais je crains
que ne passe par ici un certain seigneur :
2515 si moi être seul, moi être à coup sûr emporté,
c'est pourquoi moi être foutrement ennuyé. »
Cette réponse fait rire Isengrin
dont le cœur s'attendrit

Et si li dist : « En Deu amor,
2520 Onc ne vi hardi jugleor,
Hardi prestre, ne sage fame.
Qant ele plus a, plus forsane ;
Et quant ele a ce qu'ele velt,
Lors quiert ce dont ele se delt. »
2525 Ce dist Renart qui ainc n'ot loi :
« Dant Ysengrin, en moie foi,
Se fot ici celui Rallart,
Ja fot il toz pendus a hart.
— Leissiez ester, dist Ysengrin,
2530 Que je sai bien toz les chemins.
Mes or te sié ici a terre
Et g'irai la vïele querre. »
Lors s'en vient droit a la fenestre
Conme cil qui savoit bien l'estre.
2535 Apoïe fu d'une courre,
La nuit fu oblïee a clore.
Ysengrin fu montez en haut,
Par la fenestre laiens saut.
La droit ou la vïele pent
2540 S'en va tot droit, si la despent,
Si l'a son conpaignon tendue,
Et cil l'a a son col pendue.
Renart se pense qu'il fera,
Conment il le conchïera.
2545 « Ja bien, fet Renart, ne m'aviengne,
Se nel conchi, conment qu'il prengne. »
A la fenestre droit en vient
Au bastonnet qui la sostient.
Le baston cline et ele clot,
2550 Et Ysengrin laiens enclot.
Quida close fust par lui sole.
Lors a grant poür de sa gole.
Au saut q'a la fenestre fist
Et a la noise s'esbahist
2555 Li vileins qui ert endormiz,
Sailli en piez toz estordiz,
Sa feme escrie et ses enfanz :
« Or sus ! il a larons çaienz. »

et il lui dit : « Par l'amour de Dieu,
2520 jamais je n'ai vu de jongleur courageux,
de prêtre hardi ou de femme raisonnable.
Plus une femme est comblée, plus elle a la folie des
Et quand elle obtient ce qu'elle désire,   [grandeurs.
elle se met à désirer ce qui l'afflige. »
2525 Renart, qui fait la nique aux lois, lui dit :
« Seigneur Isengrin, par ma foi,
si foutre être ici ce Rallard-là,
déjà lui être foutrement pendu haut et court.
— Ne vous en inquiétez pas, dit Isengrin
2530 car je sais bien me tirer d'affaire.
Assieds-toi donc ici plutôt par terre
pendant que j'irai chercher la vielle. »
Alors, en familier des lieux,
il se dirige directement vers la fenêtre
2535 qui était retenue par un bâton de coudrier :
on avait oublié de la fermer pour la nuit.
Il grimpe,
saute à l'intérieur par la fenêtre,
va droit à l'endroit où pend la vielle,
2540 il la décroche
et la tend à son compagnon
qui la passe à son cou.
Renart réfléchit à ce qu'il va faire,
à la façon dont il va le berner.
2545 « Plutôt renoncer au bonheur, dit Renart,
que de ne pas me jouer de lui. Tant pis pour la
Il se dirige vers le bâton   [suite ! »
qui maintient la fenêtre ouverte.
Il l'incline et la fenêtre se ferme :
2550 Isengrin est enfermé !
Il crut qu'elle s'était refermée toute seule,
il tremble alors pour sa peau.
Le saut qu'avait fait le loup
et le bruit étonnèrent
2555 le paysan qui s'était endormi.
Tout ensommeillé, il se lève
et crie à sa femme et à ses enfants :
« Debout ! il y a des voleurs dans la maison ! »

Li vileins saut, c'est sa costume,
2560 Au feu en vient et si l'alume.
    Quant Ysengrin le voit lever,
Voit qu'il velt le feu alumer,
Un petitet se tret arere,
Par les naches le prent deriere.
2565 Li vileins a jeté un cri.
Li mastins l'a sempres oï :
Ysengrin prent parmi la coille,
Enpoint et tire et sache et roille,
Trestot esrache quenqu'il prent.
2570 Et Ysengrin molt bien se prent
Deriere as naches au vilein,
Mes de ce avoit le cuer vein,
Et sa dolor li engregnoit,
Qar li chens ses coilles tenoit.
2575 Tant se sont laiens travellié
Que Ysengrin ont escoillé.
Li vileins crïe ses voisins
Et ses parens et ces cosins :
« Aidiez, por Deu l'esperitable !
2580 Çaienz conversent li deable. »
Quant Ysengrin vit l'uis overt,
Et li vilein felun cuvert
A cuinnïes et a maçües
Vienent corant parmi les rües,
2585 Entre la porte et le vilein
Fet Ysengrin un saut a plein.
Si fort le horte qu'il l'abat
En une fange trestot plat.
Des quatre piés fiert a la terre,
2590 Ne set son conpaignon ou querre.
Por les vileins s'en vet fuiant,
Et cil le vont aprés huiant.
Le vilein trovent en la boe
Grant et parfonde qu'il i noe.
2595 Fors l'en ont tret a molt grant peine,
D'un mois ne fu sa plaie seine.
    Ysengrin pas ne s'asoüre,
Fuiant s'en vet grant aleüre.

Il saute du lit et, comme d'habitude,
2560 il va au feu pour l'allumer.
Lorsqu'Isengrin le voit debout,
prêt à allumer le feu
il prend un léger élan
et l'attrape par-derrière, dans les fesses.
2565 Le paysan a poussé un cri,
aussitôt entendu par le mâtin
qui saisit Isengrin en plein dans les bourses,
et secoue, tire, agite, remue,
arrache complètement tout ce qu'il a pris.
2570 Aussi, bien qu'Isengrin eût une prise solide
dans le derrière du paysan,
le cœur lui manquait
et sa douleur augmentait
car le chien retenait ses bourses.
2575 Ceux du logis ont fait tant et si bien
qu'ils ont coupé les choses à Isengrin.
Le voisin, par ses cris, alerte ses voisins,
ses parents et ses cousins :
« Au secours, au nom du Dieu céleste !
2580 Les diables font la sarabande là-dedans ! »
Quand Isengrin vit la porte ouverte
et les sales paysans sournois
accourir par les rues
armés de cognées et de massues,
2585 il fit un saut entre la porte et le paysan
et retomba sur ses quatre pattes.
Au passage, il heurte l'homme si fort
qu'il l'étend dans un bourbier.
Il s'enfuit à toutes jambes
2590 sans savoir où chercher son compagnon,
obligé de fuir à cause des paysans
qui le poursuivent de leurs huées.
Ils découvrent le paysan dans la boue :
elle est tellement étendue et profonde qu'il peut y nager.
2595 Ils l'en sortent à grand-peine
et sa plaie mit plus d'un mois à guérir.
Peu rassuré, Isengrin
s'enfuit au plus vite.

N'avoit cure de sojorner,
2600 Ançois conmence a galoper.
El bois se met par une sente.
Molt est dolenz, molt se demente
Por che qu'il a perdu la chose,
Mes a nului parler n'en ose,
2605 Car, se sa feme le savoit,
Jamés de lui cure n'auroit.
Et neporqant va s'ent grant oire,
Or ne se set mes en cui croire.
Tant va et vient danz Ysengrins
2610 Sentiers et voies et chemins ;
Ulle et garmente en son langage,
Par un petit que il n'enrage.
Tant fet qu'il vient en sa lovere.
Par l'uis s'en entre par deriere,
2615 Sa mainie trove laienz.
« Dex soit, fait il, o vos çaienz ! »
Ne parla gueres hautement,
Mes soavet. Dame Hersent
Qui durement estoit aese,
2620 Au col li saut, sovent le bese,
Et si fil saillent, si l'acolent,
Jüent et gabent et parolent ;
Mes, s'il seüssent tot l'afere,
Autre joie doüsent fere.
2625 Quant ont mangié a grant loisir,
Si parolent d'aler jesir ;
Et lors i ot molt, ce sachez,
Parlé ainz que il fust coché.
Molt grant piece s'i arestut,
2630 Mes neporoc cocher l'estut ;
Hersent l'achole, si l'enbrache,
Et lez lui se jut fache a fache.
Et cil conmence a reüser
Et durement a reculer,
2635 Mes ne li vault, si con je quit.
Encore ora tel chose anuit
Dont il n'oüst ja nule envie,
Qu'il n'avoit cure de sa vie.

Il n'a pas envie de flâner
2600 mais il prend le galop.
Il pénètre dans le bois par un sentier,
au comble de la tristesse et de l'abattement
pour avoir perdu ses joyaux,
mais il n'ose s'en ouvrir à personne
2605 car, si sa femme l'apprenait,
elle le négligerait à tout jamais.
Il poursuit malgré tout sa route à toute vitesse,
à présent, il ne sait plus à qui faire confiance.
C'est ainsi que, par les sentiers, les routes et les chemins,
2610 Isengrin chemine,
hurlant et gémissant en son langage ;
il en devient presque enragé.
Il va tant et si bien qu'il arrive dans sa tanière
où il pénètre par la porte de derrière,
2615 et où il retrouve les siens.
« Dieu soit avec vous dans cette demeure ! » dit-il
non pas à voix haute
mais tout bas. Dame Hersant,
folle de joie,
2620 lui saute au cou, le couvre de baisers
et ses enfants accourent, le serrent dans leurs bras,
jouent, plaisantent et bavardent.
Mais s'ils avaient connu toute l'affaire,
ils auraient fait une tout autre fête.
2625 Lorsqu'ils eurent mangé tout leur saoul,
ils parlèrent d'aller se coucher.
Il y eut alors, sachez-le,
bien des paroles de dites avant qu'il ne se couche.
Il s'attarda une éternité
2630 mais il fallut en passer par là.
Hersant le serre entre ses bras, l'étreint,
s'étend à ses côtés : ils se font face.
Et l'autre essaie de se dérober,
recule bien loin
2635 mais c'est peine perdue, à mon avis.
Il va connaître un désagrément
dont il se serait bien passé
et qu'il n'a jamais éprouvé.

Hersent l'achole et cil se tret
2640 En sus, n'a soing de son atret.
« Et qu'est or ce, fet ele, sire?
Avez me vos coilli en ire?
— Dame, fet il, et que volez?
— Si faites ce que vos solez.
2645 — Ge n'en sui mie ore aiesiez,
Mes desormes vos en tesiez. »
Fet Hersent : « Je ne m'en puis tere,
Ainz vos covient la cose fere.
— Que ferai, va? — Que te covient,
2650 Ce qu'a totes femes avient.
— Taisiez, fait il : n'en ferai mie.
Or doüssiez estre endormie
Et avoir dit vo patrenostre,
Que vigile est d'un seint apostre.
2655 — Sire, fet ele, par seint Gile,
Ja n'i aura mester vigile.
Se vos volez m'amor avoir,
Fetes en tost vostre pooir. »
Dame Hersent forment le haste,
2660 Il se trestorne, ele li taste
Iloc ou la coille soloit
Estre par raison et par droit.
N'i trova mie de l'andoille.
« Chetis, fet ele, ou est ta coille,
2665 Qui ci endroit te soloit pendre?
Tote la vos covient a rendre.
— Dame, fait il, je l'ai prestee.
— A qui? — Une nonein velee,
Qui en son cortil me fist prendre,
2670 Mes bien la m'afïa a rendre. »
Hersent respont de meintenant :
« Sire, ce n'est pas avenant :
S'il i avoit trente fïances,
Dones, pleges et alïances,
2675 Si lairoit les pleges encorre.
Alez tost, ne finez de corre,
Et si dites a la nonein
Qui fille est au conte Gilein,

Hersant le presse et lui se recule,
2640 indifférent à ses avances.
« Mais que se passe-t-il, seigneur ? dit-elle.
Avez-vous quelque chose à me reprocher ?
— Ma dame, fait-il, que voulez-vous donc ?
— Eh bien, que vous fassiez comme d'habitude.
2645 — Je ne suis pas en forme maintenant,
alors n'en parlez plus.
— C'est impossible, dit Hersant,
vous devez vous exécuter.
— Faire quoi ? — Ce que tu dois
2650 et ce qui arrive à toutes les femmes.
— La paix, dit-il, il n'en est pas question.
Vous devriez, à l'heure qu'il est, être endormie
après avoir récité vos prières.
Nous sommes à la veille d'une fête de saint apôtre.
2655 — Seigneur, dit-elle, par saint Gilles,
il n'y a pas d'apôtre qui tienne.
Si vous voulez que je vous aime,
montrez-moi vite de quoi vous êtes capable. »
Dame Hersant le harcèle,
2660 lui se retourne et elle le tâte
à l'endroit où normalement et raisonnablement
devrait se trouver son sexe.
Pas la moindre andouille !
« Misérable, dit-elle, où sont les pendeloques
2665 qui étaient là d'habitude ?
Vous devez les remettre à leur place.
— Ma dame, dit-il, je les ai prêtées.
— A qui ? — A une nonne voilée
qui m'avait fait prendre dans son jardin.
2670 Mais elle m'a bien promis de me les rendre. »
Hersant éclate :
« Seigneur, on ne saurait l'accepter.
Même s'il y avait trente serments,
donations, garants et alliances,
2675 elle pourrait encore abandonner ses cautions.
Partez vite, ventre à terre,
et dites à cette nonne
qui est la fille du comte Gilles,

Que plus n'i demort n'i atende,
2680 Mes tost vostre coille vos rende,
Qar, s'une fois l'avoit sentie,
Tost en auroit sa foi mentie
Ainz que jamés la vos rendist;
Si seroit drois qu'en vos pendist,
2685 Quant baillïe la li avez.
Bien voi que gueres ne savez.
Molt m'avez morte et malbaillie,
Quant une autre l'a en baillie.
Mise m'avez en grant effroi,
2690 Demein m'en clamerai au roi.
— Pute vielle, dist Ysengrin,
Demein vos viengne mal matin!
Car vos taisiez, si vos dormez,
Et mal jor vos soit ajornez!
2695 Gardés bien que n'en parlés plus. »
Atant Hersent del lit saut jus:
« Filz a putein, meveis traïtres,
Einsi n'en irés vos pas quites.
Se ne m'estoit por un petit,
2700 Ge vos trairoie fors del lit,
Se Dex me doinst demein veoir. »
Atant s'en vait a l'uis seoir,
Molt fort conmence a sopirer
Et ses cevols a detirer.
2705 Ses dras deront, ses poinz detort,
Plus de cent fois s'ore la mort.
« Que ferai mes, lasse chative!
Molt me poise que je sui vive,
Q'or ai perdu tote ma joie
2710 Et la rien que je plus amoie.
Onques n'oi mes si grant anui:
Q'a je mes afere de lui?
Fole est qui delez lui se couche,
Qu'il ne valt mes ne q'une souche.
2715 Je ne quier mes o lui cocher,
Qu'en ne doit mes a lui toucher.
Puis qu'il ne puet la chose fere,
Q'ai ge donques de lui a fere?

de vous rendre votre couille
2680 à la minute même
car il suffirait qu'elle en goûte une fois
pour oublier aussitôt ses serments
et refuser à tout jamais de vous la rendre.
On aurait raison de vous pendre
2685 pour la lui avoir livrée.
Je vois bien que vous ne savez pas ce que c'est…
Vous m'avez tuée, brisée
en la mettant au service d'une autre.
Par votre faute, je suis dans tous mes états :
2690 demain, je m'en plaindrai solennellement au roi.
— Vieille pute, dit Isengrin,
je souhaite qu'il vous arrive malheur demain matin !
Taisez-vous donc et dormez,
et qu'un jour funeste se lève pour vous !
2695 Gardez-vous bien d'insister. »
Alors, Hersant saute du lit :
« Fils de pute, sale traître,
vous ne vous en tirerez pas ainsi.
Pour un peu,
2700 je vous chasserais du lit,
aussi vrai que je prie Dieu de me laisser vivre jusqu'à
Sur ce, elle va s'asseoir à la porte ;   [demain. »
elle se met à pousser de très profonds soupirs
et à s'arracher les cheveux.
2705 Elle déchire ses vêtements, se tord les mains,
réclame la mort plus de cent fois.
« Que faire désormais, pauvre malheureuse que je suis !
Je n'ai plus le cœur à vivre
puisque je suis maintenant privée de toute ma joie
2710 et de la chose que j'aimais le plus.
Je n'ai jamais connu un si grand malheur :
Que faire de lui à présent ?
Il faut être folle pour partager son lit,
car il ne vaut pas plus qu'une souche.
2715 Je n'ai plus envie de coucher avec lui
puisqu'il ne faut plus le toucher.
Du moment qu'il ne peut plus faire l'amour,
à quoi donc peut-il me servir ?

Mais aille ermites devenir
2720 Et en un bois por Deu servir;
Qar bien sai qu'il est conchïez,
Quant de la coille est derochez. »
A icest dol qu'ele demeine
De jor vit tote la cort pleine.
2725 En la meson en est entree,
Au lit en vient tote devee.
« Or sus, fait ele, danz vileins,
Ales vos ent a vos puteins !
Ne sai se fustes entrepris,
2730 Mais bien en ont le gage pris.
Einssi doit l'en mener celui
Qui sa feme a et tient l'autrui. »
Ne set li lox un mot respondre,
Ne contre lui n'en ose groindre.
2735   Dame Hersent est noble et fiere,
Et toz jors a esté legere,
Cointe et pleine de grant orgoil.
Des quatre piez feri el soil
Et a torné le cul au vant.
2740 « A Deu, fet ele, vos conmant. »
Drece sa poe, si se seigne,
Vet s'ent, comment que li plez pregne.
Or vos dirai de l'autre part
De la maniere dan Renart,
2745 Con il s'en va par le boscage.
Ysengrin a lessié en gage.
Por la vïele qu'il enporte
Molt s'esbaudist, molt se conforte.
Va s'ent a tote sa vïele,
2750 D'Ysengrin n'oï puis novele.
Tant fist Renart qu'en quinze dis
Fu si de la vïele apris :
Sages en fu et escolés.
Onc ne fu tex baraz trovez
2755 Einsi s'en va par la contree
Tant qu'il ot sa feme trovee,
Qui o lui meine un jovencel
Que prendre voloit de novel,

Qu'il se fasse ermite
2720 et aille servir Dieu dans un bois
car je sais bien que, si on l'a dépossédé de ses couilles,
c'est qu'on voulait l'outrager. »
Tandis qu'elle se lamentait ainsi,
elle s'aperçut que la lumière avait envahi la cour.
2725 Elle entra dans la maison,
alla jusqu'au lit comme une folle.
« Debout, dit-elle, espèce de péquenot,
allez rejoindre vos putains !
Je ne sais si vous étiez en difficulté,
2730 mais elles ont bel et bien pris le gage.
Ainsi doit-on traiter celui
qui a une femme et prend celle d'un autre. »
Le loup ne trouve rien à répliquer
et n'ose se rebiffer contre elle.
2735 Dame Hersant est noble et fière
et elle s'est toujours montrée légère,
coquette et prétentieuse.
Elle frappa le sol de ses quatre pattes
et tourna son cul au vent.
2740 « Je vous recommande à Dieu » dit-elle.
Elle lève la patte, se signe
et s'en va, au hasard de la vie.
D'autre part, je vais vous dire à présent
ce qu'il advient à Renart
2745 qui s'en va à travers le bocage.
Il a laissé Isengrin en gage,
en échange de la vielle qu'il emporte,
le cœur content et plein d'entrain.
Il s'en va avec sa vielle
2750 sans plus entendre parler d'Isengrin.
Renart fit si bien qu'en quinze jours
il avait appris à en jouer
à l'égal des meilleurs.
Jamais on n'avait imaginé pareille ruse.
2755 Parcourant ainsi la contrée,
il tomba sur sa femme
qui était en compagnie d'un jouvenceau.
Elle voulait l'épouser sans attendre.

Cosin Grinbert le tesson fu.
2760 Quant il le vit, s'est arestu :
Sachez bien les a conneüs,
Tantost con il les a veüs.
Ja oüst Poncet espusé,
S'il oüst jogleür trové,
2765 Mes ele pas tort n'en avoit :
Tuit disoient que mors estoit.
Tybert lor dist, se Dex le saut,
Que Renart vit lever en haut
As forches, et si le vit pendre
2770 (Ce lor a fet Tybert entendre)
A unes forches granz et hautes,
Trers le dos lïees les pates.
« Il resenblot trop bien Renart,
Ge le vi pendre a une hart. »
2775 La dame lor respont brement :
« Je ne vos en mescroi noient,
Qar je sai qu'il avoit tant fet
Vers son seignor de maveis plet,
S'un des barons le poïst prendre,
2780 Que meintenant le feïst pendre. »
N'i ot plus tenu parlement,
Beisier se vont estroitement.
Renart ne se pot plus tenir,
Ainz a fet un molt grant sopir.
2785 A Poncet dist entre ses denz :
« Tu en seras encor dolenz. »
Grant tens avoit que cil l'amoit,
Mais dant Renart ne le savoit.
Ainmé s'estoient molt lonc tens,
2790 Renart le saura tot a tens.
Autretel font, ce m'est avis,
Tex dames a en cest païs,
La dame son novel segnor
Bese et acole par amor.
2795 Renart voient vers els venir
Et la vïele au col tenir :
Molt furent lié, pas nel connurent,
Salué l'ont si con il durent.

C'était un cousin de Grimbert le blaireau.
2760 A sa vue, Renart s'est arrêté.
Sachez bien qu'il les a reconnus
à première vue.
Déjà sa femme aurait épousé Poncet
si celui-ci avait trouvé un jongleur;
2765 mais elle n'était pas à blâmer
car tout le monde disait que Renart était mort.
Tibert leur affirma, dur comme fer,
qu'il avait vu élever Renart au sommet
des fourches patibulaires et qu'il l'avait vu pendre
2770 (c'est du moins ce qu'il leur a expliqué)
à de grandes et hautes fourches,
les pattes liées derrière le dos.
« C'était Renart tout craché,
je l'ai vu se balancer à une corde. »
2775 La dame, en peu de mots, leur livre sa pensée :
« Je vous crois bien volontiers
car il avait, je le sais, fomenté
tant de sombres machinations contre son seigneur
que si un baron pouvait l'attraper,
2780 il devait le faire pendre sur-le-champ. »
On en resta là
et étroitement enlacés, ils se bécotèrent.
   Incapable de se retenir davantage,
Renart poussa un très grand soupir.
2785 Il marmonne à l'adresse de Poncet :
« Tu le regretteras bientôt. »
Poncet aimait Hermeline depuis longtemps
sans que Renart le sût.
Ils s'aimaient depuis une éternité,
2790 comme Renart ne va pas tarder à l'apprendre.
A mon avis, certaines dames de ce pays
font exactement la même chose.
La dame, tendrement,
embrasse et étreint son nouveau maître.
2795 Ils voient Renart venir à leur rencontre,
la vielle au cou.
Ils s'en réjouirent et, sans le reconnaître
le saluèrent poliment :

« Qui estes vos, font il, bel frere ?
2800 — Sire, ge fot un bon juglere,
Et saver moi molt bon chançon
Que je fot pris a Besençon.
Encor molt de bons lais saurai,
Nul plus cortois jogler n'aurai.
2805 Ge fot molt bon jogler a toz,
Bien sai dir et chanter bons moz.
Par foi mon segnor seint Colas,
Bien fot sembler que tu l'amas,
Et li senbler bien toi amer.
2810 Et ou voler tu si aler ? »
Lors dist Poncet : « Au Deu plesir,
Nos alomes la messe oïr.
Tuit alomes vers le moster,
Ceste dame voil noçoier.
2815 Ses sire est mors novelement,
Mes li rois le haoit forment,
Meinte foiz l'a pris a forfet,
Or a de lui son plesir fet.
Renart ot non li engigneres.
2820 Fel fu traïtres et boisieres,
Meinte traïson avoit fete :
En haut en a sa goule trete.
Trois fil en sont remés molt bel
Qui sont molt cointe damoisel ;
2825 Lor pere quident bien venger
Ainz que l'en doive vendenger.
Moü sont ja por querre aïe
A ma dame Once la haïe.
Tot li secles est en sa mein,
2830 Et tuit li mont et bois et plein.
Il n'en a beste jusq'as porz,
Tant soit hardie ne si forz,
Ors, chien ne lou ne autre beste,
Qui vers lui ost torner la teste.
2835 Por soudees i vont li frere.
Quanque il ont lessent a lor mere,
Qui molt par est cortoise dame.
Ge la prendrai par tens a feme.

« Qui êtes-vous, cher frère ?

2800 — Seigneur, moi être un foutu bon jongleur
et moi savoir beaucoup de foutues bonnes chansons
que moi avoir pris à Besançon.
Je saurai aussi beaucoup de bons lais
et je ne trouverai aucun jongleur meilleur que moi.

2805 Moi être foutu bon jongleur pour tous,
je sais bien raconter et chanter des histoires drôles.
Par la foi que je dois à monseigneur Colas,
bien foutre sembler que tu l'aimes
et elle bien sembler aimer toi.

2810 Et où toi vouloir aller ? »
Poncet répondit alors : « S'il plaît à Dieu,
nous allons entendre la messe.
Nous nous rendons tous à l'église
où j'ai l'intention d'épouser cette dame.

2815 Son mari est mort il y a peu de temps,
en butte à la haine violente du roi
qui l'avait pris plusieurs fois en flagrant délit :
aujourd'hui, le roi peut s'estimer satisfait.
Ce trompeur s'appelait Renart.

2820 C'était un félon, un traître,
un être perfide.
Aussi l'a-t-on pendu haut et court.
Il lui reste trois fils superbes,
de beaux jeunes gens.

2825 Ils espèrent avoir vengé leur père
avant le moment des vendanges.
Déjà ils sont partis chercher de l'aide
auprès de madame l'Once, honnie de tous.
Elle tient le monde entier dans sa main

2830 et l'univers, avec ses bois et ses plaines.
Aucune bête d'ici jusqu'aux limites du royaume,
même des plus hardies ou des plus fortes,
ours, chien, loup ou autre bête,
n'ose tourner la tête vers elle.

2835 Les frères partent s'engager à son service ;
ils laissent tous leurs biens à leur mère,
une dame très distinguée,
que je prendrai bientôt pour femme.

Einsi est la chose atornee
2840 Q'ainz demein nuit l'aurai juree. »
Renart respont entre ses denz :
« Tu en seras encor dolenz,
Encor en charras en tel briche
Nel voudroies por une fliche. »
2845   « Certes, sire, ce dist Poinçax,
Qui molt estoit cortois et baux,
Se vos volés as noces estre,
Dont ne nos faut mes que le prestre.
Ge vos donrai del nostre asez,
2850 Quant cist aferes iert pasez.
— Fotre merci, dist il, bel sir,
Moi saura fer tot ton plesir.
Moi saver bon chançon d'Ogier,
Et d'Olivant et de Rollier [1]
2855 Et de Charlon le char chanu.
— Dont vos est il bien avenu. »
Entre ses denz dist li maufez :
« Et vos estes mal asenez. »
Atant se metent a la voie,
2860 Renart vïele et fet grant joie,
Tant qu'il vindrent a la tesnere
Qui molt estoit large et plenere.
    Quant Renart vit adesertir
Son castel gaste et enhermir,
2865 Il n'en velt fere autre senblant.
Ja soit ce qu'il se voist joant,
En son cuer pense, se il vit,
Tex en plorra qui or en rit.
Par le païs et par la terre
2870 Envoia cil ses amis querre.
Tant veïssiez bestes venir
Nus n'en poïst conte tenir.
De molt long s'i asenblent tuit,
Par la vile meinent grant bruit.

---

1. L'auteur s'amuse à intervertir les finales des noms d'Olivier et de Roland, les héros de la *Chanson de Roland*.

L'affaire est si bien engagée
2840 qu'avant demain soir le mariage sera conclu. »
Renart réplique entre ses dents :
« Tu ne vas pas tarder à le regretter.
Tu te fourreras bientôt dans un tel pétrin
que tu n'en voudrais pas, même pour un morceau de lard.
2845   — Vraiment, seigneur, dit Poncet
qui était plein d'élégance et de charme,
si vous voulez être de notre noce,
il ne nous manquera plus alors que le prêtre.
Je vous paierai largement
2850 après la cérémonie.
     — Soyez-en foutre remercié, cher seigneur, dit Renart.
Moi saurai faire tout ce qu'il te plaira.
Moi savoir bon chanson d'Ogier,
d'Olivant, de Rollier
2855 et de Charlon au tête chenue.
     — Alors, vous êtes bien tombé. »
Et le diable d'animal de marmonner :
« Et vous, vous êtes bien mal lotis. »
Sur ce, ils se mettent en route,
2860 Renart viellant, plein d'une joyeuse exubérance,
tant et si bien qu'ils arrivèrent à la tanière
qui était très vaste : il y avait foule.
     Au spectacle de son château en ruines
que l'on ravage et détruit,
2865 Renart reste impassible.
Sans cesser de plaisanter,
il calcule que, s'il vit assez vieux,
certains pleureront qui rient aujourd'hui.
A travers tout le pays et le royaume,
2870 Poncet invita ses amis.
Si vous aviez vu toutes les bêtes qui vinrent !
Impossible de les compter.
De très loin, tous se rassemblent
et font grand bruit dans le village.

2875 Dame Hersent i est venue.
     Ysengrin est remeis en mue :
     Novelement laissié l'avoit
     Por ce que maengniez estoit,
     Et jure seinte Pentecoste
2880 Ga ne girra mes a sa coste.
     Q'a on a fere d'ome en chanbres
     Puis que il n'a trestoz ses menbres ?
     Mes voist aillors, si se porcast.
     Drois est que tos li mons le chast.
2885 Por ce s'en est de lui tornee.
     As noces vint bien atornee,
     Et des autres i ot grant flote,
     Et Renart lor chante une note.
     A grant joie les noces firent,
2890 Tybers li chaz et Brun servirent.
     Totes sont pleines les cuisines
     Et de capons et de jelines ;
     D'autres vitailles i avoit
     Selonc ce que chascun voloit.
2895 Et li jugleres lor chantoit,
     A chascun d'els forment plesoit.
     Onc n'oï on si grant janglois
     Con il demeine en son englois.
         Aprés mangier, savez que firent ?
2900 Hastivement se departirent,
     Qu'il n'i remeist ne bons ne max
     Fors ouls, ne chevelox ne caux :
     Chascun s'en va a son repere.
     Renart remest son mester fere.
2905 Dame Hersens s'en est entree
     Dedenz la chambre a l'esposee,
     Et a Poncet a fet son lit
     Ou quide fere son delit.
     A une liue d'iloc ot,
2910 Si que Renart molt bien le sot,
     Une tombe d'une martire
     Dont vos avez bien oï dire,
     De Coupee qui la gisoit.
     Trestoz li mondes le disoit

2875 Dame Hersant y est venue,
Isengrin est resté en rade :
elle venait de l'abandonner
à cause de sa mutilation,
elle jure, par sainte Pentecôte,
2880 qu'elle ne couchera plus avec lui.
A quoi bon avoir un homme dans sa chambre
s'il n'a pas ses membres au complet ?
Mais qu'il aille se faire voir ailleurs et se débrouille.
Il est normal que tout le monde le chasse.
2885 Voilà pourquoi elle s'est détournée de lui.
Elle arriva à la noce dans ses beaux atours.
Les invités étaient très nombreux
et Renart leur chantait un air.
Ils célébrèrent joyeusement les noces.
2890 Tibert le chat et Brun servaient à table.
Les cuisines regorgeaient
de chapons et de poules ;
il y avait d'autres victuailles
au gré de chacun.
2895 Et le jongleur chantait ses chansons,
à la satisfaction générale.
Sa verve était intarissable
dans son jargon anglais.
Le repas achevé, savez-vous ce qu'ils firent ?
2900 Ils se retirèrent en toute hâte
si bien qu'il ne resta personne — ni bons, ni méchants,
ni chevelus, ni chauves — à part eux.
Chacun retourne à son gîte.
Renart reste par obligation professionnelle.
2905 Dame Hersant est entrée
dans la chambre de la mariée
et avec Poncet a fait le lit
dans lequel il pense avoir du bon temps.
Il y avait, à une lieue de là,
2910 et Renart le savait très bien,
la tombe d'une martyre
dont vous avez entendu déjà parler :
c'était celle de Coupée.
Tout le monde disait

2915 Qu'ele fesoit apertement
     Vertus a toz cumunalment.
     Nus homs n'i vient, tant soit enfers,
     Ou soit moignes, ou lais ou clers,
     De tot le mal que il oüst
2920 Que meintenant gariz ne fust.
     Renars i fu, si ot veüz
     Le jor devant deus laz tenduz
     Et un braion en terre enclox.
     Bien le ferma a quatre clox
2925 Q'a un vilein avoit emblé.
     Iloc l'ot repost et enté,
     Bien sot qu'il en auroit a fere,
     Qar il savoit de meint afere.
     Quant Poncet dut aler gesir,
2030 Si l'a fet devant lui venir,
     Et si li dist en son langage :
     « Sire Boucez, fez tu que sage :
     Se tu creez que je dira,
     Merveille fu qui te vendra,
2935 Et bien saver que je voil dir.
     Lasus giser un seint martir,
     Por lui faser Dex tant vertuz :
     Se tu voler aler piez nuz
     Et port un candoil en ton mein,
2940 Et tu veillier anuit a mein,
     Et tu vus ton candoil lumer,
     Tu fus demein un fil gendrer. »
       Ce dist Poncez : « Molt volonters. »
     Atant se metent es senters ;
945 En sa mein porte une candoille
     Qui si art cler con une estoille.
     Desoz un pin en un moncel
     Iloc troverent le tombel.
     Renart s'estut, cil passe avant :
950 « Bassé, Bosez, Dex t'en avant ! »
     Cil vait avant, si se redote,
     Renart le vit, avant le bote.
     Tant fort l'enpeint qu'il ciet es laz
     Parmi le col et l'un des braz.

2915 qu'elle faisait de vrais miracles
     en faveur de tous les gens.
     Personne n'y vient, même les plus grands malades,
     — moine, laïc ou clerc —
     sans être aussitôt guéri
2920 de tout son mal.
     Renart y était allé et avait vu,
     la veille, deux lacets tendus
     et un piège enfoncé dans la terre.
     Il le fixa solidement avec quatre clous
2925 qu'il avait volés à un paysan.
     Il l'avait caché et placé là,
     sachant bien qu'il en aurait besoin
     car il voyait loin.
     A l'heure où Poncet devait se coucher,
2930 il le fit venir devant lui
     et lui dit en son jargon :
     « Seigneur le Poux, toi agir sagement :
     si toi croyez ce que je te dira,
     il t'arrivera un grand bonheur :
2935 toi bien savoir ce que moi vouloir dire.
     Là-bas reposer un saint martyr,
     par lui, Dieu faire beaucoup de miracles :
     si toi vouloir aller pieds nus
     et porter une chandelle en ton main,
2940 et toi veiller toute la nuit
     et toi vouloir luminer ton chandelle,
     toi demain engendrer un fils. »
        Poncet répond : « Très volontiers. »
     Alors ils se mettent en route.
2945 Poncet tient à la main une chandelle
     aussi brillante qu'une étoile ;
     exactement sous un pin, sur un tertre,
     ils ont trouvé la tombe.
     Renart s'écarte, l'autre passe le premier :
2950 « Bassez, le Poux, Dieu te bénisse ! »
     Celui-ci s'avance malgré sa peur,
     ce que voyant Renart le pousse en avant
     avec une telle violence qu'il tombe dans les lacets,
     pris par le cou et l'un des bras.

2955 Il est choüs ens el braion
     Qui cevelliez fu el raion.
     Il tire fort et li braz froisse.
     Li laz li refet grant angoisse,
     Forment s'esforche, forment tire;
2960 Recleime Deu et la martire
     Qu'ele li soit verais garanz.
     Il n'i a nul de ses parenz.
     Tire et retire, ne li vaut,
     Et Renars le ranpronne en haut:
2965 « Bosez, vos fot asez oré,
     Et tu seraz ci trop moré.
     Molt ama vos icil martir
     Que ne laisse toi li partir.
     Tu voler devener, ce quit,
2970 Moine ou canon en cest abit.
     Ou tu venir, ou moi ira.
     Ou fot me bien, je li dira
     Que vos velt ermit devenir,
     Et la martir fot vos tenir.
2975 Ce fot forment a merveiller
     Que tu voler tot nuit veller,
     Et vos fustes novel bosez,
     Et ta moiller fot vos tendez
     Et fot ja mienuit oscure. »
2980 Atant es vos grant aleüre
     Quatre gaignons et un vilein,
     Uns enemis frere Briain.
     Le boscage avoit bien apris.
     Poincet ont trové entrepris.
2985 Tant l'ont tiré et desachié
     Que tot l'ont mort et esqachié.
     Renars le vit, molt s'en esmaie,
     Fuiant s'en va par une haie,
     Les granz galoz s'en va arere.
2990 Fuiant s'en vet a sa tesnere.
     Sa feme trove asovinee
     Qui atendoit sa destinee;
     Molt li pesoit de la demoure,
     Que ja ne quidoit veoir l'oure.

2955 Le voilà tombé en plein dans le piège
qui était fixé dans le creux.
Il tire fort... son bras se casse
tandis que le lacet le serre atrocement.
Il fait de vigoureux efforts, il tire de toutes ses forces,
2960 invoquant Dieu et la protection
de la martyre.
Pas un de ses parents n'est là.
Il tire, tire encore. En vain.
Et Renart, d'en haut, le couvre de quolibets :
2965 « Le Poux, toi foutre avoir beaucoup prié
et toi être ici trop longtemps demeuré.
Il faut que cette martyre vous aima beaucoup
pour ne pas toi laisser repartir.
Toi vouloir devenir, je crois,
2970 moine ou chanoine, en cette posture.
Ou toi venir ou moi j'ira.
Suis-moi bien. Je lui dira
que toi vouloir devenir ermite
et la martyre foutrement vous retenir.
2975 C'est foutrement étonnant
que toi vouloir veiller tout le nuit,
alors que toi être jeune marié :
ta femme foutrement vous attendre
et déjà la nuit être foutrement noire. »
2980 Alors voici venir à toute allure
quatre mâtins et un paysan,
ennemi du frère Brian.
Comme il connaissait bien le bocage,
ils ont trouvé Poncet mal en point.
2985 Ils l'ont tiré à hue et à dia
de sorte qu'ils l'ont achevé et écartelé.
Voyant cela, Renart s'inquiète
et prend la fuite à travers une haie,
rebroussant chemin au grand galop.
2990 Il s'enfuit vers sa tanière.
Il trouve sa femme sur le dos,
dans l'attente de son destin.
Elle trouvait le temps long
et pensait qu'il n'arriverait jamais.

2995 Quant voit venir le jugleor
      Tot sol, lors si ot grant peor.
         Quant Renart l'a soule trovee,
      « Or sus ! fet il, pute provee !
      Or sus, si tenés vostre voie,
3000 Gardés que jamés ne vos voie !
      Molt est mavese vostre sorz.
      Ge ne sui mie encore morz,
      Ains sui Renars, ce m'est avis,
      Seins et haitiés et trestoz vis.
3005 Molt avez tost le dol boü
      Que vos avés de moi eü.
      Or sus ! fet il, levez de ci,
      Alez veoir vostre mari,
      S'orrez conment il se contient,
3010 Car la martire le retient. »
         Quant la dame ot ceste parole,
      A pou que de dol ne s'afole.
      « Lasse ! fet ele belement,
      Ce est mesires vraiement. »
3015 Et danz Renars prist un baston,
      Si li paia sa livreisson,
      Et fiert et hurte et rolle et bat
      Tant que crie : « Merci, Renart !
      Sire, por Deu merci te quier,
3020 Laisse moi vive repairier !
      — Or sus ! fet il, car par mes denz
      Mar enterrés jamés çaenz.
      Ja ne gerrez mes a ma coste,
      Quant receü avez tel oste,
3025 Ainz vos trencerai ceu baulievre,
      Et cel grant nes sor cele levre,
      Et vos enfonderai ceu ventre,
      Et la boele qu'est soentre
      Vos saudra fors par le poitron
3030 Malgré vostre novel baron.
      Et vos, fet il, dame Hersent,
      Asez fet mal qui le consent.
      Haï ! fet il, quex dous barnesses !
      C'estoient ore beles messes

2995 Lorsqu'elle voit revenir le jongleur
tout seul, elle s'affole.
La trouvant seule, Renart lui dit :
« Debout, vraie putain !
Debout, et passez votre chemin !
3000 Prenez garde que je ne vous revoie jamais !
Vous avez joué de malchance.
Je ne suis pas encore mort :
c'est moi, Renart, ce me semble,
solide, vigoureux, bien vivant.
3005 Vous avez très vite séché les larmes
que vous aviez versées pour moi !
Debout, ajoute-t-il, levez-vous
et allez voir
comment va votre mari
3010 car la martyre ne le lâche plus. »
        A ce discours, la dame
perd presque la tête de chagrin.
« Malheureuse ! dit-elle avec noblesse,
cet homme-là est bien mon mari. »
3015 Sire Renart prit un bâton
et lui donna sa ration de coups.
Il bat, frappe, fouette et corrige
jusqu'à ce qu'elle crie : « Renart, pitié !
Seigneur, au nom de Dieu je t'en supplie :
3020 laisse-moi partir vivante !
    — Dehors ! crie-t-il et, sur ma tête,
il vous en cuira de revenir ici.
Jamais plus vous ne coucherez avec moi
puisque vous avez accueilli un pareil hôte !
3025 Mieux : je vous trancherai ces lèvres,
et ce grand nez sur cette lèvre,
et je vous défoncerai ce ventre,
et les boyaux en dessous
ressortiront par votre derrière,
3030 n'en déplaise à votre nouveau mari.
Et vous, dame Hersant, dit-il,
consentir au mal, c'est aussi mal faire.
Quelle horreur que ces deux femelles !
Elles étaient belles, ces messes

3035 Que fessïez por moi chanter
De vos poistrons fere roillier.
Ço sache Dex et seint Martins,
Qu'ore est venue vostre fins. »
Quant les deus dames ce oïrent,
3040 Sachez que pas ne s'esjoïrent.
Bien sorent qu'engignïes furent
Quant au parler le reconnurent :
Molt grant merveille lor est prise,
En grant poor chascune est mise.
3045 Bien quident estre enchantees,
Forment en sont espoentees.
De peor l'une et l'autre trenble,
Molt s'esmaient andui ensenble.
Renars ambedous les a prises,
3050 Fors de la meson les a mises.
Onc ne lor lut parole dire,
Ne l'une ne l'autre escondire.
Et l'une et l'autre s'espoente,
Chascune forment se demente,
3055 Dame Hersens por son segnor
Qui a perdue la color,
Et la barbe li est coüe
Por la coille qu'il a perdue.
Dame Hermeline li raconte
3060 Q'avenue li est grant honte
De Poncet a la crine bloie
Dont a oü si corte joie.
« Qui caut ? ce dist dame Hersens.
Molt par ert povres nostre sens,
3065 Se nos ne retrovons maris.
Dont sera tot li mons faillis
Et d'unz et d'autres, granz et baus ;
Si troveron deus jovenceax
Qui bien feront nos volentez.
3070 De folie vos dementez.
— Vos dites voir, ce dist dame Emme ;
Mes molt est let de vielle feme
Qui ne crent honte et deshonor
De honir soi et son segnor.

3035 que vous faisiez chanter pour moi
en jouant de la croupe !
Que Dieu et saint Martin le sachent :
voici votre dernière heure arrivée. »
     En entendant ces paroles,
3040 les deux dames n'eurent pas envie de rire.
Elles furent bien certaines de leur erreur,
lorsqu'elles reconnurent sa voix :
leur stupéfaction n'a d'égale
que leur peur.
3045 Elle se croient victimes d'un enchantement,
ce qui les remplit d'épouvante.
L'une comme l'autre tremblent de peur,
toutes deux s'effraient mutuellement.
Renart les a prises toutes les deux
3050 et les a jetées dehors.
Il leur interdit d'ouvrir la bouche
et de se justifier, à l'une comme à l'autre.
L'une comme l'autre se désespèrent,
chacune se plaint tant et plus :
3055 dame Hersant parce que son mari
a perdu sa couleur,
a perdu sa barbe,
a perdu ses couilles.
Dame Hermeline lui raconte
3060 qu'elle a subi une terrible humiliation
à cause de Poncet à la blonde chevelure,
avec qui elle connut un trop court bonheur.
« Qu'importe, dit dame Hersant.
Nous serions bien bêtes
3065 si nous ne retrouvions pas un mari.
Il faudrait que le monde manquât
de jeunes gens grands et beaux.
Nous allons trouver deux jouvenceaux
qui sauront nous combler.
3070 Vous vous plaignez sans réfléchir.
     — Vous dites vrai, répliqua Hermeline,
mais il est indigne qu'une vieille femme
manque de pudeur et de retenue
et se déshonore, elle et son mari.

3075 Ensorquetot l'en me disoit
Que mes mariz penduz estoit :
Se j'avoie autre mari pris,
Avoie je de rienz mespris ?
J'ai bien ceste chosse essaiee :
3080 « Feme mesprent a la foiee. »
— Vos dites voir, ce dit Hersenz.
Cist mesprendres n'est mie genz ;
Mespris avez en tel manere
Qu'en vos en tient a camberere
3085 Qui conmunax est a garçons :
Trestuit li entrent es arçons.
Mes je ne fis einc lecherie,
Ce set en bien, ne puterie
Fors une fois par mesprison
3090 Vers dant Renart, vostre baron.
Quant mes loveax ot conpissiez,
Mesaasmez et ledengiez,
Gel fis chaoir en ma tesnere :
Il fist son tor par de deriere. »
3095   Dame Hermeline ot la parole.
Respondi li con fame fole ;
Jalouse fu et enflamee
Quant ses sires l'avoit amee,
Et dist : « Ne fu ce puterie ?
3100 Vos feïstes grant lecherie,
Grant deshonor et grant hontage
Feïstes vos et grant putage,
Quant vos soffristes mon baron
Qu'il vos bati cel ort crepon.
3105 Pute vielle, pute remese,
En vos doüst ardoir en brese,
Si que la poudre en fust ventee,
Quant a moi vos estes vantee
De mon segnor qu'il vos a fet.
3110 Haï ! con avés bien forfet
Qu'en vos tolist le peliçon
Et feïst l'en de vos carbon,
Quant aviez vostre baron
Et feïstes tel desreson,

3075 Et surtout, on m'avait dit
que mon mari avait été pendu.
En prenant un autre mari
est-ce que j'étais tant soit peu coupable ?
J'ai bien vérifié la justesse de ce proverbe :
3080 « Plusieurs fois femme se trompe. »
— Vous dites vrai, dit Hersant,
votre faute n'est guère convenable.
Vous vous êtes si mal conduit
qu'on vous prend pour une fille de rien
3085 qui se donne à tous les mauvais garçons
et se laisse monter par tous.
Pour moi, je ne me suis jamais livrée à la débauche,
on le sait bien, ni à la luxure,
sauf une fois, par méprise,
3090 avec Renart, votre mari.
Après qu'il eut souillé mes louveteaux,
et les eut couverts de honte et d'injures,
je le fis tomber dans ma tanière
et lui me prit par-derrière. »
3095 Dame Hermeline entendit ces paroles
et lui répondit comme une folle.
Elle était jalouse et fulminait d'apprendre
que son mari l'avait aimée.
Elle dit : « Qu'était-ce donc, sinon putasserie ?
3100 Vous vous êtes livrée à la pire des débauches,
au pire des déshonneurs, à la pire des hontes,
vous vous êtes conduite comme la pire des putains
lorsque vous avez laissé mon homme
vous battre votre sale croupe.
3105 Vieille putain, pute endurcie,
vous mériteriez de finir brûlée
et d'avoir vos cendres dispersées au vent
puisque vous vous êtes vantée à moi
de ce que mon mari vous a fait.
3110 Malheur ! on devrait vous arracher votre fourrure
et vous calciner
pour vous châtier
d'avoir commis pareille folie
alors que vous étiez mariée

3115 Et il sa feme d'autre part.
     Or son tuit vostre enfant bastart.
     Tost vos en fu li dels passez,
     Qant vos les avez avoutrés.
     Et Ysengrin vostre segnor
3120 Avés fete tel deshonor
     Que jamés ne sera amez,
     Mes toz jors mes ert cox clamez. »
     Molt li dit et molt se coroce,
     Sachés que forment se degroce.
3125   Hersent respondi en riant:
     « Molt a en vos pute friant,
     Quant vostre segnor aveez
     Et autre mari pernïez.
     Molt par est maveis et escars,
3130 Quant il ne vos a le cul ars.
     Molt par estes de maveis estre,
     De poior ne poiez vos estre,
     Qar plus estes pute que moche
     Qui en esté la gent entoche.
3135 Qui que viegne ne qui que aut,
     Vostre taverne ne li faut.
     Meint en tornez a vostre part.
     Se por ce sont mi fil bastart,
     Por ce nes gitera ge mie.
3140 Foi que je doi seinte Marie,
     Qui les voudroit trestoz jeter
     Les bastars et desheriter,
     Asez auroit plus de puissance
     Que n'out ques li rois de France.
3145 Mes vos qui estes bordelere
     Les avoutrés en tel manere,
     Les vos enfanz, ce set l'en bien:
     Onc nel veastes a nul chen.
     — Vos i mentés, pute sorcere.
3150 Tesiez vos que je ne vos fiere !
     — Vos me ferez, pute merdouse,
     Pute vielle, pute teignouse ?
     Se l'avïez pensé a certes,
     Ja i auroit paumes overtes

3115 et que lui l'était aussi.
Tous vos enfants sont donc des bâtards.
Vous vous êtes bien vite consolée
puisque vous les avez déshonorés par un adultère.
Et Isengrin votre mari,
3120 vous l'avez si bien couvert de honte
qu'on ne l'aimera jamais :
désormais, il sera le cocu. »
Elle l'accable de reproches,
sachez qu'elle est dans une colère noire.
3125   Hersant lui a répondu en riant :
« Vous avez tout de la pute lubrique
lorsque, en plus de votre mari,
vous en prenez un autre.
Il est vraiment faible et lâche
3130 de ne pas vous avoir brûlé le cul.
Vous êtes si pourrie
que vous ne pouvez tomber plus bas,
car vous êtes plus garce que la mouche
qui pique les gens en été.
3135 N'importe qui entre ou sort :
votre auberge est ouverte à tout venant
et plus d'un fait le détour par chez vous.
Si c'est pour cela que mes fils sont des bâtards,
ce n'est pas une raison pour m'en débarrasser.
3140 Par la foi que je dois à sainte Marie
celui qui voudrait chasser tous les bâtards
et les déshériter
serait infiniment plus puissant
que ne le fut jamais le roi de France.
3145 Mais vous qui êtes une traînée de bordel,
vos enfants, on sait bien comment
vous en avez fait des bâtards :
vous ne vous êtes jamais refusée à aucun chien.
— Vous mentez, putain de sorcière.
3150 Taisez-vous, sinon je vous frappe !
— Me frapper, espèce de putain de merde,
vieille putain, putain de teigne ?
Si vous l'aviez vraiment pensé,
vous auriez déjà les paumes ouvertes,

3155 Et peax trenciees et ronpues,
       Se ne me faillent denz agües. »
       Hermeline plus n'i demoure,
       Isnelement li corut soure,
       Et Hersens par molt grant aïr
3160 Revet Hermeline sesir.
       A terre se voltrent et hercent,
       Et neporquant les peax i percent,
       As denz agües les detrencent,
       Lor maltalant forment i venchent,
3165 Rompent et sachent et descirent,
       As denz durement ce martirent.
       Lors veïssiez en molt poi d'oure
       L'une desos, l'autre desoure.
          Dame Hersent fu granz et fors,
3170 Soz lui la tient par grant esforz.
       Encontre un fust l'a enanglee,
       Ja l'oüst morte et estranglee.
       Atant es vos un pelerin
       Qui vint clocant tot le chemin,
3175 Trova les dames conbatant;
       Une en a prise meintenant,
       Par la mein l'a levee sus,
       « Or sus, fet il, n'en fetes plus! »
       Et quant departies les a,
3180 Molt doucement les castïa.
       Demanda lor dont eles sont,
       Don eles vienent et ou vont.
       Celes li ont conté lor estre,
       Car il estoit seins hom et prestre,
3185 Et lor done bon conseil
       Que chascune aut a son pareil,
       Merci li crit et li requiere
       Qu'il l'aint et qu'il la tiegne chiere.
       Dame Hersent a fait aler
3190 A Ysengrin por acorder;
       Dame Hermeline ameine ariere
       A dan Renart en sa tesniere.
       Tant est seins et religïous
       Qu'acordees les a andous,

3155 la peau arrachée et déchirée
car je ne manque pas de dents aiguës ! »
Sans attendre plus longtemps, Hermeline
se précipite sur elle,
tandis qu'Hersant, de son côté,
3160 empoigne violemment Hermeline.
Elles se roulent à terre, se frappent
et en même temps tailladent leurs peaux
de leurs dents aiguës.
Elles règlent durement leurs comptes,
3165 se déchirent, se tiraillent, se mettent en pièces,
se torturent cruellement de leurs dents.
Peu de temps après, vous auriez pu voir
l'une avoir le dessus et l'autre le dessous.
    Dame Hersant, grande et forte,
3170 maintient vigoureusement sa rivale sous elle.
Elle l'a coincée contre un arbre
et eût tôt fait de la tuer et de l'étrangler
quand arrive un pèlerin
clopin-clopant le long du chemin.
3175 Il découvrit les dames qui se battaient.
Aussitôt, il en prend une
et la relève par la main.
« Debout, dit-il, arrêtez-vous là ! »
Une fois qu'il les eut séparées,
3180 il leur fit de douces remontrances.
Il leur demanda d'où elles étaient,
d'où elles venaient et où elles allaient.
Elles s'ouvrirent à lui
parce qu'il était un saint homme et un prêtre ;
3185 il leur donne le bon conseil
d'aller vers leur semblable.
Que chacune demande pardon et prie son mari
de l'aimer et de la chérir !
Il a donc envoyé dame Hersant
3190 faire la paix avec Isengrin.
Il a ramené dame Hermeline
au seigneur Renart dans sa tanière.
Sa sainteté et sa piété sont si grandes
qu'il a réconcilié chacun des couples

3195 Et tant i a s'entente mise
Que par tot a la pes asise.
Puis fu Renars en sa meson
O sa moillier molt grant seson.
Trestot li dist et tot li conte
3200 Conment il dut recevoir honte,
Qant en la cuve fu sailliz,
Con il dut estre malbailliz,
Et escharni le teinturier,
Dist qu'il estoit de son mestier ;
3205 Conment il fist la coille perdre
A Ysengrin qui ne puet serdre.
Trestot li conte et tot li dit :
Cele ne fet mes que s'en rit.
Molt lonc tens fu Renart en mue ;
3210 Ne va, ne vient, ne se remue.
     Ci faut Renart li teinturier
     Qui tant sot de maveis mestier.

3195 et il n'a pas ménagé sa peine
pour établir la paix partout.
Depuis, Renart est resté de longs mois
chez lui avec sa femme.
Il lui a raconté de long en large
3200 comment il avait failli se couvrir de honte
en sautant dans la cuve,
comment il avait failli être mis à mal,
comment il se railla du teinturier,
prétendant qu'il était de sa corporation.
3205 Il lui a raconté comment il fit perdre ses couilles
à Isengrin qui, depuis, ne peut plus faire l'amour.
Il lui raconte tout par le menu
et Hermeline ne fait qu'en rire.
Longtemps, Renart resta à l'abri
3210 sans aller ni venir ni bouger.
      Ici s'achève l'histoire de Renart le teinturier
qui connaissait tant de mauvais coups.

BRANCHE II

SEIGNEURS, oï avez maint conte,
Que maint conterre vous raconte
Conment Paris ravi Elaine,
Le mal qu'il en ot et la paine,
5 De Tristan que la Chievre fist,
Qui assez bellement en dist
Et fabliaus et chançons de geste,
Romanz d'Yvain et de sa beste
Maint autre conte par la terre.
10 Mais onques n'oïstes la guerre,
Qui tant fu dure de grant fin,
Entre Renart et Ysengrin [1],
Qui moult dura et moult fu dure.
Des deus barons ce est la pure
15 Que ainc ne s'entramerent jour.
Mainte mellee et maint estour
Ot entr'eulz deus, ce est la voire.
Des or commencerai l'estoire.
Or oëz le conmencement
20 Et de la noise et du content,
Par quoi et por quel mesestance
Fu entr'eus deus la desfiance. —
    Il avint chose que Renars,
Qui tant par fu de males ars
25 Et qui tant sot toz jors de guile,

1. Nous avons, pour ces vers, adopté les corrections de G. Tilander.
Au vers 3, il s'agit du *Roman de Troie* et, au vers 10, du *Chevalier au lion* de Chrétien de Troyes. Le roman de *Tristan* par La Chèvre a disparu : a-t-il jamais existé ?

Renart et Chantecler le Coq
Renart et la Mésange
Renart et Tibert le Chat
Renart et Tiécelin le Corbeau
Renart et la Louve

Seigneurs, beaucoup de conteurs
vous ont raconté beaucoup d'histoires :
l'enlèvement d'Hélène par Pâris,
le malheur et la souffrance qu'il en a retirés ;
5 les aventures de Tristan
d'après le beau récit de la Chèvre,
des fabliaux et des chansons de geste.
On raconte aussi dans ce pays
l'histoire d'Yvain et de sa bête.
10 Cependant, jamais vous n'avez entendu raconter
la terrible guerre
entre Renart et Isengrin,
une guerre terriblement longue et acharnée.
Ces deux barons, en vérité,
15 n'avaient jamais pu se souffrir ;
ils s'étaient souvent, c'est vrai,
battus et bagarrés.
J'en viens à mon histoire.
Apprenez donc l'origine
20 de leur querelle et de leur différend,
la raison et le sujet
de leur discorde.
    Il arriva que Renart,
ce méchant drôle
25 qui avait toujours plus d'un tour dans son sac,

S'en vint traiant a une vile.
La vile seoit en un bos.
Molt i ot gelines et cos,
Anes et malarz, jars et oës.
30 Et li sires Constans des Noës,
Un vilain qui moult ert garnis,
Manoit moult pres du plesseïs.
Plenteïve estoit sa maisons.
De gelines et de chapons
35 Bien avoit garni son hostel.
Assez i ot et un et el :
Char salee, bacons et fliches.
De blé estoit li vilains riches.
Molt par estoit bien herbergiez,
40 Que moult iert riches ses vergiers.
Assez i ot bonnes cerises
Et pluseurs fruis de maintes guises.
Pommes i ot et autre fruit.
La vait Renart pour son deduit.
45 Li courtilz estoit bien enclos
De piex de chesne agus et gros.
Hourdés estoit d'aubes espines.
Laiens avoit mis ses gelines
Dant Constant pour la forteresce.
50 Et Renart celle part s'adresce,
Tout coiement, le col bessié ;
S'en vint tout droit vers le plessié.
Moult fu Renart de grant pourchaz,
Mais la force des espinars
55 Li destourne si son affaire
Que il n'en puet a bon chief traire,
Ne pour mucier ne pour saillir ;
N'aus gelines ne veult faillir.
Acroupiz s'est enmi la voie.
60 Moult se defripe, moult coloie.
Il se pourpense que s'il saut,
Pour quoi il chiece auques de haut,
Il iert veüz et les gelines
Se ficheront souz les espines,
65 Si pourroit tost estre seurpris

se dirigea vers une ferme,
située dans un bois.
Elle abritait des quantités de poules et de coqs,
de canes et de canards, de jars et d'oies.
30 Le maître, Constant des Noues,
un paysan tout à fait à son aise,
habitait tout près de la clôture.
La maison regorgeait de vivres,
bien pourvue
35 de poules et de chapons.
Il ne lui manquait rien,
ni viande salée, ni jambons, ni flèches de lard.
Il avait du blé en abondance.
Il était logé à bonne enseigne,
40 car ses vergers donnaient des fruits à profusion,
beaucoup de cerises délicieuses
et quantité de fruits de toutes sortes,
des pommes et bien d'autres encore.
Renart y va pour son plaisir.
45 Le jardin était bien clos
de gros pieux de chêne pointus,
renforcés de buissons d'aubépine.
Le sire Constant y avait enfermé ses poules
car l'endroit était sûr.
50 Renart se dirige de ce côté,
sans bruit, tête baissée ;
il file tout droit vers la clôture.
Il était très entreprenant
mais, trop robuste, la haie d'épines
55 contrarie ses projets :
impossible d'en venir à bout,
même en se cachant ou en sautant.
Il ne veut pas pour autant renoncer aux poules.
Il s'est accroupi au milieu du chemin,
60 il s'agite, il tend le cou de tous côtés.
Il calcule que, s'il saute,
comme il retombera d'une certaine hauteur,
on le verra et les poules
iront se tapir sous les ronces ;
65 quant à lui, on pourrait le surprendre

Ainz qu'il eüst gaires acquis.
Moult par estoit en grant esfroi :
Les gelines veult traire a soi
Que devant lui voit pasturant.
70 Et Renart vait cheant levant.
Ou retour de la soif choisist
Un pel froissié, dedenz se mist.
La ou li paliz iert desclos,
Avoit li vilains planté chos ;
75 Renart y vint, oultre s'em passe,
Cheoir se laist en une masse
Pour ce que la gent ne le voient ;
Mais les gelines en coloient,
Qui l'ont choisi a sa cheoite.
80 Chascune de fuïr s'esploite.
     Mesire Chantecler li cos,
En une sente, les le bos,
Entre deus piex souz la raiere
S'estoit traiz en une poudriere.
85 Moult fierement leur vient devant,
La plume ou pié, le col tendant,
Si demande par quel raison
Elles s'en fuient vers maison.
Pinte parla qui plus savoit,
90 Celle qui les gros hués ponnoit,
Qui pres du coc jucoit a destre ;
Si li a raconté son estre
Et dit : « Paour avons eüe.
— Pourquoi ? quel chose avez veüe ?
95 — Je ne sai quel beste sauvage
Qui tost nous puet faire damage,
Se nous ne vuidons ce pourpris.
— C'est tout noient, ce vous plevis,
Ce dit li cos, n'aiés peür,
100 Mais estes ci tout asseür. »
Dist Pinte : « Par ma foi, jel vi :
Et loiaument le vous affi,
Que je le vi tout a estrouz.
— Et comment le veïstes vous ?
105 — Comment ? je vi la soif branler

avant qu'il en ait retiré quelque profit.
Il était vraiment très inquiet :
il veut attirer à lui les poules
qui picorent sous ses yeux.
70 Il ne cesse de s'aplatir puis de se redresser.
Or voici qu'à l'angle de la clôture il aperçoit
un pieu brisé qui lui permet de se glisser à l'intérieur.
En face de cette brèche,
le paysan avait planté des choux.
75 Renart s'en approche, il traverse la clôture
et se laisse tomber comme une masse
pour ne pas être vu.
Mais les poules tendent le cou,
car elles l'ont aperçu au moment de sa chute,
80 et chacune s'empresse de fuir.
   Messire Chantecler, le coq,
dans un sentier voisin du bois,
s'étant glissé entre deux pieux par la rigole,
s'était juché sur un tas de fumier.
85 Il va au-devant d'elles, fier et majestueux,
les pattes emplumées, le cou dressé,
et il leur demande pourquoi
elles s'enfuient vers la maison.
C'est Pinte qui parla, Pinte la plus savante,
90 Pinte qui pondait les gros œufs
et se perchait à la droite du coq.
Elle lui dépeignit la situation :
« Nous avons eu peur.
   — Pourquoi ? Qu'avez-vous vu ?
95 — Je ne sais quelle bête sauvage
qui ne tardera pas à nous faire du mal
si nous ne vidons ces lieux.
   — Ce n'est rien du tout, je vous l'assure,
dit le coq, n'ayez aucune crainte :
100 ici vous êtes en sûreté.
   — Par ma foi, reprit Pinte, je l'ai vu.
Je vous le jure,
je l'ai bel et bien vu.
   — Et comment l'avez-vous vu ?
105 — Comment ? J'ai vu la clôture remuer,

Et la fuelle du chou trembler
Ou cilz se gist qui est repus.
— Pinte, fait il, or n'i a plus.
Trives avez, jel vous ottroi,
110 Que, par la foi que je vous doi,
Je ne sai putoiz ne gourpil
Que osast entrer ou courtil.
Ce est gas, retournez arriere. »
Cilz se radresce en sa poudriere,
115 [Qu'il n'a paour de nulle riens
Que li face gourpilz ne chiens;
De nulle riens n'avoit peür,
Que moult cuidoit estre aseür.]
Moult se contint seürement,
120 Ne set gaires q'a l'eil li pent.
Rien ne douta, si fist que fox.
L'un oeil ouvert et l'autre clos,
L'un pié crampi et l'autre droit
S'est apuiez delez un toit.
125   La ou li cos est apoiez
Conme cilz qui iert anuiez
Et de chanter et de veiller,
Si conmença a someillier.
Ou someillier que il faisoit
130 Et ou dormir qui li plaisoit,
Conmença li cos a songier;
Ne m'en tenés a mençonger,
Car il sonja (ce est la voire,
Trover le poëz en l'estoire)
135 Que il avoit ne sai quel cose
Dedenz la cort, que bien ert close,
Qui li venoit enmi le vis,
Ensi con il li ert avis,
(Si en avoit molt grant friçon)
140 Et tenoit un ros peliçon
Dont les goles estoient d'os,
Si li metoit par force el dos.
Molt ert Chantecler en grant peine
Del songe qui si le demeine,
145 Endementiers que il somelle;

et les feuilles du chou trembler
à l'endroit où se tient celui qui est tapi.
— Pinte, dit-il, n'insistez pas.
Vous n'avez rien à craindre, je vous le dis
110 car, par la foi que je vous dois,
je ne connais pas de putois ni de goupil
assez audacieux pour pénétrer dans le potager.
C'est une plaisanterie. Retournez où vous étiez. »
Et Chantecler de se diriger vers son tas de fumier
115 sans nulle crainte
de goupil ou de chien.
Il n'avait aucune crainte
car il s'imaginait en sûreté.
Il était tout à fait serein
120 dans l'ignorance de ce qui lui pend au nez.
Il ne s'inquiéta pas : quelle folie !
Un œil ouvert et l'autre fermé,
une patte repliée et l'autre tendue,
il s'est posté à côté d'un toit.
125   Une fois en place,
en volatile las
de chanter et de veiller,
il sombra dans le sommeil.
Pendant qu'il s'abandonnait
130 aux délices du sommeil,
il se mit à rêver.
Ne me prenez pas pour un menteur,
si je vous dis qu'il rêva (c'est la vérité,
vous pouvez le vérifier dans la chronique)
135 que je ne sais quelle chose
se trouvait à l'intérieur de la cour pourtant bien fermée
et, lui semblait-il,
elle s'approchait de lui :
il en était tout frissonnant.
140 Cette chose portait une pelisse rousse,
avec une bordure faite d'os,
et elle la lui enfilait de force sur le dos.
Chantecler était tourmenté
par ce songe qui l'agitait ainsi,
145 pendant qu'il dormait.

Et del peliçon se mervelle,
Que la chevece ert en travers,
Et si l'avoit vestu envers.
Estrois estoit en la chevece
150 Si qu'il en a si grant destrece
Qu'a peines s'en est esveilliez.
Mes de ce s'est plus merveilliez
Que blans estoit desos le ventre
Et que par la chevece i entre,
155 Si que la teste est en la faille
Et la coue en la cheveçaille.
Por le songe s'est tressailliz,
Que bien cuide estre malbailliz
Por la vision que a veüe
160 Dont il a grant peor eüe.
Esveilliés s'est et esperiz
Li cos et dist : « Seint esperiz,
Garis hui mon cors de prison
Et met a sauve garison ! »
165 Lors s'en torne grant aleüre
Con cil qui point ne s'aseüre
Et vint traiant vers les gelines,
Qui estoient soz les espines.
Tres q'a eles ne se recroit,
170 Pinte apela ou molt se croit,
A une part l'a asenee :
« Pinte, n'i a mester celee :
Molt sui dolanz et esbahiz ;
Grant poor ai d'estre traïz
175 D'oisel ou de beste sauvage.
Qui tost nos puet fere damage.
— « Avoi ! fait Pinte, baus dos sire,
Icee ne devés vos pas dire ;
Mau fetes qui nos esmaiés.
180 Si vos dirai, ça vos traiés !
Par trestoz les seinz que l'en prie,
Vos resemblés le chen qui crie
Ains que la pierre soit coüe.
Por qu'avés del poor oüe ?
185 Car me dites que vos avés.

Et cette pelisse l'intriguait fort
car son encolure était toute de travers
et il l'avait mise à l'envers.
Il se sentait à l'étroit dans le collet ;
150 il était si angoissé
qu'il finit par s'éveiller.
Mais ce qui l'a le plus étonné,
c'est que le ventre de la pelisse était blanc
et qu'il l'enfilait par l'encolure
155 si bien que sa tête se trouvait en bas
et sa queue dans l'encolure.
Ce songe le fait sursauter.
En effet, il se croit en mauvaise posture
à cause de l'effrayante vision
160 qu'il a eue.
S'éveillant tout à fait,
le coq dit : « Saint Esprit,
empêche qu'aujourd'hui on ne me fasse prisonnier
et garde mon corps sain et sauf ! »
165 Alors, à vive allure,
il s'en retourne, très préoccupé,
vers les poules blotties
sous les buissons d'aubépine.
Il ne s'arrête pas avant de les avoir rejointes.
170 Il appela Pinte qui avait toute sa confiance
et l'emmena à l'écart :
« Pinte, inutile de te le cacher :
je suis affreusement triste et bouleversé.
Je redoute d'être surpris
175 par un oiseau ou une bête sauvage
qui peut bientôt nous faire du mal.
— Eh là ! fait Pinte, mon cher seigneur
vous ne devez pas parler de la sorte.
C'est mal de nous effrayer.
180 Je vais vous dire quelque chose, approchez-vous...
Par tous les saints que l'on prie,
vous ressemblez au chien qui aboie
avant d'avoir reçu la pierre.
Pourquoi cet effroi ?
185 Dites-moi donc ce qui vous arrive.

— Qoi ? dist li cos, vos ne savés
Que j'ai songié un songe estrange,
Deles cel trou les cele granche,
Et une avisïon molt male,
190 Por qoi vos me veés si pale.
Tot le songe vos conterai,
Ja riens ne vos en celerai.
Saureés m'en vos conseillier ?
Avis me fu el somellier
195 Que ne sai quel beste veneit
Qui un ros peliçon vestoit,
Bien fet sanz cisel et sanz force,
S'il me fesoit vestir a force.
D'os estoit fete l'orleüre,
200 Tote blance, mes molt ert dure ;
La chavesce de travers fete,
Estroite, qui molt me dehaite.
Le poil avoit dehors torné.
Le peliçon si atorné
205 Par le chevece le vestoie,
Mais molt petit i arestoie.
Le peliçon vesti ensi,
Mes a reculons m'en issi.
Lors m'en merveillai a cele ore
210 Por la coue qui ert desoure.
Ça sui venus desconseilliez.
Pinte, ne vos en merveilliez
Se li cuers me fremist et tramble,
Mes dites moi que vos en semble.
215 Molt sui por le songe grevez.
Par cele foi que me devez,
Savez vos que se senefie ? »
Pinte respont, ou molt se fie :
« Dit m'avez, fait ele, le songe.
220 Mes, se Dex plest, ce est mençoigne.
Ne porquant si vos voil espondre,
Car bien vos en saurai respondre.
   Icele chose que veïstes,
El someller que vos feïstes,
225 Qui le ros peliçon vestoit

— Quoi ? dit le coq ; vous ne savez pas
que j'ai fait un rêve étrange,
près de ce trou là-bas, à côté de la grange
— Ah ! quelle horrible vision ! —
190 ce qui explique que vous me voyez si pâle.
Je vais vous raconter mon rêve d'un bout à l'autre
sans omettre le moindre détail.
Sauriez-vous m'éclairer de vos conseils ?
Il me sembla, tandis que je dormais,
195 que je ne sais quelle bête survenait,
qui portait une tunique rousse,
parfaitement ajustée sans qu'il y ait eu besoin de ciseaux
et qu'elle me la faisait revêtir de force.
L'encolure était bordée d'os,
200 d'une blancheur parfaite, mais fort dure.
Toute de travers,
étroite, elle me gênait beaucoup.
Le poil était tourné vers l'extérieur.
Cette pelisse ainsi arrangée,
205 je la revêtais par l'encolure
mais je n'y restais pas longtemps.
A peine l'avais-je enfilée
que j'en sortais à reculons...
m'apercevant alors, à ma grande stupéfaction,
210 que la queue se trouvait sur le dessus...
Je suis venu vers vous, tout désorienté.
Pinte, ne vous étonnez pas
de me voir frémir et trembler.
Dites-moi plutôt ce que vous pensez
215 de ce rêve qui m'accable.
Par la foi que vous me devez
savez-vous ce qu'il signifie ? »
Pinte, en qui il avait toute confiance, répondit :
« Vous m'avez, dit-elle, raconté votre rêve.
220 S'il plaît à Dieu, c'est un tissu de mensonges.
Néanmoins, je veux bien vous l'expliquer
car je me sens capable de répondre à vos questions.
    Cette chose, que vous avez vue
durant votre sommeil,
225 revêtue d'une pelisse rousse

Et issi vos desconfortoit,
C'est li gorpils, jel sai de voir.
Bien le poés apercevoir
Au peliçon qui ros estoit
230 Et qui par force vos vestoit.
Les goles d'os, ce sont les denz
A qoi il vos metra dedenz.
La chevece qui n'iert pas droite,
Qui si vos iert male et estroite,
235 Ce est la boce de la beste,
Dont il vos estreindra la teste :
Par iloques i enterois,
Sanz faille vos le vestirois.
Ce que la coue est contremont,
240 Par les seinz de trestot le mont,
C'est li gorpils qui vos prendra
Parmi le col, quant il vendra,
Dont sera la coue desore.
Einsi ert, se Dex me secore.
245 Ne vos gara argent ne ors.
Li peus qui ert torné defors,
C'est voirs, que tot jors porte enverse
Sa pel, quant il mels plot et verse.
Or avez oï sans faillance
250 De vostre songe la senblance.
Tot soürement le vos di :
Ainz que voiez passé midi,
Vos avandra, ce est la voire.
Mes, se vos me volieez croire,
255 Vos retorneriez ariere.
Car il est repos ci derere
En cest boisson, jel sai de voir,
Por vos traïr et decevoir. »
    Quant cil ot oï le respons
260 Del songe, que cele ot espons,
« Pinte, fait il, molt par es fole.
Molt as dit vileine parole,
Qui diz que je serai sorpris,
Et que la beste est el porpris
265 Qui par force me conquerra.

et qui vous troublait de la sorte,
c'est le renard, j'en suis sûre et certaine.
Ce qui le prouve,
c'est la pelisse rousse
230 qu'il vous enfilait de force.
La bordure faite de petits os, ce sont ses dents
dont il se servira pour vous happer.
L'encolure qui n'était pas droite,
et qui vous faisait mal parce qu'elle était trop étroite,
235 c'est la gueule de la bête
qui vous serrera la tête :
c'est par là que vous entrerez
et que vous enfilerez la pelisse, c'est sûr.
Et cette queue dressée en l'air ?
240 Par tous les saints de la chrétienté,
étant donné que le goupil vous attrapera
par le cou quand il viendra,
sa queue sera, par conséquent, sur le dessus.   [Dieu.
Voilà ce qui arrivera, aussi sûr que je demande l'aide de
245 Ni l'or ni l'argent ne vous seront d'aucun secours.
Quant au poil tourné vers l'extérieur,
la vérité est que le goupil porte toujours sa peau
avec les poils rebroussés, même quand il pleut à verse.
Maintenant vous connaissez parfaitement
250 la signification de votre rêve.
En vérité, je vous le dis :
avant que vous n'ayez vu passer l'heure de midi,
cela vous adviendra, c'est la stricte vérité.
C'est pourquoi, si vous vouliez me croire,
255 vous retourneriez sur vos pas
car il est caché ici derrière,
dans ce buisson, j'en suis certaine,
pour vous surprendre et vous tromper. »
     Après avoir entendu l'explication que Pinte
260 donnait à son rêve, Chantecler dit :
« Pinte, tu es complètement folle.
Tu m'insultes en prétendant
que je serai surpris
et que la bête est déjà dans le potager
265 pour m'emporter de force !

Dahez ait qui ja le crera !
Ne m'as dit rien ou ge me tiegne.
Ja nel crerai, se biens m'aviegne,
Que j'aie mal por icest songe.
270 — Sire, fait ele, Dex le donge !
Mais s'il n'est si con vos ai dit,
Je vos otroi senz contredit
Je ne soie mes vostre amie.
— Pinte, fait il, ce n'i a mie. »
275 A fable est li songes tornez.
A itant s'en est retornez
En la poudrere a solaller,
Si reconmance a someller.
Et quant il fut aseürez,
280 (Molt fu Renars amesurez
Et voisïez a grant merveille)
Quant il voit que celui somelle,
Vers lui aprime sanz demore
Renars, qui tot le mont acore
285 Et qui tant set de maveis tors.
Pas avant autre, tot sanz cors,
S'en vet Renars le col baissant.
Se Chantecler le paratent
Que cil le puisse as denz tenir,
290 Il li fera son jou poïr.
     Quant Renars choisi Chantecler,
Senpres le volst as denz haper.
Renars failli, qui fu engrés,
Et Chantecler saut en travers.
295 Renart choisi, bien le conut,
Desor le fumier s'arestut.
Quant Renars voit qu'il a failli,
Forment se tint a malbailli,
Or se conmence a porpenser
300 Conment il porroit Chantecler
Engignier, car s'il nel manjue,
Dont a il sa voie perdue.
     « Chantecler, ce li dist Renart,
Ne fuïr pas, n'aiés regart !
305 Molt par sui liez, quant tu es seinz,

Maudit soit celui qui jamais le croira !
Tu ne m'as rien dit de sérieux.
Jamais je ne croirai — je touche du bois ! —
que ce rêve puisse me porter malheur.
270 — Sire, dit-elle, que Dieu vous accorde d'avoir raison !
Mais si les choses ne se passent pas comme je vous l'ai
je consens, sans conteste,   [dit,
à ne plus jamais être votre amie.
— Pinte, dit-il, la discussion est close ! »
275 Comme il ne prend pas le rêve au sérieux,
il s'en retourne alors
vers son tas de fumier se chauffer au soleil
et puis il se remet à sommeiller.
Quand Renart est sûr de son coup,
280 (jugez de son extrême prudence
et de son extraordinaire habileté)
quand il voit que l'autre dort,
il s'approche de lui sans plus attendre,
ce Renart qui estropie tout le monde
285 et connaît tant de méchants tours.
Un pas, puis un autre, sans se presser,
il avance, tête baissée.
Si Chantecler a la patience d'attendre
jusqu'au moment où il l'attrapera,
290 il lui fera payer cher son insouciance.
    Renart n'eut pas plutôt aperçu Chantecler
qu'il voulut le happer.
Il manqua son coup, faute de patience,
et Chantecler sauta de côté.
295 Le coq n'eut pas de peine à reconnaître Renart
et il se réfugia sur le fumier.
Devant cet échec,
Renart peste contre sa malchance,
puis aussitôt il cherche
300 le moyen de tromper Chantecler
car, s'il ne le mange pas,
alors il aura perdu son temps.
    « Chantecler, dit Renart,
ne te sauve pas, n'aie pas peur !
305 Je me réjouis de te voir bien portant

Car tu es mes cosins germeins. »
Chantecler lors s'asoüra,
Por la joie un sonet chanta.
Ce dist Renars a son cosin :
310 « Membre te mes de Chanteclin,
Ton bon pere qui t'engendra ?
Onques nus cos si ne chanta :
D'une grant liue l'ooit on,
Molt bien chantoit en haut un son
315 Et molt par avoit longe aleine
Les deus els clos, la vois ot seine.
D'une leüe ne veoit,
Quant il chantoit et refregnoit. »
      Dist Chantecler : « Renart cosin,
320 Volés me vos trere a engin ?
      — Certes, ce dist Renars, non voil ;
Mes or chantez, si clinniés l'œil !
D'une char somes et d'un sanc.
Meus voudroie estre d'un pié manc
325 Que tu eüsses maremenz,
Car tu es trop pres mi parenz. »
Dist Chantecler : « Pas ne t'en croi.
Un poi te trai en sus de moi
Et je dirai une chançon.
330 N'aura voisin ci environ
Qui bien n'entende mon fauset. »
Lores s'en sozrist Renardet :
      « Or dont en haut ! chantez, cosin !
Je saurai bien, se Chanteclin,
335 Mis oncles, vos fu onc neant. »
Lors comença cil hautement ;
Puis jeta Chantecler un bret.
L'un oil ot clos et l'autre overt,
Car molt forment dotoit Renart.
340 Sovent regarde cele part.
Ce dist Renars : « N'as fet neent.
Chanteclins chantoit autrement
A un lons trez, les eilz cligniez :
L'en l'ooit bien par vint plaissiez. »
345 Chantecler quide que voir die.

car tu es mon cousin germain. »
Rassuré, Chantecler
lança une joyeuse chanson.
Et Renart dit encore à son cousin :
310 « Te souviens-tu de Chanteclin,
ton bon père qui t'engendra ?
aucun coq ne put jamais égaler son chant
qui s'entendait à plus d'une lieue.
Il atteignait des notes très aiguës
315 — avec quel souffle ! —
les yeux fermés, la voix puissante.
Ah ! il ne voyait pas loin
quand il chantait couplets et refrains ! »
Chantecler dit : « Cousin Renart,
320 vous cherchez à m'attraper par ruse ?
— Non, non, dit Renart, pas du tout !
Mais chantez donc en fermant les yeux.
Nous sommes d'une même chair et d'un même sang :
j'aimerais mieux perdre une patte
325 plutôt que de vous voir dans l'ennui,
car vous êtes mon très proche parent. »
Chantecler dit : « Je ne te crois pas.
Éloigne-toi un peu plus de moi
et je te chanterai une chanson.
330 Il n'y aura personne dans le voisinage
qui n'entende ma voix de fausset. »
Ces paroles firent sourire Renardet :
« Allez-y, chantez bien haut, cousin !
Je verrai bien si Chanteclin,
335 mon oncle, avait un lien de parenté avec vous. »
Chantecler se mit alors à lancer des notes aiguës,
puis un cocorico,
un œil fermé, l'autre ouvert,
tant sa peur de Renart était grande.
340 Souvent, il regardait de son côté.
Renart dit : « C'est tout ?
avec Chanteclin, c'était bien autre chose !
Il chantait longtemps, les yeux fermés.
On l'entendait bien à vingt fermes à la ronde. »
345 Chantecler le croit.

Lors let aler sa meloudie,
Les oilz cligniez, par grant aïr.
Lors ne volt plus Renars soffrir.
Par de desoz un roge chol
350 Le prent Renars parmi le col;
Fuiant s'ent va et fait grant joie
De ce qu'il a encontré proie.
Pinte voit que Renars l'enporte,
Dolente est, molt se deconforte,
355 Si se conmence a dementer,
Quant Chantecler vit enporter,
Et dit : « Sire, bien le vos dis
Et vos me gabïez todis
Et si me tenieez por fole.
360 Mes ore est voire la parole
Dont je vos avoie garni.
Vostre senz vos a escharni.
Fole fui, quant jel vos apris,
Et fox ne crient tant qu'il est pris.
365 Renars vos tient qui vos enporte.
Lasse dolente, con sui morte !
Car, se je ci pert mon seignor,
A toz jors ai perdu m'onor. »
      La bone feme del mainil
370 A overt l'uis de son cortil,
Car vespres ert, por ce voloit
Ses jelines remetre en toit.
Pinte apela, Bise et Rosete :
L'une ne l'autre ne recete.
375 Quant voit que venues ne sont,
Molt se merveille qu'elles font.
Son coc rehuce a grant aleine.
Renart regarde qui l'enmeine ;
Lors passe avant por le rescore
380 Et li gorpils conmence a core.
Quant voit que prendre nel porra,
Porpense soi qu'el crïera.
« Harou ! » escrie a pleine gole.
Li vilein qui sont a la çoule,
385 Quant il oënt que cele bret,

Aussi s'abandonne-t-il à sa mélodie,
fermant les yeux, de toutes ses forces.
Sans vouloir attendre davantage,
Renart saute de dessous un chou rouge,
350 saisit le coq par le cou
et prend la fuite, ravi
d'être tombé sur une proie.
Lorsque Pinte voit que Renart emporte Chantecler,
elle s'afflige, se désespère,
355 elle se lamente
à ce spectacle,
disant : « Seigneur, je vous avais prévenu
et pourtant vous ne cessiez de vous moquer de moi,
et vous me traitiez de folle.
360 Mais maintenant éclate la justesse
de mes avertissements.
Votre sagesse vous a joué un tour.
J'étais folle de vous mettre en garde
car le fou ne craint rien jusqu'à ce qu'il soit attrapé.
365 Renart vous tient et vous emporte.
Pauvre malheureuse que je suis, c'en est fini de moi
puisque, en perdant mon seigneur et mari,
j'ai perdu à jamais mon rang ! »
        La brave fermière a ouvert
370 la porte de son jardin.
En effet, comme le soir tombait,
elle voulait faire rentrer ses poules.
Elle appela Pinte, Bise et Rosette :
aucune ne rentre.
375 Ne les voyant pas arriver,
elle se demande ce qu'elles peuvent faire.
Elle s'époumone à appeler son coq,
lorsqu'elle voit Renart qui l'enlève.
Alors elle s'avance pour le secourir,
380 mais le goupil se met à courir.
Quand elle voit qu'elle ne réussira pas à l'attraper,
elle décide de crier.
« Au secours ! » hurle-t-elle.
Les paysans, qui jouaient à la choule,
385 quand ils entendent ses cris,

Trestuit se sont cele part tret,
Si li demandent que ele a.
En sospirant lor reconta :
« Lasse, con m'est mal avenu !
390 — Coment ? font il. — Car j'ai perdu
Mon coc que li gorpil enporte. »
Ce dist Costans : « Pute vielle orde,
Qu'avés dont fet que nel preïstes ?
— Sire, fait ele, mar le dites.
395 Par les seinz Deu, je nel poi prendre.
— Por quoi ? — Il ne me volt atendre.
— Sel ferissiez ? — Je n'oi de quoi.
— De cest baston. — Par Deu, ne poi,
Car il s'en vet si grant troton
400 Nel prendroient deus chen breton.
— Par ou s'en vet ? — Par ci tot droit. »
Li vilein corent a esploit.
Tuit s'escrïent : « Or ça, or ça ! »
Renars l'oï qui devant va.
405 Au pertuis vint, si sailli jus
Qu'a la terre feri li cus.
Le saut qu'il fist ont cil oï.
Tuit s'escrïent : « Or ça, or ci ! »
Costans lor dist : « Or tost aprés ! »
410 Li vilein corent a eslés.
Costans apele son mastin
Que tuit apelent Mauvoisin.
[« Bardol, Travers, Humbaut, Rebors,
Corés aprés Renart le ros ! »]
415 Au corre qu'il font l'ont veü
Et Renart ont aperceü.
Tuit s'escrïent : « Vez le gorpil ! »
Or est Chanteclers en peril,
S'il ne reseit engin et art.
420 « Conment, fait il, sire Renart,
Dont n'oëz quel honte vos dïent
Cil vilein qui si vos escrïent ?
Costans vos seut plus que le pas :
Car li lanciez un de vos gas
425 A l'issue de cele porte.

se précipitent tous vers elle
et lui demandent ce qui lui arrive.
Elle leur a raconté avec des soupirs :
« Hélas ! quel malheur !
390 — Quoi donc ? font-ils. — J'ai perdu
mon coq, le renard l'emporte.
— Sale vieille garce, dit Constant,
pourquoi ne l'avez-vous pas rattrapé ?
— Seigneur, fait-elle, vous avez tort de parler ainsi.
395 Par les saints du ciel, je n'ai pas pu le rattraper.
— Et pourquoi ? — Il n'a pas voulu m'attendre.
— Et si vous l'aviez frappé ? — Je n'avais rien sous
— Et ce bâton ? — Par Dieu, je n'ai pas pu, [la main.
il trotte si vite
400 que même deux chiens bretons ne le rattraperaient pas.
— Par où est-il parti ? — Par là, tout droit. »
Les paysans s'élancent
aux cris de : « Par là ! Par là ! »
Renart, qui les précède, les a entendus.
405 Il arriva au trou et sauta si fort
qu'il tomba sur le cul.
Les autres, à ce bruit,
s'écrient tous : « Par ici, par ici ! »
Constant leur dit : « Vite ! poursuivez-le ! »
410 Et les paysans de se précipiter.
Constant siffle son mâtin
que tous appellent Malvoisin.
« Bardol, Travers, Humbaut, Rebours,
poursuivez ce rouquin de Renart ! »
415 A force de courir,
ils l'ont enfin aperçu.
Et tous de s'écrier : « Le voilà ! »
Maintenant, Chantecler est perdu
s'il ne trouve une ruse pour se tirer d'affaire.
420 « Comment, dit-il, seigneur Renart,
n'entendez-vous donc pas toutes les injures
que vous lancent ces paysans ?
Constant vous talonne,
lancez-lui donc un de vos bons mots
425 en passant cette porte.

Quant il dira « Renars l'enporte »,
« Maugrez vostre », ce poés dire.
Ja nel porrés mels desconfire. »
    N'i a si sage ne foloit.
430 Renars qui tot le mont deçoit,
Fu deçoüs a cele foiz.
Il s'escrïa a haute vois :
« Maugré vostre, ce dist Renart,
De cestui enpor je ma part. »
435 Quant cil senti lache la boce,
Bati les eles, si s'en toche,
Si vint volant sor un pomer.
Renars fu bas sor un fomier,
Greinz et maris et trespensés
440 Del coc qui li est escapez.
Chantecler li jeta un ris :
« Renart, fait il, que vos est vis ?
De cest siegle que vos en semble ? »
Li lecheres fremist et tramle,
445 Si li a dit par felonie :
« La boce, fait il, soit honie,
Qui s'entremet de noise fere
A l'ore qu'ele se doit tere !
    — Si soit, fet li cos, con je voil :
450 La male gote li cret l'oil
Qui s'entremet de someller
A l'ore que il doit veillier !
Cosins Renart, dist Chantecler,
Nus ne se puet en vos fier :
455 Dahez ait vostre cosinage !
Il me dut torner a damage.
Renart parjure, alés vos ent !
Se vos estes ci longement,
Vos i lairois vostre gonele. »
460 Renars n'a soing de sa favele ;
Ne volt plus dire, atant s'en torne,
Ne repose ne ne sejorne ;
Besongnieus est, le cuer a vein.
Par une broce lez un plein
465 S'en vait fuiant tot une sente.

Quand il dira : « Renart l'emporte ! »
vous pouvez lui rétorquer : « Bien malgré vous ! »
Rien ne pourrait le mortifier davantage. »
Aucun sage n'est à l'abri d'une folie.
430 Renart, le trompeur universel,
fut, cette fois-là, bel et bien trompé.
Il cria d'une voix forte :
« C'est bien malgré vous
si j'emporte ma part de celui-ci ! »
435 Lorsque Chantecler sentit les mâchoires se desserrer,
il battit des ailes et s'empressa de fuir.
Il s'envola sur un pommier
tandis que Renart restait en bas sur un tas de fumier,
grognon, penaud et dépité
440 d'avoir laissé échapper sa proie.
Chantecler lui rit au nez :
« Renart, que dites-vous de cela ?
Que pensez-vous de notre monde ? »
Le coquin frémit, tremble
445 et lui lance avec méchanceté :
« Maudite soit la bouche
qui s'avise de faire du bruit
alors qu'il lui convient de se taire !
— Que ma volonté soit faite, dit le coq :
450 que la male goutte crève l'œil
à qui s'abandonne au sommeil
au moment où il doit être vigilant !
Cousin Renart, dit Chantecler,
personne ne peut vous faire confiance.
455 La peste soit de votre cousinage !
Il a failli m'en cuire.
Parjure que vous êtes, déguerpissez !
Si vous vous attardez ici,
vous y laisserez votre pelisse ! »
460 Insensible à ce bavardage,
Renart juge inutile d'en dire plus et s'en retourne,
sans prendre le temps de se reposer,
affamé, sans force.
A travers des broussailles qui bordaient un champ,
465 il prend la fuite en suivant un sentier.

Molt est dolans, molt se demente
Del coc qui li est escapés,
Quant il n'en est bien saolés.
　　Que qu'il se pleint de sa losenge,
470 Atant es vos une mesange
Sor la brance d'un cainne crués,
Ou ele avoit repost ses ués.
Renars la vit, si la salue :
« Comere, bien soiez venue !
475 Car descendés, si me besiez ! »
　　— Renart, fet elle, or vos tesiez !
Voirement estes mes comperes,
Se vos ne par fussiez si leres ;
Mes vos avés fait tante guiche
480 A tant oisel, a tante biche,
Qu'en ne s'en set a qoi tenir.
Et que quidiez vos devenir ?
Maufés vos ont si deserté
Qu'en ne vos puet prendre a verté.
485 — Dame, ce respont li gorpilz,
Si voirement con vostre filz
Est mes fillous en droit bapteme,
Onques ne fis semblant ne emme
De rien qui vos doüst desplaire.
490 Savez por quoi je nel vol fere ?
Droiz est que nos le vos dïons :
Mesire Nobles li lïons
A or par tot la pes juree,
Se Dex plaist, qui aura duree ;
495 Par sa terre l'a fait jurer
Et a ses homes afier
Que soit gardee et meintenue.
Molt lie en est la gent menue,
Car or carront par plusors terres
500 Plez et noises et mortex guerres,
Et les bestes grans et petites,
La merci Deu, seront bien quites. »
La messange respont atant :
« Renart, or m'alés vos flatant.
505 Mes se vos plest, querés autrui,

Au comble de la tristesse, il se lamente
que le coq lui ait échappé
sans qu'il s'en soit rassasié.

   Tandis qu'il se plaint de cette tromperie,
470 voici que survient une mésange,
sur la branche d'un chêne creux
où elle avait caché ses œufs.
Renart la voit et la salue :
« Ma commère, soyez la bienvenue.
475 Descendez donc m'embrasser !
— Renart, dit-elle, taisez-vous.
Vous seriez réellement mon compère
si vous n'étiez une telle canaille.
Mais vous avez dupé
480 tant d'oiseaux, tant de biches
qu'on ne sait plus à quoi s'en tenir avec vous.
Où croyez-vous que cela vous conduise ?
Les diables vous ont tant corrompu
qu'il est devenu impossible de vous croire.
485 — Dame, répond le goupil,
aussi vrai que votre fils est réellement
mon filleul par un authentique baptême,
jamais je ne vous ai donné aucune raison
de vous plaindre de moi.
490 Et savez-vous pourquoi ?
Il est juste que nous vous le disions.
Messire Noble, le lion,
a maintenant proclamé partout la paix
et, s'il plaît à Dieu, ce sera pour longtemps.
495 Il l'a fait jurer à travers son royaume
et il a fait promettre à ses vassaux
de la respecter et de la maintenir.
Les petites gens s'en réjouissent
car voici venu le moment où, en de nombreux pays,
500 s'apaiseront les querelles, les conflits et les guerres
Et les bêtes, petites ou grandes,   [meurtrières.
Dieu soit loué ! seront bien tranquilles. »
La mésange répond alors :
« Renart, vous êtes en train de me tromper.
505 Mais, s'il vous plaît, cherchez quelqu'un d'autre

Car moi ne beserés vos hui,
Ne ja por rien que vos dïez,
Icist besers n'iert otroiez. »
    Quant Renars voit que sa conmere
510 Ne velt pas croire son compere,
« Dame, fait il, or m'escotez!
Por ce que vos me redotez,
Les ielz cloingniez vos beserai.
— Par foi, fait ele, et jel ferai.
515 Or cligniez donc! » Cil a clignié
Et la mesengne a enpoignié
Plein son poing de mousse et de foille :
N'a talant que besier le voille,
Les gernons li conmence a terdre ;
520 Et quant Renart la cuide aerdre,
N'i trove se la foille non,
Qui li fu remese au grenon.
La mesenge li escrïa :
« Haï! Renart, quel pez ci a!
525 Tost oüssiez la trive enfrete,
Se ne me fusse arere trete.
Vos disïez qu'iert afiee
La pes et qu'ele estoit juree.
Mal l'a juree vostre sire. »
530 Renart li conmença a rire,
Si li a jeté un abai :
« Certes, fait il, je me gabai.
Ce fis je por vos poor fere.
Mes qui caut? or soit a refere.
535 Je reclingnerai autre fois.
— Or dont, fet ele, estez toz cois! »
Cil cligne qui molt sot de bole.
Cele li vint pres de la gole
Raiant, mes n'entra pas dedenz ;
540 Et Renars ra jeté les denz :
Prendre la quide, mes il faut.
« Renart, fait ele, ce que vaut?
Ce n'iert ja que croire vos doie.
Par quel manere vos creroie?
545 Se ja vos croi, li maufés m'arde ! »

car moi, vous ne m'embrasserez pas d'aujourd'hui.
Vous aurez beau parler,
je ne vous accorderai pas ce baiser. »
　　Renart, voyant que la commère
510 refuse de croire son compère, reprend :
　　« Dame, écoutez-moi, de grâce !
Si je vous fais peur,
je vous donnerai un baiser les yeux fermés.
　　— Par ma foi, dit-elle, j'y consens.
515 Fermez donc les yeux ! » L'autre s'exécute
et la mésange a pris une grosse poignée
de mousse et de feuilles.
Comme elle n'a aucune envie de l'embrasser,
elle lui en frotte la moustache
520 et, au moment où Renart s'imagine l'attraper,
ses dents ne prennent qu'une feuille
accrochée à la moustache.
La mésange lui cria :
　　« Eh ! Renart, la belle paix que voilà !
525 Encore un peu et vous rompiez la trêve
si je ne m'étais par reculée !
Vous disiez que la paix
était officiellement proclamée.
Votre souverain ne l'a pas bien conclue. »
530 Renart se mit à rire
dans un glapissement :
　　« En vérité, je plaisantais.
J'ai voulu vous faire peur.
Mais qu'importe ! Recommençons.
535 Je vais fermer les yeux une autre fois.
　　— Alors, dit-elle, restez tranquille ! »
L'autre, le roi des tricheurs, ferme les yeux.
La mésange s'approche de son museau,
le frôle, mais elle se garde d'y entrer.
540 Renart, une fois de plus, a donné un coup de dent,
croyant la happer : nouvel échec !
　　« Renart, fait-elle, qu'est-ce que cela signifie ?
Je ne pourrai plus jamais vous croire.
Comment cela serait-il possible ?
545 Si je vous fais encore confiance, que l'enfer me brûle ! »

Ce dist Renars : « Trop es coarde.
Ce fis je por vos esmaier
Et por vos auques essaier,
Car certes je n'i enten mie
550 Ne traïson ne felonie.
Mes or revenés autre foiz !
Tierce foïe, ce est droiz.
Par non de seinte carité,
Par bien et par estableté,
555 Bele conmere, sus levés !
Par cele foi que me devés
Et que vos devés mon fillol,
Qui la chante sor ce tilloil,
Si faisomes ceste racorde.
560 De peceor misericorde. »
Mes ele fet oreille sorde,
Qu'ele n'est pas fole ne lorde,
Ainz siet sor la branche d'un chesne.
Que que Renars si se deresne,
565 Atant este vos veneor
Et braconier et corneor
Qui sor le col li sont coü.
Et quant Renars a ce veü,
Forment s'en est esmervelliez.
570 De fuïr s'est apareilliez,
Si drece la coue en arçon [1].
Forment s'escrïent li garçon,
Sonent grailes et moieneax,
Et Renars trosse ses panaux,
575 Qui molt petit en els se fie.
Et la mesenge li escrie :
« Renart, cist bans est tost brisiez,
Et la pez que vos disïez.
Ou fuiez vos ? ça revenez ! »
580 Renars fu cointes et senez,
Si li ra trait une mençoigne.
Que qu'il parole, si s'esloigne :

---

1. Il dresse sa queue en arc pour la soustraire aux morsures des chiens.

Renart dit : « Quelle peureuse vous faites !
Je voulais simplement vous effrayer
et vous mettre à l'épreuve
car, en vérité, je n'ai nullement l'intention
550 de vous trahir ni de vous tromper.
Mais recommencez donc encore une fois !
La troisième fois, c'est la bonne.
Au nom de la charité divine,
au nom du bien et du vrai,
555 ma chère commère, levez-vous !
Par la foi que vous me devez
et par celle que vous devez à mon filleul
qui gazouille là, sur ce tilleul,
faisons la paix.
560 A tout pécheur miséricorde. »
Mais elle fait la sourde oreille
car elle n'est ni folle, ni stupide :
Au lieu de l'écouter, elle se perche sur la branche d'un
Tandis que Renart plaide ainsi sa cause,   [chêne.
565 voici que des veneurs,
des valets de chiens et des sonneurs de cors
lui sont tombés dessus.
Renart
n'en revient pas.
570 Il se dispose à fuir,
redressant la queue en arc.
Les valets hurlent,
trompes et cors résonnent,
et Renart prend la poudre d'escampette,
575 car il leur fait peu confiance.
Et la mésange lui lance :
« Renart, voilà un accord bien vite rompu,
tout comme cette paix dont vous parliez.
Où fuyez-vous ? Revenez donc ici ! »
580 Renart, qui était habile et sage,
s'en est tiré par une pirouette.
Il s'éloigne tout en parlant :

« Dame, les trives sont jurees
Et plevies et afiees,
585 La pes ausi de tot en tot;
Mes nel sevent mie par tot.
Ce sont cael qui ci nos vienent,
Qui la pes que lor pere tiennent
N'ont encor pas aseüree,
590 Si con lor pere l'ont juree.
N'erent pas encore si saive,
Au jor que lor pere et lor aive
Jurerent la pes a tenir,
Que l'en les i feïst venir.
595 — Certes ore estes vos mavés.
Cuidiez qu'il enfrengnent la pes ?
Ça revenez, si me baisiez !
— Jei n'en sui pas or aisiez,
Ja jura la pes vostre sire. »
600 Renars s'en fuit, ne vout plus dire,
Come cil qui sot le travers.
Atant estes vos un convers
Que dous veautres enchaenez
Avoit lez la voie amenez.
605 Li gars qui seut Renart premiers,
Quant il choisi les leemiers,
Voit le convers, si li escrie :
« Deslïe, va, les chiens deslie !
Vois le gorpil ! mar en ira. »
610 Renars l'oï, si sospira.
Bien set que il ert malvenuz,
Se il puet estre retenuz,
Car itel gent entor lui voit,
N'i a celui, s'il le tenoit,
615 Que bien ne li ostast la pel
A la pointe de son cotel.
Poor a de perdre s'escorce
Se plus n'i vaut engin que force.
Molt dote perdre sa gonele,
620 S'auques ne li vaut sa favele.
Li convers qui autre part muse,
Et Renars, qui pas ne rehuse,

« Dame, les trêves ont été bien jurées,
confirmées, paraphées,
585 et même la paix dans ses moindres dispositions.
Mais on ne le sait pas partout.
Ce sont de jeunes chiens qui nous arrivent
et cette paix, que leurs pères respectent déjà,
ils ne l'ont pas encore jurée
590 comme leurs pères l'ont fait.
Ils étaient encore trop jeunes
pour participer à la cérémonie le jour où leur père
et leur grand-père
ont juré la paix.
595 — Vraiment, vous avez l'esprit mal tourné.
Les croyez-vous capables d'enfreindre la paix ?
Revenez ici et embrassez-moi !
— Je n'en ai pas le temps maintenant
et votre mari a déjà juré la paix. »
600 Renart préfère en rester là, et il s'enfuit
en familier des chemins de traverse.
Mais voici que survient un frère convers
qui tenait en laisse deux molosses,
le long du sentier.
605 Le gaillard qui était le plus proche de Renart,
à la vue des limiers
et du frère, lui crie :
« Lâche les chiens, allons, lâche-les !
Vise le renard, il va passer un mauvais quart d'heure ! »
610 A ces mots, Renart soupire,
bien conscient qu'il lui en cuira
si l'on parvient à le capturer
car, parmi tous ceux qui l'entourent,
il n'en est pas un pour manquer, s'il l'attrape,
615 de l'écorcher soigneusement
avec la pointe de son couteau.
Il a peur d'y laisser la peau
si la ruse ne l'emporte sur la force.
Il craint fort de perdre son paletot
620 si son bagout ne le tire d'affaire.
Voici donc le moine qui arrive tranquillement de son côté
et Renart qui ne peut reculer,

Ne puet mucier, ne puet guenchir,
Ne nule part ne puet foïr
625 Ne trestorner en nule guise !
Es vos le convers qui l'avise,
Devant lui vient toz aïrez :
« Ha ha, cuivrez, vos n'en irez.
— Sire, fait il, por Deu ne dites !
630 Car seins hom estes et ermites,
Si ne devez en nul endroit
A nul home tolir son droit.
S'or estoie ci arestés
Ne par voz chenz point destorbés,
635 Sor vos en seroit li peciés,
Et j'en seroie corociez,
Car miens en seroit li damages.
Nos corrïen ici a gages
Entre moi et ceste cenaille :
640 Molt a grant cose en la fermaille. »
        Cil se porpense qu'il dist bien ;
A Deu et a seint Julïen
Le conmande, si s'en retorne ;
Et Renars qui pas ne sojorne,
645 Molt esperone son cheval.
Par une sente, les un val,
S'en vet fuiant tot une plegne.
Li cris qui aprés lui engregne
Le fet aler plus que le pas.
650 A une voie, a un trespas
A un grant fossé tressailli.
Iloques l'ont li chen gerpi :
N'en sevent mes ne vent ne voie.
Et Renars qui bien se devoie,
655 N'i atent per ne conpaignon,
Car molt dote mors de gaignon.
N'est merveille s'il est lassez,
Car le jor out foï asez ;
Si a trové mauvés eür.
660 Mais qui chaut ? ore est asoür.
Asés a grant travail eü
Por ce qu'il li est mescoü.

ni se cacher, ni obliquer,
ni fuir nulle part,
625 ni s'échapper d'aucune manière.
Et le frère, quand il le découvre,
s'approche de lui avec des menaces.
« Ah! ah! saleté, tu ne te sauveras pas! [propos!
— Seigneur, fait Renart, au nom de Dieu, surveillez vos
630 quand on est comme vous un saint homme et un ermite,
on doit s'interdire
de causer le moindre tort à son prochain.
Si je venais à être arrêté ici,
à être gêné par vos chiens en quelque façon,
635 le péché en retomberait sur vous
et moi, j'en serais bien fâché
car c'est moi qui y perdrais.
Nous étions en train de faire la course,
cette bande de chiens et moi,
640 et nous avons parié gros. »
Le moine, pensant qu'il dit vrai,
le recommande à Dieu et à saint Julien
avant de rebrousser chemin.
Renart, sans perdre un instant,
645 des éperons pousse à fond son cheval.
Par un sentier, le long d'un vallon,
il traverse une plaine au galop.
Les cris qui redoublent derrière lui
lui font accélérer l'allure.
650 Il atteint une route, la traverse,
franchit un large fossé.
Là, les chiens abandonnent
car ils ont perdu sa trace.
Et Renart, si habile à donner le change,
655 n'attend pas son reste
car il redoute fort les morsures des mâtins.
Rien d'étonnant s'il est exténué:
il a, ce jour-là, couru tant et plus
mais il a joué de malchance.
660 Qu'importe? le voici maintenant en lieu sûr.
Comme il a souffert
par manque de chance!

Par ce que il s'en va fuitis,
Manace molt ses enemis.
665   Que qu'il se pleint de s'aventure,
Garde et voit en une rue
Tiebert le chat qui se deduit
Sanz conpaignie et sens conduit.
De sa coe se vet joant
670 Et entor lui granz saus faisant.
A un saut qu'il fist se regarde,
Si choisi Renart qui l'esgarde.
Il le conut bien au poil ros.
« Sire, fait il, bien vegnés vos ! »
675 Renars li dist par felonie :
« Tibert, je ne vos salu mie.
Ja mar vendrez la ou je soie,
Car, par mon chef, je vos feroie
Volentiers, se j'en avoie aise. »
680 Tibert besoigne qu'il se taise,
Qar Renars est molt coreciez.
Et Tibers s'est vers lui dreciez
Tot simplement et sanz grant noise.
« Certes, fait il, sire, moi poisse
685 Que vos estes vers moi iriez. »
Renars fu auques enpiriez
De jeüner et de mal traire ;
N'a ores soing de noisse fere,
Car molt ot joüné le jor,
690 Et Tieberz fu pleins de sojor,
S'ot les gernons vels et cenuz
Et les denz trencans et menus,
Si ot bons ongles por grater.
Se Renars le voloit mater,
695 Je cuit qu'il se vouldroit desfendre ;
Mais Renars nel velt mie enprendre
[Envers Tibert nule meslee
Qu'en maint leu ot la pel aree].
Ses moz retorne en autre guise :
700 « Tibert, fait il, je ai enprise
Guerre molt dure et molt amere
Vers Ysengrin un mien compere ;

Furieux de devoir fuir,
il lance de violentes menaces contre ses ennemis.

665   Tandis que Renart déplore sa mésaventure,
il finit par découvrir, dans une rue,
Tibert le chat qui se divertit
sans suite et sans escorte.
Il joue avec sa queue,

670 tourne en rond, multiplie les gambades.
Au beau milieu d'un saut, il regarde autour de lui
et remarque Renart qui l'observe.
Il le reconnaît à son poil roux.
« Seigneur, dit-il, soyez le bienvenu ! »

675 Et l'autre de répliquer brutalement :
« Tibert, je ne vous salue pas.
Ne vous trouvez jamais sur mon chemin,
car, soyez-en sûr, je vous frapperais
avec plaisir, si l'occasion m'en était donnée. »

680 Tibert a intérêt à se taire,
car Renart est fort en colère :
Le chat se tourne vers le goupil,
l'air affable, sans chercher querelle :
« Sire, lui dit-il, je suis vraiment navré

685 que vous soyez irrité contre moi. »
Comme le jeûne et les mauvais traitements
avaient passablement affaibli Renart,
il renonça pour le moment à chercher querelle,
d'autant qu'il n'avait rien mangé de la journée

690 et que Tibert était frais et dispos,
moustaches blanchies par l'âge,
petites dents pointues
et longues griffes prêtes à égratigner.
Si Renart cherchait à le terrasser,

695 je crois qu'il ne se laisserait pas faire ;
mais Renart ne veut pas engager le combat
contre Tibert,
car il a la peau déchirée en plus d'un endroit.
Il tient donc un autre langage.

700 « Tibert, fait-il, j'ai entrepris
une guerre terrible et implacable
contre mon compère Isengrin.

S'ai retenu meint soudoier
Et vos en voil je molt proier
705 Qu'a moi remanés en soudees,
Car, ains que soient acordees
Les trives entre moi et lui,
Li cuit je fere grant ennui. »
Tieberz li chaz fet molt grant joie
710 De ce dont dan Renars le proie,
Si li a retorné le vis :
« Tenés, fait il, je vos plevis
Que ja nul jor ne vos faudré
Et que volontiers asaudré
715 Dant Ysengrin, qu'il a mesfet
Vers moi et en dit et en fet. »
Or l'a Renars tant acordé[1]
Qu'entr'aus dous se sont acordé.
Andui s'en vont par foi plevie.
720 Renars qui est de male vie,
Nel laissa onques a haïr,
Ainz se peine de lui traïr :
En ce a mis tote s'entente.
Il garde en une estroite sente,
725 Si a choisi pres de l'orniere
Entre le bois et la carere
Un broion de chesne fendu
C'uns vileins i avoit tendu.
Il fu recuiz, si s'en eschive,
730 Mes danz Tibers n'a nule trive,
S'il le puet au braion atrere,
Qu'il ne li face un mal jor traire.
Renars li a jeté un ris :
« Tibert, fait il, de ce vos pris
735 Que molt estes et prous et baus
Et tis chevaus est molt isnaus.
Mostrez moi conment il se core,
Par ceste voie ou a grant poure,
Corez tote ceste sentele !
740 La voie en est igax et bele. »

---

1. Plutôt qu'*acordé*, il faudrait lire *amusé*.

Aussi ai-je enrôlé beaucoup de soldats
et je voudrais vous prier
705 de rester à ma solde,
  car, avant que nous n'en arrivions,
  lui et moi, à une trêve,
  j'ai dans l'idée que je lui causerai bien des tracas. »
  Tibert le chat ne se sent plus de joie
710 à la proposition de sire Renart,
  et, le regardant droit dans les yeux :
  « Tenez, lui dit-il, je m'engage
  à ne jamais vous faire faux bond
  et à attaquer bien volontiers
715 le seigneur Isengrin qui m'a fait du mal
  en paroles et en actes. »
  Renart l'a tellement amadoué
  que tous deux sont tombés d'accord
  et s'en vont liés par un serment.
720 Renart, qui est d'une nature méchante,
  ne cesse pour autant de haïr Tibert,
  il s'emploie à le trahir,
  il s'y applique de toutes ses forces.
  Comme il parcourait du regard un étroit sentier,
725 il aperçut, près de l'ornière,
  entre le bois et le chemin charretier,
  un piège de chêne fendu
  qu'un paysan y avait disposé.
  Comme il est rusé, Renart l'esquive,
730 mais aucune trêve n'empêchera Tibert,
  si l'autre peut l'attirer dans le piège,
  de passer un bien mauvais quart d'heure.
  Le goupil lança un rire :
  « Tibert, fit-il, si je vous apprécie
735 c'est que votre bravoure et votre hardiesse sont grandes,
  et que votre cheval est d'une exceptionnelle rapidité.
  Montrez-moi donc comment il sait courir
  par ce chemin couvert de poussière.
  Courez donc la longueur de ce sentier !
740 Quel beau chemin sans creux ni bosse ! »

Tibers li caz fu eschaufez
Et Renars fu un vis maufez,
Qui le vost en folie enjoindre.
Tibers s'apareille de poindre,
745 Cort et racort les sauz menuz
Tant qu'il est au braion venuz.
Quant il i vint, s'aperçut bien
Que Renars i entent engien,
Mes il n'en fet semblent ne chere,
750 En eschivant se tret arere
En sus du braion demi pié.
Et Renars l'a bien espïé,
Si li a dit : « Vos alés mal,
Qui en travers corez cheval. »
755 Cil s'est un petit esloigniez.
« A refere est, or repoigniez !
Menés l'un poi plus droitement !
— Volentiers : dites moi conment !
— Conment ? si droit qu'il ne guenchisse
760 Ne hors de la voie n'en isse. »
    Cil lait core a col estendu
Tant qu'il voit le braion tendu ;
Ne guenchit onques, einz tresaut.
Renars qui a veü le saut,
765 Sot bien qu'il s'est aperceüz
Et que par lui n'iert deceüz.
Porpense soi que il dira
Et conment il le decevra.
Devant lui vint, si li a dit
770 Par mautalant et par afit :
« Tibert, fait il, bien vos os dire,
Vostre cheval est asés pire
Et por vendre en est meins vaillanz,
Por ce q'est eschis et saillanz. »
775 Tieberz li chas forment s'escuse
De ce dont danz Renars l'acuse.
Forment a son cors engregnié
Et meinte fois recomencié.
Que qu'il s'esforce, es vos tant
780 Deus mastinz qui vienent batant,

Voici Tibert le chat tout excité
Et Renart, un vrai démon,
qui le pousse à commettre cette folie !
Tibert s'apprête à piquer des deux,
745 il court, il court à petits sauts
si bien qu'il arrive au piège ;
alors, il comprend
que Renart prépare un mauvais tour,
mais il ne fait mine de rien
750 et, pour éviter le piège, recule
d'un demi-pied.
Mais Renart, qui ne l'a pas quitté des yeux,
lui dit : « Tibert, ce n'est pas fameux !
Vous menez votre cheval de travers. »
755 L'autre s'étant un peu éloigné,
« C'est à refaire, continue Renart, allez,
Chargez de nouveau en le guidant un peu plus droit !
— D'accord ; mais comment m'y prendre ?
— Comment ? Allez tout droit sans faire d'écart
760 ni sortir du chemin. »
Tibert laisse courir son cheval ventre à terre
jusqu'au piège :
il ne fait pas d'écart, mais saute par-dessus.
Renart, qui l'a vu faire,
765 se rend compte que l'autre n'est pas dupe
et qu'il ne parviendra pas à le tromper.
Il se creuse la tête :
comment l'embobeliner ?
Il va au-devant de lui, et lui lance
770 sur un ton de colère et de défi :
« Tibert, je me permets de vous le dire :
votre cheval est un vrai tocard,
et il perd sa valeur marchande
à faire des écarts et des sauts. »
775 Tibert le chat repousse avec force
les accusations du seigneur Renart.
Il accélère l'allure,
recommence sa course plusieurs fois.
Tandis qu'il est en plein effort, voici qu'arrivent
780 à vive allure deux mâtins.

Renart voient, s'ont abaié.
Andui s'en sont molt esmaié ;
Par la sente s'en vont fuiant
(Li uns aloit l'autre botant)
785 Tant qu'il vindrent au liu tot droit
Ou li braions tendus estoit.
Renars le vit, guencir cuida,
Mais Tibers, qui trop l'anguissa,
L'a si feru del bras senestre
790 Que Renars ciet enz del pié destre,
Si que la clés en est saillie,
Et li engins ne refaut mie,
Si serrent li huisset andui
Que Renart firent grant anui :
795 Le pié li ont tres bien seré.
Molt l'a Tibers bien honoré,
Quant el braion l'a enbatu
Ou il aura le col batu.
Ci a meveise conpaignie,
800 Car vers lui a sa foi mentie.
Renart remeint, Tibers s'en toce,
Si li escrie a pleine boche :
« Renart, Renart, vos remaindrez,
Mes jei m'en vois toz esfreez.
805 Sire Renart, vielz est li chaz :
Petit vos vaut vostre porchaz.
Ci vos herbergeroiz, ce cuit.
Encontre vezié recuit. »
Or est Renars en male trape,
810 Car li chen le tienent en frape.
Et li vileinz qui vint aprés,
Leva sa hace, s'ala pres
A poi Renars n'est estestez ;
Mais li cous est jus avalez
815 Sor le braion qu'il a fendu.
Et cil a son pié estendu :
A soi le tret, molt fu blechiez.
Fuiant s'en vet dolans et liez,
Dolenz de ce qu'il fu quassiez,
820 Liez qu'il n'i a le pié laissié.

A la vue de Renart, ils se mettent à aboyer,
effrayant les deux compagnons
qui s'enfuient par le sentier,
l'un poussant l'autre,
785 si bien qu'ils parviennent juste
à l'endroit où le piège était tendu.
Renart le voit, croit l'éviter,
mais Tibert, qui le serrait de près,
l'a frappé du bras gauche si bien
790 que l'autre tombe du pied droit dans le piège :
la clé saute
et, en parfait état de marche,
les trappes se referment,
au grand dam de Renart,
795 lui emprisonnant le pied.
Tibert l'a couvert de gloire
en le précipitant dans le piège
où il sera roué de coups !
C'est un bien mauvais compagnon
800 qui n'a pas craint d'être parjure.
Renart reste, tandis que Tibert s'éclipse,
en lui criant à tue-tête :
« Renart, Renart, c'est vous qui resterez.
Moi, l'inquiétude me force à partir.
805 Seigneur Renart, le chat n'est pas né d'hier :
vous n'avez pas gagné grand-chose avec vos manigances.
Vous passerez la nuit ici, je crois.
A malin malin et demi. »
810 Renart est maintenant dans de mauvais draps,
car les chiens le tiennent à leur merci.
Le paysan qui les suivait
leva sa hache, passa si près de Renart
qu'il faillit le décapiter,
mais le coup glissa sur le piège
815 qui se fendit.
Alors Renart de bouger la patte
et de la ramener à soi. Grièvement blessé,
il s'enfuit à la fois affligé et heureux,
affligé d'être blessé,
820 mais heureux de ne pas avoir perdu la patte.

Quant il senti qu'il fu delivres,
Ne fu pas estordi ne ivres,
Ainçois s'est tost mis a la fuie.
Et li vileins l'escrie et huie,
825 Qui molt se tient a engignié.
Li chien ont lor cours engregnié,
Si reconmencent a glatir.
Onc Renars ne s'osa quatir
Tresqu'il ot tot le bois passé.
830 Iloc furent li chen lassé,
Recraant s'en tornent arere.
Renars tote une grant charrere
S'en vait fuiant, car molt s'esmaie.
Forment li cuit et dout la plaie.
835 Ne set li laz que fere puisse :
A pou qu'il n'a perdu la cuisse
Qui en la piege fu cougniee,
Si rot poor de la cogniee
Dont li vileins le vout ocirre.
840 Que d'un que de l'autre martire
S'en est tornés a molt grant peine
Si conme aventure le meine.
    Entre deus monz en une pleigne,
Tot droit au pié d'une monteigne,
845 Desus une riviere a destre,
La vit Renart un molt bel estre
Que la gent n'ont geres hanté.
La vit Renart un fou planté.
[L'eve passe outre et vint la droit
850 La ou li fouz plantez estoit.]
Entor le fust a fet sa tresche,
Puis s'est cochez sor l'erbe fresche.
Voutrés s'i est et estenduz :
A bon ostel est descenduz.
855 Ne li estuet ostel changier
Por qu'oüst auques a mangier.
Li sojorners li est or baus.
Mes dan Tiecelins li corbeas
Qui molt ot jeüné le jor
860 N'ot ore cure de sejor.

Le sentiment de la liberté
ne l'enivre pas d'une joie folle,
il songe plutôt à fuir sans tarder.
Le paysan le poursuit de ses cris,
825 maudissant sa maladresse.
Les chiens accélèrent leur poursuite
et recommencent à aboyer.
Aussi Renart n'ose-t-il pas se tapir
tant qu'il n'a pas traversé tout le bois.
830 Alors, fatigués, les chiens
renoncent à la poursuite et rebroussent chemin.
Renart continue à fuir le long d'un grand chemin,
en proie à une profonde frayeur.
Sa plaie le brûle et lui fait mal.
835 Le malheureux ne sait que faire :
il s'en est fallu de peu qu'il n'ait perdu la cuisse
qui était coincée dans le piège,
et quelle épouvante devant la cognée
que brandissait le paysan pour le tuer !
840 De ces deux épreuves
le voici sorti à grand-peine
au gré du hasard.
      Entre deux collines, dans une plaine,
juste au pied d'une montagne,
845 à droite, en amont d'une rivière,
Renart vit un endroit délicieux
et fort peu fréquenté
où se dressait un hêtre.
[Il traverse la rivière pour aller tout droit
850 au pied de l'arbre ;]
Il en a fait le tour,
puis s'est couché sur l'herbe fraîche,
il s'y prélasse, s'étire :
le voilà descendu dans une bonne auberge !
855 Il n'a nulle envie d'en changer
pourvu qu'il y trouve de quoi manger.
Cette halte le comble de joie.
Au contraire, Tiécelin le corbeau,
qui n'avait rien mangé de la journée,
860 ne se souciait pas de flâner.

Par besoing a le bois laissié
Et vint fendant a un plaissié
Priveement et en destor
Toz abreviez de fere estor.
865 De formages vit un millier
Qu'en avoit mis a sollellier.
Cele qui garder les devoit
En sa meson entree estoit.
Entree estoit en sa maison.
870 Tiecelins voit qu'or est seson
De gaengnier, si laisse corre.
Un en a pris : por le rescorre
Sailli la vielle en mi la rue.
Tiecelin voit, aprés li rue
875 Challox et pieres, si l'escrie :
« Vassal, vos n'en porterois mie. »
Tiecelin la voit auques fole ;
« Vielle, fet il, s'en en parole,
Ce porroiz dire, jei l'en port,
880 Ou soit a droit ou soit a tort.
De lui prendre ai eü bon leu.
La male garde pest le leu.
[Le remanant gardés plus pres.
Cestui ne raurez vos hui mes,
885 Ains en ferai mes barbes rere
Molt leement a bele chere.
En aventure de lui prendre
Me mis por ce que gel vi tendre,
Jaunet et de bone savor.
890 Tant ai del vostre par amor.
Sel puis porter jusqu'a mon ni,
De cuit en eve et de rosti
En mangerai tot a mon cois.
Ralez vos en, car je m'en vois.»]
895   Atant s'en torne et vient tot droit
Au leu ou danz Renarz estoit.
Ajorné furent a cel ore
Renarz desos et cil desoure ;
Mes tant i out de dessevraille
900 Que cil manjue et cil baelle.

La nécessité lui a fait quitter le bois
et, fendant les airs, il est venu à un enclos
discrètement, en tapinois,
impatient de passer à l'attaque.
865 Il vit des fromages, un millier,
qu'on avait mis à sécher au soleil.
La femme chargée de les garder
était entrée
chez elle.
870 Tiécelin, quand il découvre
cette aubaine, s'élance.
Il en a pris un : pour le lui reprendre
la vieille se précipite au milieu de la rue.
Elle voit Tiécelin et lui jette
875 des cailloux et des pierres tout en criant :
« Voyou, tu ne l'emporteras pas en Paradis ! »
Tiécelin la voit dans tous ses états :
« La vieille, réplique-t-il, si l'on en parle,
tu pourras dire que je l'emporte,
880 à bon droit ou non.
J'ai eu tout le temps de le prendre :
mauvaise garde nourrit le loup.
Surveillez mieux les autres.
Quant à celui-ci, vous ne le reverrez plus :
885 je vais plutôt en blanchir mes moustaches
avec entrain et allégresse.
J'ai couru le risque de le prendre
en le voyant tendre,
crémeux, parfumé.
890 Voilà ce que j'ai obtenu de votre amitié.
Si je parviens à le transporter jusqu'à mon nid,
je le mangerai tout à mon aise
ou cuit à l'eau ou bien rôti.
Maintenant, rentrez chez vous car je m'en vais. »
895   Alors il s'en retourne et va directement
à l'endroit où se trouvait Renart.
Un véritable rendez-vous,
Renart en bas et l'autre au-dessus,
avec cependant cette différence
900 que l'un s'empiffre et que l'autre bâille de faim.

Li formaches est auques mous,
Et Tiecelins i fiert granz cous
Au chef du bec tant qu'il l'entame.
Mangié en a, maugré la dame,
905 Et del plus jaune et del plus tendre,
Que tel anui li fist au prendre.
Grans cols i fert a une hie.
Onc n'en sot mot, quant une mie
Li est a la terre choüe
910 Devant Renart qui l'a veüe.
Il conoist bien si fete beste,
Puis si en a crollé la teste.
Il leve sus por mels veoir :
Tiecelin voit lasus seoir,
915 Qui ses comperes ert de viez,
Le bon formache entre ses piez.
Priveement l'en apela :
« Por les seins Deu, que voi ge la ?
Estes vos ce, sire conpere ?
920 Bien ait hui l'ame vostre pere
Dant Rohart qui si sot chanter !
Meinte fois l'en oï vanter
Qu'il en avoit le pris en France.
Vos meïsme en vostre enfance
925 Vos en solieez molt pener.
Savés vos mes point orguener ?
Chantés moi une rotruenge ! »
Tiecelin entent la losenge,
Euvre le bec, si jete un bret ;
930 Et dist Renars : « Ce fu bien fet.
Mielz chantez que ne solieez.
Encore se vos voliéez,
Irieez plus haut une jointe. »
Cil qui se fet de chanter cointe,
935 Comence de rechef a brere.
« Dex, dist Renars, con ore esclaire,
Con ore espurge vostre vois !
Se vos vos gardeés de nois,
Au miels du secle chantisois [1].

1. Les noix passaient pour être nuisibles aux cordes vocales.

Dans le fromage fait à cœur,
Tiécelin frappe à grands coups de bec
tant et si bien qu'il l'entame.
Il en a mangé, malgré la dame
905 qui lui a lancé tant d'injures quand il s'en empara,
la partie la plus crémeuse et la plus tendre.
Il frappe à coups redoublés,
sans se rendre compte qu'il en a fait tomber
un petit bout à terre,
910 devant Renart, qui l'a vu.
Celui-ci, quand il a reconnu l'animal,
hoche la tête
puis se redresse pour mieux voir :
il découvre, tout en haut, Tiécelin,
915 son compère de longue date
avec le bon fromage entre ses pattes.
Amical, il l'appela :
« Par tous les saints du ciel, que vois-je là-bas ?
Est-ce vous, noble compère ?
920 Que repose en paix l'âme de votre père,
sire Rohart qui savait si bien chanter !
Plus d'une fois, je l'ai entendu proclamer
le meilleur chanteur de France.
Vous-même, lorsque vous étiez petit,
925 vous aviez l'habitude de vous exercer laborieusement.
Vous en reste-t-il quelque chose ?
Chantez-moi une ritournelle ! »
Tiécelin, ainsi encensé,
ouvre le bec et lance un cri.
930 Renart lui dit : « Fort bien :
vous avez fait des progrès,
mais si vous le vouliez,
vous pourriez atteindre l'octave supérieure. »
L'autre, qui se pique de bien chanter,
935 recommence à crier :
« Mon Dieu, s'émerveille Renart, comme votre voix de-
comme elle devient pure !   [vient claire,
Si vous renonciez à manger des noix,
vous chanteriez le mieux du monde.

940 Cantés encor la tierce fois ! »
    Cil crie a hautime aleine.
    Onc ne sot mot, que qu'il se peine,
    Que li piés destres li desserre
    Et li formages ciet a terre
945 Tot droit devant les piez Renart.
    Li lecheres, qui trestoz art
    Et se defrit de lecerie,
    N'en atoca onc une mie,
    Car encor, s'il puet avenir,
950 Voldra il Tiecelin tenir.
    Li formaches li gist devant.
    Il leve sus cheant levant ;
    Le pié trait avant dont il cloce,
    Et la pel, qui encor li loce,
955 [Et la gambe et le pié mamis
    Qui el braion fu entrepris.]
    Bien vout que Tiecelins le voie.
    « Ha Dex ! fait il, con poi de joie
    M'a Dex doné en ceste vie !
960 Que fera ge, seinte Marie ?
    Cist formages me put si fort
    Et flere qu'il ja m'aura mort.
    Tel chose i a qui molt m'esmaie,
    Que formages n'est prous a plaie.
965 [Ne de lui talent ne me prent,
    Car fisicle le me defent.]
    Ha ! Tiecelin, car descendés !
    De cest mal si me defendés !
    Certes ja ne vos en priasse,
970 Mes j'oi l'autrer la jambe qasse
    En un braion par mesceance.
    La m'avint ceste mesestance :
    [Onques ne m'en poi destorner.
    Or me covient a sejorner,
975 Enplastre metre et enloer
    Tant que je puisse renoer.] »
        Tiecelins cuide que voir die
    Por ce que en plorant li prie.
    Il descent jus, que ert en haut ;

940 Chantez donc une troisième fois ! »
L'autre s'époumone
et, tout à son effort, il ne s'aperçoit pas
que sa patte droite se desserre.
Et le fromage de tomber à terre
945 tout juste aux pieds de Renart.
Le coquin, dévoré
par la gourmandise,
se garda bien d'y toucher
car, en outre, s'il en la possibilité
950 il a l'intention de s'emparer de Tiécelin.
Il a donc le fromage sous le nez.
Il se soulève, tant bien que mal,
il avance sa patte qui boite,
la peau toujours en lambeaux.
955 [— Ce sont la patte et le pied
que le piège a estropiés —]
Il désire que Tiécelin voie tout cela.
« Ah ! Dieu, se plaint-il, que ma part de bonheur
fut mince en cette vie !
960 Que faire, sainte Marie ?
Ce fromage sent si fort,
il empeste tellement qu'il m'aura bientôt tué.
Ce qui me tourmente le plus,
c'est que le fromage n'est pas recommandé pour les
965 [Je n'en ai aucune envie,   [blessures.
car la faculté me l'interdit.
Ah ! Tiécelin, par pitié, descendez !
Délivrez-moi de cette calamité !
En vérité, jamais je n'aurais fait appel à vos services
970 si je ne m'étais malencontreusement cassé la jambe
l'autre jour, dans un piège.
C'est un malheur
auquel je n'ai pu échapper.
Maintenant, je dois prendre du repos,
975 appliquer et étendre des emplâtres
jusqu'à réduction de la fracture. »]
    Ses larmes et ses prières
ont convaincu Tiécelin
qui descend de son arbre

980 Mes mar i acointa le saut,
Se danz Renars le puet tenir.
Tiecelin n'ose pres venir.
Renars le vit acoarder,
Sel conmença aseürer :

985 « Por Deu, fait il, ça vos traiés !
Quel mal vos puet fere un plaiés ? »
Renars devers lui se torna.
Li fous qui trop s'abandona,
Ne sot ains mot, quant il sailli.

990 Prendre le cuida, si failli,
Et neporquant qatre des penes
Li remeintrent entre les canes.
[Tiecelin saut tos esmaiés,
Qui dut estre molt mal paiés ;

995 Detrers et devant se regarde.
« Hé Dex ! dist il, si male garde
Ai hui prise de moi meïsme.
Ja ne cuidé que feïst esme
Cil fel, cist ros et cist contrés,

1000 Qui qatre des tuiax m'a trez
De la destre ele et de la qeue.
Li siens cors aille a male veue !
Faus et traïtres est por voir,
Or m'en puis bien apercevoir.] »

1005 Or est Tiecelins molt pleins d'ire ;
Et Renars s'en volt escondire,
Mais dan Tiecelins l'entrelet,
N'est ore pas haitiés de plet,
Si dist : « Li formages soit vostre !

1010 Plus n'aurois vos hui mais del nostre.
Je fis que fous que vos creoie
Puis que escacier vos veoie. »
Tiecelins parla et grondi ;
Renars un mot ne respondi.

1015 Soëf en a le dol vengié [1],
Car le formache a tot mangié,
N'en pleint que la male foison,

---

1. *Le dol*, c'est-à-dire le dépit de ne pas avoir attrapé le corbeau.

980 mais son bond risque de lui coûter cher,
si Renart peut l'attraper.
Tiécelin n'ose s'approcher;
aussi, le voyant plein d'appréhension,
Renart se mit-il à le rassurer:
985 « Par Dieu, dit-il, rapprochez-vous donc!
Quel mal peut vous faire un blessé? »
Renart se tourna de son côté.
L'étourdi, trop confiant,
ne le vit même pas bondir.
990 L'autre comptait l'attraper, mais il le rata:
quatre grandes plumes seulement
lui restèrent entre les dents.
[Tiécelin s'écarte, bouleversé
par tant d'ingratitude.
995 Il regarde avec attention tout autour de lui.
« Ah! Dieu, dit-il, comme j'ai manqué
de vigilance aujourd'hui!
Je n'imaginais pas que je serais victime
de ce salaud de rouquin, de cet estropié
1000 qui m'a arraché quatre plumes
à l'aile droite et à la queue.
Sa place est en enfer:
oui, vraiment, c'est un fourbe, un traître,
j'en ai maintenant la preuve. »]
1005 Tiécelin est alors dans une rage folle:
lorsque Renart veut se justifier,
il l'interrompt,
peu disposé à entendre sa défense
et il lui dit: « Gardez le fromage!
1010 C'est le seul bien que vous aurez de nous aujourd'hui.
J'ai été bien fou de vous croire
en vous voyant boiter. »
Aux propos grondeurs de Tiécelin,
Renart s'abstint de répondre un seul mot.
1015 Il s'est bien vite consolé de sa déconvenue
en mangeant tout le fromage.
Il regrette seulement d'en avoir si peu,

Car tant li vaut une poison.
Quant il s'en fut desjeünez,
1020 Si dist des l'oure qu'il fu nez
Ne manja il de tel formache
En nule terre que il sache.
Onques sa plaie n'en fu pire.
Atant s'en vet, ne volt plus dire.
1025   Cilz plaiz fu ainsi affinez
Et Renars s'est acheminez.
         Renars vint par un bois fendant
Par une broche en un pendant.
Onc ne fina, que qu'il s'esgaie,
1030 Tant que il vint en une haie
Par dessus une fosse obscure.
La li avint une aventure
De quoi li anuia et poise,
Car par ce commença la noise
1035 Par mal pechié et par dÿable
Vers Ysengrin le connestable.
Quant il vit la chevee roche,
Ne sot que faire; avant s'aproche
Pour enquerre et pour savoir
1040 C'on n'i eüst repost avoir.
Onc n'en sot mot, quant il avale,
Qu'il se trouva enmi la sale
Dant Ysengrin son anemi.
Quatre louviaus gisent enmi
1045 Et madame Hersent la louve
Qui ses louviax norrist et couve;
A chascun donnoit sa bouchie.
Nouvelement ert acouchie;
Mais n'avoit pas son chief couvert:
1050 Garda, si vit l'uis entrouvert.
Pour la clarté qui trop la grieve,
Pour esgarder sa teste lieve,
Savoir qui leens fu venuz.
Renars fu grelles et menuz
1055 Et fu repost derrier la porte.
Et Hersent qui se reconforte,
Le connut bien a la pel rousse;

c'est le meilleur des remèdes.
Le déjeuner terminé,
1020 il trouva que depuis sa naissance
il n'avait jamais, dans aucun pays,
mangé un fromage de cette qualité
et sa plaie ne s'en est pas portée plus mal pour autant.
Sur ce, il s'en va sans ajouter un mot.
1025   Cette affaire ainsi conclue,
Renart s'est mis en route.
    Coupant à travers bois,
par une pente broussailleuse,
il continua sa route, et s'égara
1030 tant et si bien qu'il arriva à une haie
qui protégeait un trou obscur.
Là, il lui arriva une aventure
qui lui causa bien des tourments,
car c'est ainsi que commença
1035 son coupable et diabolique différend
avec le connétable Isengrin.
Devant la grotte,
il resta perplexe. Il avance de quelques pas,
curieux de savoir
1040 si l'on n'y avait pas caché un trésor.
Avant qu'il s'en soit rendu compte,
il se retrouva au milieu de la grande salle
du seigneur Isengrin, son ennemi,
où sont couchés quatre louveteaux
1045 et dame Hersant la louve
qui allaite et dorlote ses petits,
donnant le sein à chacun.
Elle venait juste d'accoucher
mais elle ne portait pas sa coiffe.
1050 Elle regarda, vit la porte entrouverte.
Eblouie par la lumière,
elle relève la tête
pour savoir qui était entré.
Mince et menu,
1055 Renart s'était dissimulé derrière la porte.
Hersant est rassurée,
lorsqu'elle le reconnaît à son pelage roux.

Ne puet müer que ne s'escousse,
Si li a dit tout en rïant :
1060 « Renart, qu'alez vous espïant ? »
Adonques fu touz desconfis ;
De honte avoir fu il bien fis ;
N'ose mot dire, tant se doute,
Car Ysengrin ne l'aime goute.
1065 Hersent saut sus, lieve le chef,
Si le rappelle de rechief
Et asenne a son grelle doit :
« Renart, Renart, li poilz le doit
Que soiez felz et deputaire.
1070 Ainc ne me vousistes bien faire
Ne ne venistes la ou j'ere :
Je ne sai rien de tel compere
Qui sa conmere ne revide. »
Cilz a tel paour et tel hide
1075 Ne puet müer qu'il ne responde :
« Dame, fait il, Dex me confonde,
S'onques pour mal ne pour haïne
Ai eschivé ceste gesine ;
Ainz i venisse volentiers,
1080 Mais quant je vois par ces sentiers,
Si m'espïe dant Ysengrins
Et en voies et en chemins,
Ne je ne sai que je i face
Tant con vostre sire me hace.
1085 Moult fait grant pechié qu'il me het.
Mais li mien cors ait cent deshet,
Se onc li fis chose nezune
Dont me deüst porter rancune.
Je vous ains, ce dist, par amors :
1090 Il en a fait maintes clamours
Par ceste terre a ses amis,
Et si leur a avoir promis
Pour moi faire laidure et honte.
Mais dites moi, de ce que monte
1095 De vous requerre de folie ?
Certes je nel feroie mie,
Ne tel parole n'est pas belle. »

Comme il ne peut s'empêcher de bouger,
elle s'adresse à lui en riant :
1060 « Renart, qu'êtes-vous en train de guetter ? »
Alors le goupil est tout piteux,
certain qu'il va se couvrir de honte.
La frayeur le rend muet,
car Isengrin ne l'aime guère.
1065 Hersant se lève, dresse la tête,
lui fait un nouveau signe
avec son index :
« Renart, Renart, votre poil indique
votre fourberie et votre perfidie.
1070 Jamais vous n'avez cherché à me faire plaisir,
jamais vous n'êtes venu me voir.
Je ne connais pas de compère
qui ne rende visite à sa commère. »
Saisi d'effroi et d'épouvante,
1075 Renart ne peut s'empêcher de répondre :
« Madame, que Dieu m'anéantisse
si c'est par méchanceté ou par haine
que je ne vous ai pas visitée à vos relevailles !
Je serais accouru bien volontiers
1080 mais quand je vais et je viens
sire Isengrin ne cesse de m'espionner
à chaque détour de chemin
et je ne sais plus que faire,
étant donné la haine de votre mari.
1085 Il a grand tort de me haïr.
J'accepte de subir mille tortures,
si je lui ai jamais fait
le moindre tort.
Il prétend que je vous aime.
1090 A plusieurs reprises, dans ce royaume,
il s'est plaint auprès de ses amis
et il leur a promis des récompenses
s'ils me couvrent de honte.
Mais dites-le-moi, quelle idée
1095 de vous faire des propositions malhonnêtes ?
Loin de moi cette pensée,
elle déshonore son auteur. »

Quant Hersent entent la nouvelle,
De maltalant tressue et art.
1100 « Conment ? fet ele, dant Renart,
En est donc parole tenue ?
Certes mar en fui mescreüe.
Tel cuide sa honte venger,
Qui pourchace son encombrier.
1105 Ne m'est or pas honte nel die :
Onc mais n'i pensai vilanie,
Mais pour ce qu'il s'en est clamez,
Veil je des or que vous m'amez,
Si revenez souvent a mi
1110 Et je vous tenrai pour ami ;
Acolez moi, si me baisiez !
Or en estes bien aiesiez :
Ci n'a qui encuser nous doie. »
Renars en demaine grant joie
1115 Et vient avant, si l'a baisiee.
Hersens a la cuisse hauciee,
Qui moult plaisoit itel atour.
Puis s'est Renars mis ou retour
Qui crient que Ysengrins ne viengne,
1120 Que moult doubte qu'il ne seurviengne.
Et ne pourquant, ainz qu'il s'en isse,
Vient aus louviaus, si les conpisse,
Si conme il erent arrengié,
Si a tout pris et tout mengié
1125 Et hors gete ce qu'il y trueve,
Toute la viez char et la nueve ;
Ses a de leur liz abatuz
Et laidengiez et bien batuz
Autressi con s'il fust leur mestres ;
1130 Ses a clamez avoutres questres
Priveement conme celui
Qui ne se doute de nului
Fors de dame Hersent s'amie,
Qui ne l'en descoverra mie.
1135 Les louviaus a laissié plorant.
Ez vos Hersent qui vint avant,
Si les a blandiz et proiez :

Hersant, à cette nouvelle,
entre dans une terrible colère.
1100 « Comment, dit-elle, seigneur Renart,
on dit vraiment cela ?
En vérité, on ne m'aura pas soupçonnée impunément.
Quand on croit venger son honneur,
on s'attire des ennuis.
1105 Je n'ai pas honte de le dire :
jamais je n'ai pensé à mal,
mais pour le punir de ses plaintes,
j'exige que dorénavant vous m'aimiez.
Revenez souvent me voir,
1110 et je ferai de vous mon ami.
Serrez-moi dans vos bras, embrassez-moi !
Profitez de l'occasion :
aucun témoin pour nous accuser. »
Au comble de la joie,
1115 Renart s'avance et l'embrasse.
Hersant lève la cuisse,
toute au plaisir de ce jeu.
Puis Renart s'apprête à repartir :
il craint le retour d'Isengrin,
1120 il redoute sa venue.
Mais cependant, avant son départ,
il s'approche des louveteaux et pisse dessus,
à tour de rôle.
Il a tout pris, tout mangé ;
1125 il jette dehors tout ce qu'il trouve,
la viande séchée comme la fraîche ;
il a jeté les enfants en bas du lit,
il les a insultés, roués de coups,
tout comme s'il était leur maître,
1130 les traitant d'affreux bâtards,
se permettant les familiarités de celui
qui ne craint personne
en dehors de son amie dame Hersant
qui se gardera bien de le dénoncer.
1135 Il laisse les louveteaux en pleurs.
Sur ces entrefaites, Hersant s'approche d'eux,
elle les cajole et les supplie :

« Enfans, fait elle, ne soiez
En vostre foi felon ne sot
1140 Que vo pere n'en sache mot,
Ne ja ne li soit congneü
Qu'aiez ceenz Renart veü.
— Quoi, dïables ? nous noierons
Renart le rous que tant heons
1145 De mort, qu'avez ci receü
Et nostre pere deceü,
Qui en vous avoit sa fiance ?
Ja, se Diex plaist, tele viltance,
Que nous sonmes si laidengiez,
1150 Ne remaindra ne soit vengiez. »
     Renart les a oï groignier
Et vers leur mere couroucier.
Moult tost se rest mis a la voie,
Le col baissié que nulz nel voie,
1155 Si repourchace son affere.
Atant estez vous que repaire
Dant Ysengrin a sa maisniee
Qui souz la roche est entesniee.
Tant a couru, tant a tracié
1160 Et tant pourquis et pourchacié
Que touz est charchié de vitaille.
D'autrui damage ne li chaille [1] !
Conme il a trouvé sa mesniee,
Que Renars a si atiriee,
1165 Si fil se sont a lui clamé
Que batu sont et afamé
Et conpissié et chaallé
Et laidengié et plus clamé
Fil a putein, batart avoutre.
1170 « Encore desist il tot outre,
Que il dist que vous estes cous. »
Lors s'est Ysengrins d'ire escous,
Quant de sa fame oï le blasme,
A bien petit qu'il ne se pasme.

---

1. Selon G. Tilander : « Qu'il ne se soucie pas (dans l'état heureux où il est) des maux d'autrui ! »

« Mes enfants, dit-elle, je vous en prie,
ne soyez ni méchants ni bêtes :
1140 il est inutile que votre père
sache jamais
que vous avez vu Renart dans notre demeure.
— Comment diable ! il nous faudrait cacher
que ce rouquin de Renart, notre ennemi
1145 mortel, vous l'avez reçu ici
et que vous avez trompé notre père
qui avait confiance en vous ?
Certes, s'il plaît à Dieu, ces affronts,
ces injures
1150 ne resteront pas impunis. »
        Renart les a entendus grogner
et s'en prendre à leur mère.
Au plus vite, il s'est remis en route,
tête baissée pour passer inaperçu,
1155 et il a repris ses occupations habituelles.
Or voici que sire Isengrin
retrouve sa famille
et sa tanière sous le rocher.
A force de courir, de fureter,
1160 de poursuivre et de pourchasser le gibier,
il ploie sous les victuailles.
Il n'a pas à se soucier des malheurs d'autrui !
A peine a-t-il retrouvé les siens
que Renart a bien arrangés,
1165 que ses fils se sont plaints à lui
d'avoir été battus, affamés,
inondés de pisse, insultés,
injuriés et même traités
de fils de pute et de sales bâtards.
1170 « Pour couronner le tout,
il a même carrément déclaré que vous, vous étiez cocu. »
Isengrin tremble de rage,
quand il apprend la faute de sa femme.
Pour un peu, il s'évanouirait.

1175 Il urle et brait conme maufé :
     « Hersent, or sui je malmené,
     Pute orde vilz, pute mauvese.
     Je vous ai nourrie a grant aise
     Et bien gardee et bien peüe,
1180 Et uns autres vous a foutue.
     Moult est tes corages muanz,
     Quant Renars, cilz rous, cilz puanz,
     Cilz vilz lechieres, cilz garçons,
     Vous monta onques es arçons.
1185 Par le cuer bé, mar i fu cous.
     Honni m'avez tout a estrous.
     Jamais ne gerrez a ma coste,
     Quant receü avez tel oste,
     Se ne faites tout mon voloir. »
1190 Ja se peüst Hersent doloir,
     S'ele n'eüst acreanté
     Tout son bon et sa volenté :
     « Sire, fait elle, vous diroiz :
     Courouciez estez, n'est pas droiz
1195 Que vous moustrez ici vostre ire,
     Que, se me lessiez escondire
     Par serement ne par joïse,
     Jel feroie par tel devise
     C'on me feïst ardoir ou pendre,
1200 Se ne m'en pooie desfendre ;
     Si vous affi enseurquetout
     Que mon pooir ferai de tout
     De ce que voudrez conmander. »
     Cilz ne set plus que demander,
1205 Il ot que elle dit assez.
     Ses mautalens fu trespassez,
     Mais que il li a fait jurer
     Que jamais ne laira durer
     Renart, s'elle em puet aise avoir.
1210 Or s'en gart, si fera savoir.
       Ysengrins iert baus et haitiez
     Et dist que Renars ert gaitiez
     Souvent, ainz que la guerre esparde,
     Que fous fera, s'il ne se garde.

1175 Il hurle et vocifère comme un beau diable :
      « Hersant, quel mauvais coup,
      sale garce, espèce de dégueulasse !
      Je vous ai royalement entretenue,
      bien protégée et bien nourrie
1180 et c'est un autre qui vous a enfilée !
      Quelle coureuse vous faites
      pour laisser ce rouquin de Renart, cette infecte canaille,
      ce salaud de débauché, ce bon à rien,
      vous grimper dessus !
1185 Parbleu, vous vous repentirez de m'avoir cocufié,
      de m'avoir bel et bien déshonoré.
      Vous ne coucherez plus jamais avec moi,
      puisque vous avez accueilli un tel hôte,
      si ne vous faites pas toutes mes volontés. »
1190 Et vraiment, Hersant aurait eu à se plaindre
      si elle ne lui avait pas promis
      de faire ses quatre volontés.
      « Seigneur, dit-elle, vous n'aurez qu'à parler.
      Vous êtes en colère. Vous avez tort
1195 de vous emporter
      car, si vous me laissiez me disculper
      par serment ou par l'épreuve du feu,
      je le ferais de telle manière
      que j'accepterais d'être brûlée ou pendue
1200 si je ne pouvais prouver mon innocence.
      Je m'engage, en outre,
      à exécuter le mieux possible
      tout ce que vous voudrez commander. »
      L'autre ne sait pas que demander de plus
1205 lorsqu'il l'entend renchérir sur lui.
      C'en est fini de sa colère ;
      mais il lui a fait jurer
      de ne jamais laisser la vie
      à Renart, si elle en a l'occasion.
1210 A présent, qu'il soit sur ses gardes, ce sera sagesse.
          Tout ragaillardi, Isengrin
      ajoute que l'on devra guetter les allées et venues
      de Renart, avant de se lancer dans la guerre.
      Quelle folie s'il ne se tient pas sur ses gardes !

1215 De lui gaitier sont ore en paine,
     Mais, ainz que passast la semaine,
     Li avint aventure estrange.
     Ainsi conme la voie change,
     Lez un vergier d'un essart clos,
1220 La dut estre Renars enclos.
     L'en avoit ja les poiz soiez,
     Et li pesaz estoit loiez
     Et amassez et trait en voie.
     La savoit bien Renars la voie.
1225 Venus i estoit por forgier
     Et pour enquerre et porcachier
     Dont il peüst avoir viande.
     Ysengrins, qui el ne demande
     Mais que il tenir le peüst,
1230 Baisse la teste, sel connust :
     Gete un brait, si s'escrïa.
     Renars qui point ne s'i fia
     L'a bien oï et entendu,
     Si s'en fuit a col estendu.
1235   Aprés se mettent ou chemin
     Entre Hersent et Ysengrin.
     Il se painent de lui chacier,
     Mais ne le püent devancier.
     Renars courut la voie estroite
1240 Et Ysengrins court la plus droite.
     Hersent a enforcié son poindre,
     Qui a Renart se voudra joindre ;
     Vit Ysengrin qui l'a failli,
     Que Renars d'autre part sailli ;
1245 Aprés Renars s'est adrecie.
     Renars la vit si couroucie
     Ne s'ose a lui abandonner.
     Onc ne fina d'esperonner
     Jusques au recept de Malcrues.
1250 Quant il i vint, si entra lues,
     Quant vit dame Hersent s'amie
     Qui vers lui vint si esgramie,
     Et de lui n'a il huimais garde.
     La fist Hersent trop que musarde :

1215 Désormais, l'un et l'autre s'acharnent à le guetter
mais, avant qu'une semaine ne se soit écoulée,
il lui arriva une aventure étrange.
A un tournant de la route,
près d'un verger clôturé, dans un essart,
1220 Renart faillit être encerclé.
L'on avait déjà cueilli les petits pois ;
l'on avait attaché les tiges,
rassemblé et mis en tas les rames.
Renart connaissait bien la route.
1225 Il était venu
y fureter et fouiner
en quête de nourriture.
Isengrin, qui ne demandait rien d'autre
que de pouvoir le capturer,
1230 baisse la tête et le reconnaît :
il pousse un cri pour l'appeler
mais Renart, qui n'a aucune confiance en lui,
dès qu'il l'a entendu
s'enfuit à toutes jambes.
1235   Hersant et Isengrin s'élancent
à sa poursuite
mais, malgré leurs efforts,
ils ne parviennent pas à le rattraper.
Renart prit en courant l'étroit sentier
1240 tandis qu'Isengrin prenait par le plus court.
Hersant a forcé l'allure
dans l'idée de rejoindre Renart.
Quand elle vit qu'Isengrin l'avait manqué,
car l'autre avait changé de direction,
1245 elle emboîta le pas au goupil
mais, comme elle avait l'air fâché,
celui-ci n'osa pas l'attendre.
Il éperonna sa monture
jusqu'à son refuge de Malcreux.
1250 Il y entra aussitôt,
en voyant venir à lui,
toujours aussi revêche, son amie dame Hersant
maintenant, il n'a plus à la redouter.
Hersant fit preuve alors d'une bien grande sottise :

1255 Aprés Renart en la fosse entre
De plein ellais de ci au ventre.
Li chastiaus estoit granz et fors,
Et Hersent par si grant esfors
Se feri dedenz la tesniere
1260 Que ne se pot retraire arriere.
    Quant Renars vit qu'elle fu prise,
Ne voult lessier en nule guise
Que il ne aille a lui gesir
Et faire de lui son plaisir.
1265 Par un pou que Hersent ne crieve,
Car la fosse et Renars la grieve,
La fosse qui dedenz l'estraint
Et Renars qui dessus l'enpaint.
Il n'est ileuc qui la resqueue
1270 Fors que seulement de sa queue,
Qu'ele estraint si vers les rains
Que des deus pertuis deerains
Ne pert un dehors ne dedens.
Et Renars prist la queue aus dens
1275 Et li reverse sor la croupe
Et les deus pertuis li destoupe ;
Puis li saut sus liez et joianz,
Si li a fait, ses iex voianz,
Ou bien li poist ou mal li plaise,
1280 Tout a loisir et a grant aise.
Elle dist, que qu'il li fesoit :
« Renart, c'est force et force soit. »
Sire Renars tel li redonne
Que toute la fosse en ressonne.
1285 Ainz que la chose fust fenie,
Li dist Renars par felonnie :
« Dame Hersent, vous disïez
Que ja ne me proieriés
Et que jamés ne le feroie
1290 Por seul itant que m'en vantoie.
Ja voir ne m'en escondirai :
Se gel fiz, encor le ferai.
Fis et ferai, dis et redis,
Plus de set foiz, voire de dis. »

1255 à la suite de Renart, n'entra-t-elle pas
     dans le terrier à toute vitesse, jusqu'au ventre ?
     La forteresse était grande et solide,
     Hersant s'élança avec une telle violence
     dans la tanière
1260 qu'il lui fut impossible de s'en dégager.
     Quand Renart la vit captive,
     il ne voulut à aucun prix renoncer
     au plaisir de la baiser
     et d'en disposer à son gré.
1265 Hersant manque d'en crever,
     écrasée par la tanière et par Renart :
     celle-là l'étouffe à l'intérieur,
     celui-ci la charge par-dessus.
     Sur quel secours compter,
1270 sinon sur sa seule queue
     qu'elle serre bien fort contre sa croupe
     en sorte que ses deux trous de derrière
     deviennent tout à fait invisibles ?
     Renart, alors, de saisir la queue par les dents,
1275 et de la rabattre sur le dos,
     dégageant ainsi les deux trous.
     Puis il la saute, transporté de joie,
     et lui fait l'amour au grand jour
     — agréable peine ou plaisir pénible —
1280 sans se presser, en prenant tout son temps.
     Pendant qu'il la besognait, Hersant disait :
     « Renart, vous me violez, eh ! bien, soit ! »
     Sire Renart lui en redonne un tel coup
     que toute la fosse en résonne.
1285 Avant d'en finir,
     Renart ajoute d'un ton perfide :
     « Dame Hersant, vous disiez
     que jamais vous ne m'en prieriez
     et que jamais je ne vous la mettrais
1290 pour la seule raison que je m'en vantais.
     Eh ! bien, jamais je ne m'en disculperai :
     si je vous l'ai mise, encore vous la mettrai-je :
     je l'ai fait et le referai, je l'ai dit et le redirai,
     plus de sept fois et même de dix. »

1295 Et l'afaire ont recommencié
Ainz qu'il eüssent partencié.
    Ez vous poignant par mi les broces
Ysengrin qui s'embat es noces;
Ne se puet mi tant tenir
1300 Que il peüst a eus venir,
Ainz s'escrïe moult hautement:
« Haï, Renart, or bellement!
Par les sainz Dieu mar m'i honnistes. »
Renars fu remuanz et vistes,
1305 Si li a dit tot en alant:
« Sire Ysengrin, cest mautalent
Ai je conquis par bel servise.
Veez con Hersent est ci prise!
Se je l'aïde a delivrer
1310 De cest pertuis et a oster,
Pour ce si estes effreez.
Pour Dieu, biau sire, ne creez
Que nulle rien i aie faite,
Ne draps levez, ne braie traite.
1315 Onc, par cest corps ne par ceste ame,
Ne mesfis rien a vostre fame.
Et pour moi et pour lui desfendre,
Partot la ou le voudrez prendre,
Un serement vous aramis
1320 Au los de vos meillors amis.
— Serement? traïtres prouvez!
Voir pour noient i conterez.
N'i controverez ja mençonge
Ne vaine parole ne songe.
1325 N'i convient nulle couverture:
Toute est aperte l'aventure.
— Avoi, ce dist Renars, biau sire,
Vous pourrïez assez miex dire:
Ice maintenir ne devez.
1330 — Conment, ai je les iex crevez?
Cudez vous que ne voie goute?
En quel terre empaint on et boute
Chose que on doit a soi traire,
Con je vous vi a Hersent faire?

1295 Et ils se sont remis à la besogne
avant d'avoir vidé leur querelle.
  Là-dessus, éperonnant à travers les fourrés,
voici Isengrin qui tombe au milieu de la noce.
Il ne peut s'empêcher
1300 d'aller vers eux
et de crier à tue-tête :
« Holà, Renart, tout doux !
Par les saints du ciel, il vous en cuira de m'avoir désho-
Vif et preste, Renart   [noré ! »
1305 lui répliqua tout en s'en allant :
« Sire Isengrin, votre colère,
c'est ce que je gagne en vous rendant service.
Venez voir comme Hersant est coincée ici !
Il suffit que je l'aide
1310 à sortir de ce trou
pour que vous entriez en transes.
Par Dieu, cher seigneur, n'allez pas croire
que je lui ai fait quelque chose :
je ne lui ai pas soulevé sa robe ni arraché sa culotte.
1315 Jamais, sur mon corps et sur mon âme,
je n'ai causé le moindre tort à votre femme.
Pour me défendre, pour la défendre,
là où vous voudrez l'accepter,
je vous en ferai le serment,
1320 avec l'assentiment de vos meilleurs amis.
  — Un serment, sale traître ?
Gardez pour vous vos salades.
Vous n'aurez pas à imaginer des mensonges,
des balivernes ou des histoires.
1325 Inutile de chercher des prétextes :
tout est parfaitement clair.
  — Eh ! là, cher seigneur, dit Renart,
vous avez mieux à dire :
vous ne devez pas persévérer dans l'erreur.
1330 — Comment, est-ce que je suis aveugle ?
Croyez-vous que j'aie la berlue ?
Dans quel pays avez-vous vu que l'on enfonce et que l'on
ce que l'on cherche à tirer vers soi,   [pousse
ainsi que je vous l'ai vu faire avec Hersant ?

1335 — Par Dieu, sire, ce dist Renart,
      Vous savez bien, enging et art
      Si vaut a chose mainbournir
      C'on ne puet par force fournir.
      Madame ert prise en ceste fosse,
1340 Et elle est moult espesse et grosse :
      En nul sens traire ne l'en puis
      A reculons par ce pertuis.
      Elle i est jusqu'au ventre entree,
      Et la fosse a estroite entree ;
1345 Mais elle est de lonc auques graindre :
      Pour ce la vouloie enz enpaindre.
      Pour noient a moi la sachasse,
      Que j'oi l'autrier la jambe quasse.
      Or en avez oï la voire,
1350 Si m'en devez bien atant croire,
      Se vous controuver ne voulez
      Achoison, si con vous soulez.
      Et quant la dame iert de ci traite,
      Ja ne cuit clamour en soit faite,
1355 Ne ja, s'elle n'en veult mentir,
      Ne l'en orrez un mot tentir. »
      A icest mot s'est entesniez,
      Quant se fu assez desresniez.
      Ysengrins est de l'autre part
1360 Et voit Renart qui prent et part,
      Qui l'a honni ses iex voiant,
      Puis si le gabe et vait moquant.
      Mais n'a ore soing de plaidier,
      Ainz se redresce pour aidier
1365 Sa fame qui va male veue.
      Il l'a saisie par la queue ;
      De tel aïr a soi la tire
      Que Hersens est en tel martire
      Que il li convint par angoisse
1370 Que li pertuis derrier s'esloisse.
      Ysengrins voit qu'elle se vuide :
      Or l'aura il si conme il cuide.
      Un petitet s'est trait arriere ;
      Or voit bien que se la charriere

1335 — Par Dieu, seigneur, dit Renart,
vous savez bien qu'il est nécessaire de recourir
à la ruse et à l'astuce
lorsque la force se révèle inefficace.
Madame était bloquée dans ce terrier :
1340 comme elle est très épaisse et très grosse,
il est tout à fait impossible pour moi
de la tirer à reculons de ce trou
où elle s'est engagée jusqu'au ventre.
Mais si le terrier est étroit à l'entrée,
1345 il s'élargit ensuite ;
c'est pourquoi je voulais la pousser à l'intérieur.
J'aurais été incapable de la tirer vers moi
car je me suis cassé la jambe l'autre jour.
Voilà toute la vérité,
1350 vous devez me croire
si vous n'êtes pas en train de chercher un prétexte,
comme vous en avez l'habitude.
Quand la dame sera sortie d'ici,
je ne crois pas qu'il y ait de réclamations,
1355 et même, à moins qu'elle ne veuille mentir,
vous ne l'entendrez souffler mot de cette affaire. »
Après cette vigoureuse défense,
il s'enfonça dans sa tanière.
Isengrin, à l'autre extrémité,
1360 voit Renart qui se sauve, ce Renart
qui, après l'avoir couvert de honte sous ses propres yeux,
se moque de lui et le ridiculise.
Mais l'heure pour lui n'est plus aux discours :
il va aider plutôt sa femme,
1365 qui est dans une situation critique.
Il l'a prise par la queue,
il l'a tirée si brutalement
qu'Hersant souffre le martyre
au point qu'il lui fut impossible
1370 de se retenir.
Quand Isengrin voit qu'elle se vide,
il pense pouvoir la tirer de là.
Se reculant de quelques pas,
il voit bien que si le trou

1375 N'estoit un petit alachie,
Hersens n'en puet estre sachie.
S'il ne l'en trait, il est dolens.
Il n'est pas pereceus ne lens :
Aus ongles s'est pris et si grate,
1380 Trait la terre fors a la pate,
Garde de ça et puis de la.
Deables la tient, s'il ne l'a.
Con il en a assez osté
Et sus et jus et en costé,
1385 Vint a Hersent, si la souffache ;
Si l'a un poi trouvee lasche,
Empaint et sache et tire et boute :
A poi la queue ne ront toute,
Mais moult estoit bien atachie.
1390 Tant l'a empainte et souffachie
Que traite l'en a a grant paine,
Mais a poi ne li faut l'alaine.
Ysengrins voit Renars n'a doute,
Que il s'est mis dedens sa croute.
1395 Arriere vient a sa maisniee
Qui souz la roche iert entesniee.

1375 n'est pas un peu élargi,
     Hersant ne pourra être dégagée.
     S'il ne la tire pas de là, il se le reprochera.
     Comme il est ni paresseux ni lent,
     il se met à gratter la terre avec ses ongles
1380 puis il la déblaie avec sa patte.
     Il regarde d'un côté, de l'autre.
     C'est bien le diable s'il ne réussit pas.
     Lorsqu'il eut enlevé une bonne quantité de terre,
     en haut, en bas, sur les côtés,
1385 il rejoint Hersant, il la soulève
     et, trouvant que le corps cède un peu,
     il pousse et tire et encore pousse et tire.
     Il manque de lui arracher la queue.
     Par bonheur, elle tenait bien.
1390 A force de pousser, de soulever,
     il est parvenu à l'extirper
     mais il en est tout essoufflé.
     Comme il constate que Renart n'a plus rien à craindre
     car il s'est réfugié dans sa tanière,
1395 il s'en retourne vers sa famille
     qui gîte sous un rocher.

BRANCHE III

SEIGNEURS, ce fu en cel termine
Que li douz temps d'esté decline
Et yver revient en saison;
Et Renars fu en sa maison,
5 Mais sa garison a perdue :
Ce fu mortel desconvenue.
N'a que donner ne qu'achater,
Ne s'a de quoi reconforter.
Par besoing s'est mis a la voie.
10 Tot coiement que l'en nel voie,
S'en vet parmi une jonchere
Entre le bois et la rivere,
Si a tant fait et tant erré
Qu'il vint en un cemin ferré.
15 El cemin se cropi Renarz,
Molt coloie de totes parz.
Ne set sa garison ou querre,
Car la fein li fait molt grant guerre.
Ne set que fere, si s'esmaie.
20 Lors s'est couchiez lez une haie :
Iloc atendra aventure.
Atant ez vos grant aleüre
Marcheant qui poisson menoient
Et qui devers la mer venoient.
25 Herens fres orent a plenté,
Car bise avoit auques venté
Trestote la semeine entere,
Et bons poissons, d'autre manere,
Orent asés granz et petiz,

Renart et les anguilles
La Tonsure d'Isengrin
La Pêche à la queue

Seigneurs, c'était l'époque
où les beaux jours tirent à leur fin
et laissent place à l'hiver.
Renart était chez lui
5 mais ses provisions étaient épuisées.
Quel terrible malheur!
Il n'avait rien à donner, rien à dépenser,
ni rien non plus pour reprendre des forces.
Contraint et forcé, il prit la route.
10 Avec mille précautions pour ne pas être vu,
il traversa un marais couvert de joncs
qui s'étendait entre le bois et la rivière,
il avança tant et si bien
qu'il arriva sur un chemin empierré.
15 Là, il se fit tout petit
et, le cou tendu, épia de tous côtés.
Il ne sait où aller chercher sa nourriture,
pour calmer la faim qui le presse.
Il ne sait que décider et se ronge les sangs.
20 Il s'est alors couché le long d'une haie
où il attendra la suite des événements.
Or, voici que surviennent, à vive allure,
des marchands avec un chargement de poissons
en provenance de la mer.
25 Ils avaient du hareng frais à profusion,
car la bise n'avait cessé de souffler
de toute la semaine;
ils avaient aussi d'autres variétés de bons poissons,
en grande quantité, des gros et des petits,

30 Dont lor paniers sont bien enpliz,
   Que de lamproies, que d'anguilles,
   Qu'il orent acaté as viles.
   Fu bien chargie la charete.
   Et Renars qui tot siecle abeite
35 Fu bien loins d'aus une arcie.
   Quant vit la carete cargie
   Des anguiles et des lanproies,
   Muçant fuiant parmi ces voies,
   Court au devant por aus deçoivre,
40 Qu'il ne s'en puisent aperçoivre.
   Lors s'est cochés enmi la voie.
   Or oiez con il les desvoie !
   En un gason s'est voutrilliez
   Et come mors aparelliez.
45 Renars, qui tant d'onmes engingne,
   Les iex cligne, les dens rechigne,
   Et tenoit s'alaine en prison.
   Oïstes mais tel traïson ?
   Ilecques est remés gisans.
50 Atant es vous les marcheans :
   De ce ne se prenoient garde.
   Li premiers le vit, si l'esgarde,
   Si apela son compaignon :
   « Vez la ou gourpil ou gaignon ! »
55 Quant cilz le voit, si li crïa :
   « C'est li gorpilz : va, sel pren, va !
   Filz a putain, gart ne t'eschat !
   Or saura il trop de barat,
   Renars, s'il ne nous let l'escorce. »
60 Li marcheans d'aler s'esforce,
   Et ses compains venoit aprés
   Tant qu'il furent de Renart pres.
   Le gourpil trovent enversé.
   De toutes pars l'ont renversé,
65 N'ont ore garde qu'il les morge.
   Prisent le dos et puis la gorge.
   Li uns a dit que troi sols vaut,
   Li autres dist : « Se Diex me saut,
   Ainz vaut bien quatre a bon marchié.

30 dont leurs paniers étaient pleins à ras bord,
   des lamproies et des anguilles
   qu'ils avaient achetées dans les fermes.
   La charrette était lourdement chargée.
   Et Renart, le trompeur universel,
35 se trouvait à une bonne portée d'arc.
   Quand il voit la charrette avec son chargement
   d'anguilles et de lamproies,
   il file en tapinois par les chemins de traverse
   pour devancer les marchands dans l'espoir de les tromper
40 sans éveiller leur attention.
   Il s'est couché au milieu du chemin.
   Ecoutez donc comment il les égare !
   Il s'est allongé sur l'herbe
   et fait le mort.
45 Le voici, le roi des mystificateurs,
   qui ferme les yeux, montre les dents,
   retient son souffle.
   Avez-vous jamais entendu pareille perfidie ?
   Il reste là, inerte.
50 Mais voici qu'arrivent les marchands
   qui ne s'attendaient à rien de tel.
   Le premier vit Renart, l'examina,
   puis appela son compagnon :
   « Regarde là-bas, c'est un goupil ou un molosse ! »
55 Quand l'autre l'eut vu, il lui cria :
   « C'est le goupil ! va l'attraper, va !
   Fils de pute, attention qu'il ne t'échappe pas !
   Il faudra qu'il soit bien malin,
   Renart, pour ne pas nous laisser sa peau ! »
60 Le marchand presse l'allure,
   suivi de son compagnon,
   si bien qu'ils arrivent près de Renart
   qu'ils découvrent couché sur le dos,
   et qu'ils ont retourné dans tous les sens,
65 sans plus aucune crainte d'être mordus.
   Ils évaluent la peau du dos, puis celle de la gorge.
   Pour l'un, elle vaut trois sous
   mais l'autre de répliquer : « Grand Dieu !
   elle vaut bien quatre sous, et ce serait bon marché.

70 Ne sommes mie trop chargié :
    Getons le sus nostre charrete.
    Vez con la gorge est blanche et nete ! »
        A icest mot sont avancié,
    Si l'ont ou charretil lancié
75 Et puis se sont mis a la voie.
    Li uns a l'autre fait grant joie
    Et dïent : « N'en ferons ore el,
    Mais anquenuit en nostre hostel
    Li reverserons la gonnele. »
80 Or leur plaist auques la favele,
    Mais Renars ne s'en fait fors rire,
    Que moult a entre faire et dire.
    Sur les paniers se jut adens,
    Si en a un ouvert aus dens
85 Et si en a (bien le sachiez)
    Plus de trente harans sachiez.
    Auques fu vuidiez li paniers.
    Moult par en menja volentiers,
    Onques n'i quist ne sel ne sauge.
90 Encore ainçois que il s'en auge,
    Getera il son ameçon,
    Je n'en sui mie en souspeçon.
    L'autre panier a assailli,
    Son groing i mist, n'a pas failli,
95 Qu'il n'en traïst trois res d'anguilles [1].
    Renars, qui sot de maintes guiles,
    Son col et sa teste passe oultre
    Les hardillons, puis les acoutre
    Dessus son dos que tout s'en cueuvre.
100 Des or pourra bien laissier œuvre.
    Or li estuet enging pourquerre,
    Comment il s'en vendra a terre.
    Ne trueve planche ne degré.
    Agenoillé s'est tout de gré
105 Por veoir et por esgarder
    Con son saut pourra miex garder.

    1. Les *rez d'anguilles* sont, d'après A. Thomas, des chapelets d'an-
    guilles enfilées par la tête à un lien.

70 Nous avons encore de la place :
   jetons-le en haut de notre charrette.
   Regarde comme la gorge est d'une blancheur parfaite ! »
      A ces mots, ils se sont avancés
   et l'ont jeté sur le chariot
75 avant de repartir
   en se congratulant :
   « Pour l'instant, nous en resterons là
   mais ce soir, chez nous,
   nous lui retournerons le paletot. »
80 Ils rient fort de leur plaisanterie
   que Renart ne prend pas au sérieux,
   car il y a loin de la coupe aux lèvres.
   Renart, à plat ventre sur les paniers,
   en a ouvert un avec les dents
85 et en a retiré (c'est un fait)
   plus de trente harengs :
   il vida pour ainsi dire le panier,
   se régalant avec un fort bon appétit,
   sans réclamer ni sel ni sauge.
90 Toutefois, avant de s'en aller,
   il jettera encore sa ligne,
   il n'y a pas l'ombre d'un doute.
   Il a attaqué l'autre panier
   où il a plongé le museau. Succès total :
95 il en a retiré trois chapelets d'anguilles.
   Renart, qui n'est jamais à court d'idées,
   les enfila autour de son cou et de sa tête,
   puis il les arrangea sur son dos
   qui en est tout recouvert.
100 Maintenant, il peut bien s'en tenir là.
   Il lui faut trouver le moyen
   de redescendre à terre
   mais il n'a pas le moindre marchepied.
   Aussi s'est-il mis à genoux
105 pour examiner avec attention
   comment sauter sans danger.

      Puis s'est un petit avanciez,
      Des piez devant s'est tost lanciez
      De la charrete enmi la voie.
110   Entour son col porte sa proie.
      Et puis quant il a fait son saut,
      Aus marcheans dist : « Diex vous saut !
      Cilz tantés d'anguiles est nostres
      Et li remanans si soit vostres ! »
115   Li marcheans, quant il l'oïrent,
      A merveilles s'en esbahirent,
      Si s'escrïent : « Voiz le gourpil ! »
      Si saillirent ou charretil
      Ou il cuderent Renart prendre,
120   Mais il nes voult pas tant atendre.
      Li uns des marcheans esgarde,
      A l'autre dist : « Mauvaise garde
      En avons prise, ce me semble. »
      Tuit fierent lor paumes ensemble :
125   « Las ! dist li uns, con grant damage
      Avons eü par nostre outrage !
      Moult estïon fol et musart
      Andui qui creïon Renart.
      Les paniers a bien alachez
130   Et ses a auques souffachiez,
      Car deus rez d'anguiles enporte.
      La male passion le torde ! »
      « Ha ! font li marcheant, Renart,
      Tant par estes de male part.
135   Mal bien vous puissent elles faire !
      — Seigneur, n'ai soing de noise faire.
      Or direz ce que vous plaira,
      Je sui Renart qui se taira. »
      Li marcheant vont après lui.
140   Mais il nel bailleront mais hui,
      Car il a tant isnel cheval.
      Onc ne fina parmi un val
      Dusques il vint a son plessié.
      Lors l'ont li marcheant lessié
145   Qui pour mauvés musart se tiennent.
      Recreant sont, arriere viennent,

Ensuite il s'avance un peu
et s'élance, pattes en avant,
hors de la charrette pour atterrir sur le chemin,
110 emportant son butin autour du cou.
Après avoir ainsi sauté,
il dit aux marchands : « Dieu ait votre âme !
Ces quelques anguilles sont à nous,
gardez le reste ! »
115 Les autres, à l'entendre,
n'en reviennent pas.
Ils crient : « Le goupil ! le goupil ! »
Ils bondirent dans la charrette
dans l'idée de prendre Renart,
120 mais celui-ci ne voulut pas les attendre.
L'un des marchands, après réflexion,
dit à l'autre : « Nous avons manqué
de vigilance, je crois. »
Tous deux, en chœur, se tordent les mains de douleur.
125 « Hélas ! ajoute l'un, quelle grande perte
nous a causée notre trop grande confiance !
Il fallait être complètement fous et inconscients
pour nous fier à Renart !
Il a bien allégé les paniers,
130 il les a presque vidés,
car il emporte deux colliers d'anguilles.
Puisse-t-il en avoir une colique de tous les diables !
Ah ! Renart, continuent-ils,
vous êtes un coquin !
135 Puissent ces anguilles vous faire crever !
— Seigneur, je n'ai pas envie de discuter.
Vous pouvez dire ce que vous voulez :
je suis Renart qui a décidé de se taire. »
Les marchands le poursuivent
140 mais ils ne le rattraperont plus de la journée
car son cheval est très rapide.
Sans ralentir l'allure, à travers un vallon,
il galopa jusqu'à sa propriété.
Aussi les marchands ont-ils abandonné la partie
145 tout en se traitant de tous les noms ;
fourbus, ils font demi-tour.

Et cilz s'en vait plus que le pas
Qui ot passé maint mauvais pas,
Si vint a son chastel tout droit
150 Ou sa maisnie l'atendoit
Qui assez avoit grant mesese.
Renars i entre par la hese.
Encontre lui sailli s'espouse,
Hermeline la jone touse,
155 Qui moult estoit courtoise et franche,
Et Percehaie et Malebranche
Qui estoient ambedui frere.
Cil saillirent contre leur pere,
Qui s'en venoit les menus saus,
160 Gros et saoulz, joieus et baus,
Les anguilles entour son col.
Mais qui que le tiegne pour fol,
Aprés lui a close sa porte
Pour les anguilles qu'il aporte.
165   Or est Renart dedenz sa tour.
Si fil li font moult bel atour :
Bien li ont ses jambes torchiees
Et les anguilles escorchees,
Puis les couperent par tronçons
170 Et les espois font de plançons
De codre et ens les ont boutez.
Et li feus fu tost alumez,
Que buche i ot a grant plenté.
Lors ont de toutes pars venté,
175 Si les ont mises sus la brese
Qui des tisons i fu remeze.
Endementres que il cuisoient
Les anguiles et rostissoient,
Ez vous monseigneur Ysengrin
180 Qui ot erré des le matin
Jusqu'a celle heure en mainte terre,
Mais onques riens n'y pot conquerre.
De jeüner estoit estans,
Que molt avoit eü mal tens.
185 Lors s'en tourna en un essart
Tout droit vers le chastel Renart

Cependant notre goupil continuait à vive allure,
habitué à sortir des pires difficultés.
Il se dirigea tout droit vers son château
150 où l'attendaient les siens
dans une profonde détresse.
Renart franchit la clôture.
Son épouse s'élança à sa rencontre :
c'était Hermeline, une fraîche jeune femme,
155 un modèle de courtoisie et de noblesse,
suivie de Percehaie et de Malebranche,
les deux frères
qui accoururent au-devant de leur père.
Il arrivait à petits bonds,
160 le ventre bien rempli, le cœur en fête
avec les anguilles autour du cou.
Cependant, sans se soucier du qu'en dira-t-on,
il a refermé la porte derrière lui,
à cause des anguilles qu'il rapporte.
165   Le voici donc dans sa tour.
Ses fils, aux petits soins pour lui,
lui ont soigneusement essuyé les jambes,
ils ont dépouillé les anguilles
qu'ils ont coupées en tronçons.
170 Ensuite, ils ont confectionné des brochettes
avec des tiges de noisetier sur lesquelles ils ont enfilé les
Vite, ils allument le feu,   [morceaux.
car les bûches ne manquaient pas,
ils l'attisent en soufflant de tous côtés
175 et ils posent les brochettes
quand les tisons sont devenus braise.
Pendant qu'ils faisaient cuire
et rôtir les anguilles,
voilà que survient monseigneur Isengrin
180 qui avait battu le pays
depuis le matin
sans aucun succès.
Il était tout amaigri à force d'avoir jeûné,
car il avait connu des temps très difficiles.
185 Alors, dans un essart,
il prit la direction du château de Renart

Et vit la cuisine fumer
Ou il ot fait feu alumer
Et les anguiles rostissoient
190 Que si fil es espois tournoient.
Ysengrin en sent la fumee
Qu'il n'avoit mie acoustumee.
Du nez commença a fronchier
Et ses guernons a delechier.
195 Volentiers les alast servir,
S'il li vousissent l'uis ouvrir.
Il se traist vers une fenestre
Pour esgarder que ce puet estre;
Il conmence a pourpenser
200 Comment il pourra ens entrer
Ou par priere ou par amour;
Mais il n'i puet avoir honour,
Que Renart est de tel maniere
Qu'il ne fera rien pour priere.
205 Acroupiz s'est sus une souche.
De baailler li deult la bouche.
Court et recourt, garde et regarde,
Mais tant ne se sot donner garde
Que dedenz puisse le pié mettre
210 Ne pour donner ne pour promettre.
Mais a la fin se pourpensa
Que son compere priera
Que pour Dieu li doint, s'il conmande,
Ou poi ou grant de sa vïande.
215 Lors l'apela par un pertuis :
« Sire compere, ouvrez moi l'uis !
Je vous aport belles nouvelles,
Pour bones les tendrez et belles. »
Renart l'oï, sil congnut bien,
220 Mais de tout ce ne li fist rien,
Ainçoiz li a fait sourde oreille.
Et Ysengrin molt s'en merveille,
Qui dehors fu moult souffroiteus
Et des anguiles envïeus;
225 Si li a dit : « Ouvrez, biau sire ! »
Et Renars conmença a rire,

dont il vit fumer la cuisine,
où l'on avait allumé du feu
pour faire rôtir les anguilles
190 que les fils de Renart faisaient tourner sur des broches.
Isengrin, quand il flaire cette fumée
à l'odeur inhabituelle,
commence à renifler
et à se pourlécher les babines.
195 Il se serait mis volontiers à leur service,
s'ils avaient accepté de lui ouvrir la porte.
Il s'approche d'une fenêtre
pour tirer l'affaire au clair.
Il cherche un moyen
200 pour pénétrer à l'intérieur,
en usant de prières ou de déclarations d'amitié ;
mais il n'en tirera rien de bon,
car Renart est ainsi fait
qu'il reste sourd aux prières...
205 Isengrin s'est assis sur une souche.
Il a mal à la bouche à force de bâiller.
Il court à droite, à gauche, regarde une fois, deux fois,
mais il ne peut trouver un plan
pour se glisser à l'intérieur
210 même moyennant cadeaux ou promesses.
En fin de compte, il se résolut
à supplier son compère
de lui donner, au nom de Dieu
un peu, ou beaucoup, de son repas.
215 Il l'appela alors par un trou :
« Seigneur mon compère, ouvrez-moi la porte !
Je vous apporte de bonnes nouvelles
que vous trouverez bien agréables. »
Renart l'entendit, il le reconnut parfaitement,
220 mais il ne sourcilla pas
et fit la sourde oreille.
Isengrin n'en revient pas,
toujours dehors à souffrir de la faim
et à baver d'envie.
225 Aussi insiste-t-il : « Ouvrez, cher seigneur ! »
Renart se mit à rire

Si demanda : « Qui estes vous ? »
Et cil respont : « Ce somes nous.
— Qui vous ? — Ce est vostre comperes.
230 — Nous cuidions que fussiez leres.
— Non sui, dist Ysengrins, ouvrez ! »
Renars respont : « Or vous souffrez
Tant que li moine aient mengié
Qui au mengier sont arrengié.
235 — Comment dont ? fait il, sont ce moine ?
— Nanil, dist il, ainz sont chanoine,
Si sont de l'ordre de Tiron [1],
(Ja se Diex plaist, n'en mentiron)
Et je me sui rendu a eus.
240 — Nomini Dame [2], dist li leus,
Avez me vous dit verité ?
— Ouïl, par sainte charité.
— Donques me faites herbregier !
— Ja n'auriez vous que mengier.
245 — Dites moi dont, n'avez vous quoi ? »
Renart respont : « Oïl, por foi.
Or me lessiez donc demander,
Venistes vous pour truander ?
— Nanil, ainz woeil veïr vostre estre. »
250 Renart respont : « Ce ne puet estre.
— Et pourquoi donc ? » ce dit li leus.
Ce dist Renart : « Il n'est pas leus.
— Or me dites, mangiez vous char ?
Et dist Renart : « Ce est eschar.
255 — Que menjuent donc vostre moine ?
— Jel vous dirai sanz nule essoine.
Il manjuent fourmages mous
Et poissons qui ont les gros cous.
Saint Beneoit le nous commande
260 Que ja n'aions peior vïande. »
Dist Ysengrin : « Ne m'en gardoie,
Ne de tout ce rien ne savoie.

---

1. L'ordre de Tiron, fondé en 1113, fut réuni ensuite à celui de Cîteaux. Tiron se trouve près de Nogent-le-Rotrou.
2. *Nomini Dame* est une déformation burlesque d'*In Nomine Domini*, « au nom du Seigneur ».

et demanda : « Qui êtes-vous ?
— C'est nous, répond l'autre.
— Qui vous ? — C'est votre compère.
230 — Nous vous avions pris pour un voleur.
— Non, non, dit Isengrin, ouvrez !
— Attendez donc, répond Renart,
que les moines aient fini de manger,
ils viennent de se mettre à table.
235 — Comment donc, fait l'autre, il y a des moines ?
— Mais non, dit Renart, ce sont plutôt des chanoines,
de l'ordre de Tiron.
(A Dieu ne plaise que je mente !)
Je suis devenu l'un des leurs.
240 — *Nomini Damé*, dit le loup,
c'est bien la vérité ?
— Oui, par la sainte charité.
— Dans ce cas, accordez-moi l'hospitalité !
— Vous ne recevriez aucune nourriture.
245 — Dites-moi donc, vous n'avez pas de quoi ?
— Si, par ma foi, dit Renart,
mais laissez-moi vous demander :
êtes-vous venu ici pour mendier ?
— Que non ! Je voulais savoir ce que vous deveniez.
250 — Impossible, coupe Renart.
— Et pourquoi donc ? demande le loup.
— Ce n'est pas le moment, dit Renart.
— Dites-moi donc : mangez-vous de la viande ?
— Vous plaisantez, dit Renart.
255 — Que mangent donc vos moines ?
— Je vais vous le dire sans ambages :
des fromages tendres,
des poissons à larges têtes.
Saint Benoît nous recommande
260 de ne jamais manger plus mal.
— Je ne m'en doutais pas, dit Isengrin,
je l'ignorais totalement ;

Mais car me faites osteler !
Mais hui ne sauroie ou aler.
265 — Osteler ? dit Renart, nel dites !
Nulz, s'il n'est moines ou hermites,
Ne puet ceens avoir hostel.
Mes alez outre, il n'i a el. »
      Ysengrin ot et entent bien
270 Qu'en la meson Renart, pour rien
Qu'il puisse faire, n'enterra.
Que voulez vous ? si soufferra.
Et nepourquant si li demande :
« Poisson, est ce bonne vïande ?
275 Car m'en donnez viaus un tronçon !
Nel fais se pour essaier non.
Mais buer fussent elles peschiees
Les anguiles et escorchiees,
Se vous en deigniés mengier. »
280 Renart, qui bien sot losengier,
Prist des anguiles troi tronçons
Qui rotissent sus les charbons.
Tant furent cuit toute s'esmie
Et dessoivre toute la mie.
285 Un en menja, l'autre en aporte
Celui qui atant a la porte.
Lors dist : « Compere, çà venez
Un poi avant et si tenez
Par charité de la pitance
290 A ceuls qui sont bien a fiance
Que vous serez moines encore. »
Dist Ysengrin : « Je ne sai ore
Quiex je serai, bien pourra estre,
Mais la pitance, biaus douz mestre,
295 Car me bailliez isnelement ! »
Cilz li bailla et il la prent,
Qui molt tost s'en fut delivrez :
Encore en mengast il assez.
Ce dist Renart : « Que vous en semble ? »
300 Li lechierres fremist et tremble,
De lecherie esprent et art :
« Certes, fait il, sire Renart,

mais soyez assez bon pour me loger.
Je ne saurais où aller de la journée.
265 — Vous loger? dit Renart. C'est hors de question!
Personne, à moins d'être moine ou ermite,
ne peut loger en ce lieu.
Passez votre chemin: inutile d'insister. »
     Isengrin, à ces mots, comprend parfaitement
270 qu'il aura beau faire,
il n'entrera pas chez Renart.
Que voulez-vous? Il se résignera.
Mais malgré tout, il lui demande:
« Le poisson, c'est bon à manger?
275 Donnez-m'en au moins un morceau,
seulement pour le goûter.
Quel bonheur pour ces anguilles
d'avoir été pêchées et dépouillées,
si vous daignez en manger! »
280 Renart, passé maître en roublardise,
prit trois morceaux d'anguilles
qui rôtissaient sur les charbons,
cuits à point en sorte que la chair
se défaisait et se détachait complètement.
285 Renart en mangea un, il apporta l'autre
à celui qui attendait à la porte
en disant: « Compère, approchez-vous
un peu et acceptez
par charité de la nourriture
290 de ceux qui sont sûrs
que vous serez moine un jour. »
Isengrin répliqua: « Je ne suis pas encore fixé
sur mon sort, mais c'est bien possible.
Quant à la nourriture, très cher maître,
295 passez-la-moi prestement! »
L'autre la lui donne, il s'en saisit
et a tôt fait de l'engloutir.
Il en aurait mangé bien davantage.
Renart demanda: « Comment la trouvez-vous? »
300 Le glouton frémit et tremble,
tout brûlant de convoitise:
« Vraiment, dit-il, seigneur Renart,

Il vous iert bien guerredonnez.
Encore un seul car me donnez,
305 Biaus douz comperes, pour amordre
Tant que je fusse de vostre ordre.
— Par vos botes, ce dist Renart
Qui molt estoit de male part,
Se vous moines voulïez estre,
310 Je feroie de vous mon mestre,
Que je sai bien que li seigneur
Vous elliroient a prieur
Ainz penthecouste ou a abé.
— Avez me vous ore gabé? »
315 Ce dist Renart: « Nanil, biau sire;
Par mon chief bien le vous os dire,
Foi que doi le corps saint Felise,
N'auroit si bel moine en l'eglise.
— Auroie je poisson assez
320 Tant que je fusse respassez
De ce mal qui m'a confondu? »
Et Renart li a respondu:
« Mais tant con vous pourrez mengier.
Ha! car vous fetes rooignier
325 Et vostre barbe rere et tondre. »
Ysengrin commença a grondre,
Quant il oï parler de rere:
« N'i aura plus, fait il, compere;
Mais reez moi hastivement! »
330 Renart respont: « Isnelement
Aurez couronne et grant et lee,
Ne mais que l'eve soit chaufee. »
    Oïr poëz ici biau jeu.
Renart mist l'eve sus le feu
335 Et la fist trestoute boillant.
Puis li est revenus devant
Et sa teste encoste de l'uis
Li fist metre par un pertuis;
Et Ysengrin estent le col.
340 Renart qui bien le tint pour fol
L'eve boillant li a getee
Et sus le hasterel versee:

Dieu vous le rendra.
Donnez-m'en encore un morceau
305 très cher compère, pour m'inciter
à faire partie de votre ordre.
— Par vos bottes, dit Renart
toujours à l'affût d'un mauvais coup,
si vous vouliez être moine,
310 je vous prendrais comme directeur spirituel,
car je sais bien que les seigneurs
vous éliraient prieur ou abbé
avant la Pentecôte.
— Me faites-vous marcher?
315 — Point du tout, cher seigneur, dit Renart,
sur ma tête, je me permets de vous le dire,
par les reliques de saint Félix,
il n'y aurait dans l'église aucun moine aussi beau que
— Aurais-je beaucoup de poissons   [vous.
320 au point d'être remis
de cette maladie qui m'a terrassé? »
Et Renart de lui répondre:
« Mais autant que vous pourrez en manger.
Mais il faut vous faire raser,
325 couper et tondre la barbe. »
Isengrin se mit à gronder
quand il entendit parler d'être rasé.
« Ne tardons pas davantage, compère,
dépêchez-vous de me raser. »
330 Renart répond: « Dans peu de temps,
vous aurez une grande et large tonsure.
Juste le temps de chauffer l'eau. »
    Vous allez entendre maintenant une bonne plaisante-
Renart mit l'eau sur le feu   [rie:
335 et la fit bouillir.
Puis, revenu sur ses pas,
il a fait passer la tête du loup
par un guichet de la porte.
Isengrin tend bien le cou.
340 Renart qui le prenait pour un parfait imbécile
lui a violemment renversé
l'eau bouillante sur la nuque.

Molt par a fait que pute beste.
Et Ysengrin escout la teste,
345 Rechigne et fait moult laide chiere.
A reculons se trait arriere,
Si s'escrïa : « Renart, mors sui.
Male aventure aiez vous hui !
Trop grant coronne m'avez faite. »
350 Et Renars a la langue traite
Grant demi pié hors de la gueule :
« Sire, ne l'avez mie seule,
Qu'autresi grant l'a li couvens. »
Fait Ysengrin : « Je cuit, tu mens.
355 — Non fas, sire, ne vous anuit.
Iceste premeraine nuit
Vous convient estre en espreuve,
Que li sains ordres le nous rueve. »
Dist Ysengrins : « Molt bonnement
360 Ferai tout quantqu'a l'ordre apent.
Ja mar en serez en doutance. »
Et Renart em prist la fiance
Que par lui mal ne li vendra
Et a son los se contendra.
365 Or a tant fait et tant ovré
Renart que bien l'a assoté.
Puis s'en issi par une fraite
Qu'il ot derrier la porte faite
Et vint a Ysengrin tout droit
370 Qui durement se complaignoit
De ce qu'il estoit si pres rez.
Ne cuir ne poil n'i est remez.
N'i ot plus dit ne sejourné,
Andui se sont d'ilec tourné,
375 Renart devant et cil aprés,
Tant qu'il vindrent d'un vivier pres.
Ce fu un pou devant Noël
Que l'en mettoit bacons en sel.
Li ciex fu clers et estelez
380 Et li viviers fu si gelez
Ou Ysengrin devoit peschier,
Qu'en poïst par desus treschier,

Quelle méchanceté !
Isengrin secoue la tête,
345 montre les dents et fait une horrible grimace.
Il se recule
en criant : « Renart, je suis mort.
Puisse-t-il vous arriver malheur aujourd'hui !
Vous m'avez fait une tonsure bien trop grande ! »
350 Et Renart lui a tiré une langue
longue de plus d'un demi-pied.
« Seigneur, vous n'êtes pas le seul.
Tout le couvent la porte aussi grande.
— Je pense que tu mens, dit Isengrin.
355 — Pas du tout, seigneur, ne vous déplaise !
Cette première nuit
il faut que vous soyez mis à l'épreuve :
telle est la règle du saint ordre. »
Isengrin dit : « Bien volontiers.
360 Je suivrai tous les commandements de l'ordre,
n'ayez aucune crainte à ce sujet. »
Et Renart reçut son serment selon lequel
le loup ne lui ferait aucun mal
et suivrait ses conseils.
365 Il a fait tant et si bien
qu'il l'a complètement abruti.
Renart, alors, sortit de chez lui par une ouverture
qu'il avait faite derrière la porte,
et il se rendit aussitôt auprès d'Isengrin
370 qui gémissait lamentablement
d'avoir été rasé de si près :
il ne lui restait plus ni peau ni poil.
Sans plus tarder ni s'attarder,
tous deux sont partis,
375 Renart précédant Isengrin,
jusqu'à ce qu'ils arrivent près d'un étang.
     C'était un peu avant Noël
à l'époque où l'on sale les jambons.
Le ciel était clair et étoilé.
380 L'étang où Isengrin devait pêcher
était si gelé
qu'on aurait pu y danser la farandole,

Fors tant c'un pertuis i avoit
Qui de vilains fait i estoit
385 Ou il menoient leur atoivre
Chascune nuit joer et boivre.
Un seel y orent laissié.
La vint Renart tout eslessié
Et son compere regarda :
390 « Sire, fait il, traiez vous ça !
Ça est la plenté des poissons
Et li engin dont nous peschons
Les anguiles et les barbiaux
Et autres poissons bons et biaus. »
395 Dist Ysengrin : « Frere Renart,
Or le prenez de l'une part,
Si me laciez bien a la queue ! »
Renart le prent et si li nueue
Entour la queue au miex qu'il puet.
400 « Frere, fait il, or vous esteut
Moult sagement a contenir
Pour les poissons faire venir. »
Lors s'est lez un buisson fichiez,
Si mist son groing entre ses piez
405 Tant que il voie que il face.
Et Ysengrin est sus la glace.
Li sëaus est en la fontaine
Plain de glaçons a bonne estraine.
L'eve conmence a englacer
410 Et li sëaus a enlacier
Qui a la queue fu noez.
De la glace fu seurondez.
La queue est en l'eve gelee
Et a la glace seellee.
415 Cilz se cuida bien souffachier
Et le seel a soi sachier.
En mainte guise s'i essaie,
Ne set que faire, si s'esmaie.
Renart conmence a appeler
420 Conme il plus ne se puet celer,
Que ja estoit l'aube crevee.
Renart a la teste levee :

il n'y avait qu'un trou
que les paysans avaient fait
385 pour y mener chaque soir leur bétail
se changer les idées et boire.
Ils y avaient laissé un seau.
Renart courut jusque-là ventre à terre
et se retourna vers son compère :
390 « Seigneur, dit-il, approchez-vous.
C'est ici que se trouve la foule des poissons,
et l'instrument avec lequel nous pêchons
anguilles, barbeaux
et autres bons et beaux poissons.
395 — Frère Renart, dit Isengrin,
prenez-le donc par un bout
et attachez-le-moi solidement à la queue. »
Renart prend le seau qu'il lui attache
à la queue du mieux qu'il peut.
400 « Frère, dit-il, vous devez maintenant
rester bien sage, sans bouger,
pour que les poissons viennent. »
Là-dessus, il s'est élancé près d'un buisson,
le museau entre les pattes,
405 de façon à surveiller le loup.
Voici Isengrin sur la glace
et le seau dans l'eau,
rempli de glaçons à ras bord.
L'eau commence à geler,
410 à emprisonner le seau
fixé à la queue ;
bientôt il déborde de glaçons.
La queue est gelée dans l'eau,
puis scellée à la glace.
415 Isengrin, dans l'espoir de se soulever
et de tirer le seau vers lui,
s'y essaie à plusieurs reprises.
Désemparé, inquiet,
il se décide à appeler Renart
420 d'autant qu'il ne peut plus échapper aux regards :
l'aube blanchissait déjà l'horizon.
Renart relève la tête,

Il se regarde, les iex œuvre.
« Frere, fait il, car lessiez œuvre !
425 Alons nous en, biaus douz amis !
Assez avons de poissons pris. »
Et Ysengrin li escrïa :
« Renart, fait il, trop en i a.
Tant en ai pris, ne sai que dire. »
430 Et Renart commença a rire,
Si li a dit tout en appert :
« Cil qui tot convoite, tot pert. »
    La nuit trespasse, l'aube crieve,
Li solaus par matin se lieve.
435 De noif furent les voies blanches.
Et missire Constant des Granches,
Un vavassour bien aaisiez [1],
Qui sus l'estanc fu herbergiez,
Levez estoit et sa mesnie
440 Qui moult estoit joieuse et lie.
Un cor a pris, ses chiens appelle,
Si conmande a mettre sa selle,
Et sa mesniee crie et huie.
Et Renart l'ot, si tourne en fuie
445 Tant qu'en sa taisniere se fiche.
Et Ysengrin remest en briche
Qui moult s'esforce et sache et tire :
A poi sa pel ne li descire.
Se d'ilec se veult departir,
450 La queue li convient guerpir.
    Conme Ysengrin se va frotant,
Estes vous un garçon trotant,
Deux levriers tint en une lesse.
Ysengrin vit (vers lui s'eslesse)
455 Sus la glace tot engelé

---

1. Un vavasseur était un homme de la petite noblesse qui tenait un arrière-fief et qui apparaît dans les romans courtois où il représente une certaine forme de l'idéal chevaleresque. Cf. Br. Woledge, *Bons vavasseurs et méchants sénéchaux*, dans *Mélanges… R. Lejeune*, Gembloux, Duculot, T. II, p. 1263-1277, et *Huon le Roi, le Vair Palefroi*, trad. par J. Dufournet, Paris, Champion, 1977, p. 42.

ouvre les yeux, regarde autour de lui :
« Frère, dit-il, laissez donc votre ouvrage.
425 Partons, mon très cher ami.
Nous avons pris beaucoup de poissons. »
Et Isengrin lui crie :
« Renart, il y en a trop.
J'en ai pris plus que je ne saurais le dire. »
430 Renart se mit à rire
et lui dit carrément :
« On perd tout à vouloir tout gagner. »
    La nuit s'achève, l'aube paraît.
C'est le matin et le soleil se lève.
435 Les sentiers sont blancs de neige.
Monseigneur Constant des Granges,
un châtelain cossu,
qui demeurait à côté de l'étang,
s'était levé, avec toute sa maisonnée,
440 de fort joyeuse humeur.
Au son du cor, il rassemble ses chiens ;
il fait seller son cheval ;
ses compagnons poussent des cris et des clameurs.
A ce bruit, Renart détale
445 et court se cacher dans sa tanière.
Mais Isengrin reste en fâcheuse posture :
il tire, il tire de toutes ses forces ;
il risque même de s'arracher la peau.
S'il veut s'en sortir,
450 il lui faut sacrifier sa queue.
    Tandis qu'il s'évertue,
un serviteur survient au trot,
avec deux lévriers en laisse.
A la vue d'Isengrin, il fonce vers lui :
455 l'autre était complètement gelé sur la glace,

A tot son haterel pelé.
Cil l'esgarde, puis li escrie :
« Ha ha, le leu ! aïe ! aïe ! »
Li veneor, quant il l'oïrent,
460 Lors de la meson fors saillirent
A tos les chens par une hese.
Or est Ysengrins en malese,
Que dant Constanz venoit aprés
Sor un cheval a grant eslés
465 Qui molt s'escrie : « A l'avaller !
Lai va, lai va lez chens aler ! »
Li braconer les chenz decouplent
Et li bracet au lou s'acoplent,
Et Ysengrins molt se herice.
470 Li veneors les chens entice
Et amoneste durement.
Et Ysengrins bien se desfent,
Aus denz les mort : qu'en pot il mez ?
Il amast mels asés la pez.
475 Dant Constans a l'espee traite
Por bien ferir a lui s'atrete.
A pié descent enmi la place
Et vint au lou devers la glace.
Per deriere l'a asailli,
480 Ferir le vot, mes il failli.
Li colp li cola en travers,
Et dant Constans chaï envers
Si que li hatereax li seinne.
Il se leva a molt grant peine.
485 Par grant aïr le va requerre.
Or poëz oïr fiere guerre.
    Ferir le cuida en la teste,
Mes d'autre part li cous s'areste,
Vers la coe descent l'espee,
490 Tot res a res li a coupee
Pres de l'anel ; n'a pas failli,
Et Ysengrins qui l'a senti
Saut en travers, puis si s'en torne,
Les chens mordant trestot a orne
495 Qui molt sovent li vont as naces.

la nuque pelée.
Il l'examine de plus près et crie :
« Le loup ! à l'aide, à l'aide ! »
Les veneurs, à son appel,
460 se précipitèrent de la maison
et franchirent la clôture avec tous les chiens.
Isengrin n'est pas à la noce
car le seigneur Constant le suit,
bride abattue,
465 en hurlant : « Pied à terre !
lâchez les chiens, lâchez-les ! »
Les valets détachent les chiens
qui sautent sur le loup.
Isengrin se hérisse de tous ses poils.
470 Le veneur excite les chiens
à grands cris.
Isengrin se défend vaillamment,
jouant des crocs et des dents : que peut-il faire d'autre ?
Il aurait mille fois mieux préféré la paix.
475 Le seigneur Constant, l'épée levée,
s'approche de lui pour frapper juste.
Il met pied à terre
et s'approche du loup en marchant sur la glace.
Il l'attaque par-derrière,
480 il veut le frapper mais rate son coup.
Son bras manque sa cible,
et le seigneur Constant tombe à la renverse
et se blesse à la tête.
Il se relève péniblement
485 et lui lance une violente attaque.
Quelle terrible guerre !
   Il croit atteindre la tête,
mais le coup frappe ailleurs.
L'épée descend vers la queue
490 qu'elle coupe au ras
de l'anus. Il ne l'a pas raté
et Isengrin, quand il a senti le coup,
fait un saut de côté et s'éloigne,
mordant tour à tour les chiens
495 qui lui collent au derrière.

Mes la coe remest en gages,
Et molt li poise et molt li greve,
A poi son cuer de dol ne creve.
N'en pot plus fere, torne en fuie
500 Tant que a un tertre s'apuie.
Li chen le vont sovent mordant
Et il s'en va bien defendant.
Con il furent el tertre amont,
Li chen sont las, recreü sont.
505 Et Ysengrins point ne se tarde,
Fuiant s'en va, si se regarde,
Droit vers le bois grant aleüre.
Iloc rala et dit et jure
Que de Renart se vengera
510 Ne jamés jor ne l'amera.

Mais sa queue est restée en gage,
il en est profondément abattu.
Pour un peu, le chagrin lui briserait le cœur !
Il n'a plus qu'à fuir
500 jusqu'à une colline où il trouve refuge.
Si les chiens le harcèlent,
il se défend avec vaillance.
Au sommet de la colline,
les chiens fourbus s'avouent vaincus.
505 Isengrin aussitôt
en profite pour déguerpir à toute allure
vers le bois, sans cesser d'être sur ses gardes.
Une fois arrivé,
il jure qu'il se vengera de Renart,
510 son ennemi à jamais.

Or me convient tel chose dire
Dont je vos puisse fere rire;
Qar je sai bien, ce est la pure,
Que de sarmon n'avés vos cure
5 Ne de cors seint oïr la vie.
De ce ne vos prent nule envie,
Mes de tel chose qui vos plese.
Or gart chascun que il se tese,
Que de bien dire sui en voie
10 Et bien garniz, se Dex me voie.
Se vos me volieez entendre,
Tel chosse porrieez aprendre
Que bien feroit a retenir.
Si me selt em por fol tenir,
15 Mes j'ai oï dire en escole:
De fol ome sage parole.
Lonc prologue n'est preuz a fere.
Or dirai, ne me voil plus tere,
Une branche et un sol gabet
20 De celui qui tant set d'abet:
C'est de Renart, bien le savez,
Et bien oï dire l'avez.
De Renart ne va nus a destre:
Renars fet tot le monde pestre;
25 Renars atret, Renars acole,
Renars est molt de male escole.
De lui ne va coroies ointes,
Ja tant ne sera ses acointes.
Molt par est sajes et voisous

Renart et Isengrin dans le puits

Maintenant, il faut que je vous raconte
une histoire qui vous divertisse,
car, je le sais bien, la vérité
c'est que vous n'avez aucune envie d'entendre un sermon
5 ou la vie d'un saint martyr;
ce que vous préférez,
c'est quelque chose de plaisant.
Que chacun donc veille à se taire
car j'ai l'intention de vous raconter une belle histoire,
10 et j'en connais plus d'une, que Dieu m'assiste!
Avec un peu d'attention,
vous pourriez en tirer une leçon
fort utile.
Certes, on a l'habitude de me prendre pour un fou,
15 pourtant, j'ai appris à l'école
que la vérité sort de la bouche des fous.
Inutile de s'appesantir sur le prologue.
Donc, sans plus attendre,
je vais raconter une histoire et un seul bon tour
20 du maître de l'astuce:
je veux parler de Renart, vous le savez bien
à force de l'avoir entendu dire.
Personne ne peut damer le pion à Renart,
Renart dore la pilule à tout le monde,
25 Renart enjôle, Renart cajole,
Renart n'est pas un modèle à suivre.
Personne, fût-il son ami,
ne le quitte indemne.
Renart est plein de sagesse et d'habileté,

30 Renars, et si n'est pas noisous.
   Mes en cest monde n'a si sage
   Au chef de foiz n'aut a folage.
       Or vos dirai quel mesestance
   Avint Renart et quel pesance.
35 L'autrer estoit alez porquerre
   Sa garison en autre terre.
   Conme cil qui avoit souffrete
   Et grant fein qui molt le dehete,
   S'en est tornez vers une pree.
40 Si con il vint en une aree,
   S'en va Renars par une broce
   Molt dolanz, et molt se coroce
   Que il ne puet chose trover
   Qu'il puist manger a son soper.
45 Mes n'i voit rien de sa pasture.
   Lors se remet en l'anbleüre
   Fors del bois, et vint en l'oreille.
   Arestez est, de fain baaille,
   Grelles, megres e esbahis.
50 Molt a grant fein en son païs.
   D'oures en autres s'estendeille,
   Et ses ventres si se merveille,
   Et si boël qui sont dedenz,
   Que font ses poes et ses denz.
55 D'angoisse gient et de destrece
   Et de la fein qui molt le blece.
   Lor dist qu'il fait maveis atendre
   En leu ou l'en ne puet rien prendre.
       A icest mot par un sentier
60 S'en corut un arpent entier.
   Onques ne volt entrer el pas
   Tant que il vint a un trespas.
   Si con il ot le col baissié,
   Si a choisi en un plessié,
65 Par encoste d'unes avoines,
   Une abeïe de blans moines,
   Et une grange par dejoste,
   Ou Renars velt fere une joste.
   La granche fu molt bien asise;

30 et aussi de discrétion.
Mais en ce bas monde personne n'est assez sage
pour être à l'abri d'une folie.
    Je vais donc vous raconter la fâcheuse mésaventure
qui survint à Renart.
35 Un jour qu'il était en quête de nourriture·
dans une autre partie du pays,
tourmenté par la disette
et la faim,
il marchait en direction d'une prairie ;
40 puis, tombant sur une terre labourée,
il prit par des fourrés,
abattu et marri
de n'avoir rien trouvé
pour son souper.
45 Il ne voit aucune nourriture à sa convenance.
Il reprend alors sa course
pour sortir du bois dont il atteint la lisière.
Il s'arrête, bâille de faim.
Malingre, maigre et accablé,
50 il crève de faim dans son propre pays.
Un long moment, il s'allonge :
son ventre, ses boyaux
se demandent avec étonnement
ce que font ses pattes et ses dents.
55 Il gémit douloureusement,
en proie aux affres de la faim.
Alors, il pense qu'il n'est pas bon d'attendre
en un lieu où l'on ne peut rien prendre.
    Aussitôt, il poussa une pointe
60 sur un sentier,
sans consentir à ralentir l'allure
avant qu'il ait trouvé une issue.
Alors qu'il avait le cou baissé,
il aperçut dans un enclos,
65 à côté d'un champ d'avoine,
une abbaye de moines blancs,
et tout près, une ferme
où Renart veut rompre une lance.
La ferme était solidement construite ;

70 Li mur furent de roce bise
   Molt fort, ne vos en mentiron,
   Et furent clos tot environ
   D'un fossé dont haute est la rive,
   Si que ne lor puet riens qui vive
75 Tolir par force nule chose,
   Puis que la granche est ferme et close.
   Plentive est de norreture,
   Qu'il erent en bone pasture.
   Moult par estoit bonne la grange,
80 Mais a pluseurs estoit estrange.
   Assez i a de tel vïande
   Con Renars li gourpils demande :
   Gelines, chapons surannez.
   Renars est celle part tournez,
85 Parmi la voie a fait un saut,
   Touz abrivez de faire assaut.
   Onques ne fu ses frains tenus
   Tant qu'il est aus chapons venus.
   Sur le fossé s'est arrestez,
90 De gaaignier touz aprestez
   Et des gelines assaillir.
   Mais il n'i pooit avenir;
   Court et racourt entor la granche,
   Mais n'i treuve ne pont ne planche
95 Ne pertuis : moult se desconforte.
   Lors s'acroupi devant la porte
   Et vit le guichet entrouvert
   Et le pertuis tout descouvert :
   Celle part vint, outre se lance.
100 Or est Renars en grant balance,
    Que s'il püent appercevoir
    Qu'il les veille decevoir,
    Li moine retendront son gage
    O lui meïsmes en ostage,
105 Car felon sont a desmesure.
    Qui chaut ? tout est en avanture.
       Or va Renart par le pourpris,
    Grant paour a d'estre surpris.
    Vint as gelines, si escoute :

70 ses murs de pierre brune,
très solides — nous vous devons toute la vérité —
étaient de tous côtés entourés
de fossés remplis d'une eau profonde,
si bien qu'aucune créature ne pouvait
75 leur ravir quoi que ce fût
du moment que la ferme était bel et bien fermée.
L'élevage y était florissant,
car les animaux avaient de quoi manger.
C'était une ferme prospère
80 que beaucoup de gens ne connaissaient pas.
Elle renfermait en quantité
tout ce qu'il faut pour combler Renart le goupil,
poules et chapons dans la force de l'âge.
Renart s'est dirigé de ce côté,
85 bondissant au milieu du chemin,
tant il brûle de livrer bataille.
Pas question de relâcher l'allure
avant d'être arrivé près des chapons.
Il s'est arrêté devant le fossé,
90 tout disposé à faire du butin
et à attaquer les poules.
Mais impossible de les atteindre.
Il court à droite et à gauche autour de la ferme
sans trouver pont, ni planche,
95 ni trou. Quelle déception !
S'aplatissant devant la porte,
il voit le guichet entrouvert
et le passage libre :
il s'y engouffre.
100 Renart court à présent de grands risques
car, si les moines s'aperçoivent
qu'il cherche à les duper,
ils exigeront des gages
ou le retiendront même en otage.
105 Ils sont d'une incroyable méchanceté.
Mais qu'importe ? advienne que pourra !
    Voici Renart dans l'enclos,
mourant de peur qu'on le surprenne.
A proximité des poules, il tend l'oreille.

110 C'est vérité que moult se doute,
    Que bien set qu'il fait musardie.
    Retournez est par couardie,
    Grant paour a c'on ne le voie.
    Ist de la court, entre en la voie
115 Et se conmence a pourpenser.
    Mais besoing fait vielle troter,
    Et la fain tant le partourmente,
    Ou bel li soit ou se repente,
    Le refait arriere fichier
120 Por les gelines acrochier.
    Or est Renars venuz arriere,
    En la granche entre par deriere
    Si coiement que ne se murent
    Les gelines, ne n'aparçurent.
125 Sus un tref en ot troi juchiees
    Qui estoient a mort jugiees.
    Et cilz qui ert alez en fuerre,
    S'en monta sus un tas de fuerre
    Pour les gelines acrochier.
130 Les gelines sentent hochier
    Le fuerre, si en tresaillirent
    Et en un angle se tapirent;
    Et Renars celle part s'en tourne,
    Si les a prises tout a ourne
135 La ou il les vit enanglees,
    Si les a toutes estranglees.
    Des deux en fait ses grenons bruire,
    La tierce en voudra porter cuire.
    Quant ot mengié, si fu aaise.
140 De la granche ist par une hese
    Et la tierce geline emporte.
    Mais si conme il vint a la porte,
    Si ot moult grant talent de boivre
    Cilz qui bien sot la gent deçoivre.
145 Un puis avoit enmi la cort:
    Renars le vit, celle part court
    Pour sa soif que il volt estaindre,
    Mais il ne pot a l'eve ataindre.
        Or a Renart le puis trouvé:

110 Il est plus mort que vif, je vous le jure,
     sachant fort bien qu'il commet une sottise.
     La crainte lui fait rebrousser chemin,
     il a grand peur d'être vu.
     Il ressort, reprend la route
115 et commence à réfléchir.
     Mais le besoin fait trotter les vieilles,
     et la faim le tenaille si cruellement
     que, dût-il plus tard s'en féliciter ou s'en repentir,
     il fait à nouveau demi-tour
120 pour attraper les poules.
     Renart est donc revenu sur ses pas.
     Il pénètre dans la ferme par l'arrière,
     si discret que les poules, loin de bouger,
     ne remarquent rien.
125 Il y en avait trois perchées sur une poutre,
     elles étaient condamnées à mort.
     L'autre, à la poursuite de son gibier,
     grimpa sur un tas de paille
     pour les attraper.
130 Quand elles sentirent vaciller
     le pailler, elles sautèrent
     et se tapirent dans un coin.
     Alors Renart de se diriger de ce côté-là,
     et de les capturer l'une après l'autre,
135 à l'endroit où il les a vues se blottir,
     et de les étrangler sans exception.
     Il en croque deux ;
     la troisième, il l'emporte pour la faire cuire.
     Après son repas, il se sent bien.
140 Il sort de la ferme par une barrière,
     avec la troisième poule.
     Mais, arrivé à la porte,
     notre habile trompeur
     a une grande envie de boire.
145 Il y avait un puits au milieu de la cour.
     Le voyant, Renart s'y précipite,
     tout au désir d'apaiser sa soif ;
     mais impossible d'arriver jusqu'à l'eau.
          Le voici donc au puits

150 Moult par le vit parfont et lé.
Seigneurs, or escoutez merveilles !
En ce puis si avoit deus seilles :
Quant l'une vient, et l'autre vait.
Et Renars qui tant a mal fait,
155 Dessur le puis s'est acoutez,
Grainz et marris et trespensez.
Dedens commence a regarder
Et son ombre a aboeter :
Cuida que ce fust Hermeline,
160 Sa famme qu'aime d'amor fine,
Qui herbergie fust leens.
Renars fu pensis et dolens ;
Il li demande par vertu :
« Di moi, la dedens que fais tu ? »
165 La vois du puis vint contremont ;
Renars l'oï, drece le front.
Il la rapele une autre fois :
Contremont resorti la vois.
Renart l'oï, moult se merveille,
170 Si met ses piez en une seille,
Onc n'en sot mot, quant il avale.
Ja i aura encontre male.
Quant il fu en l'eve cheüs,
Si sot bien qu'il fu deceüs.
175   Or est Renart en male frape,
Maufez l'ont mis en celle trape.
Acoutez s'est a une pierre,
Bien vousist estre mors en biere.
Li chaitis sueffre grant hachiee :
180 Moult a souvent la pel moilliee.
Or est a aise de peschier.
Nulz nel pourroit esleeschier.
Ne prise deux boutons son sens.
Seigneurs, il avint en cel tens,
185 En celle nuit et en celle heure,
Que Ysengrins tout sanz demeure
S'en est issus d'une grant lande,
Que querre li couvint vïande,
Que la fain le grieve forment.

150 dont il découvre la largeur et la profondeur.
    Seigneurs, écoutez bien cette prodigieuse aventure !
    Dans ce puits, il y a deux seaux :
    l'un remonte quand l'autre descend.
    Et Renart le malfaisant
155 s'est appuyé sur la margelle,
    irrité, contrarié, perplexe...
    Soudain, s'avisant de regarder dans le puits
    et de contempler son reflet,
    il croit que c'était Hermeline,
160 son épouse bien-aimée,
    qui se trouve logée à l'intérieur.
    Perplexe et mécontent,
    il lui demande avec rudesse :
    « Dis-moi, que fais-tu là-dedans ? »
165 L'écho de sa voix remonta.
    Renart l'entend ; il redresse la tête,
    il appelle Hermeline une autre fois,
    et l'écho de recommencer à monter.
    Stupéfait d'entendre cette voix,
170 Renart met les pattes dans un seau
    et, sans même s'en rendre compte, le voici qui descend.
    Vraiment, quelle fâcheuse aventure !
    Une fois dans l'eau,
    il découvre son erreur.
175 Renart s'est fourré dans un drôle de pétrin :
    c'est un coup des démons !
    Il se retient à une pierre,
    il préférerait être à six pieds sous terre...
    Le malheureux souffre le martyre,
180 il est plus d'une fois trempé.
    C'est le moment de pêcher à la ligne
    mais personne ne pourrait le dérider.
    Ah ! il ne donnerait pas deux sous de son intelligence.
    Seigneurs, il arriva qu'au même moment,
185 cette même nuit à la même heure,
    Isengrin quitta sans s'attarder
    une vaste lande,
    en quête de nourriture,
    pressé par une faim cruelle.

190 Tournez s'en est ireement
    Devant la meson aus rendus,
    Les granz galos i est venuz.
    Le païs trouva moult gasté :
    « Ci conversent, dit il, malfé,
195 Qant l'en n'i puet trouver vïande
    Ne rien de ce que on demande. »
    Tournez s'en est tout le passet.
    Courant s'en vint vers le guichet ;
    Par devant la rendatïon
200 S'en est venuz le grant troton.
    Le puis trouva enmi sa voie
    Ou Renars le rous s'esbanoie.
    Dessur le puis s'est aclinez,
    Grainz et marriz et trespensez.
205 Dedens conmence a regarder
    Et son umbre a aboeter.
    Con plus i vit, plus esgarda,
    Tout ensi con Renars ouvra :
    Cuida que fust dame Hersens
210 Qui herbergiee fust leens
    Et que Renars fust avec li.
    Sachiez pas ne li embeli,
    Et dist : « Moult par sui maubailliz,
    De ma fame vilz et honniz
215 Que Renars li rous m'a fortraite
    Et ceens avec soi a traite.
    Moult est ore traïtre lere,
    Quant il deçoit si sa conmere,
    Si ne me puis de lui garder,
220 Mes se jel pooie atraper,
    Si faitement m'en vengeroie.
    Que jamés crieme n'en auroie. »
    Puis a uslé par grant vertu ;
    A son umbre dist : « Qui es tu ?
225 Pute orde vilz, pute prouvee,
    Qant o Renart t'ai ci trovee ! »
    Si a ullé une autre foiz,
    Contremont resorti la voiz.
        Que qu'Ysengrins se dementoit

190 De fort méchante humeur,
    il s'est dirigé vers la maison des moines
    où il s'est rendu au triple galop.
    Il trouva l'endroit dévasté.
    « C'est le pays des démons, dit-il,
195 puisqu'on ne peut trouver ni nourriture,
    ni rien à sa convenance ! »
    Il a fait demi-tour au pas,
    au trot il est allé au guichet ;
    le voici arrivé devant le couvent
200 au galop.
    Sur son chemin, il tomba sur le puits
    où Renart le roux prenait du bon temps.
    Il s'est penché au-dessus du puits,
    irrité, contrarié, perplexe…
205 Soudain, il s'avise de regarder dans le puits
    et de contempler son reflet :
    plus il le voit et plus il le fixe,
    exactement comme l'avait fait Renart.
    Il crut que c'était dame Hersant
210 qui était logée à l'intérieur du puits
    en compagnie de Renart.
    Sachez qu'il n'en fut pas heureux
    et qu'il dit : « Quel sort cruel que le mien !
    Je suis outragé et déshonoré par la faute de ma femme
215 que Renart le rouquin m'a enlevée
    et qu'il a entraînée avec lui dans ce puits.
    Il faut être un sacré voleur sans foi ni loi,
    pour traiter ainsi sa commère,
    et je n'y peux rien !
220 Mais si je pouvais l'attraper,
    je m'en vengerais si bien
    que je n'aurais plus rien à craindre de lui. »
    Alors, il a hurlé de toutes ses forces
    et, s'adressant à son ombre : « Qui es-tu ?
225 sale putain, putain déclarée
    que j'ai surprise ici avec Renart ! »
    Il a hurlé une seconde fois
    et l'écho est remonté.
        Pendant qu'Isengrin se désolait,

230 Et Renars trestoz coiz estoit,
    Et le laissa assez usler,
    Puis si le prist a apeler :
    « Qui est ce, Diex, qui m'aparole ?
    Ja tiens ge ça dedenz m'escole.
235 — Qui es tu, va ? dist Ysengrin.
    — Ja sui je vostre bon voisin
    Qui fui jadiz vostre compere,
    Plus m'amïez que vostre frere.
    Mais l'en m'apelle feu Renart
240 Qui tant savoit d'engin et d'art. »
    Dist Ysengrins : « C'est mes confors :
    Des quant es tu, Renart, donc mors ? »
    Et il li respont : « Des l'autrier.
    Nulz hons ne s'en doit merveiller,
245 Se je sui mors : aussi mourront
    Trestuit cil qui en vie sont.
    Parmi la mort les convendra
    Passer au jor que Diex plaira.
    Or atent m'ame nostre sire
250 Qui m'a geté de cest martire.
    Je vos pri, biau compere dous,
    Que me pardonnez les courrous
    Que l'autrier eüstes vers moi. »
    Dist Ysengrins : « Et je l'otroi.
255 Or vous soient tout pardonné,
    Compere, ci et devant Dé ;
    Mes de vostre mort sui dolens. »
    Dist Renars : « Et j'en sui joians.
    — Joians en es ? — Voire, par foi.
260 — Biau compere, di moi pourquoi.
    — Que li miens corps gist en la biere
    Chiez Hermeline en la tesniere,
    Et m'ame est en paradis mise,
    Devant les piez Jhesu assise.
265 Comperes, j'ai quanque je veil.
    Je n'oi onques cure d'orgueil.
    Se tu es ou regne terrestre,
    Je sui en paradis celestre.
    Ceens sont les gaaigneries,

230 Renart se tenait tranquille.
Il le laissa hurler un moment,
puis entreprit de l'appeler :
« Quelle est cette voix, mon Dieu, qui m'appelle ?
De vrai, je dirige ici-bas une école.

235 — Dis, qui es-tu ? demanda Isengrin.
— C'est moi, votre bon voisin,
jadis votre compère,
que vous chérissiez plus qu'un frère.
Mais on m'appelle feu Renart,

240 moi qui étais maître ès ruses.
— Je respire, dit Isengrin.
Depuis quand, Renart, es-tu donc mort ?
— Depuis l'autre jour, répond le goupil.
Personne ne doit s'étonner de ma mort

245 car de la même façon mourront
tous les vivants.
Il leur faudra passer de vie à trépas
au jour voulu par Dieu.
A présent, mon âme est entre les mains du Seigneur

250 qui m'a délivré du calvaire de ce monde.
Je vous en supplie, mon très cher compère,
pardonnez-moi de vous avoir mécontenté
l'autre jour.
— J'y consens, dit Isengrin.

255 Que toutes ces fautes vous soient pardonnées,
compère, dans ce monde et dans l'autre !
Mais votre mort m'afflige.
— Moi au contraire, dit Renart, j'en suis ravi.
— Tu en es ravi ? — Oui, vraiment, par ma foi.

260 — Cher compère, dis-moi pourquoi.
— Parce que, si mon corps repose dans un cercueil,
chez Hermeline, dans notre tanière,
mon âme est transportée en paradis,
déposée aux pieds de Jésus.

265 Compère, je suis comblé,
je n'eus jamais une once d'orgueil.
Toi, tu es dans le monde terrestre ;
moi je suis dans le paradis céleste.
Ici, il y a des prés,

270 Les bois, les plains, les praieries;
    Ceens a riche pecunaille,
    Ceens puez veoir mainte aumaille
    Et mainte oeille et mainte chievre,
    Ceens puez tu veoir maint lievre
275 Et bués et vaches et moutons,
    Espreviers, ostors et faucons. »
    Ysengrins jure saint Sevestre
    Que il voudroit la dedens estre.
    Dist Renars : « Lessiez ce ester,
280 Ceens ne poez vous entrer :
    Paradis est celestiaus,
    Mais n'est mie a touz conmunaus.
    Moult as esté touz jors trichierres,
    Fel et traïtres et boisierres.
285 De ta famme m'as mescreü :
    Par Dieu et par sa grant vertu,
    Onc ne li fis desconvenue,
    N'onques par moi ne fu foutue.
    Tu dis que tes filz avoutrai :
290 Onques certes nel me pensai.
    Par cel seigneur qui me fist né,
    Or t'en ai dit la vérité. »
        Dist Ysengrins : « Je vous en croi,
    Jel vos pardoing en bonne foi.
295 Mais faites moi leens entrer. »
    Ce dist Renars : « Lessiez ester.
    N'avons cure ceens de noise.
    La poëz veoir celle poise. »
    Seigneur, or escoutez merveille !
300 A son doi li moustre la seille.
    Renars set bien son sens espandre,
    Que pour voir li a fet entendre
    Poises sont de bien et de mal :
    « Par Dieu le pere esperital,
305 Diex si par est ainsi poissanz
    Que quant li biens est si pesanz,
    Si s'en devale ça dejus,
    Et touz li maus remaint lassus.
    Mais hons, s'il n'a confesse prise,

270 des bois, des champs, des prairies.
   Ici, il y a d'immenses richesses,
   ici, tu peux voir de nombreuses vaches,
   une foule de brebis et de chèvres,
   ici, tu peux voir quantité de lièvres,
275 de bœufs, de vaches, de moutons,
   des éperviers, des vautours et des faucons... »
   Isengrin jure par saint Sylvestre
   qu'il voudrait bien s'y trouver.
   « N'y compte pas, dit Renart.
280 Il est impossible que tu entres ici.
   Bien que le Paradis soit à Dieu,
   tout le monde n'y a pas accès.
   Tu t'es toujours montré fourbe,
   cruel, traître et trompeur.
285 Tu m'as soupçonné au sujet de ta femme :
   pourtant, par la toute-puissance divine,
   je ne lui ai jamais manqué de respect
   et je ne l'ai jamais sautée.
   J'aurais dit, affirmes-tu, que tes fils étaient des bâtards.
290 Je ne l'ai pas pensé une seconde.
   Au nom de mon créateur,
   je t'ai dit maintenant l'entière vérité.
   — Je vous crois, dit Isengrin,
   et je vous pardonne sans arrière-pensée,
295 mais faites-moi pénétrer en ce lieu.
   — N'y compte pas, dit Renart.
   Nous ne voulons pas de disputes ici.
   Là-bas, vous pouvez voir la fameuse balance. »
   Seigneurs, écoutez donc ce prodige !
300 Du doigt, il lui désigne le seau
   et se fait parfaitement comprendre,
   lui faisant croire
   qu'il s'agit des plateaux à peser le Bien et le Mal.
   « Par Dieu, le père spirituel,
305 la puissance divine est telle que,
   lorsque le bien l'emporte,
   il descend vers ici
   tandis que tout le mal reste là-haut.
   Mais personne, s'il n'a reçu l'absolution,

310 Ne pourroit ja en nule guise
    Ci avaler, je le te di.
    As tu tes peschiez regehi ?
    — Oïl, fait il, a un viel levre
    Et a dame Hersent la chievre [1]
315 Moult bien et moult tres saintement.
    Compere, plus hastivement
    Me faites la dedens entrer ! »
    Renars conmence a regarder ;
    « Or vous estuet dont Dieu proier
320 Et moult saintement graciër
    Que il vous face vrai pardon,
    De voz pechiez remissïon :
    Ainsi i pourriés entrer. »
    Ysengrins n'i volt plus ester ;
325 Son cul tourna vers oriënt
    Et sa teste vers occident,
    Et conmença a orguener
    Et tres durement a usler.
    Renars, qui fait mainte merveille,
330 Estoit aval en l'autre seille
    Qui ou puis estoit avalee.
    Ce fu par pute destinee
    Que Renars s'est dedens couchiez.
    Par temps iert Ysengrins iriez.
335 Dist Ysengrins : « J'ai Dieu proié.
    — Et je, dist Renars, gracië.
    Ysengrin, vois tu ces merveilles,
    Que devant moi ardent chandeilles ?
    Jhesu te fera vrai pardon
340 Et moult gente remissïon. »
    Ysengrins l'ot ; adont estrive
    Au seel abatre de rive ;
    Il joint les piez, si sailli ens.
    Ysengrins fu li plus pesans,
345 Si s'en avale contreval.

---

1. Plutôt qu'*Hersent*, sans doute faut-il lire avec G. Tilander : *Et a
une barbue chievre* (de là notre traduction) ou, si l'on suit la correction
d'E. Martin, *Haouis la chievre*.

310 ne pourrait en aucune façon
descendre ici, crois-moi.
T'es-tu confessé de tes péchés ?
— Oui, dit l'autre, à un vieux lièvre
et à une chèvre barbue
315 en bonne et due forme et fort pieusement.
Compère, ne tardez donc plus
à me faire pénétrer à l'intérieur ! »
Renart se met à le considérer :
« Il nous faut donc prier Dieu
320 et lui rendre grâce très dévotement
pour obtenir son franc pardon
et la rémission de vos péchés :
de cette façon, vous pourrez entrer ici. »
Isengrin, brûlant d'impatience,
325 tourna son cul vers l'orient
et sa tête vers l'occident.
Il se mit à chanter d'une voix de basse
et à hurler très fort.
Renart, l'auteur de maints prodiges,
330 se trouvait en bas
dans le second seau qui était descendu.
Il avait joué de malchance
en s'y fourrant.
A Isengrin de connaître bientôt l'amertume.
335 « J'ai fini de prier Dieu, dit le loup.
— Et moi, dit Renart, je lui ai rendu grâce.
Isengrin, vois-tu ce miracle ?
Des cierges brûlent devant moi !
Jésus va t'accorder son pardon
340 et une très douce rémission. »
Isengrin, à ces mots, s'efforce
de faire descendre le seau à son niveau
et, joignant les pieds, il saute dedans.
Comme il était le plus lourd des deux,
345 il se met à descendre.

Or escoutez le bautestal !
Ou puis se sont entre encontré,
Ysengrins l'a araisonné :
« Compere, pourquoi t'en viens tu ? »
350 Et Renars li a respondu :
« N'en faites ja chiere ne frume,
Bien vous en dirai la coustume :
Quant li uns va, li autres vient,
C'est la coustume qui avient.
355 Je vois en paradis la sus,
Et tu vas en enfer la jus.
Du dïable sui eschapez
Et tu t'en revas as maufez.
Moult es en granz viltés cheois
360 Et j'en sui hors, bien le sachois.
Par Dieu le pere esperitable,
La jus conversent li dïable. »
Des que Renars vint a la terre,
Moult s'esbaudi de faire guerre.
365 Ysengrins est en male trape :
Se il fust pris devant Halape[1],
Ne fust il pas si adoulez
Que quant ou puis fu avalez.
    Seigneurs, or oiez des renduz
370 Conme il perdirent leur vertuz.
Leur feves furent trop salees
Que il orent mengié gravees[2].
Li sergent furent pareceus,
Que d'eve furent souffreteus.
375 Mais il avint del cuisinier,
Celui qui gardoit le mengier,
Qu'il ot sa force recouvree :
Au puis s'en vint la matinee,
Si menoit un asne espanois
380 Et compaignons de ci a trois ;
Au puis en viennent le troton

1. Allusion au siège d'Alep en 1165 par Noûr ad-Dîn qui avait fait de
nombreux prisonniers chrétiens.
2. *Gravees* signifie « germées ». Dans d'autres manuscrits, on a *cre-
vees* ou *colees* : il s'agit alors de fèves en purée.

Mais écoutez leur conversation !
Quand ils se sont croisés dans le puits,
Isengrin a interpellé Renart :
« Compère, pourquoi t'en vas-tu ? »
350 Et Renart lui a répondu :
« Pas besoin de faire grise mine.
Je vais vous informer de la coutume :
quand l'un arrive, l'autre s'en va.
La coutume se réalise.
355 Je vais là-haut au paradis
tandis que toi, tu vas en enfer en bas.
Me voici sorti des griffes du diable
et tu rejoins le monde des démons.
Te voici au fond de l'abîme,
360 moi j'en suis sorti, sois-en persuadé.
Par Dieu, le père spirituel,
là en bas, c'est le royaume des diables. »
Dès que Renart revint sur terre,
il retrouva son ardeur guerrière.
365 Isengrin est dans un drôle de pétrin.
S'il avait été capturé devant Alep,
il aurait été moins affligé
qu'en se retrouvant au fond du puits.
    Seigneurs, écoutez maintenant comment les moines
370 avaient perdu leur énergie.
L'on avait trop salé les fèves germées
qu'ils avaient mangées.
Or, comme leurs serviteurs étaient paresseux,
ils manquaient d'eau.
375 Mais il arriva que le cuisinier
chargé des repas
avait recouvré ses forces.
Au matin, il se rendit au puits,
menant un âne espagnol
380 avec trois compagnons.
Tous les quatre

Trestuit li qatre compaingnon.
L'arne acouplent a la poulie
Qui de traire pas ne s'oublie :
385 Li rendu le vont menaçant
Et l'arnes va forment traiant.
Li leus a sa grant mesestance
Estoit la aval en balance :
Dedenz le seel s'est coulez.
390 Et l'arne fu si adolez
Que il ne pot n'avant n'arriere,
Ne por force que l'en le fiere,
Quant uns renduz s'est apoiez,
Qui est desus le puis couchiez,
395 Si prent dedenz a regarder
Et Ysengrin a aviser.
Dist aus autres : « Que faites vous ?
Par Dieu le pere glorïous,
Ce est un leu que vous traiez. »
400 Estes les vous touz esmaiez,
Si s'en courent tuit vers maison
Grant aleüre le troton.
Mais la poulie ont atachie.
Ysengrins sueffre grant haschie.
405 Li frere apellent les serjanz,
Par temps iert Ysengrins dolenz.
Li abbes prent une maçue
Qui moult estoit grant et cornue,
Et li priours un chandelier.
410 Il n'i remest moine ou moustier
Qui ne portast baston ou pel.
Tuit sont issu de leur hostel.
Au puis en prennent a venir
Et s'aprestent de bien ferir.
415 L'arne font traire qui la fu,
Si li aïdent par vertu
Tant que li sëaus vint a rive.
Ysengrins n'atent mie trive,
Un saut a fet moult avenant.
420 Et li gaignon le vont sivant,
Qui descirent son peliçon ;

gagnent le puits au pas de course
et attellent à la poulie
l'âne qui ne ménage pas ses efforts.
385 Et les moines de le menacer,
et l'âne de s'évertuer à tirer.
Le loup, à son grand déplaisir,
était en bas, en danger :
il se glissa à l'intérieur du seau.
390 Quant à l'âne, il souffrait le martyre,
incapable d'avancer ou de reculer,
malgré les coups qu'il recevait,
lorsqu'un moine, appuyé sur le rebord,
couché au-dessus du puits,
395 se mit à examiner l'intérieur
et découvrit Isengrin.
Il lança aux autres : « Que faites-vous ?
par Dieu, le Père glorieux,
c'est un loup que vous êtes en train de tirer. »
400 Les voilà pris de panique,
tous se précipitent vers la maison,
les jambes à leur cou,
après avoir bloqué la poulie.
Isengrin souffre mille tourments.
405 Les frères appellent les convers :
dans peu de temps Isengrin connaîtra son malheur.
L'abbé se saisit d'un gourdin
énorme et pointu
et le prieur d'un chandelier.
410 Dans l'abbaye, il ne resta pas un moine
qui n'eût un bâton ou un épieu.
Tous sont sortis des bâtiments.
Ils se mettent en marche vers le puits,
résolus à bien se battre.
415 Ils font tirer l'âne
et lui prêtent main-forte
jusqu'à ce que le seau soit remonté.
Isengrin, sans attendre qu'une trêve soit conclue,
a fait un saut du plus bel effet.
420 Les mâtins s'élancent à sa poursuite,
et lui déchirent la fourrure

Amont en volent li flocon,
Et li rendu l'ont atrapé
Qui moult durement l'ont frapé.
425 Li uns le fiert parmi les rains,
Ysengrins est en males mains.
Illec s'est qatre foiz pasmez,
Moult par est grainz et adolez,
Tant qu'il s'est couchiez sur le bort :
430 Illecques fait semblant de mort.
     Atant estes vous le priour
Cui Diex otroit grant deshonnour.
Il mist la main a son coutel,
Si en vouloit prendre la pel.
435 Toz estoit prez de l'acourer,
Quant l'abé dist : « Lessiez ester !
Assez a sa pel despecie
Et sofferte mortel hachie.
Il ne fera mais point de guerre,
440 Apesiee en est la terre.
Tornons nos en, lessiez ester ! »
Ysengrins n'a talent d'aler.
Chascuns renduz a pris son pel,
Si retournerent a ostel.
445 Ysengrins voit n'i a nullui,
Qui a souffert si grant anui.
Fuiant s'en va a grant hachie,
Que il a la croupe brisie.
A un grant buisson est venus.
450 Mais tant est ses crepons batus
Qu'il ne se puet resvertüer.
Devant lui vit son filz aler
Qui li demanda entresait :
« Biau pere, qui vous a ce fait ?
455 — Biaus filz, Renars qui m'a traï.
Par Dieu le voir qui ne menti,
En un puis me fist trebuschier,
Jamais ne me pourrai aidier. »
Quant cilz l'oï, moult s'en aïre,
460 Dieu jure qui souffri martire,
Se il as mains le puet tenir,

dont les touffes de poils s'envolent.
Les moines l'ont rattrapé
et roué de coups.
425 L'un d'eux le frappe sur l'échine.
Isengrin est tombé en de mauvaises mains.
Là, à quatre reprises, il s'est évanoui,
éperdu de colère et de souffrance
au point de s'étendre sur le bord du chemin
430 et d'y faire le mort.
  Mais voilà que survient le prieur.
Puisse Dieu le couvrir d'opprobre!
Il porte la main à son couteau,
dans l'idée de s'emparer de la peau.
435 Sa dernière heure a sonné pour Isengrin
quand l'abbé s'écrie : « Arrêtez!
cette peau est en lambeaux,
elle a trop souffert.
Il n'attaquera plus personne,
440 le pays en est délivré.
Retournons sur nos pas, arrêtez! »
Isengrin se garde bien de bouger.
Chaque moine a repris son pieu
et tous regagnent leur logis.
445 Quand Isengrin, après avoir souffert le martyre,
constate qu'il n'y a plus personne,
il prend la fuite dans d'atroces souffrances
car on lui a brisé les reins.
Il s'est traîné jusque dans un fourré
450 mais sa croupe a été si malmenée
qu'il ne peut retrouver ses forces.
C'est alors qu'il vit son fils venir au-devant de lui
et l'aborder sur-le-champ :
« Cher père, qui vous a mis dans cet état?
455 — Cher fils, c'est Renart, par traîtrise. —
Au nom du Dieu de Vérité qui jamais ne mentit,
il me fit culbuter dans un puits.
Jamais je ne pourrai m'en remettre. »
A cette nouvelle, le fils entre dans une violente colère
460 et jure, par Dieu qui endura la Passion,
que, s'il peut tenir Renart entre ses mains,

Il li fera ses jeus puïr :
« Sel puis tenir, jel vos plevis,
Il ne m'estordra mie vis,
465 Que devant moi fouti ma mere,
Si compissa moi et mon frere ;
Si l'en rendrai le guerredon,
Ja n'en aura se la mort non. »
    Atant s'en va en sa taisniere
470 Et fait mires mander et querre
Qui de lui se sont entremis
Et tant li ont vitaille quis
Que pourchacie ont et trouvee
Qu'il a sa force recouvree.
475 Ysengrins est garis et forz :
Se dant Renars passe les porz,
S'Ysengrins le truisse en sa marche,
Sachiez il li fera damage.

il lui apprendra de quel bois il se chauffe.
« Si je l'attrape, je vous garantis
qu'il n'en réchappera pas.
465 Sous mes yeux, il s'est envoyé ma mère,
il m'a pissé dessus ainsi que sur mon frère.
Je vais lui rendre la monnaie de sa pièce :
pas d'autre châtiment que la mort. »
       Alors Isengrin retourne dans sa tanière
470 où il fait venir des médecins.
Bien entouré de soins,
bien nourri de gibier
qu'ils se sont chargés d'attraper,
il a recouvré la santé.
475 Le voici rétabli et robuste :
si maître Renart franchit les frontières
et qu'Isengrin le trouve sur son territoire,
sachez qu'il en cuira au goupil.

BRANCHES V et Va

UN jour issi hors de la lande
Ysengrins pour querre vïande
Et dant Renars tout ensement :
Par temps feront acointement.
5 Renars prent Dieu a reclamer
Que cel jour le puisse garder
Des mains son compere Ysengrin :
« J'ai, fait il, tant mauvais voisin
Que ne me sai en qui fier. »
10 A un grant tertre devaler
Li vint Ysengrins devant lui
Qui par temps li fera anui.
Renars voit bien ne puet guenchir,
Ne nulle part ne puet fuïr.
15 Si li a dit tout a estrous ;
« Biaus comperes, bien veigniez vous,
Et Damediex vous envoit joie ! »
Et cilz li dist : « Se Diex me voie,
Joie aurai je, quant je vous voi.
20 Par Dieu le pere en qui je croi,
Quant je te voi, ne quier autrui.
Du corps te ferai grant anui :
En mon ventre prendras hostel,
Tu ne t'en puez partir par el.
25 Moult auroies isnel cheval,
Se ne te fais livrer estal.
De vous me leveront li flanc,
Aguiser weil de vous mon sanc :
Par sanc aquerrai hardement,

Renart, Isengrin et le jambon
Renart et le grillon
Les Plaintes d'Isengrin et de Brun

Un jour, Isengrin quitta la lande
pour chercher sa nourriture
et sire Renart fit de même.
Il est à parier qu'ils se rencontreront bientôt.
5 Renart commence par prier Dieu
de le préserver, durant cette journée,
des griffes de son compère Isengrin :
« J'ai, dit-il, un si méchant voisin
que je ne sais à qui me fier. »
10 Le temps de descendre une haute colline
et voilà Isengrin devant lui :
les ennuis ne vont pas tarder pour Renart
qui, voyant qu'il ne peut l'éviter
ni le fuir,
15 l'aborde résolument :
« Cher compère, soyez le bienvenu
et que Dieu vous donne la joie ! »
L'autre réplique : « Dieu m'assiste !
grande est ma joie du moment que je te vois.
20 Par Dieu le père en qui je crois,
du moment que je te vois, je suis comblé...
Je vais te faire cruellement souffrir,
tu seras logé dans mon ventre,
tu n'as pas le choix
25 car il te faudrait un cheval d'une exceptionnelle rapidité
pour esquiver le combat.
Grâce à toi, j'aurai la panse rebondie
et mon sang se fortifiera de ta chair.
Ce sang me rendra hardi

30 Plus en serai doubté de gent.
   Que faites vous? vïaz entrez
   En ma geule! que demourez?»
   Ysengrins aguise sa dent,
   A Renart donne assaillement.
35 Onques nulz hons, si fust chetis
   N'en terre de Sarrazins pris,
   Ne fu si bien houcepigniez
   Con Renars fu et desachiez.
       Or est Renars en mal troton.
40 De son dos volent li flocon
   Aussi con de coute de plume.
   Tel doulour a que tous escume.
   Ysengrins ot fait son revel,
   Renars a pelee la pel.
45 Si fu pelez, pas ne se faint:
   Ne se remüe ne se plaint.
   Ysengrins est sus acropiz
   Et dist: «Ahi, je suis traïz,
   Mes mautalens m'a sourporté,
50 Trop ai vilainement ouvré.
   Je n'ai mes cure de deport,
   Quant je mon conseiller ai mort.»
   Renars l'oï, un poi s'estent.
   Dist Ysengrins: «Qu'est ce que sent?
55 Encor li bat ci une veine,
   Mais je n'i sent feu ne aleine.»
   Renars se dresce sus ses piez
   Et dist: «Sire, ce est pechiez.
   Vostre niez sui, ce est la somme,
60 Ja mar tendrez vil petit homme.»
   Renars regarde par un plain:
   Delez le bois vit un vilain,
   En sa main portoit un bacon;
   Venus estoit de sa maison.
65 Renars le vit, si s'est sourris:
   «Oncles, moult estes mes amis,
   (Il garra ja par sa favele)
   Oncles, oiez bone nouvele!
   Un bacon porte cilz vilains:

30 et je deviendrai encore plus redoutable.
   Que fais-tu ? Dépêche-toi d'entrer
   dans ma gueule ! Qu'est-ce que tu attends ? »
   Isengrin aiguise ses dents
   et se jette sur Renart.
35 Jamais personne — fût-il prisonnier
   ou captif chez les Sarrasins —
   ne fut aussi brutalisé
   ni aussi secoué que Renart.
      Quelle pénible épreuve pour le goupil !
40 De son dos s'envolent les touffes de poils
   comme le duvet d'un édredon.
   La souffrance le blanchit d'écume.
   La rossée d'Isengrin
   a mis Renart à vif.
45 Il est bel et bien pelé, ce n'est pas pour rire :
   il ne bouge pas, ne se plaint pas.
   Assis un peu plus loin,
   Isengrin lui dit : « Ah ! maudite trahison,
   sous l'emprise de la colère,
50 comme j'ai mal agi !
   A quoi bon désormais le plaisir
   puisque j'ai tué mon conseiller ! »
   En l'entendant, Renart s'étire légèrement.
   « Qu'est-ce donc que je sens ? dit Isengrin.
55 Il a encore une veine qui bat
   mais je ne sens plus sa chaleur ni son souffle. »
   Renart se relève :
   « Seigneur, ce n'est pas bien.
   Je suis votre neveu, c'est là l'essentiel.
60 Désormais, ne méprisez plus les faibles. »
   Renart, regardant par la plaine,
   voit arriver, longeant le bois,
   un paysan avec un jambon ;
   il sortait de chez lui.
65 Ce spectacle le fait sourire.
   « Mon oncle, vous m'êtes très cher
   (son astuce le sauvera)
   mon oncle, écoutez la bonne nouvelle !
   Ce paysan, là-bas, porte un jambon.

70 Car le metons entre noz mains,
   Si devenommes marcheant.
   Qu'alons nous ici demourant?
   Courons li sus! or n'i ait plus.
   Bien sai vendre char sanz refus.
75 Or faisommes ci vostre esgart:
   Je en aurai la tierce part
   Et vous les deus, qui estes grans.
   C'est coustume de marcheans
   Que se deduient lïement. »
80 Ysengrins li moustra la dent,
   Si li respondi : « Par saint Cler,
   Vers vilain n'ai cure d'aler.
   Je passai ier par une rue,
   Un m'en feri d'une maçue
85 Que il m'abati tretout plat.
   Grant honte me fait qui me bat. »
   Dist Renars : « Lessiez ce ester!
   Or m'estuet mon sens esprouver.
   Se le bacon ne vous puis rendre,
90 A une hart me faites pendre.
   Oncle, fait il, or demourez!
   J'irai avant : ci vous estez!
   — Je l'ottroi », ce dist Ysengrin.
   Et Renars aqueult son chemin.
95 Par devant le vilain se trait
   Autresi con s'il fust contrait,
   Si vint parmi une charriere.
   Li vilains fist moult lïe chiere,
   Quant il aperçut le gourpil.
100 Or est li bacons en peril.
   Renars vint traïnant ses rains
   Et cilz le cuda prendre as mains.
   Renars li fist un petit saut.
   Dist li vilains : « Rien ne vous vaut,
105 Ta gorge iert mise en mon mantel. »
   Renars l'oï, moult li fu bel,
   Que moult a entre dire et faire.
   S'il puet, il li fera contraire.
   Tot temps enforce s'ambleüre

70 Faisons-le passer dans nos mains,
transformons-nous en marchands.
A quoi bon perdre du temps ?
A l'assaut ! C'est le moment.
Je suis un très habile vendeur de viande.
75 Fixons tout de suite votre part :
moi, j'en aurai un tiers
et vous deux, à cause de votre taille.
Ainsi procèdent les marchands
qui ont la vie belle. »
80   Montrant les dents, Isengrin
lui répondit : « Par saint Clair,
je n'ai pas envie de me frotter à un paysan.
Hier, comme je passais dans un village,
l'un d'eux me frappa avec un gourdin
85 et m'étendit raide.
Quelle humiliation de recevoir des coups !
— Ne vous inquiétez pas, dit Renart.
C'est une belle occasion de prouver mon astuce
Si je ne parviens pas à vous livrer le jambon,
90 faites-moi pendre à une corde.
Mon oncle, ajouta-t-il, ne bougez pas.
Je vais de l'avant. Restez ici.
— D'accord », dit Isengrin.
Et Renart se met en route.
95 Il se traîne devant le paysan
comme s'il était estropié
et parvient ainsi au milieu du chemin charretier.
Le paysan est fou de joie
en apercevant le goupil.
100 Gare au jambon !
Renart s'avança, traînant la patte,
et l'autre s'imagina qu'il pourrait l'attraper à la main.
Renart fit un léger saut.
« Tu ne perds rien pour attendre, dit le paysan.
105 Ta gorge ornera mon manteau des dimanches. »
Ses paroles réjouirent Renart
car il y a un monde entre dire et faire.
S'il le peut, il déjouera ses plans.
Il ne cesse d'accélérer l'allure

110 Et cilz engraigne s'aleüre.
Li vilains sueffre moult grant paine;
Ne puet aler, faut li l'aleine,
Si a geté le bacon jus.
Dist Ysengrins : « Or n'i a plus ! »
115 Renars s'en va touz les galos
Et Ysengrins suit les esclos.
Ysengrins n'ot cure d'enchaus,
Au bacon est venuz les saus,
Sel gete sus son chaaignon,
120 Fuit s'en o tout en un buisson.
La le menga sanz demoree,
A Renart a la hart gardee.
Li vilains retrourna arriere
Qui moult faisoit dolante chiere,
125 Quant il ot perdu son bacon :
Onc mais tel duel ne fist nulz hon.
Renars n'ot cure du vilain,
Lessa le courre par le plain,
Si s'en est venus au buisson
130 Ou cuida partir son bacon,
Mes Ysengrins qui prent et part
En a moustré Renart la hart.
Renars ne voult bataille faire,
Ançois li conmance a retraire :
135 « La hart ait qui l'a desservie,
Que je ne la deservi mie.
Mauvaise est vostre conpaignie,
Par Jhesu Crist le filz Marie.
Ne puis ci longuement durer,
140 Vostre congié weil demander.
Onques ne finai de pechier :
Biaus oncles douz, je vous requier
Congié de saint Jaque requerre,
Pelerin serai par la terre. »
145 Dist Ysengrins : « Et ge l'otroi. »
Renars fu molt en grant efroi,
Quinze jors va a grant baudor,
Onques Renars ne fist sejor.
     Va s'ent Renars tot son chemin.

110 et l'autre redouble de vitesse.
Le paysan est au supplice,
il ne peut continuer, le souffle lui manque ;
aussi a-t-il posé le jambon à terre.
Isengrin se dit : « C'est le moment ! »
115 Renart file au grand galop,
tandis qu'Isengrin suit les traces.
Pas question de se prélasser,
il saute jusqu'au jambon
qu'il jette sur son épaule
120 et qu'il emporte, en toute hâte, dans un buisson.
Là, il le mange, sans perdre une minute,
en laissant la ficelle pour Renart.
Le paysan revint sur ses pas
et fit une tête d'enterrement
125 en constatant la disparition de son jambon.
Jamais personne ne fut aussi affligé.
Renart, sans s'occuper du paysan,
arrêta sa course à travers la plaine
pour venir au buisson
130 où il croyait partager son jambon,
mais Isengrin, qui l'a pris et partagé,
en montra la ficelle à Renart.
Renonçant à livrer bataille,
le goupil lui répondit par ces mots :
135 « Que la corde revienne à qui l'a méritée.
Or ce n'est pas mon cas.
Vous êtes un mauvais associé
par Jésus-Christ, le fils de Marie.
Je ne peux pas rester longtemps ici.
140 Je vous demande congé.
Pêcheur invétéré,
je vous prie, mon cher oncle,
de me laisser partir prier saint Jacques.
Je serai pèlerin de par le monde.
145 — J'y consens », dit Isengrin.
Torturé par l'inquiétude,
Renart marcha hardiment pendant quinze jours
sans jamais faire halte.
      Renart poursuivit sa route,

150 Or velt engignier Ysengrin :
    Bien li cuide le bacon vendre
    Dont il ne li volt sa part rendre,
    Bien a la costume au gorpil.
    Devant lui garda un mesnil ;
155 La s'en torna, ce est la voire,
    Et vint au cortil le provoire :
    Raz i trova a grant plenté.
    « Dex ! dist Renars, bien ai erré. »
    Mes d'aus engigner molt se peine.
160 Arestez s'est a molt grant peine,
    Si aperçut un gresillon,
    Renars en fu en grant friçon,
    Escoté a le chanteor
    Qui illoc chantoit pres del for.
165 Le gresellons le cunut bien,
    Tot coi se tint ne ne dit rien.
    Renars en tint le chef enclin :
    « Clerc sevent bien chanter latin.
    Je te donroie bon loier,
170 Dan clers, dites vostre sauter ! »
    Li gresillons dist grant orgoil :
    « Par saint Denis, enquerre voil
    De quel pié, fet il, vos clochez. »
    Envers Renart s'est aprochiez.
175 De son brac une manche tret [1],
    Li gresillons jeta un bret ;
    Renars jeta la manche jus,
    Si li a dit : « Or n'i a plus. »
    Bee la goule, muet lez dens,
180 Qu'il le cuida enclore enz.
    Li grisellons li dist : « Renart,
    Tant par estes de male part.
    Or a dïable un pelerin
    Qui la gent mordra en la fin.
185 Molt fui ores pres de morir,
    Dex me gari par son plaisir. »

---

1. Il faut se rappeler qu'au Moyen Age, on pouvait détacher les
manches des habits.

150 maintenant résolu à jouer Isengrin
pour lui faire payer le jambon
qu'il a refusé de partager.
C'est bien dans les habitudes du goupil.
Il découvrit en face de lui une maison
155 vers laquelle il se dirigea — c'est vrai —
et il gagna le jardin du prêtre
qui regorgeait de rats.
« Mon Dieu, dit Renart, je ne suis pas venu pour rien. »
Mais il a bien du mal à les prendre au piège.
160 Il s'est arrêté, épuisé,
quand il aperçut un grillon
qui le fit sursauter de frayeur.
Il a écouté le chanteur
qui chantait là près du four.
165 Le grillon, qui le reconnut bien,
resta immobile et silencieux.
Renart inclina la tête :
« Les clercs savent bien chanter en latin,
je vous paierai grassement,
170 bon maître, chantez donc vos psaumes ! »
Le grillon répliqua fièrement :
« Par saint Denis, je veux savoir
où le bât vous blesse. »
Et il se rapprocha de Renart.
175 Celui-ci déplia une de ses manches
et, lorsque le grillon lança une note,
il la jeta à terre
en lançant : « Gagné ! »
Il ouvre la bouche, remue les dents,
180 croyant le tenir.
« Renart, lui dit le grillon,
vous êtes un sinistre individu.
Voilà que le diable dispose d'un pèlerin
qui finira par mordre les gens.
185 J'ai vu la mort de près,
mais il a plu à Dieu de me conserver sain et sauf.

Renars respont : « Vos estes ivres.
Je cuidoie ce fust tes livres.
Certes, se je mangé l'oüsse,
190 Trestotes tes chançons soüsse.
Molt sui sopris de grant malage,
Que j'ai fet meint pelerinnage.
Or voi bien ne puis plus durer :
Un malx fait moult mon cors grever.
195 Certes je sui uns chatis hon,
Mes fai moi or confessïon,
Car il n'a ci entor nul prestre :
Ja savez vos tres bien cest estre. »
Li gresillon connut Renart,
200 Si li a dit : « Se Dex me gart,
Ja en auroiz a grant plenté. »
Sept gaignon vienent descoplé,
En aprés vienent chasceors,
Arbalestiers et veneors,
205 Et li veneors hue et crie.
Renars entent la taborie,
Ne set qu'il puisse devenir,
Si s'apareille de foïr,
Et li veneors vint aprés,
210 Si descouple les ciens engrés :
« Or Tribole ! or Clarenbaut !
Par ci fuit li gorpil, Rigaut.
Or ci Plesence, aprés d'aler ! »
Ses levrers va toz descopler.
215 Renars s'en va grant aleüre,
Li levrer vienent a droiture.
Renars ne mist mie a sejor,
Einz saut sor la creste del for.
La se quati, li chen l'outrerent,
220 Renart perdírent, sil paserent.
Tant ont coru tot le chemin
Qu'il encontrerent Ysengrin.
Onques nel voudrent defier,
Sa pel conmencent a peler,
225 Et il durement se desfent :
Qui il consiut, as denz le fent.

— Vous avez bu, répond Renart.
Je croyais saisir votre livre.
En vérité, si je l'avais avalé,
190 j'aurais su tout votre répertoire.
Je suis atteint d'un terrible mal
que j'ai cherché à guérir par maints pèlerinages.
A présent, je vois bien que je n'en ai plus pour long-
je suis miné par la maladie.   [temps :
195 Oui, je suis bien à plaindre
mais confessez-moi tout de suite :
il n'y a aucun prêtre à la ronde
et vous, vous connaissez parfaitement ce rituel. »
Le grillon reconnut bien là Renart
200 et lui dit : « Dieu me garde !
Des prêtres, vous en aurez à revendre ! »
Sept mâtins arrivaient, détachés,
suivis de chasseurs,
d'arbalétriers et de veneurs.
205 Le maître veneur hurlait et s'époumonait.
Renart, à ce vacarme,
ne sait ce qu'il va devenir.
Aussi se prépare-t-il à fuir.
Le veneur le prend en chasse
210 et lâche sur lui les chiens féroces :
« Vas-y, Tribole ! Vas-y, Clarembaut !
Rigaud, le goupil se sauve par là !
Vas-y, Plaisance. Ne le lâchez pas. »
Et de libérer tous ses lévriers.
215 Renart court à perdre haleine,
les lévriers foncent droit sur lui.
Renart ne perdit pas son temps,
il sauta sur le faîte du four
où il se cacha, et les chiens le dépassèrent.
220 Ils perdirent la trace de Renart et passèrent leur chemin
qu'ils poursuivirent si longtemps
qu'ils tombèrent sur Isengrin.
Sans même lui lancer de défi,
ils se sont mis à lui arracher la peau.
225 L'autre se défend avec acharnement :
tout ce qu'il attrape, il le fend de ses dents.

De bataille est en grant friçon,
D'Ysengrin volent li flocon.
Renars fu sor le for muchez,
230 Qui en fu molt joianz et liez.
La bataille prent a garder,
Et Ysengrin a ranpronner :
« Or en avez le guerredon :
Mar i manjastes le bacon. »
235 Ysengrins est en mal deport.
Iloc avoit un gaignon fort,
Ysengrin asailli au braz.
Or est il choüz en mal laz,
Que cil li presente les denz
240 Et li bote en la pel dedenz,
Et il le blece malement.
Maint en ocist d'eforcement,
Li chen nel pourent endurer,
Ysengrin lasserent aler :
245 Tornez s'en est grant aleüre
Et vet aillors querre pasture.

                    Branche Va

    Adont se pensa d'une chose
Dont il sa feme en son cuer chose,
De ce que il ferue l'a,
250 Renars ; molt par s'en abaissa.
Tele ire a au cuer eü
De ce qu'il a a lui jeü,
Si se remet molt tost arere
Et vint molt tost a la qarrere
255 O sa feme trova seant.
Maintenant la va ledenjant :
Del pié la fiert con s'il fust ivre.

Quelle terrible bataille !
Les poils d'Isengrin s'envolent en touffes.
Renart, caché sur le toit,
230 se tord de rire.
Il se met à observer le combat
et à railler Isengrin :
« La voici, votre récompense.
Cela vous apprendra à manger le jambon ! »
235 Isengrin n'est pas à la fête.
Un gros chien qui se trouvait là
l'attaque au bras.
Le loup est dans de mauvais draps
car le chien avance les dents
240 qu'il lui enfonce dans la peau,
le blessant grièvement.
Dans un sursaut de violence, le loup
en tua plusieurs et, de guerre lasse,
les chiens laissèrent partir Isengrin
245 qui s'en est éloigné à une vitesse folle
pour aller ailleurs chercher sa nourriture.

Les plaintes d'Isengrin et de Brun l'ours

Soudain il repensa
à ce qu'il reprochait à sa femme en son for intérieur :
Renart se l'est tapée,
250 ce qui l'a profondément humilié.
C'est pourquoi, la rage au cœur contre le goupil
qui a couché avec elle,
il s'empresse de revenir sur ses pas
et de parvenir au chemin
255 où il la trouva assise.
Aussitôt, il lui envoie une bordée d'injures
et lui donne des coups de pied, comme s'il avait bu.

« Haï, fait il, pute chaitive,
Pute vix orde et chaude d'ovre,
260 Bien ai veüe tote l'ovre,
Bien me set Renars acopir.
Jei le vis sor voz braz cropir :
Ne vos en poëz escondire. »
A poi Hersent n'enrage d'ire
265 Por Ysengrin qui si la chose,
Mes neporqant tote la chose
De chef en chef tote li conte :
« Sire, voirs est, il m'a fet honte.
Mes n'i ai mie tant mesfet,
270 Endroit ce que force m'a fet.
Laissiez ester tot cest contrere :
Ce qui est fet n'est mie a fere.
A autre cose entendés :
Ja cist meffez n'iert amendez
275 Por cose que nos en dïon.
En la cort Noble le lïon
Tient on les plez et les oiances
Des mortex gueres et des tences ;
La nos alons de lui clamer :
280 Bien le porra tost amender,
De ce puet estre champeté. »
Cist mos a tot reconforté
Dant Ysengrin le corocié.
« Ahi, fet il, trop ai grocé.
285 Trop fu fox et petit savoie,
Mes cist consels m'a mis en voie :
Mar vit Renars son grant desroi,
Sel puis tenir a cort de roi. »
   A ces paroles cheminerent,
290 Onques ne cessent ne finerent
Tant que il vindrent a la cort.
Or cuit Ysengrins tendra cort
Renart le ros, se tant puet fere
Qu'a la cort le puisse atrere,
295 Que molt ert voizïez et sages,
Et si savoit plussors languages,
Et li rois l'a fait conestable

« Tiens, dit-il, espèce de dégueulasse,
salope de putain, sale baiseuse,
260 j'ai bien vu tout le manège :
ah ! Renart s'y connaît pour me rendre cocu.
Je l'ai vu à croupetons sur tes pattes :
tu ne peux pas dire le contraire ! »
Hersant, presque folle de colère
265 à s'entendre accuser ainsi,
lui fait malgré tout, en détail,
le récit complet de l'aventure :
« Il est vrai, messire, qu'il m'a déshonorée
mais je ne suis pas coupable pour autant,
270 car il m'a prise de force.
Laissez tomber cette fâcheuse histoire :
ce qui est fait, est fait.
Pensez à autre chose :
à coup sûr, ce n'est pas avec des paroles
275 qu'on lavera cette offense.
A la cour de Noble le lion
on plaide, on juge
pour régler tant les guerres mortelles que les différends.
Allons-y nous plaindre de Renart :
280 il sera bien vite amené à réparer son crime,
peut-être par un combat en champ clos. »
Ces paroles ont ramené la paix
dans le cœur irrité du seigneur Isengrin.
« Oui, oui, dit-il, j'ai perdu trop de temps à grogner,
285 faute de réflexion et de connaissance ;
mais ton conseil m'a montré la voie à suivre :
les excès de Renart le perdront
si je peux m'emparer de lui à la cour du roi. »
Sur ces paroles, ils se mirent en route
290 et cheminèrent sans s'arrêter
jusqu'à la cour.
Maintenant, je crois qu'Isengrin ne quittera pas
Renart d'une semelle, s'il trouve le moyen
de l'attirer à la cour
295 où son adresse, sa sagesse,
son habileté à parler plusieurs langages
l'avaient fait nommer par le roi

De sa meson et de sa table.
Parvenu furent el palez
300 La ou li rois tenoit ses plez.
La cors estoit granz et plenere :
Bestes i ot de grant manere,
Feibles et fors, de totes guises,
Qui totes sont au roi susmises.
305 Li rois sist sor un faudestuet
Si riche conme a roi estuet.
Tot entor lui siet a corone
Sa mesnie qui l'avirone ;
N'i a un sol qui noise face.
310 Atant es vos venu en place
Dant Ysengrin, il et s'amie,
Qui la parole ont aramie.
Trestuit li autre font silence.
Et mesire Ysengrin conmence
315 Devant le roi en sozpirant :
« Rois, justise va enpirant :
Verités est tornee a fable,
Nule parole n'est estable.
Vos feïstes le ban roïal
320 Que ja mariage par mal
N'osast en freindre ne brisier :
Renars ne vos velt tant prisier
N'onques ne tint por contredit
Ne vostre ban ne vostre dit.
325 Renars est cil qui toz mals seme,
Que il m'a honi de ma feme.
Renars ne dote mariage
Ne parenté ne cosinnage ;
Il est pire que ne puis dire.
330 Ne cuidiez mie, baux doz sire,
Que jel die por li reter
Ne por blame sor li jeter !
Rien que je die n'est mençoigne :
Veis ci Hersent qui tot temoigne.
335 — Oïl, sire, il dit voir, fet ele.
Puis cele ore qui fui pucele,
M'ama Renars et porsivi ;

connétable de sa maison et de sa table.
Ils arrivèrent donc dans le palais
300 où le roi tenait ses assemblées.
Les courtisans, très nombreux, étaient réunis pour une
des bêtes de toute espèce   [séance plénière,
et de tout genre, des faibles et des fortes,
toutes vassales du roi,
305 qui était assis sur un trône
d'une richesse digne de sa grandeur.
Autour de lui, en cercle,
ses proches
dont pas un ne fait le moindre bruit.
310 Voici donc arrivés en ce lieu
le seigneur Isengrin et son amie,
qui ont pris la parole.
Dans un silence général,
Messire Isengrin parla le premier
315 devant le roi, en soupirant :
« Sire, la justice va de mal en pis,
on se rit de la vérité,
on viole la parole donnée.
Vous avez fait proclamer un ban royal
320 qui interdisait formellement de rompre ou de briser
par la violence les liens du mariage.
Renart ne vous estime pas assez
pour se sentir tenu
par vos déclarations ou vos propos.
325 Renart est un fauteur de troubles
car il m'a déshonoré dans la personne de ma femme.
Il ne respecte ni le mariage,
ni les liens de parenté ou de cousinage.
Il est pire que je ne peux le dire.
330 Ne croyez pas, O noble roi,
que je cherche à le calomnier
ou à jeter le blâme sur lui.
Je ne dis que la vérité,
Hersant est là pour en témoigner.
335 — Oui, c'est la pure vérité, sire, dit-elle.
Depuis le temps de ma jeunesse,
Renart m'a aimée et courtisée,

Et je li ai toz jors foï,
Onques ne me veil apaier
340 A rien qu'il me vousist proier.
Et puis que j'oi pris mon segnor,
Me refist il enchauz gregnor,
Mes je nel voil onques atendre,
Ne ainz mes ne me pot sorprendre
345 Des q'a l'autrer en une fosse,
Que j'estoie et crasse et grosse.
Tant qu'il me vit en cel pertuis,
Il sailli fors tres parmi l'uis,
Et vint derers, si me honi
350 Tant que li jeus li enbeli.
Ce vit Ysengrins mes maris
Qui dolanz en iert et maris,
Et je sui ci qui oi la honte. »
Et con ele out feni son conte,
355 Et Ysengrins si a repris :
« Voire voir, sire, je le pris,
Seignor Renart. De cest mesfet
Que vos en senble ? A il forfet
Bien ne raison en cest endroit ?
360 A vos m'en clein, fetes m'en droit
Par devant trestoz vos barons
De ce dont nos reté l'avons !
Por ce m'en cleim au conmenchier
Que dant Renars ala tencher
365 A mes loveax en la tesniere,
Et si pissa sor ma loviere,
Si les bati et chevela,
Et avoutres les apela,
Et dist que cox estoit lor pere,
370 Qu'il avoit foutue lor mere.
Tot ce dist il, mes il menti.
Onques por ce ne s'alenti
De ma grant honte porchacher.
L'autrer estoie alez chacer,
375 Hersens estoit o moi venue.
La fu ceste descovenue
Que je vos ai ci acontee.

mais je l'ai toujours fui,
jamais je n'ai voulu céder
340 à aucune de ses prières;
après mon mariage,
ses assiduités se sont faites plus pressantes,
mais jamais je n'ai voulu y prêter attention.
Et jamais il n'a pu me prendre au dépourvu,
345 jusqu'à l'autre jour, dans un terrier,
profitant de ce que j'étais rondelette.
Dès qu'il me vit dans ce trou,
il sortit par une autre porte,
pour venir par-derrière me déshonorer,
350 aussi longtemps que ce jeu lui plut,
sous les yeux mêmes d'Isengrin mon mari
qui en était fou de douleur,
tandis que la honte en retombait sur moi. »
Lorsqu'elle eut fini de parler,
355 Isengrin enchaîna:
« Sire, c'est la stricte vérité, je l'ai surpris,
le seigneur Renart. Que pensez-vous
de ce crime? A-t-il, en cette occasion,
bafoué la morale et le droit?
360 J'en porte plainte devant vous. Rendez-moi justice,
devant l'ensemble de vos barons,
pour tous les méfaits dont nous l'accusons.
Pour commencer, j'accuse
le seigneur Renart d'avoir querellé
365 mes louveteaux dans ma tanière,
d'avoir pissé sur mon terrier,
et de les avoir battus, en leur arrachant les poils,
de les avoir traités de bâtards,
en disant que leur père était cocu
370 puisqu'il s'était farci leur mère.
Toutes ses paroles n'étaient qu'un tissu de mensonges.
De plus, il n'a jamais, pour autant, perdu
une occasion de me déshonorer.
L'autre jour, j'étais allé chasser
375 en compagnie d'Hersant.
Ce fut alors que survint la fâcheuse aventure
que je vous ai ici rapportée.

Je les sorpris a la montee,
Et le blamai de cest afere,
380 Et il m'en ofri droit a fere
Un serement por lui desfendre
Tot la o jel voudroie prendre.
Sor ce me fetes jugement
Et amender delivrement
385 Cest mesfet et ceste descorde,
Q'autre musart ne s'i amorde. »
     Ysengrins a son cleim finé,
Li rois en a son chef levé,
Si conmence un poi a sozrire :
390 « Avez vos, fet il, plus que dire ?
— Sire, naie ; de tant me poise
C'onques en fu meüe noise,
Et que j'en sui si vergondez.
— Hersent, dist li rois, respondez,
395 Qui vos estes ici clamee
Que dant Renars vos a amee :
Et vos, amastes le vos onques ?
— Je non, sire. — Or me dites donques
Por qei estïez vos si fole
400 Qu'en sa meson aleez sole
Puis que vos n'estïez s'amie ?
— Merci, sire ! ce n'i est mie.
S'il vos plest, mielz dire poëz,
Selonc le cleim que vos oëz
405 Que je vos di, li connestable,
Mes sires, qui bien est estables,
Que il ensamble o moi la vint
Ou ceste vergoigne m'avint.
— Ere il o vos ? — Oïl, sanz faille.
410 — Qui cuidast ce, que Diex i vaille,
Que il esforcer vos doüst
La ou vostre mari soüst ? »
Lores s'est Ysengrins levez :
« Sire, dist il, vos ne devez,
415 Se vos plest, moi ne lui desfendre,
Ainz devez pleinement entendre
A la clamor, que que nus die,

Je les ai surpris au moment où il la sautait,
et comme je blâmai Renart de sa conduite
380 il m'offrit de m'en rendre raison,
et de se justifier par un serment
partout où je le voudrais.
Pour toutes ces raisons, rendez-moi justice,
obtenez-moi une prompte réparation
385 pour ce méfait et cette discorde
afin qu'aucun autre écervelé ne s'avise de l'imiter. »
    Quand Isengrin eut exposé ses griefs,
le roi releva la tête,
un léger sourire sur les lèvres :
390 « C'est tout ? dit-il.
    — Oui, sire, et je suis bien désolé
que cette affaire ait fait tant de bruit
et qu'elle m'ait couvert de honte.
    — Hersant, dit le roi, répondez-moi,
395 vous qui vous êtes plainte ici
que Renart vous ait aimée,
vous est-il arrivé de l'aimer ?
    — Moi ? Oh ! non, sire. — Expliquez-moi donc alors
pourquoi vous avez commis la folie
400 de vous rendre seule chez lui,
si vous n'étiez pas son amie.
    — Si vous le permettez, sire, vous n'y êtes pas du tout.
Avec votre permission, il serait préférable de dire,
d'après la plainte que vous m'avez entendue
405 faire, que le connétable
mon mari qui est au-dessus de tout soupçon
était avec moi
au moment où j'ai subi cet outrage.
    — Il était avec vous ? — Oui, c'est sûr et certain.
410 — Qui pourrait croire, Grand Dieu,
que Renart ait réussi à vous violer
en présence de votre mari ? »
Isengrin, alors s'est levé.
« S'il vous plaît, sire, dit-il, vous ne devez
415 prendre parti ni pour moi, ni pour lui,
mais vous devez être très attentif
à la plainte, quoi que l'on dise,

Que il la meut o l'escondie [1],
Que je vos di bien a fiance,
420 Con cil qui vos a fet liance,
Que se Renars ert ci presenz,
Ge mosteroie qu'a Hersenz
Jut il a force, que jel vi,
Par la foi que je vos plevi. »
425 Et li rois par sa grant franchise
Ne velt sofrir en nule guise
Hon fust en sa cort mal mené
Qui d'amors fust achoisonné ;
Et si quida que non feïst.
430 Sachez, volentiers le guerpist
Envers Renart de sa querele
Dont mesire Ysengrins l'apele.
    Et con il vit qu'il volt tencher,
Si conmença a agencier,
435 Si li respondi mot a mot :
« Ce, fait il, que Renars l'amot,
Le quitte auques de son pechié,
Se par amor vos a trechié.
Certes prouz est et afaitiez,
440 Et neporquant il ert traitiez
Selonc l'esgart de ma meson.
Par jugement et par reson
Bien en faites prendre conroi. »
Li camels sist joste le roi,
445 Molt fu en la cort cher tenuz.
De Lombardie estoit venuz
Por aporter mon segnor Noble
Treü devers Costentinoble.
La pape l'i avoit tramis,
450 Ses legas ert et ses amis ;
Molt fu sages et bon legistres.
« Mestre, fet li rois, s'onc oïstes
En nule terre tel conpleinte
Con a ma cort a l'en fet meinte,

---

1. Traduction de G. Tilander : « Vous devez suivre attentivement
cette plainte... que Renart la mène ou la refuse ».

du côté de l'accusation comme de la défense,
car je vous certifie,
420 en bon vassal que je suis,
que, si Renart était ici présent,
je ferais la preuve qu'il a couché de force
avec Hersant, sous mes propres yeux,
je vous le jure par ma foi. »
425 Le roi, dans sa grande générosité,
ne voulut jamais tolérer
qu'on maltraitât quelqu'un à sa cour
pour une histoire d'amour,
et il s'imaginait que Renart n'avait pas commis ce crime ;
430 sachez qu'il l'aurait volontiers libéré
de l'accusation
dont messire Isengrin le chargeait.
Mais, voyant l'autre ergoter,
il entreprit d'arranger les choses
435 et lui répondit exactement en ces termes :
« Dans la mesure où Renart l'aimait,
il est lavé, pour une bonne part, de sa faute
si c'est par amour qu'il vous a trompé.
L'on ne peut nier qu'il ne manque ni de valeur, ni de
440 mais il n'échappera pas pour autant   [distinction,
aux règles de ma cour.
Examinez donc son cas
à la lumière de la justice et du droit. »
A côté du roi se tenait le chameau
445 qui jouissait de l'affection de la cour.
Il était venu de Lombardie
pour apporter au roi Noble
le tribut de Constantinople,
envoyé par le pape
450 dont il était le légat et l'ami.
Il était très sage et bon juriste.
« Maître, fait le roi, si vous avez eu connaissance
en quelque royaume d'une affaire de ce genre
dont ma cour est souvent le théâtre,

455 Or volons nos de vos aprendre
Quel jugement en en doit rendre.
— Quare, mesire, me audite [1] !
Nos trobat en decrez escrite [2]
En la rebrice publicate
460 De matrimoine vïolate :
Primes le doiz examinar
Et s'il ne se puet espurgar,
Grevar le puez si con te place,
Que il a grant cose mesface.
465 Hec est en la mie sentence :
S'estar ne velt en amendance,
Dissique parmane conmune
Uneverse soe pecune,
O lapidar lo cors o ardre
470 De l'aversier de la Renarde !
Et vos si mostre si bon rege :
Se est qui destruie la lege
Et qui la voil vituperar,
Il le doive fort conperar.

1. Il s'agit, dans ce passage en jargon franco-latino-italien, d'une raillerie irrespectueuse du cardinal-légat Pierre de Pavie dont le français mêlé d'italien prêtait à rire. En voici la traduction : « Aussi, monseigneur, écoutez-moi ! Nous trouvons écrit dans le Décret sous la rubrique publiée au sujet de la violation du mariage que tu dois d'abord interroger l'accusé, et s'il ne peut se disculper, tu peux le punir à ton gré, car il a commis un grand crime. Voici quelle est ma sentence : s'il ne veut pas accepter une réparation telle que sa fortune tout entière demeure la propriété de la communauté, alors fais lapider ou brûler le corps de ce diable de Renart ! Et comportez-vous en bon roi : s'il y a quelqu'un qui détruise la loi ou qui veuille lui porter une grave atteinte, il doit le payer très cher. Monseigneur, par le corps saint, si tu considères le jugement comme une chose sainte (ou bien : si ton jugement est bon) et si tu es un bon prince, rends un verdict équitable pour ton honneur, par la sainte croix de Dieu ! Car tu n'es pas un bon roi, si tu ne veux pas agir selon la raison et le droit, ainsi que le fit Jules César, et, à supposer que tu veuilles rendre la justice, si tu veux être un bon prince, veille à bien parler ! Par ta foi, respecte ce principe ! Si tu ne portes pas beaucoup d'affection à tes barons, deviens moine pour que leur vie en soit améliorée ! Renonce à la royauté ! Si tu ne juges pas selon le bien, et si tu n'es pas fidèle à la justice, tu n'es pas un bon prince. Dis ce qui te plaît ! Je n'ajoute rien, et ne puis t'en dire davantage. »
2. Le décret est un recueil d'anciens canons des conciles, des constitutions des papes et des sentences des Pères de l'Église.

455 nous voulons apprendre de vous
    quel jugement il faut rendre en ce cas.
    — Quaré, sire, mé audité,
    nous trouvat dans le Décrétale,
    dans le rubrique public
460 du violation du matrimoine :
    primo, tu dois l'accusé examinaré
    et s'il ne peut sé disculparé
    grévaré tu le peux comme il plaise à toi,
    car il a grand crime commise.
465 Hec est la mienne sentence :
    s'il ne veut pagaré une amende
    de sorte que tota sua fortuna
    devenir commune,
    alors, fais lapidaré ou ardéré le corps
470 de ce diable de Reinarde.
    Toi ainsi montrer être une buono ré.
    Si quelqu'un détruire la légué
    ou la vouloir insultaré
    lui devoir pagaré caro.

475 Messire, par la corpe seinte,
    Se la jugement si aseinte,
    Et tu nos sies bon seignor,
    Fai droit jugar par toe anor,
    Par la seinte croise de Dé !
480 Que tu ne soies bonne ré,
    Se reison ne droit ne vos far
    Ausi con fist Julius Cesar,
    Et en cause voille droit dir,
    Se tu veoil estre bonne sir,
485 Vide ti bonne favelar !
    Par la foi toe tiegn le car !
    Se ne tiens car ta baronnie,
    Rendar por amendar lor vie,
    N'aies cure de reiautat !
490 Se tu ne juches par bontat,
    Et se tu ne faces droitor,
    Tu non sies bonne segnor.
    Favalar ce que bon te fache !
    Plus ne t'en di ne plus ne sache. »
495   Quant li baron l'ourent oï,
    Tex i a se sont esjohi,
    Et tex i a molt corocié.
    Li lïons a le chef drecié :
    « Alés, fait il, vos qui ci estes
500 Li plus vaillant, les granor bestes,
    Si jugiez de ceste clamor,
    Se cil qui est sopris d'amor
    Doit estre de ce encopez
    Dont ses conpainz est escopez. »
505 A ces paroles lievent sus,
    Del tref roial en vont en sus
    A une part por droit jugier.
    Plus en i ala d'un millier.
    Dant Bricemers li cers i va
510 Qui de mautalent s'aïra
    Por Ysengrin qui est triciez,
    Et Brun li ors s'est aficiez,
    Dist qu'il voudra Renart grever.
    Avec aus deus ont fet lever

475 Sire, par la corpus santo,
si ta jugement être sano,
et si tu être buono signore per noi,
rends juste sententia, pour ta honneur,
par la santa croce de Dieu.
480 Car jamais toi être buono ré
si toi ne vouloir faré le droit et la justice,
comme le fit Julius César,
et non voléré le droit dire en ce cause.
Mais si toi vouloir être une buono ré
485 toi veiller à béné parlaré.
Par la foi tienne, toi la tenir caro.
Si toi ne pas tenir caro ta baronnie,
toi devenir moine pour amendaré leur vie,
mais ne te mêle pas dé faré li ré
490 si toi non judicaré per bonitaté,
et si toi non aministraré la justizia
toi ne pas être une buono signoré.
Parlaré comme bon te sembler.
Moi plus rien dire, moi pas savoir plus ! »
495   Lorsqu'ils l'eurent entendu,
certains barons jubilèrent,
d'autres firent grise mine.
Le lion a redressé la tête :
« Allez, fait-il, vous qui êtes ici,
500 vous les plus estimables, les plus puissants des animaux,
faites droit à cette doléance ;
faut-il traiter en coupable
celui qui agit sous l'empire de la passion
et, du coup, innocenter son compagnon ? »
505 A ces mots, tous de se lever
et de s'éloigner de la tente royale
pour délibérer.
C'est plus d'un millier qui se déplaça,
dont le seigneur Brichemer,
510 exaspéré par les tromperies
dont Isengrin est la victime,
et Brun l'ours qui a affiché
son intention de nuire à Renart.
Ils se sont fait accompagner

515 Baucen le sengler qui de droit
    En nul sen guencir ne voudroit.
        Asemblé sont au parlement.
    Li cers parla premerement
    Qui sor Baucent fu acoutez.
520 « Seignor, dist il, ore escotez !
    Vos avez oï d'Ysengrin,
    Nostre ami et nostre cosin,
    Con il a Renart encusé.
    Mes nos avons en cort husé,
525 Quant en se pleint de forfeture
    Et l'en velt en avoir droiture,
    Mostrer l'estuet par tierce mein,
    Que tel porroit d'ui a demein
    Fere clamor a son voloir
530 Dont autre se porroit doloir.
    De sa feme vos di reson :
    Celui a il en sa prison,
    Quanque il velt dire ou tesir,
    Tot li puet fere a son plesir
535 Et bien mentir a escïent.
    Ne sont mie soficïent
    Itex teimoins a recevoir :
    Autres lor convendra avoir.
    — Par Deu, segnor, ce a dit Bruns,
540 Des jugeors sui je li uns.
    Puisque nos somes ci ensemble,
    Si en dirai ce que me senble.
    Dant Ysengrin est connestables
    Et de la cort bien est creables.
545 Mes, se il fust uns bareteres
    O faus o traîtres o leres,
    Sa feme ne li poïst mie
    Porter teimoing ne garantie.
    Mes Ysengrins est de tel non
550 Que, s'il n'i oüst se li non,
    Sï l'en poïst l'en tres bien croire.
    — Par foi, fait Baucen, sire, voire.
    Mes une cose i a encore :
    En vostre foi, car dites ore

515 de Baucent le sanglier qui ne voudrait faire
la moindre entorse au droit.
    Une fois réunis en conseil,
le cerf parla le premier,
appuyé sur Baucent :
520 « Seigneurs, dit-il, écoutez donc !
vous avez entendu en quels termes Isengrin
notre ami et notre cousin
a accusé Renart,
mais nous avons coutume à la cour
525 de demander à tout plaignant
qui réclame justice
de produire le témoignage d'une tierce personne,
sinon n'importe qui pourrait n'importe quand
porter plainte à sa fantaisie
530 au détriment d'autres personnes.
    Au sujet de sa femme, voici la vérité :
il la tient sous sa coupe
si bien qu'il peut, à son gré,
lui faire dire ou taire tout ce qu'il veut,
535 et même mentir sciemment.
De tels témoins ne présentent pas
les garanties suffisantes pour être recevables,
ils devront en produire d'autres.
    — Par Dieu, seigneurs, a dit Brun
540 puisque je suis l'un des juges,
et que nous sommes ici rassemblés,
je vais vous donner mon avis.
Le seigneur Isengrin est le connétable,
et la cour peut avoir confiance en lui.
545 Si, au contraire, il avait été trompeur,
déloyal, traître ou voleur,
sa femme n'aurait pas pu
se porter témoin ou garant de lui ;
mais le renom d'Isengrin est si grand
550 que même s'il n'y avait que le témoignage de sa femme,
on pourrait lui accorder une totale confiance.
    — C'est ma foi vrai, seigneur, fait Baucent,
mais vous oubliez quelque chose :
en conscience dites-nous donc maintenant

555 Qui est li pires ne li meudre.
Chascun se velt au suen aqeudre.
Se vos dites que Isengrins
Est li meudres de ses voisins,
Renars le voudra contredire
560 Que n'est ne meins loiaus ne pire ;
Chascun si se tient por prodome.
Por ce vos di a la parsome :
Ce ne puet estre que vos dites,
Donc n'i a plus coses eslites.
565 Chascun porroit tel clamor fere
Por sa feme a teimong traire,
Et dire : « Cent sols me devez, »
Dont meint home seroit grevez.
Ce n'iert ja fet la u je soie.
570 Oissuz estes hors de la voie.
A vos me tieng, dan Bricemer :
Il n'a home jusq'a la mer
Qui ne deïst plus sagement
Ne loiauté ne jugement.
575 — Seignor, ce dist Plateax li deins,
D'autre cose est ore li cleins,
Que messire Ysengrins demande
Restorement de sa viande
Que Renars prist en sa meson
580 A force, par male reson,
Et qu'il pissa par mal respit
Sor ses enfanz en son despit,
Si les bati et chevela
Et avoltres les apela ;
585 Et a ce afiert grant amende.
Se dant Renars ne li amende
Et s'il s'en puet einsi estordre,
Encor s'i voldra il amordre. »
Et dist dans Brun : « C'est verité.
590 Honi soit et deshonoré
Qui ja Renart consentira
Que un prodome honira,
Et si li toudra son avoir,
Si n'en porra nul droit avoir :

555 lequel est le pire ou le meilleur des deux.
Chacun soutient son protégé.
Si vous prétendez qu'Isengrin
est le meilleur du voisinage,
Renart soutiendra au contraire
560 qu'il n'est ni moins loyal ni pire que lui,
tant il est vrai que chacun se juge digne d'estime.
C'est pourquoi je conclus
qu'on ne peut suivre votre avis;
il aboutit à empêcher toute récusation.
565 N'importe qui pourrait se plaindre de même
en produisant sa femme comme témoin
et affirmer: «Vous me devez cent sous»
au préjudice de bien des gens.
Cela ne se produira pas en ma présence.
570 Vous vous égarez.
Je me range à votre avis, seigneur Brichemer:
il n'est personne jusqu'à la mer
pour s'exprimer avec plus de sagesse,
de loyauté et d'équité que vous.
575 — Seigneurs, dit le daim Platel,
la plainte porte sur un autre point
car le seigneur Isengrin demande
réparation pour la nourriture
que Renart a prise chez lui,
580 de force, sous de mauvaises raisons;
réparation aussi pour avoir pissé sans respect
sur ses enfants en signe de mépris,
pour les avoir battus en leur arrachant les cheveux,
pour les avoir traités de bâtards.
585 Tout cela exige une forte réparation.
Si le seigneur Renart ne reconnaît pas ses torts
et peut encore se tirer d'affaire,
il s'empressera de recommencer.»
Et le seigneur Brun d'approuver: «C'est la vérité.
590 Honte et déshonneur
à celui qui laissera Renart
couvrir d'infamie un honnête homme
et lui dérober sa fortune
sans que sa victime puisse obtenir justice!

595 Donc auroit il borse trovee.
    Ce seroit folie provee,
    Si li rois son baron ne venge
    Que Renars honist et ledenge.
    Mes a tel morsel itel tece [1],
600 Chaz set bien qui barbes il leche.
    Et ne quit pas, sauve sa grace,
    Que noz sire s'ennor i face,
    Qui s'en aloit ore rïant
    Et Ysengrin contralïant
605 Por un garçon, un losenger.
    Dex me laist de son cors venger !
    Por Deu vos pri ne vos soit gref
    Se je vos fas un conte bref
    Del traïtor felon encrime,
610 Con il concïa moi meïme.
        Renars qui molt par est haïz,
    Avoit dejoste un plasseïz
    Une riche vile espïee
    Novelement edifïee.
615 Les le bois avoit un manoir
    O un vilein soloit manoir
    Qui molt avoit cos et jelines.
    Renars en fist grant dechiplines
    Que bien en manja plus de trente.
620 Tote i a tornee s'entente.
    Li vileins fet Renart guetier,
    Ses chens avoit fet afetier ;
    El bois n'ot ne sente ne triege
    Ou il n'oüst cepel o piege
625 O trebucet u laz tendu
    O rois ou roisel estendu.
    Renart greva qant il le sot,
    Quant a la vile aler ne pot.
    Dont porpensa li vis dïables
630 Que j'ere grans et bien voiables,

---

1. Mot à mot : « ... à des morceaux différents correspondent des propriétés différentes », c'est-à-dire : « les gens ne se ressemblent pas tous » (trad. de Cl. Régnier).

595 Quel bon filon il aurait trouvé là!
ce serait pure folie
que le roi ne vengeât pas son baron
déshonoré et bafoué par Renart.
Mais autant d'avis que d'hommes.
600 Le chat sait bien à qui sont les moustaches qu'il lèche
et je ne pense pas, sauf le respect que je lui dois,
que notre souverain s'honore
à plaisanter comme il le faisait
et à contredire Isengrin
605 au profit d'un va-nu-pieds, d'un lèche-bottes!
Que Dieu permette que je me venge de lui!
Par Dieu, je vous prie d'accepter de bon cœur
que je vous raconte en quelques mots
comment ce scélérat, cet infâme coquin
610 a réussi à me tromper moi-même.
    Renart, objet d'une haine universelle,
avait observé, derrière une palissade,
une ferme florissante
que l'on avait construite depuis peu.
615 Près du bois, se trouvait une demeure
habitée par un paysan
qui avait beaucoup de coqs et de poules.
Renart en fit une hécatombe
puisqu'il en mangea bien plus de trente,
620 sans ménager sa peine.
Aussi le paysan fit-il épier Renart
et dresser ses chiens.
Dans le bois, pas de sentier, ni de carrefour
qui n'eût un piège ou une embûche
625 où il n'eût tendu un trébuchet, ou un lacet,
où il n'eût déployé un filet ou un réseau.
Cette nouvelle contraria Renart:
plus question pour lui de se rendre à la ferme.
Alors, ce démon en chair et en os s'avisa
630 que j'étais grand et facile à repérer

Et il ert petis et menuz;
Si seroie einz retenuz,
O fust a bois o fust a plein;
Plus tost meïst on a moi mein,
635 O que nos fussion ambedui,
Ainz tendist en a moi qu'a lui,
Et je meulz i fusse atrapez
Et il plus tost fust escapez.
Il savoit que j'amoie miel
640 Plus que chose qui soit sos ciel.
A moi vint en esté oen
Devant la feste seint Johen :
« Ahi, fist il, messire Brun,
« Quel vassel de miel je sai un !
645 — « Et o est? — Ches Costant des Noes.
« — Porroie i ge metre les poes?
« — Oïl, je l'ai tot espïé. »
Li blé estoient espïé,
Le blé trovames tot covert,
650 S'entrames par un uis overt.
Les une granche, en un verger,
La nos doümes herbergier
Et jesir trestot a repos
De si au vespre entre les chox.
655 Cele nuit al eserisier
Deveion le vesel brisier,
Le miel manger et retenir.
Mes li glos ne se pot tenir :
Vit les jelines el pailler,
660 Si conmença a baellier.
A l'une saut, celes crïerent.
Li vilein qui de laienz erent,
Lievent la noise par la vile,
Tost en i out plus de deux mile.
665 Vers le cortil vindrent corant
Et Renart durement huiant,
Plus de quarante en une rote.
Ne fu merveille se j'oi dote,
Les granz galoz m'en suis tornez.
670 Renars s'en fu tost detornez

au contraire de lui qui était petit et menu.
Aussi je serais attrapé le premier,
en forêt comme en plaine ;
on mettrait plus vite la main sur moi,
635 au cas où nous irions de compagnie ;
on chercherait à m'attraper plutôt que lui.
Plus facilement on me capturerait,
plus rapidement il s'échapperait.
Il savait que j'aimais le miel
640 plus que tout au monde.
Il m'aborda l'été dernier
avant la Saint-Jean :
« Or çà, dit-il, seigneur Brun
je connais un de ces pots de miel !
645 — Où donc ? — Chez Constant des Noues.
— Pourrais-je y plonger les pattes ?
— Oui, je m'en suis bien assuré. »
Le blé était en épis,
le champ en était tout couvert,
650 et nous sommes entrés par une porte ouverte.
Près d'une grange, dans un verger,
nous avons dû nous loger
et rester sans bouger
jusqu'au soir, au milieu des choux.
655 C'est ce jour-là, à la tombée de la nuit,
que nous devions briser le pot,
manger et dérober le miel.
Mais le goinfre ne put se retenir :
à la vue des poules sur la paille,
660 il se mit à bâiller de faim ;
quand il sauta vers l'une, les autres crièrent,
et les paysans du coin
se mirent à faire du tapage à travers la ferme.
Ils eurent tôt fait d'être plus de deux mille.
665 Une bande d'une bonne quarantaine
s'élança vers le jardin
en poussant des cris contre Renart.
Rien d'étonnant si j'eus peur :
je fis demi-tour au triple galop.
670 Renart, qui connaissait les passages et les raccourcis

Qui sot les pas et les destorz,
Sor moi verssa tot li estorz.
    Quant jel vi trere a une part :
« Comment, dis je, sire Renart,
675 « Volés me vos laissier en place ?
« — Qui mielz porra fere, si face :
« Bau sire Brun, or del haster,
« Que besoing fet vielle troter.
« Fetes del meulz que vos porrez,
680 « Se trenchanz esperons avez
« O bon cheval por tost aler.
« Cil vilein vos voudront saler.
« Or oiez con il font grant noise.
« Se vos peliçon trop vos poise,
685 « Ja n'en soiez desconfortez :
« Il vos sera par tans portez.
« G'irai avant a la cuisine,
« S'i porterai ceste jeline,
« Si la vos aparellerai :
690 « Dites quel savor i ferai. »
Li traïtres atant s'eslese,
Si me laissa en cele presse.
La noisse ala si engrennant.
Li chen me vindrent au devant ;
695 A moi se lïent pelle melle,
Et pilet volent comme grelle,
Si cornent li vilein et huient
Que li champ environ en bruient.
    Quant oï les vileins corner,
700 Qui lors me veïst trestorner
Vers les mastins tot a bandon,
Fouler et mordre environ,
Hurter et batre et desconfire,
Bien poïst por verité dire
705 Que onc ne fu veüe beste
Qui de chens feïst tel tempeste.
Molt me pensoie d'els desfendre,
Quant je vi les pilés descendre
Et les sajetes barbelees
710 Chaoir entor moi granz et lees,

ne tarda pas à les semer
si bien que j'eus à faire face au gros de la troupe.
Lorsque je le vis filer de son côté :
« Comment, dis-je, seigneur Renart,
675 vous avez l'intention de m'abandonner ?
— A chacun de se débrouiller,
cher seigneur Brun, et maintenant dépêchez-vous,
car le besoin donne des ailes aux vieilles.
Faites pour le mieux
680 si du moins vous avez des éperons acérés
ou un bon cheval.
Ces paysans ont dans l'idée de vous mettre au saloir.
Écoutez donc leur vacarme !
Si votre peau vous pèse,
685 ne vous faites aucun souci :
un autre que vous ne tardera guère à la porter.
Je vous précède à la cuisine
pour y apporter cette poule
et vous la préparer :
690 dites-moi à quelle sauce l'apprêter. »
Sur ce, le traître file
en m'abandonnant dans cet enfer.
Au milieu d'un tapage grandissant,
les chiens m'attaquèrent,
695 leur meute s'acharna sur moi,
tandis que les traits tombaient dru comme grêle,
et que les paysans sonnaient du cor, poussaient des cris
dont ils faisaient résonner tous les champs alentour.
      Si l'on m'avait vu, au milieu de ce bruit,
700 faire front
aux mâtins avec une belle vigueur,
piétiner et mordre tout autour de moi,
cogner, battre, mettre en déroute,
alors, on aurait pu dire, vrai de vrai,
705 que jamais on n'avait vu une bête
se déchaîner ainsi contre des chiens.
Je ne pensais qu'à me défendre contre eux ;
quand je vis les traits s'abattre
et les flèches barbelées
710 tomber autour de moi, longues et larges,

Et vileins venir; si m'en part,
Les chens guerpi de l'autre part,
Vers les vileins ving eslessiez.
Atant me fu li chans lessiez:
715 N'i ot si hardi ne si cointe,
Tres que je vers eus fis ma pointe,
Qui lors ne s'en tornast fuiant.
Et je ving un d'aux consuiant,
A terre a mes piez le cravant.
720 Un autre s'en fuï avant
Qui portoit une grant maçue;
Cil que je ting si crie et hue,
Et il retorne, si me greve.
A deus poinz la maçue leve,
725 Tel cop me dona lés l'oreille
Que je chaï, voille o ne voille.
Quant je me senti si qassé,
Son conpaignon li ai lessié.
Je sailli sus et il s'escrïent,
730 Et li chen a moi se ralïent,
Si me sacent et me decirent.
Quant li vilein entre elz le virent,
Estes les vos toz apoignant.
De lor glaives me vont poignant,
735 Pierres jetent, sajetes traient.
Li mastin crïent et abaient.
La ou j'en pooie un ateindre,
Si le faisoie a force geindre,
Mes durement m'i ont plaié,
740 Et li vilein m'ont esmaié.
Vers le bois conmençai a tendre
La ou je vi la presse mendre,
Si m'en estors le melz que poi.
Retenuz i fui a bien poi.
745 Mes, que fuiant, que desfendant,
Par une broce, en un pendant,
Maugré trestoz mes enemis,
Fis je tant que el bois me mis.
Renars li ros m'a si bailli
750 Por la jeline q'asailli.

et les paysans arriver, alors je m'en allai,
délaissant les chiens
pour me précipiter sur les paysans
qui, aussitôt, m'abandonnèrent le champ de bataille.
715 Aucun d'eux, dès que je fonçai sur lui,
ne fut assez hardi ni assez brave
pour ne pas tourner les talons.
Je rattrapai l'un d'eux,
et le piétinai sur le sol.
720 Un autre fuyait en avant,
porteur d'une grosse massue.
Quand celui que j'avais attrapé l'appela à son secours,
il se retourna et me blessa :
de sa massue brandie à deux mains,
725 il me frappa si fort près de l'oreille
que je tombai, bon gré, mal gré.
Me sentant ainsi amoché,
je dus lui abandonner son compagnon.
Je me relève, mais les paysans poussent des cris
730 et les chiens reviennent sur moi,
me tiraillent et m'écorchent.
A ce spectacle,
voici tous les paysans qui se précipitent,
me pressent de leurs épieux,
735 jettent des pierres, lancent des flèches.
Et les mâtins de crier et d'aboyer.
Lorsque je pouvais en attraper un,
je le forçais à gémir
mais ils ont fini par me blesser grièvement
740 et les paysans par me terroriser.
Je pris la direction du bois
où la foule m'apparaissait moins épaisse,
et m'en tirai du mieux que je pus.
Je l'avais échappé belle !
745 Bref, tantôt fuyant, tantôt me défendant,
à travers des fourrés qui couvraient une pente
je réussis, malgré tous mes ennemis,
à gagner le bois.
Tout cela, c'est Renart le rouquin qui me l'a infligé
750 pour avoir attaqué la poule.

Ge nel di pas por clamor fere,
Mes por essample de lui trere,
Que s'est clamé sire Ysengrins,
L'autrier se repleint Tiecelins
755 Qu'il le pluma en traïson.
Or voloit il metre en prison
Tybert le chat a un cepel,
Ou il redut laissier la pel;
Et puis refist il bien que lere
760 De la mesenge sa conmere,
Quant il au baissier l'asailli
Conme Judas qui Deu traï.
Or en doit conseil estre pris,
Con il est si sovent repris.
765 Nos i avon molt grant pecié,
Quant tant l'i avon aluchié. »
       Li ors a parlé longement.
Li senglers li a dit brement:
« Mesire Brun, fet il, cist plés
770 N'iert pas finés as premiers trez.
Encore n'est aconseüe
La clamor qui ci est venue.
Molt seroit sages qui sauroit
Juger d'un conte, et il n'auroit
775 L'autre partie encore ateinte.
Nos avons oï la conpleinte:
Renart devon le conpleint tendre,
Et l'un droit aprés l'autre rendre
Tant que l'en viengne a la parsomme.
780 En un jor ne fist l'en pas Romme.
Nel di pas por Renart tenser,
Mes nus ne doit a ce penser
Que nos les melomes en cort,
Que pechiez seroit et grant tort.
785 Je ne sai que dire en doions
Tant que ensenble les oions.
Quant Renars ert a cort venus,
Icist cleinz sera retenus
Que Ysengrins a ci mené.
790 Lors a primes ert ordené

Je ne cherche pas à porter plainte contre lui
mais seulement à montrer, par un exemple, de quoi il est
car Isengrin s'est déjà plaint de lui.   [capable,
Tiécelin l'a fait de son côté l'autre jour :
755 Renart ne l'a-t-il pas plumé par traîtrise ?
Il a voulu aussi prendre
au piège Tibert le chat
qui aurait dû y laisser sa peau.
Et puis, il s'est comporté en gredin
760 avec sa commère la mésange
lorsqu'il profita d'un baiser pour l'attaquer,
tout comme le fit Judas qui trahit Dieu.
Il faut donc prendre une décision
en raison même de ces accusations répétées.
765 Nous avons été coupables
en lui témoignant jusqu'à présent tant d'indulgence. »
    Au long discours de Brun,
le sanglier répondit brièvement :
« Seigneur Brun, ce procès
770 ne sera pas achevé en deux temps, trois mouvements :
on n'a pas encore achevé l'instruction
de la plainte qui a été déposée ici.
Il faudrait être bien sage pour savoir
juger d'une affaire sans avoir écouté
775 la partie adverse.
Nous avons entendu l'accusation,
nous devons entendre la défense de Renart
et procéder avec équité
jusqu'à la sentence finale.
780 Rome ne s'est pas faite en un jour.
Je ne cherche pas à protéger Renart
mais personne ne doit penser
que nous aggravons la discorde à la cour,
ce serait un péché et une grave injustice.
785 Je ne sais pas ce qu'il serait possible de dire
avant de les avoir confrontés.
Une fois que Renart sera venu à la cour,
nous examinerons la plainte
qu'Isengrin a déposée ici.
790 Alors, sans attendre, nous déciderons

Conment sera de l'amendise :
Par jugement i aura mise. »
    Ce dist li singes Cointereax :
« Mal dahez ait cis hatereax
795 Se vos ne dites que i a ! »
Et li ors respundu li a :
« N'estes mie trop forsenez
Quant devers Renart vos tenez ?
Entre vos deux savez asez :
800 Meins maveis plés a il pasez,
Si fera il molt bien cestui,
Se l'en velt croire vos et lui. »
Le singes dist, qui s'en coroce,
(Petit li est de ce qu'il groce,
805 Moe li fet por plus irestre) :
« Et Dex vos saut, fet il, bau mestre !
Or me dites a vostre endroit,
Que en dirieez vos par droit ?
— Sos ciel n'a cort, par seint Richier,
810 Que je n'ossasse aficher,
Se j'en devoie estre creüs,
Que trestot cist max est moüs
Par dant Renart et par sa cope,
Et Ysengrins a droit l'encope.
815 Et qu'alon nos plus atendant,
Quant la cose est venue avant
Que il est pris a avoutere
Nomeement a sa conmere,
Et ice derennent vers lui
820 Ysengrins et Hersens andui ?
Por droit fust il ore avenant
Que Renars fust pris meintenant,
Si li liast en meins et piez,
Et fust jetez einsi lïez
825 En la cartre tot sanz prologue.
Ja n'i oüst autre parole
Que de fuster et d'escoillier.
Puis qu'il enforce autrui moiller,
Ne feme cumune venel
830 Nes se c'estoit une jaël,

de la sanction à infliger au coupable
par un jugement en règle. »
Le singe Cointerel d'ajouter :
« Prenez garde à votre tête
795 si vous ne dites la vérité. »
L'ours lui a répondu :
« N'êtes-vous pas complètement fou
pour vous ranger du côté de Renart ?
Ah ! vous deux, vous êtes très forts :
800 il s'est tiré de plus d'une mauvaise affaire,
et il en sera exactement de même cette fois-ci,
si l'on accepte de vous croire, vous et lui. »
Le singe, piqué, dit
sans se soucier de le mécontenter,
805 (et il ajoute même une grimace pour l'irriter davantage) :
« Dieu vous sauve, cher maître !
dites-moi donc votre point de vue :
quel serait votre jugement ?
— Il n'est pas de cour au monde, par saint Riquier,
810 où je n'oserais proclamer,
si l'on acceptait de me croire,
que l'auteur de tout ce mal
c'est maître Renart
et qu'Isengrin l'accuse à juste raison.
815 Pourquoi donc attendre plus longtemps
du moment que la cause est entendue,
puisqu'il a été surpris en flagrant délit
d'adultère avec sa commère
et qu'Isengrin comme Hersant
820 en témoignent tous deux contre lui ?
Il serait juste, à présent
d'attraper Renart sur-le-champ,
de le ligoter
et de le jeter pieds et poings liés
825 dans une geôle, sans autre atermoiement.
Le seul discours à lui tenir,
ce serait de le fouetter et de le châtrer.
Du moment qu'il viole la femme d'autrui,
même si c'est une femme vénale
830 voire une prostituée,

L'en en doit ja justice prendre
Que autre fois n'i ost mein tendre ;
Et qu'est donc d'une feme espose
Qui dolente en est et hontose
835 De ce que ses maris le sot ?
Et qui cuide Ysengrin si sot
Q'il oüst plet de ce meü
S'il ne l'oüst as elz veü ?
De tant est il plus vergondez,
840 Se cist mesfet n'est amendez,
Des que Hersens garant li porte.
Dont sai je bien, justice est morte. »
Dist li senglers : « Ci a descorde :
De pecheor misericorde,
845 D'un prodome por tel forfet,
Por Deu, se Renars a mesfet,
Si en fetes aucune acorde !
De grant guerre vient grant acorde.
Li lous est mendres c'on ne crie,
850 Par petit vent ciet il grant pluie.
Renars n'est conveincuz encore,
Ançois vendra une autre ore.
Dit en avez vostre plaisir,
S'avez perdu un bon taisir. »
855   Dant Brichemer fu molt voiseus,
Ne fu jangleres ne noiseus
Conme li autre conpaignon :
« Segnors, fet il, ore pernon
Un jor de cest acordement.
860 Renars face le serement
Et l'amende par tel devise
Con il a Ysengrin promise,
Car, si conme li singes dit,
Ne por mesfet ne por mesdit
865 Qui n'est aperz ne coneüz,
Ne doit ja estre plet tenuz
D'ome afiner ne de desfere,
Ainz i afiert la pes a fere.
Et primes gardons par mesure
870 Qu'il n'i ait point de mespresure.

il faut absolument le punir
afin qu'il n'ose plus y porter la main une autre fois.
Et que dire, quand il s'agit d'une femme mariée
toute éplorée et honteuse
835 que son mari soit au courant ?
Et qui imaginerait Isengrin assez sot
pour intenter ce procès
s'il ne l'avait vu de ses propres yeux ?
Sa honte sera d'autant plus grande,
840 s'il n'obtient pas réparation,
qu'Hersant confirme son témoignage.
J'en conclus assurément que la justice est morte. »
Le sanglier dit : « Je ne partage pas cet avis.
A tout péché miséricorde !
845 surtout s'agissant d'un honnête homme et d'une faute de
Par Dieu, si Renart a mal agi,   [ce genre.
recherchez donc les termes d'un accord !
De grande guerre naît grande paix.
Le loup est moins terrible qu'on ne le répète.
850 Petit vent abat grande pluie.
La culpabilité de Renart n'est pas encore établie
et les choses tourneront avant qu'elle ne le soit.
Vous avez parlé tout à votre aise
et vous avez perdu une bonne occasion de vous taire. »
855   Très avisé, le seigneur Brichemer
n'était ni bavard ni chicaneur
comme les autres compères :
« Seigneurs, dit-il, fixons maintenant
la date de cette réconciliation,
860 Renart y prêtera serment
et accordera réparation à Isengrin
ainsi qu'il le lui a promis,
car, comme le dit le singe,
on ne doit jamais,
865 quand un crime en actes ou en paroles
n'est ni évident ni reconnu,
rendre un arrêt de mort
mais il convient plutôt de ramener la paix.
Avant tout veillons, par notre mesure,
870 à ne pas commettre d'erreur judiciaire.

Une cose a qui molt me serre :
Se li rois n'est en ceste terre,
Devant qui cist ples soit tretiez ?
Mes se Roïnaux fust haitiez,
875 Li chens Frobert de la Fonteine,
Cil nos en metroit hors de peine :
En li a bon home et vrai,
Ne ja home ne troverai
Qui ne die : « Tu as bien fet. »
880 Devant li soit ice retret. »
A ce se sont tuit asenti,
Nesun d'ax ne s'en repenti.
    Cil consalz ne fu plus tenuz.
Estes les vos avant venuz
885 A grant joie et a grant baudor
Devant le roi el consitor.
Tuit li autre vont arestant
Et Bricemer fu en estant.
Sa parole a commenciee,
890 Bien l'a dite et agenciee
Si conme bons rectorïens.
« Sire, fet il, nos estïens
Alé le jugement enquerre
Selonc la guise de la terre.
895 Trové l'avon : s'il n'est quil die,
Jel dirai, puis que l'on m'en prie,
Volentiers, sauve vostre grace. »
Li lïons li torne la face,
Del otroier li a fet signe,
900 Et dant Brichemer li encline :
    « Segnors, fet il, or m'entendez :
Se je i fail, si m'amendez.
Ce m'est avis que nos veïmes
D'Ysengrin, qui se clama primes,
905 Que tote sa droiture auroit
De ce que demander sauroit ;
Mes il li covendroit mostrer,
Se la cose voloit prover,
Soi tierz por desriennier son droit
910 A jor nomé o orendroit.

Il y a un point qui me préoccupe :
et si le roi n'est pas dans ses terres,
devant qui traiter cette affaire ?
Alors, si Roenel, le chien de Frobert de la Fontaine,
875 était bien disposé,
il nous sortirait d'embarras :
c'est un juste et un homme de bien
et jamais je ne trouverai personne
qui ne dise : « Tu as bien fait. »
880 Que l'affaire soit portée devant lui. »
Tous se rallièrent à son avis,
sans qu'aucun d'eux eût à s'en repentir.
     Le conseil terminé,
les voici qui reviennent
885 au comble de la joie,
devant le roi, en assemblée plénière.
Tandis que tous les autres s'arrêtent,
Brichemer se tient debout.
Il a commencé son discours
890 qu'il a prononcé et construit avec autant de talent
qu'un bon maître de rhétorique :
« Sire, dit-il, nous nous sommes éloignés
pour rechercher un verdict
conforme à la coutume de cette terre.
895 Nous l'avons établi : si personne d'autre ne le dit
je le ferai volontiers, puisque l'on m'en prie,
avec votre permission. »
Le roi, se tournant vers lui,
lui fit un signe d'assentiment
900 et le seigneur Brichemer s'inclina devant lui.
     « Seigneurs, fait-il, prêtez-moi attention
et si je me trompe, corrigez-moi.
Il me semble que s'agissant d'Isengrin
qui fut le premier à porter plainte, nous avons veillé
905 à lui faire une justice
totale et entière ;
mais il lui faudrait comparaître,
s'il voulait prouver son bon droit,
avec deux témoins pour soutenir sa cause
910 au jour dit, ou sur-le-champ.

Puis feïmes por droit ester
Qu'il ne pooit riens conquester,
Ne tort ne droit dont riens preïst,
De ce que sa feme deïst.
915 Brun et Baucent en desputerent,
Mes cil qui avoc els alerent,
Se tindrent plus a ma partie.
Or est la cose si partie
Que chascun aura sa droiture.
920 Puis gardames en quel mesure
Et quant en sera la loi dite
Que Ysengrin cleint Renart quite.
Ch'ert dïemenche par matin
Devant Roënel le mastin.
925 La manderon Renart qu'il veingne
Et en tel guise se contiegne
Que sa pes face de par Dé
Si con nos l'avons esgardé. »
        Li lïons respont en rïant :
930 « Ja, par les seinz de Baulïant,
Ne fusse si liez por mil livres
Con de ce que j'en sui delivres.
Or ne m'en veoil plus entremetre,
Ainz lor donrai jor de pes metre
935 Devant Roënel le gaignon,
En qui il a bon conpaignon,
Le chen Frobert de la Fonteinne,
Aprés la messe dïemeine.
Renart covient donc qu'il responde,
940 Mes avant le covient semondre.
Grinbers li tessons i ira
Qui de nostre part li dira
Que après la prosessïon
Li face satifacïon,
945 Et gart que riens ne contredie
De ce que Roënel en die. »
        A cest mot se sont tuit tenu,
Et li plus joune et li chenu.
A son repere va chascuns,
950 Brichemer et Baucens et Bruns,

Puis nous avons décidé, par souci de justice,
qu'il n'y avait rien, vrai ou faux,
dans les déclarations de sa femme,
dont il pût tirer quelque avantage.
915 Brun et Baucent discutèrent ce point
mais ceux qui participèrent au débat
ont, en fin de compte, partagé mon avis.
Maintenant, l'affaire est engagée de telle manière
que chacun d'eux obtiendra justice.
920 Ensuite, nous avons examiné selon quelle procédure
et quand sera prononcé le serment
par lequel Isengrin tiendra Renard quitte de toute pour-
Ce sera dimanche matin   [suite.
devant Roenel le mâtin.
925 Nous demanderons à Renart de venir
et d'agir en sorte
que la paix soit faite, au nom de Dieu,
ainsi que nous l'avons décidé. »
     Le lion répond en riant :
930 « Vraiment, par les saints de Bethléem,
je n'aurais pas été aussi heureux d'avoir mille livres
que d'être délivré de cette affaire.
Maintenant je ne veux plus m'en occuper,
sinon pour leur fixer le jour de la réconciliation
935 devant Roenel le mâtin
— un bien brave garçon
que ce chien de Frobert de la Fontaine —
après la messe de dimanche.
Il faut donc que Renart accepte de s'y rendre
940 mais il convient auparavant de le convoquer.
Grimbert le blaireau ira
lui dire de notre part
qu'après la procession,
il donne satisfaction à Isengrin
945 et veille à ne s'opposer en rien
aux instructions de Roenel. »
     Tous, du plus vieux au plus jeune,
s'en tinrent là.
Chacun s'en retourne chez soi,
950 Brichemer comme Baucent et Brun

Et des autres une partie.
Et quant la cort fu departie,
Grimbers va son message fere.
Droit a Malpertuis son repere
955 Trova Renart, et puis li conte
Comment li baron et li conte
L'ont ajorné por la pes fere :
Del plet sera Roonel mere,
Gart qu'il i soit, li rois li mande.
960 Renars dist que plus ne demande :
A tant i ert et bien fera
Ce que la cors esgardera.
    Grimbers s'en va, Renars remeint;
Or li convient qu'il se demeint
965 Plus sagement que il ne seult,
Mes ne lessa qu'il ne s'orguelt :
Ne li chaut gueres qui le hace,
Ne se porquiert ne se porchace,
Conment pregne li siens aferes.
970 Mes Ysengrins ses averseres
N'a mie sa boche en despit.
A un jor devant le respit
Vint droit a Roënel errant,
Qui se déduit en esbatant
975 Et gist es pailles a grant aise,
Devant l'ostel, delez la haise.
Ysengrin vit, si s'en eschive,
Mes il le rapela par trive.
Ysengrins li dist doucement :
980 « Roonel, fait il, or m'entent !
Conseil sui venus a vos querre.
Entre moi et Renart a guerre,
Que il a molt vers moi mespris.
Clamés m'en sui, jor en ai pris
985 Aprés la messe dïemenche
De celui qui tant set de guenche.
Renars i ert par tel devise,
Et vos serés del plet justise;
Et l'en m'a dit del jugement
990 Que Renars par un serement

et une partie des autres.
Et quand la cour s'est séparée,
Grimbert va délivrer son message.
Juste à Maupertuis, dans sa demeure,
955 il trouve Renart et lui raconte
comment les comtes et les barons
lui ont fixé une date pour faire la paix :
Roenel sera garant de l'accord.
Qu'il ne manque pas de s'y trouver, c'est un ordre du roi.
960 Renart répondit qu'il ne souhaitait rien de plus.
Il y sera et exécutera
les décisions de la cour.
    Grimbert repart, laissant Renart.
Il lui faut à présent se conduire,
965 avec plus de prudence que de coutume.
Mais il ne perd rien de son orgueil.
Il lui importe peu de s'attirer des ennemis,
il ne se tracasse pas,
quelle que soit la tournure que prenne son affaire.
970 Mais son adversaire Isengrin
n'a pas dédaigné d'utiliser son éloquence.
La veille du rendez-vous,
vite, il se rendit directement auprès de Roenel
qui s'en donnait à cœur joie,
975 vautré dans la paille,
devant la maison, près de la barrière.
A la vue d'Isengrin, il cherche à s'esquiver
mais l'autre le rappelle en alléguant la trêve,
et lui dit doucement :
980 « Roenel, écoutez-moi bien.
Je suis venu chercher conseil auprès de vous.
Renart et moi, nous sommes en guerre
car il m'a gravement offensé.
J'ai porté plainte et j'ai rendez-vous
985 après la messe de dimanche
avec le roi des trompeurs.
De cette manière Renart y sera
et vous serez le juge du procès.
On m'a dit, à ce propos,
990 que Renart par un serment

Se doit devers moi escondire
De ce que je li saurai dire.
Or si vos pri con mon ami
Que vos soiés del plet a mi
995 Tant que il l'ait reconeü.
Tot est clamé et respondu.
N'i a mes autre chose a fere
Fors porcascier le seintuere,
Mes de ce sui je esgarez. »
1000 Dist Roënel : « Asés aurez
En ceste vile seinz et seintes ;
Ja mar en ferois tex conpleintes,
Tres bien en serés conseilliez,
Que je serai aparelliez
1005 Fors de la vile en un fossé.
Si me tendrez por enossé,
Dites que je sui meenniez ;
Je me jerrai denz recigniez,
Le col ploié, la langue traite.
1010 La soit vostre asenblee fete ;
Renars i ert et vos li dites
Qu'il sera bien envers vos quites
S'il puet jurer desor ma dent
Qu'il n'ait mespris envers Hersent.
1015 Se tant s'aproche de mon groing
Que le puisse tenir au poing,
Bien porra dire, ainz qu'il m'estorde,
Ains mes ne vit seint qui si morde ;
Et se de ce se velt retrere
1020 Que il ne vegne au seintuere,
N'en porra torner, bien s'i gart,
Que je auré mis en esgart
De tos mes meillors conpaignons
Bien plus de quarante gaignons
1025 Des plus viaus et des plus felons.
Donques sera Renars trop bons,
Se par reliques o par chiens
Ne puet chaoir en mes liens.
Dex vos saut, pensez de bien fere ! »
1030   Ez vos Ysengrins qui repere

doit devant moi se disculper
de tout ce que je lui opposerai.
C'est pourquoi je viens vous prier, en toute amitié,
de vous ranger de mon côté dans cette affaire
995 pour lui faire reconnaître ses torts.
Tout a été dit du côté de l'accusation comme de la
Il ne reste plus   [défense.
qu'à trouver la relique,
mais ce point m'embarrasse.
1000 — Dans ce village, dit Roenel
vous aurez des saints et des saintes à revendre.
Inutile donc de vous plaindre,
je vais vous apporter une aide précieuse
en me tenant prêt
1005 dans un fossé à l'extérieur de la ville.
Vous direz que je me suis étranglé avec un os
et que je suis bien mal en point.
Je serai couché, lèvres retroussées,
cou baissé, langue pendante.
1010 Tenez votre assemblée à cet endroit-là.
Quand Renart y sera, dites-lui
qu'il sera tout à fait quitte envers vous
s'il peut jurer sur ma dent
qu'il n'a pas fauté avec Hersant.
1015 S'il s'approche de ma gueule
assez près pour que je puisse l'attraper par la patte,
il pourra dire, avant qu'il ne m'échappe,
qu'il n'a jamais vu de saint qui morde de cette façon.
Et s'il veut partir
1020 sans venir jusqu'à la relique,
il ne pourra pas rebrousser chemin (qu'il s'en garde
car j'aurai posté   [bien !)
tous les meilleurs chiens de ma bande,
bien plus de quarante mâtins,
1025 les plus malins et les plus méchants.
Renart sera donc très fort
si, grâce à la relique ou aux chiens,
il ne tombe pas dans mon piège.
Que Dieu vous sauve, appliquez-vous à bien faire ! »
1030   Voici donc Isengrin qui revient

Vers la forest de Joenemande.
Molt se porquiert et molt demande
La ou a nul de ses amis.
N'i a nul messagier tramis,
1035 Mes il meïsmes les va querre
Et en bois et en pleine terre :
N'i remeist cevelus ne cax.
Dant Brichemer li senescax
I est venuz la teste droite,
1040 Et dan Bruns l'ors molt tost s'esploite ;
Baucent le senglers vint a cort,
Musarz li camels i acort.
    Li lïons mande le lipart
Qu'il viegne de la soue part,
1045 Li tigres vint et la pantere,
Et Cointeraus li enchantere,
Un singe qui fu nez d'Espaigne,
Cil refu avoc la conpaigne.
Tant fet li leus qu'il les asenble.
1050 Quant il furent venu ensenble,
Molt les a semons et proiez :
« Bauz seignor, dist il, ore oiez !
A mon plet vos ai amenez,
Or vos pri que le meintenez,
1055 Puis que ci estes aüné. »
Et li estrange et li privé
Et tuit cil de son parenté
Li ont plevi et craanté
Que ja ne seront recraant
1060 Des que il ait tot son creant.
Ice jurent a tot le meins.
Bien les a tos entre ses meins.
Einsi a sa gent atiree
Et trestoz cels de sa mesnee.
1065 Quanqu'en pot avoir par priere
Sont aüné a sa banere.
    Cel jor porta son gonfanon
Li putois qui Foinez ot non,
Et Tybers li chaz vint avoc
1070 Qui Renart het ; et ne por oc

vers la forêt de Jeunemande.
Il se démène beaucoup dans tous les coins
où il a des amis.
Plutôt que de recourir à des messagers,
1035 il va les chercher en personne
dans les forêts et les champs.
Personne, absolument personne ne refuse.
Sire Brichemer, le sénéchal,
est arrivé la tête haute,
1040 Sire Brun l'ours se hâte d'accourir ;
Baucent le sanglier est venu à la cour
et Musart le chameau y court.
    Le lion a demandé au léopard
de venir de son côté,
1045 le tigre se présenta, ainsi que la panthère,
et Cointerel l'enchanteur,
un singe originaire d'Espagne
se joignit lui aussi à la compagnie.
Le loup a tout fait pour les rassembler.
1050 Une fois réunis,
il les a harangués et suppliés :
« Chers seigneurs, veuillez m'écouter !
je vous ai fait venir pour mon procès
et vous prie à présent de soutenir ma cause
1055 maintenant que vous voilà réunis ici. »
Alors, aussi bien ses intimes que les étrangers
et tous ses parents
lui ont promis et garanti
de ne jamais renoncer
1060 avant qu'il n'ait obtenu complète satisfaction.
C'est le moindre de leurs serments.
Il les tient tous bien en main.
Ainsi a-t-il préparé sa troupe
et tous ceux de son entourage ;
1065 tous ceux que l'on peut gagner par des prières,
se sont ralliés à sa bannière.
    Ce jour-là, son enseigne était portée
par le putois nommé Fouineux,
accompagné de Tibert le chat,
1070 l'ennemi juré de Renart ; mais cependant

Molt en i ot de par Renart
Qui tuit se tienent de sa part.

Mesire Grinberz en fu uns,
C'onques ne pot amer dan Bruns;
1075 Cosins estoit Renart germeins,
Cil ne li pot faillir au meins;
Ne Rosselez li escuirous
Qui n'estoit mie pereçous,
Ne va pas corant, eins i trote,
1080 Et dame More la marmote,
Corte la taupe et dan Pelez,
Li raz, qui fu bien apelez.
Dant Galopin i vint li levres,
La loirre, la martre et li bievres,
1085 Li hiriçons et la mostele,
Et li furés pas ne s'i ceille
Que il n'i viegne fierement,
Quar il voudra hardiement
Renart aidier a son besoing :
1090 A lui vint il et sanz resoing.

A l'asenbler ot molt grant presse.
Renars ne fine ne ne cesse,
Ne cil qui avec lui alerent,
Desq'a la vile s'avalerent
1095 O li plez doit estre tenuz.
Ysengrins i est ja venuz.
Il et Renars ont departies
Lor compaignes en troi parties.
Sire Ysengrins fu en la pleigne
1100 Et Renars devers la monteigne;
Et Roënel qui Renart guete,
Le col ploié, la langue trete,
Contrefet si la morte beste
Que il ne muet ne pié ne teste;
1105 Sor le fossé s'est arestez.
Toz li aguais fu porpensez
En un verger delez la soi
De cels qu'il ot mandé o soi,
Bien entre lisses et gaignons,
1110 Plus de cent de ses conpaignons,

il y en a beaucoup
pour soutenir la cause de Renart.
Parmi eux, le seigneur Grimbert,
qui n'avait jamais pu souffrir le seigneur Brun :
1075 cousin germain de Renart,
il ne pouvait lui faire défaut ;
Rousselet l'écureuil,
dont la paresse est le moindre défaut,
n'y court pas, il s'y précipite au galop
1080 comme madame More la marmotte,
Courte la taupe et sire Pelé
le rat, le bien nommé.
Sire Galopin le lièvre se joignit à eux
avec le loir, la martre et le castor,
1085 le hérisson et la belette.
Et le furet, loin de dissimuler ses intentions,
la mine fière,
décidé à aider hardiment
Renart en cas de besoin,
1090 vint à lui sans crainte.
    Quelle foule à la rencontre !
Renart n'a pas de cesse,
ainsi que ses partisans,
qu'ils n'aient atteint le village
1095 où doit se tenir l'entrevue
et où se trouve déjà Isengrin.
Les deux adversaires ont divisé
leurs troupes en trois,
le seigneur Isengrin dans la plaine
1100 et Renart du côté de la montagne.
Roenel qui guette Renart,
cou baissé, langue pendante,
fait le mort,
ne bougeant ni patte ni tête,
1105 en position dans le fossé.
Il avait placé en embuscade
près de la clôture d'un verger
ceux qu'il avait amenés avec lui,
des mâtins aussi bien que des lices,
1110 plus de cent de ses compagnons,

Proisiez et esleüs par non,
Qui ne heent se Renart non.
    Brichemers fu chés de la rote;
A lui s'acline la cort tote,
1115 Que par conmun asentement
Fu enparlés au parlement.
Tot premer s'en estoit levez:
« Renart, fait il, vos qui devez
A Ysengrin fere escondit
1120 Einsi con li baron l'ont dit,
Aprochez vos au serement,
Si le fetes delivrement.
Nos savon bien, se li ploüst,
Asés croire vos en doüst
1125 Sanz le jurer, et nequedent
Vos jurerez desor la dent
Seint Roënau le rechingnié,
Qu'Ysengrin n'avez engignié
N'en tel manere deçoü:
1130 A tort en estes mescreü. »
    A cest mot salt Renars en place,
Si se recorce et se rebrace,
Molt s'apareille vistement
Come de fere serement.
1135 Toz jors sot molt Renart de guiche,
Onc n'en sout tant ne cherf ne biche.
Bien aperçut qu'il iert guetiez
Et que Roënel est haitiez,
Au flanc qu'il debat et demeine
1140 Et au reprendre de s'aleine.
Arrier se tret, si le resoingne.
Qant Brichemer vit qu'il s'esloingne,
« Renart, fait il, ce que puet estre?
Metre vos covient la mein destre
1145 Sor la dent Roënel tot droit.
— Sire, fait il, o tort o droit
Me covient sivre veirement
Et tenir vostre atirement
Conme cil qui müer ne l'ose,
1150 Mes je voi ci une autre cose

l'élite des chiens sans conteste,
tous ennemis jurés de Renart.
    Brichemer dirigeait l'assemblée
et toute la cour s'inclinait devant lui
1115 car il avait été d'un commun accord,
désigné comme le porte-parole du conseil.
C'est pourquoi il s'était levé le tout premier :
« Renart, dit-il, vous qui devez
vous disculper devant Isengrin,
1120 selon la décision des barons,
approchez-vous pour prêter serment
et dépêchez-vous.
Nous savons bien que, si Isengrin l'avait accepté,
il aurait dû se contenter
1125 de votre parole ; mais
il vous faut jurer sur la dent
de saint Roenel le renfrogné
que vous n'avez ni trompé
ni abusé Isengrin en aucune manière,
1130 et que c'est à tort qu'on vous soupçonne. »
    A ces mots, Renart, d'un bond, prend place,
remonte et retrousse sa manche
et s'apprête en toute hâte
comme s'il voulait prêter serment.
1135 Il avait toujours plus d'un tour dans son sac,
il pouvait rendre des points aux cerfs et aux biches.
Il s'aperçut bien qu'on lui avait tendu un guet-apens
et que Roenel était en bonne santé
à le voir respirer
1140 et reprendre son souffle.
Il recule, pris de peur.
Brichemer, en le voyant s'écarter
lui cria : « Renart, que se passe-t-il ?
Il vous faut étendre la main droite
1145 sur la dent même de Roenel.
    — Seigneur, répond Renart, je dois, à tort ou à raison,
suivre vos directives scrupuleusement
et vous obéir
à la lettre,
1150 mais je vois ici quelque chose

Espoir que vos n'i veez mie.
Talant ai que je le vos die,
Mes ne puet estre, or le lerons. »
     Dant Grinberz ses niés li tessons
1155 Aperçut bien la traïson,
     Si li a tret autre acoison :
     « Sire, car entendez a moi !
     Je cuit que je bien vos dirai
     Raison et droit au mien espoir.
1160 Dant Renars ne doit mie avoir
     Presse de tote cele gent.
     Ne seroit mie bel ne gent
     A tel baron n'a si vaillant
     Qu'en li voist sor le col saillant.
1165 Faites vos barons esloingner
     Tant que il se puist aprocher
     Au meins devers le seintuere,
     Tant que il puist l'escondit fere. »
     Dist Brichemer : « Ne m'en gardoie ;
1170 Or li ferai vidier la voie
     Tant qu'il puist venir et aler. »
     Ses homes a fait avaler
     Et trere arere plus qu'einçois.
     Renars a fet le tor gueinchois,
1175 Qui n'a cure de sejorner.
     Qant as reliques dut torner,
     D'autre part a torné sa chere :
     Foï s'en est li mau trechere.
     Renars s'en fuit teste levee
1180 Par une viels voie chevee.
     Si enemi li escrïerent,
     Et li chien qui en aguet erent,
     Il saillent aprés et corurent.
     Ja m'orrez dire qui il furent.
1185   Primes i cort ainz que li autre,
     Lance levee sor le fautre,
     Roonel le chien dant Frobert
     Et Espillars le chien Robert,
     Le riche vilein del plessié :
1190 Icil l'ont premer encauchié.

que vous ne voyez peut-être pas
et que j'ai bien envie de vous dire,   [donc.»
mais comme c'est impossible, nous nous abstiendrons
     Le seigneur Grimbert, son neveu le blaireau,
1155 s'aperçut bien de la trahison,
mais il a avancé une autre explication :
« Sire, je vous supplie de m'écouter
car j'ai le sentiment que mes propos
seront justes et sensés.
1160 Le seigneur Renart ne doit pas être
pressé par tout ce monde.
Il ne serait ni décent ni élégant
qu'un baron de cette valeur
fût assailli.
1165 Faites reculer vos barons
de sorte qu'il puisse au moins
s'approcher du reliquaire
pour prêter serment.
     — Je n'y prenais pas garde, répondit Brichemer.
1170 Je vais, à l'instant, faire dégager la voie,
afin qu'il puisse aller et venir. »
Il a fait descendre
et reculer ses vassaux davantage.
Renart a pris la poudre d'escampette,
1175 peu désireux de s'attarder.
Au moment où il devait se diriger vers les reliques,
il a tourné les talons :
ce méchant trompeur a donc pris la fuite ;
il s'enfuit, la tête haute,
1180 par un antique chemin creux.
Ses ennemis crièrent après lui
et les chiens, postés en embuscade,
bondirent à sa suite et le poursuivirent.
Permettez-moi de vous les présenter.
1185 Voici devançant tous les autres,
lance en arrêt,
Roenel, le chien de maître Frobert,
et Epillard, le chien de Robert,
le riche paysan du village.
1190 Ils furent les premiers à le prendre en chasse.

Aprés revint a grant eslés
Harpin et Moranz et Bruiés,
Espinars et Hurtevilein,
Et Rechignié le chien Gilein,
1195 La feme Erart le drapier.
Aprés se metent el frapier
Afaitié, Gorfaut et Tirant,
Foillet, Lovel et Amirant.
Clermont i fu et Oliviers,
1200 Le chien Macare Deriviers.
Aprés i cort Cornebrias
Et Herbouz, Ferin et Frias,
Brisebois, Fricans et Voisiez,
Liepart, Tisons et Escoilliez.
1205 Cortin i cort aprés Rigaut,
Et Passeleve et Gringaut,
Loiher, Passe-outre et Fillart,
Et Estormi et Vaculart,
Li chiens sire Tibert del Fresne :
1210 C'est celui qui miels se desresne,
Qui plus tost va et miels le chace.
Aprés se metent en la trace
Pilez, Chapez et Rechigniez,
Pastor, Estor et Engigniez,
1215 Escorchelande li barbez
Et Vïolez li malflorez,
Et Oiselez et Gresillons,
Eclariax et Esmerillons,
Chanus et Morganz et Vergers,
1220 Et Passe-avant, Outrelevriers.
Aprés i est corus Bolez,
Porchaz et Poignant et Malez,
Et le chien Rainbaut le bocher :
Se cil puet Renart aprocher
1225 Que il le puisse as denz aerdre,
Toz soit soürs de la pel perdre.
Aprés i sont poignant venu
Hopitax et Trotemenu,
Et Folejus et Passemer
1230 Qui vint devers Pont Audemer.

A la suite, venaient à vive allure
Harpin, Morant et Rapide,
Epinard et Heurtevilain
et Hargneux, le chien de Guillette,
1195 la femme d'Erard le drapier.
Derrière se lancent à sa poursuite
Gracieux, Gorfaut et Tiran,
Feuillet, Louvel et Emir.
Clermont y était, avec Olivier,
1200 le chien de Macaire Deriviers.
A la suite courent Cornebrias,
Herbot, Férin et Frias,
Brisebois, Frican et Rusé,
Léopard, Tison et Ecouillé.
1205 Courtain suit Rigaud,
Passelièvre et Gringaut,
Lohier, Passe-outre et Fillard,
et Nigaud et Vaculard,
le chien du seigneur Tibert du Frêne.
1210 C'est lui qui se signale le plus
par sa rapidité et ses qualités de chasseur.
Derrière se lancent à sa suite
Pilé, Chapé et Grincheux,
Pasteur, Boucan et Trompé,
1215 Ecorchelande le barbu
Et Violet le malblanchi,
et Oiselet et Grésillon,
Eclaireur et Emerillon,
Chenu, Morgan et Verger,
1220 Passavant et Superlévrier.
A la suite sont accourus Bolet,
Chercheur, Rapide et Malé
et le chien de Raimbaut le boucher;
si celui-ci peut arriver assez près de Renart
1225 pour pouvoir le saisir dans ses crocs,
le goupil peut être sûr d'y laisser sa peau.
A la suite, piquant des deux, sont arrivés
Hôpital et Trottemenu,
Foulejus et Passemer
1230 qui vint du côté de Pont-Audemer.

Tuit icil furent conpaignon.
Bien s'aroterent li gaignon :
N'i a un sol qui ne s'en isse,
Et aprés els ne remeint lisse
1235 Qui ne crit et ne face noise.
Si i acort Baude et Foloise,
Coqillie, Briart et Sebille,
Et la lisse desoz la vile.
Aprés i cort Fauve et Bloëte,
1240 Cloëte, Brechine, Morete,
Et Malignouse et Malparliere
Qui fu Robert de la Marlere,
Et Genterose et Primevoire
La lisse qui fu au provoire,
1245 Pinçonete qui si se peine
De Renart tenir en demeine.
Renart ne lesse retorner,
Qui meint tor li a fet torner
Ainz que poüst au crués venir :
1250 Molt se peine del retenir.
Ysengrin va les chiens huiant,
Et se Renars s'en va fuiant,
Ja n'i doit l'en nul mal noter,
Que besoing fet vielle troter.
1255 A l'oralle du bois menu
Li en sont qatre avant venu,
Trenchant, Bruamont et Faïz :
Renars qui molt estoit haïz
Ot issi grant peor de mort,
1260 N'avoit en soi nul reconfort.
Toz jors est bien Renart choü,
Mes or li est si mescoü :
Ne li ourent mestier ses bordes,
Que n'en volassent les palordes.
1265 Tant ont li chien Renart pelé
Et desachié et detiré
Que en bien plus de treize leus
Li est aparissanz li jeus [1].

---

1. On voit la peau. *Jeus* pourrait représenter le mot *joug* : la trace du

Tous ces compagnons
formaient une troupe bien disciplinée
dont pas un seul ne reste à l'écart.
A la suite, il n'est pas de lice
1235 qui n'aboie à grand bruit.
Voici qu'accourent Hardie, Falaise,
Coquille, Briarde et Sibille
et la lice du bas du village.
Puis se précipitent Fauve, Bluette,
1240 Clouette, Bréchine, Brunette
et Malicieuse, Médisante
qui appartenait à Robert de la Marnière,
et Doucerose et Primevère,
la lice du curé,
1245 Pinsonnette qui se donne bien du mal
pour tenir Renart à sa merci.
Elle empêche Renart de revenir sur ses pas,
l'obligeant à faire bien des détours
avant de pouvoir arriver au terrier,
1250 s'efforçant de le rattraper.
Isengrin ne cesse d'exciter les chiens de ses cris
et si Renart prend la fuite,
on ne doit pas lui en tenir rigueur
car le besoin donne des ailes aux vieilles femmes.
1255 A l'orée du petit bois
quatre l'ont rejoint,
dont Tranchant, Bruamont et Faït :
Renart, qui était l'objet de tant de haines,
eut alors grand-peur de mourir,
1260 en proie au plus profond désespoir.
La chance qui l'avait toujours bien servi,
avait tourné ce jour-là :
ses ruses ne peuvent empêcher
ses poils de s'envoler.
1265 Les chiens l'ont si bien pelé,
l'ont tant tiré à hue et à dia
que, en bien plus de treize endroits,
on en voyait les traces.

joug apparaît en bien plus de treize endroits (communication de Cl. Régnier).

A la parfin l'ont tant mené,
1270 Tant travellié et tant pené,
Tant l'ont folé et debatu,
Qu'en Malpertuis l'ont enbatu.

Pour finir, ils l'ont tant malmené,
1270 tant torturé, tant fait souffrir,
ils l'ont tant piétiné et battu
qu'ils l'ont rejeté dans Maupertuis.

Mesire Nobles le leons
O soi avoit toz sez baronz :
Trois jors ot ja sa cort tenue,
Bien l'ont li baron meintenue.
5 Venu i sont de meinte terre
Senz ce qu'il les envoiast querre ;
Venu i erent tuit ensemble
Fors sire Renart, che me semble.
Cil n'i voloit mie venir
10 Ne la cort lo roi meintenir,
Si avoit auques de raison,
S'il le lessoit por l'acheson
Et por la peine et por la dote
De ce qu'il ne l'amoient gote.
15 La gent lo roi n'iert mie coie,
Einz meinent grant bruit et grant joie ;
Grant joie font par le palés
Et chantoient et sons et lais,
Et sonent timbres et tabors.
20 Tuit i sont fors Renart le ros,
Dont meinte chamor est meüe.
Li rois quant sa gent fu venue,
Conmande que joie aient tuit.
Con cil qui est de grant deduit
25 A haute voiz, a longe aleine
De bien chanter chascun se peine :
L'uns a l'autre son chant avale.
Atant es vus devant la sale
Danz Grimberz qui Renart ameine :
30 Atret l'i a a molt grant peine.
Par tens, si conme nos cuidonz,

Le Duel de Renart et d'Isengrin

Messire Noble le lion
avait auprès de lui tous ses barons :
voilà trois jours qu'il tenait sa cour
dont les barons ont fidèlement maintenu l'éclat.
5 Ils étaient venus de partout
sans que le roi les eût envoyé chercher ;
ils y étaient venus d'un commun accord,
sauf, me semble-t-il, sire Renart,
qui ne voulait s'y rendre
10 ni faire son devoir de courtisan.
Il avait quelques raisons
de s'abstenir, en butte aux accusations,
les difficultés du voyage s'ajoutant à la crainte
qu'éveillait l'hostilité des courtisans.
15 Les vassaux du roi, loin d'être silencieux,
s'abandonnaient à une joie exubérante ;
leur allégresse éclatait dans tout le palais :
ils chantaient chansons et poèmes,
au son des timbres et des tambours.
20 Tous sont là, à part Renart le roux
dont on dit beaucoup de mal.
Le roi, une fois que ses vassaux furent arrivés,
a invité tout le monde à se réjouir.
Comme des gens en liesse,
25 tous s'efforcent de bien chanter,
d'une voix puissante, en phrases amples,
chacun s'accordant avec son partenaire.
Or voici que se présente à l'entrée de la grand-salle
le seigneur Grimbert qui amène Renart :
30 il a eu beaucoup de peine à l'y traîner.
Bientôt, à ce que nous pensons,

Li ert rendus ses guerredonz.
S'or ne set molt Renars de frape,
Il est chaoit en male trape ;
35 Car meinte fois a fet la muse
Ysengrin qui au roi l'encuse.
Renars a l'entrer de la porte
Vet reculant : molt le conforte
Grinbers et dit : « N'aiez poor,
40 Mes de dous maus pren le meillor !
Se tu te tornoies de ci,
Ce pues tu bien savoir de fi :
Veilles ou non, retorneras,
Vers le roi gandir ne poras.
45 Renart, ne t'esmaier tu mie !
Nus ne set con longue est sa vie.
Renart, soies de bel senblant ;
Car un jor vault mielz que uns anz.
Coart dote tos jors la mort.
50 Renart, soiez de bon confort !
Fortune secort les hardiz,
Si conme conte li escriz. »
Renars ot que cil li sarmone,
Et que molt bon conseil li done :
55 El paleis s'en entrent adés,
Grinbers avant, Renars aprés.
Renars ne senbla pas vilein.
Son cosin tenoit par la mein :
La presse deront et depart,
60 N'i a celui qui ne l'esgart.
Devant lo roi, conme einz le vit,
S'ajenolla, puis si a dit :
« Rois, Dex le filz seinte Marie
Vos gart et vostre conpaignie ! »
65 Forment sa parole en argüe,
Et ne porquant si le salüe ;
Meuz vousist estre aillors toz nuz
Qu'au roi rendist ices saluz.
    Li baron sont tuit en repos,
70 Par la sale n'i a tant os
Qui i face ne bruit ne noise.

on rendra au goupil la monnaie de sa pièce.
S'il ne lui vient à présent une idée de génie,
il est tombé dans un redoutable piège,
35 car bien des fois il a fait la nique à Isengrin
qui l'accuse auprès du roi.
Comme Renart, au moment de franchir le seuil,
a un mouvement de recul, Grimbert s'emploie
à le réconforter par ces mots : « N'aie pas peur,
40 mais entre deux maux choisis le moindre !
Si tu pars d'ici,
tu peux être sûr et certain
que, bon gré mal gré, tu devras revenir
et que tu ne pourras échapper au roi.
45 Renart, ne t'inquiète pas !
Personne ne sait combien de temps il vivra.
Prends un air réjoui, Renart,
car un *tiens* vaut mieux que dix *tu l'auras*.
Le lâche vit dans la peur de mourir.
50 Renart, allons du courage !
La Fortune sourit aux audacieux,
comme dit le proverbe. »
        Renart comprend que le sermon de Grimbert
est de fort bon conseil :
55 dans la grand-salle, ils entrent aussitôt,
Grimbert le premier suivi de Renart
qui n'avait rien d'un rustre.
Tenant la main de son cousin,
il se fraya un chemin à travers la foule,
60 dont il était le point de mire.
Devant le roi, dès qu'il le vit,
il s'agenouilla, avant de dire :
« Roi, que Dieu, le fils de sainte Marie,
vous protège, vous et vos gens ! »
65 Il lui en coûte de parler ;
toutefois, il salue le souverain :
il préférerait être ailleurs, tout nu,
plutôt que de lui adresser ce salut.
        Silence total des barons :
70 personne, dans la grand-salle, n'a le courage
de faire le moindre bruit.

Li rois parla, Renars s'aqoise,
Si li a dit par felonie :
« Ces saluz ne vos ren je mie,
75 Rous ennuios de pute foi ;
Einz remandroiz anuit o moi.
Einz que issiez de cest ostage,
Nus lairois vos, ce quit, bon gaje,
Au mains cele rose pelice.
80 Quant estoies dedens ta lice,
Ne quidoies mes repairer.
Tot le mont quidiez engignier :
Tant conme torna ta roele,
Nos as servi de la favele ;
85 Mes meinte fois ei oï dire
Qu'aprés grant joie vient grant ire
Et aprés mol vent vente bise.
Tant va pot a l'eve qu'il brise :
Or quit je bien, sire Renart,
90 Qu'il est brisiez de vostre part. »
    Lis rois parla (Renars escote)
Et a dit que sa gent l'ot tote :
« Renart, fait il, a ton viaire
Senbles bien home debonaire.
95 Bien pert as tez quex est li poz,
Que tu es plus enflés que boz [1].
Unques nul jor ne feïs bien.
Renart, molt a en toi enging.
Por ce que m'as tant engingnié,
100 Et Ysengrin tant corocié,
Et por ce que Tyberz li chaz
Par ton engin fu pris au laz,
Et Bruns li ors par mi le groing
Et cesne dont ostas le cuing,
105 Tel guerredon t'en ferai rendre
Que as forches te ferai pendre. »
    Renars sot molt d'afetement,

---

1. Les manuscrits CHM donnent : *Plein es de venin conme boz.* Dans
le *Chevalier au lion*, il est question d'un nain *come boz enflez*, « enflé
comme un crapaud » (vers 4103).

A Renart immobile, le roi parla
en des termes très durs :
« Je ne te rends pas ton salut,
75 méchant rouquin sans foi ni loi ;
mais tu vas rester ce soir avec moi.
Avant de quitter cette demeure,
tu nous laisseras, je crois, un bon gage,
pour le moins cette pelisse rousse que voilà.
80 Lorsque tu étais à l'abri de ta palissade,
tu t'imaginais pouvoir ne plus revenir,
tu t'imaginais tromper tout le monde :
tant que la roue de Fortune a tourné en ta faveur,
tu nous as servi tes boniments ;
85 mais j'ai souvent entendu dire
qu'après le rire viennent les pleurs,
et qu'après la brise souffle la bise.
Tant va la cruche à l'eau qu'à la fin elle se brise :
maintenant, messire Renart, je crois bien
90 qu'elle est brisée en ce qui te concerne. »
    Le roi parla à Renart silencieux
de façon à être entendu de tous :
« Renart, dit-il, à en juger par ton visage,
on te prendrait pour un honnête homme.
95 Mais on voit bien à ses morceaux comment était faite la
car tu es plus gonflé de venin qu'un crapaud.   [cruche,
Tu n'as jamais rien fait de bien.
Tu n'es, Renart, qu'un sac à malices.
Pour m'avoir trompé tant et plus,
100 pour avoir exaspéré Isengrin,
pour avoir par ta ruse fait prendre
Tibert le chat au lacet
et Brun l'ours par le museau
dans le chêne dont tu retiras le coin,
105 je te le ferai payer
en ordonnant de te pendre au gibet. »
Renart qui connaissait bien les bonnes manières,

Si respondi molt gentement :
« Bau sire, sauve vostre grace,
110 Unques ne fui de tele estrace
Qu'a mon segnor face contrere
Ne chose que ne doie fere.
Je sui vostre hom et vos mi sire :
De moi ne devés cose dire
115 Qui estre me puise a nuisance ;
Mes bien estes de tel puissance
Jeter me poés de la terre :
Ne puis pas soffrir vostre guerre.
Molt par redot mes enemis.
120 Molt me poise se g'ai mespris
De rien qui a vos apartiegne,
Mes non ei pas, dont me soviegne.
Tel vos ont fet le mal entendre
Et conté por moi entreprendre,
125 Qui ne l'oseroient prover.
Mençoigne poent il trover ;
Mes au voir dire sai je bien
Que je n'ei entrepris de rien.
Jamés prodome n'iert amez,
130 Li plus loiax est plus blamez :
Fous est qui mes dit verité.
Plusors en sont deserité
Et de terre jeté a tort.
Li menteor sont li plus fort.
135 Nus ne vos devroit tant desçoivre
Que ne doüssiez aperçoivre
Qui mençonge vous fait acroire
Et qui vous conte chose voire.
Vint ans a que me conneüstes,
140 Mais onques mais home n'eüstes
Qui pour vous ait tant paine eüe.
Encor en ai la char rompue
Des granz travax, ce est la somme,
Quant je pour vous alai a Romme,
145 A Salerne et a Monpellier
Pour la mecine apareillier
Qui bone estoit au mal saner

répondit avec la plus grande politesse :
« Cher seigneur, sauf votre respect,
110 je ne suis pas de ceux
qui causent du tort à leur suzerain
et oublient leur devoir.
Je suis votre vassal, vous êtes mon suzerain :
vous ne devez pas dire des choses
115 qui pourraient se retourner contre moi,
mais votre puissance est si grande
que vous pouvez me chasser de la seigneurie :
je ne suis pas de taille à vous résister.
Je redoute fort mes ennemis.
120 Je serais désolé de vous avoir causé
le moindre tort,
mais ce n'est pas le cas, autant qu'il m'en souvienne.
Certains qui vous ont rapporté et raconté
de méchantes histoires pour me mettre en difficulté,
125 seraient bien en peine d'en fournir la preuve.
Ils peuvent bien inventer des mensonges,
mais moi, je sais, à dire le vrai,
que je n'ai commis aucune faute.
Jamais on n'aimera les gens de bien,
130 ce sont les plus loyaux qui sont les plus critiqués.
Il faut être fou pour dire désormais la vérité :
beaucoup y perdirent leur héritage
et furent injustement exilés.
Les menteurs sont les plus forts.
135 Personne ne devrait pouvoir vous abuser
sans que vous fussiez capable de distinguer
un faiseur de mensonges
d'un homme de vérité.
Voici vingt ans que vous me connaissez :
140 jamais aucun vassal n'a enduré
pour vous autant de souffrances que moi.
Mon corps porte encore la trace
des grands tourments que j'ai subis, c'est la vérité,
quand je suis allé pour vous à Rome,
145 à Salerne et à Montpellier
pour préparer les remèdes
propres à guérir le mal

Qui vous faisoit forment pener.
Sire, mestier vous ai eü. »
150 Ce dist Grimbers : « S'est deceü
Qui dist que vers vous ait mesfet.
Pour rien nel voudroit avoir fet,
Molt est vilains qui ce retrait. »
Nobles son corage a refait.
155 « Grinbert » fait il, « moult bien as dit.
Bien otroie qui ne desdit.
C'est vertez que mandai Renart :
Tybert i fu de moie part
Qui bien li dist qu'a court venist,
160 Ne pas en desdaing nel tenist.
Renars qui scet de fauve anesse
Et de mainte fausse promesse,
Respondi que bien le feroit
Et qu'o lui a la court iroit.
165 Renars fist del aler semblant :
Tybers vint son chemin enblant.
Quant il furent a une ville,
Renars qui sot de mainte guile,
Sot l'ostel qu'a un prestre estoit
170 Qui pour lui forment se guaitoit.
En sa meson n'ot nule entree
Fors un bouet [1], quant fu fremee :
La ot tendus las pour lui prendre.
Renars fist a Tybert entendre
175 Par iluec i soloit venir
Et aus gelines avenir,
Et tant i a souriz et ras,
Bien en puet on pestre cent chas.
Tybert cuida que voir deïst,
180 De grant folie s'entremist,

---

1. Le *bouet* (autres formes : *bouel, boiel, booel, boieu, boiot, buel, buiot*…) était un conduit dans le mur, assez long pour permettre au chat de s'y cacher. « Ce conduit avait plusieurs destinations. Il servait à l'aération, il permettait aux petits animaux d'entrer et de sortir quand les portes de la maison étaient fermées. Très souvent, il ressort aussi de la littérature qu'on se servait de ces lucarnes pour regarder sans être vu. C'étaient des judas… » (G. Tilander, *Remarques sur le roman de Renart*, p. 88.)

qui vous torturait.
Sire, je vous ai rendu service. »
150 Grimbert intervint en ces termes : « Il s'est trompé
celui qui affirme que Renart vous a causé du tort.
Pour rien au monde il ne voudrait l'avoir fait.
Il faut être ignoble pour rapporter un tel ragot. »
Noble est revenu à de meilleurs sentiments.
155 « Fort bien parlé, Grimbert, dit-il.
Qui ne dit mot consent.
Il est vrai que je convoquai Renart :
Tibert s'y rendit de ma part
et l'invita à se rendre à la cour
160 sans manifester d'arrogance.
Renart qui s'y entend dans l'art de tromper
et de multiplier les promesses en l'air,
répondit qu'il le ferait volontiers
et qu'il l'accompagnerait à la cour.
165 Il fit semblant de se mettre en route.
Tibert s'en retourna d'un bon pas.
Ils arrivèrent dans un village
où Renart aux mille ruses
connaissait la demeure d'un prêtre
170 qui se méfiait fort de lui.
Le logis, une fois barricadé,
n'avait pour seule entrée qu'un boyau,
où le prêtre avait tendu un lacet pour l'attraper.
Renart fit croire à Tibert
175 qu'il l'empruntait fréquemment
pour arriver jusqu'aux poules
et qu'il y avait là assez de souris et de rats
pour rassasier cent chats.
Tibert le crut.
180 Il fallait avoir perdu la tête,

Car au partir se tint pour fol.
Li las li descent sor le col,
Il ne sot tant bouter ne traire
Que d'ilec se poïst retraire.
185 Cil qui s'estoient entremis
Des laz faire ou il l'orent pris,
Quant oient qu'il i ot prison,
L'un porte un pel, l'autre un baston.
Et Renars se met a la voie,
190 Qu'il n'a talent que l'en le voie.
Tybert batent et donnent cous,
Li laz ront ou tenoit li cous.
Des que Tybers se sent a terre,
Les grenons dresce et les dens serre.
195 Si li avint belle aventure
(N'avint si belle a crïature)
Que li prestres y est venuz
Deschaus, sanz braies et touz nus :
Vint a Tybert, sel vot ferir.
200 Cilz guenchist qui se voult garir,
Le provoire a la coulle prent
Si que de rien n'i entreprent :
Bien sache, et, ce est la voire,
Le plus de la coille au provoire
205 Menja ainz qu'issist de l'ostel.
N'eschapa mais Tybers d'autel.
    La prestresse est toute esbahie
De la coille qui est perie.
« Lasse, fait ele, malvenue !
210 Ne serai mes chiere tenue.
Missire a perdue ma joie
Pour quoi chiere tenue estoie.
Or n'aura il mais de moi cure
Que il a perdu l'ambleüre [1].
215 Or sai bien qu'il me guerpira,
Quant il aider ne se pourra,

---

1. Les termes équestres, *ambler, courir l'amble, chevaucher, ron-chiner* (monter un roncin) avaient pris un sens obscène. De même, *soi aidier* « être en pleine force », « employer ses forces », avait pris un sens sexuel.

pensa-t-il quand il fut tiré d'affaire.
Le lacet lui descendit sur le cou.
Impossible, même en poussant et tirant tant et plus,
de se sortir de là.
185 Quand les gens qui s'étaient appliqués
à poser les lacets qui l'avaient capturé,
entendirent qu'il y avait un prisonnier,
ils vinrent, l'un avec un pieu, l'autre avec un bâton.
Renart, lui, se mit en route,
190 car il n'avait pas envie d'être vu.
Tibert fut battu, roué de coups ;
le lacet qui lui serrait le cou finit par se rompre.
Dès que le chat toucha terre,
il hérissa ses moustaches et serra les dents.
195 C'est alors qu'il lui arriva une plaisante aventure,
la plus plaisante qu'on ait jamais connue.
Le prêtre, arrivé sur les lieux,
sans chausses ni braies, tout nu,
s'approcha de Tibert, prêt à le frapper ;
200 mais celui-ci, s'esquivant pour se protéger,
saisit le prêtre par les couilles
d'une prise sans défaut.
La vérité est
qu'il mangea presqu'entièrement
205 les couilles du prêtre avant de sortir du logis.
Jamais Tibert n'avait frôlé la mort d'aussi près.
    La concubine du prêtre était désespérée
de la perte des couilles :
« Quel malheur, disait-elle, quelle infortune !
210 Pour moi, c'en est fini de l'amour.
Mon maître a perdu ce qui était ma joie
et le faisait me chérir.
Maintenant, il ne se souciera plus de moi,
car il ne peut plus me chevaucher.
215 Maintenant, je le sais, il m'abandonnera,
puisque le voici devenu impuissant.

Si sui je plus tristre et dolente.
A joie ai tenu ma jovente :
Il me donnoit les bons mengiers
220 Et les biaus draps molt volentiers.
Or sai bien, faillir m'i estuet :
Grant chose a en faire l'estuet.
Messire a perdu hardement :
Li chas l'a servi malement. »
225 En ce qu'entre euls mainent leur duel,
Tybert s'en ist par un bouel.
Renars s'en fu pieça partiz ;
Si fu li gieus mal departiz.
De ceste chose a fait sa plainte
230 Tybers : des autres i a mainte.
    Bruns se replaint qu'il le fist batre
Ou chesne ou il le fist embatre,
Que charpentiers orent ouvert
Et laissié tout a descouvert :
235 Dist li que miel avoit dedens.
Il i cuida mettre les dens,
Son groing i mist et enbati
Tant que les coins en abati.
Onques des coins n'y lessa un :
240 Par mi le groing retint dant Brun.
Or fu li laz en grant doulour,
Toute ot perdue sa coulour.
Renars ne fist fors que sorrire,
Quant il le vit en tel martire,
245 Et dist a Brun : « Mengez assez
Tant que soiez bien saoulez :
Li miex est vostre, jel vos laiz
Et je m'en vois a grant ellaiz.
Moult fet o vous mauvais aler,
250 Ja ne m'en orrez mais parler,
J'ai non Renars, biax sire Bruns.
Ci n'est pas li gaains conmuns :
Vous voulez tot avoir sans faille.
Ja n'en ferai vers vous bataille,
255 Ainz le vous clamerai tout quite :
Je n'ai mester de faire luite. »

J'en suis d'autant plus triste et affligée
que j'ai connu une jeunesse heureuse :
il me donnait bien volontiers
220 de bons repas et de beaux habits.
Maintenant, je le sais, je dois y renoncer,
il faut en prendre son parti.
Mon maître a perdu sa virilité.
Le chat lui a rendu un mauvais service. »
225 Tandis que tous deux se désolaient,
Tibert sortit par le boyau.
Il y avait longtemps que Renart était parti ;
il n'avait pas joué franc jeu.
C'est cette affaire qui a provoqué la plainte
230 de Tibert, mais il y en avait beaucoup d'autres.

    Brun, de son côté, se plaignit que Renart l'eût fait
après l'avoir précipité dans le chêne   [battre
que des bûcherons avaient fendu
et laissé tout ouvert.
235 Renart dit à l'ours qu'il y avait du miel dedans,
et lui imagina d'y mettre les dents.
Il y glissa son museau
si loin qu'il fit tomber les coins de l'arbre,
sans en laisser un seul.
240 Retenu par le groin,
quelles souffrances endura le malheureux
qui y perdit toutes ses couleurs !
Renart ne fit que sourire,
en le voyant subir un tel martyre,
245 lui disant : « Gavez-vous
jusqu'à ce que vous soyez bien repu :
le miel est à vous, je vous le laisse
et file à toute allure.
Il ne fait pas bon aller avec vous,
250 c'est la dernière fois que je vous le propose,
aussi vrai que je m'appelle Renart, cher seigneur Brun.
Ici, on ne partage pas :
vous voulez tout garder pour vous.
Je ne vous chercherai pas querelle pour autant,
255 je vous cède ma part :
je n'ai que faire de me battre. »

    Quant ramposnes ot assez faites,
    Louffes et moes pluseurs traites,
    Tournez s'en est, ne vot plus dire.
260 Mais Bruns n'en ot talent de rire :
    Le groing estraint et sache et tire,
    Nel puet avoir s'il nel descire.
    N'estoit pas du tot a son chois.
    Li forestier viennent au bois,
265 Vint et deus furent en la route.
    Quant voient l'ours, l'uns l'autre boute :
    « Je voi un ours, dist li premiers ;
    — Or i parra, frans forestiers,
    Que bien sai, aidier ne se puet.
270 — Or le prenons, faire l'estuet. »
    Quant Bruns li ors les ot venir,
    Dunc ne se pot plus atenir ;
    Einz sache a soi par tel aïr
    Que tot le cuir fet departir
275 D'entor son groing et de ses poes.
    N'en remeist point entre ses joes.
    Mes eins que il s'en fust ostés,
    Li ont molt batus les costés
    De maçues et de bastons.
280 Issus s'en est a reculuns.
    Renart l'a tenu por vilein :
    Hasard jeta arere mein[1],
    Fuiant s'en vet a longe aleine,
    Mes molt ot ançois sofert peine.
285 Einsi servi Renars mon home,
    Par les seins que l'en quert en Rome.
    Aprés se mist Renars en ese.
    Ne laissa pas por sa mesese,
    Quant vint au trespas d'une rue,
290 Une grant ransprone li rue :
    « Baus sire Bruns, e car me dites,
    Se iestes moines ou ermites

_____

1. *Jeter hasart arere mein* est un terme de jeu et indique un mauvais
coup de dés ; l'expression avait pris le sens figuré d'« être malchan-
ceux ». Cf. Semrau, *Würful und Würfelspiel im alten Frankreich*, p. 57
et s.

Quand Renart eut lancé beaucoup de quolibets
et fait de nombreuses plaisanteries et grimaces,
il tourna les talons, sans daigner ajouter un mot.
260 Mais Brun n'avait pas envie d'en rire :
il pressait, secouait, tirait son museau,
impossible de le retirer sans le déchirer.
Il n'était pas du tout à son affaire !
Or voici qu'arrivent des bûcherons,
265 un groupe d'une bonne vingtaine.
A la vue de l'ours, ils se poussent l'un l'autre :
« Je vois un ours, dit le premier.
— On va s'en assurer, noble bûcheron,
car je suis sûr qu'il ne peut s'échapper.
270 Saisissons-nous de lui, il le faut. »
Quand Brun l'ours les entendit approcher,
il ne put attendre davantage ;
mais il tira vers lui avec une telle violence
qu'il arracha toute la peau
275 qui entourait son museau et ses pattes.
Sur ses joues, il n'en restait plus un centimètre.
Mais avant qu'il se fût dégagé de l'arbre,
les bûcherons lui ont roué les flancs
à coups de massues et de bâtons.
280 Brun s'est éloigné à reculons.
Renart l'a pris pour un imbécile,
et la malchance s'en est mêlée :
il s'enfuit à perdre haleine,
non sans avoir enduré de grands tourments.
285 Tel est le service que Renart a rendu à mon vassal,
par les saints que l'on va prier à Rome.
Ensuite, le goupil prit du bon temps.
Le malheur de sa victime ne l'empêcha pas,
arrivé à un croisement,
290 de lui décocher une grosse plaisanterie :
« Cher seigneur Brun, dites-moi donc
si vous êtes moine ou ermite,

Et se messe chanter savez,
Quant vos si grant corone avez.
295 Molt par avés vermeil le chef. »
Renars li fist itel meschef.
De ce a fet dans Brun son pleint,
Et la messenge se compleint,
Qar, qant ele le volt besier
300 Et a lui se volt apaier,
Les denz jeta por lui conbrer :
Einsi la voloit enconbrer.
La li orent ses eles oes :
Arere sailli en son crues.
305 Molt par fesoit grant deverie,
Quant vers lui pensoit tricherie.
Meinte traïson li a fete,
Prendre le cuida en sozhaite :
Ele estoit en foi sa conmere
310 Et si le tenoit por conpere.
Por ce di qu'il n'est pas leaus.
La se contint con desloiaus.
Qui si poil voit, nel doit pas croire :
Par nature fet a mescroire.
315 Dame Pinte se rest clamee,
Qui est de meinte gent amee,
De sa seror dame Copee
Que Renart li a escropee,
Et cinc mortes de ses sorors,
320 Dont sis cors est en grant dolors.
Grant mal a fet a meinte gent :
Ja ne por or ne por argent
Nel doit l'en laissier a jugier
Pur ses felonies vengier.
325 Li corbaus rest a cort venuz
Et dist que droit li soit tenuz
De Renart qui prist son formage
Et aprés fist si grant utrage
Que o les denz le volt sesir.
330 Mes n'en fist pas tot son plesir,
C'il s'aperçust qu'il le volt prendre,
Si s'en torna, nel volt atendre.

ou si vous savez chanter la messe,
puisque vous avez une si large tonsure.
295 Votre tête est bigrement rouge. »
Renart est l'auteur de ce malheur.
Telles furent les doléances de sire Brun.

La mésange se plaignit tout autant,
car, lorsqu'elle voulut lui donner un baiser
300 et faire la paix avec lui,
Renart jeta les dents en avant pour la saisir,
bien décidé à la faire prisonnière.
Elle doit une fière chandelle à ses ailes :
elle se retrancha précipitamment dans son trou.
305 Il fallait avoir la tête fêlée
pour penser la tromper.
Il l'a trahie, maintes et maintes fois,
il crut la prendre à son gré,
alors qu'elle était devant Dieu la commère de Renart
310 et qu'elle le tenait pour son compère.
C'est pour cette raison que je le juge déloyal.
Il s'est conduit en cette occasion comme un traître.
Dès que l'on voit sa queue, on doit se méfier de lui :
il est foncièrement fourbe.
315 Dame Pinte, que beaucoup de gens aiment,
s'est plainte à son tour
à propos de sa sœur Coupée
à qui Renart arracha le croupion
après avoir tué ses cinq sœurs,
320 la plongeant dans une profonde douleur.
Bien des gens ont été victimes de Renart ;
aussi ne doit-on point, pour rien au monde,
renoncer à le juger,
afin de le punir de ses perfidies.
325 Le corbeau lui aussi est venu à la cour
et il demande que justice lui soit rendue
contre Renart qui, non content de lui prendre son fro-
poussa ensuite l'outrage   [mage,
jusqu'à vouloir l'attraper avec ses dents.
330 Mais l'affaire ne tourna pas à son avantage
car le corbeau, s'apercevant qu'il voulait le prendre,
s'esquiva sans l'attendre.

Renars qui set de tantes frumes,
Li esracha quatre des plumes.
335 Bien le cuida avoir sopris
Par son enging et entrepris :
Il disoit ce qu'il avoit plaie,
Mes de lui ot male manaie.
Ne vos porroie pas retrere
340 Les mals, le honte, le contrere
Que dan Renars a fet aillors
A Ysengrin et a plusors.

Ysengrins s'est a moi clamés
De Renart qui tant est blamez,
345 Que sa feme li a maumise
Et sor lui a sa forche mise
Si vilment et en tel manere
Com sor une autre chamberere :
Toz ses pensez i fu fornis,
350 Se droit n'en ai, toz sui honis,
Si ne veil que ma gent me hace,
Doit me convient que je li face.

Danz Roonaus li viels mastins,
Qui reset de plussors latins
355 Et qui molt a fier le corage,
Se rest clamés : quant el messaje
L'avoie tramis de ma part
Qu'il me feïst venir Renart,
Donc li fist Renars si grant honte
360 Que je n'en sai tenir le conte.
Mes bien ai oï la querele
De qoi danz Roonaus l'apele.
Ce dit que par sa traïson
Le fist retenir en prison.
365 Amuser le sot par parole.
Ce li dist de la cooignole
Que uns vileins avoit tendue
Lez une voie deffendue,
Que la gisoit un seintuaire
370 Qui ert apelé seint Ylaire,
Et bien entendre li a fet

Renart, le maître trompeur,
lui arracha quatre de ses plumes.
335 Il crut bien l'avoir trompé
et mis en difficulté par sa ruse :
prétendant qu'il était blessé,
il n'eut pas la moindre pitié du corbeau.
Il m'est impossible de vous rapporter
340 les souffrances, les affronts, les dommages
que sire Renart a infligés ailleurs
à Isengrin et à beaucoup d'autres.
     Isengrin s'est plaint auprès de moi
de Renart qui est blâmé de toutes parts :
345 n'a-t-il pas maltraité
et pris de force sa femme
avec autant d'infamie
qu'une quelconque chambrière ?
N'a-t-il pas satisfait tous ses désirs ?
350 Si je n'en fais pas justice, la honte en retombe sur moi.
Comme je ne veux pas que mes sujets me haïssent,
il me faut leur rendre justice.
     Sire Roënel, le vieux mâtin,
qui, de son côté, est un puits de science
355 et qui a l'âme très fière,
s'est plaint à son tour que, lorsque je l'envoyai
en qualité de messager
pour me ramener Renart,
celui-ci lui ait infligé un outrage si grand
360 que je ne saurais en faire le récit.
Mais j'ai bien entendu la raison
qui pousse sire Roënel à accuser Renart.
Il dit que l'autre, par sa traîtrise,
l'a fait capturer.
365 Il a su l'amuser de paroles.
A propos du piège
qu'un paysan avait tendu
près d'une voie privée,
le goupil affirma à Roënel
370 qu'on conservait là
les reliques de saint Hilaire
et il lui fit croire

Qu'iloc redrecent li contret.
Cil ne sout pas l'autorité,
Pensa qu'il deïst verité.
375 Ne se sout pas contregarder.
Renars que l'en devroit larder
Tant li fist par engin acroire
Que cil tint sa parole a voire,
Qui tant sages estre soloit :
380 Nus n'est si sages ne foloit.
A l'abessier vit le formaje
Qui li fist rendre le paage.
Ne velt laissier que il n'i morde.
Au resacher estreint la corde
385 Qui desor le col li devale
Ausi destroit con nef qui hale.
Cil monte amont et se detorne.
Mes Renars qui point ne sorjone
Et qui l'a mené conme fol,
390 Le laissa pendre par le col.
Renars li ros (que mal fu l'arde !)
Li dist que des vignes fust garde.
Bien fu li mastins desçoüs.
Des gardes fu aperceüs :
395 O maçues et o barreaus
Li ont bien auné ses buraus.
Iloc ont tant le las batu
Que a terre l'ont abatu :
Ne bret, ne crie, ne ne muet,
400 Sinplement contenir l'estuet.
A grant peine en escapa vis,
Si con il dit, jel vos plevis.
Molt devroit l'en Renart destruire,
Toz li mondes le devroit nuire
405 Qui si baillist la bone gent.
Ja n'en prendroie or ne argent
Que nel destruie o nel pende,
Se il n'est tex qu'il se defende :
Honte m'a fet et vileinie,
410 Trop ai sofert sa felonie.
        Renart, tot ce avés vos feit,

qu'en ce lieu les paralytiques se relevaient.
Le mâtin, qui ignorait le fin mot de l'histoire,
pensa que Renart disait la vérité,
375 sans songer à se méfier.
Renart que l'on devrait cribler de coups
sut, par son astuce, si bien le persuader
qu'il prit ses propos pour paroles d'évangile,
alors qu'il était d'ordinaire si sage.
380 Mais aucun sage n'est à l'abri d'une folie.
Roënel, en se baissant, vit le fromage
qui lui fit acquitter le péage.
Il ne voulut pas manquer d'y mordre.
En se retirant, il resserra la corde
385 qui lui tomba sur le cou,
aussi tendue que celle d'un bateau que l'on hale.
Il s'éleva en l'air, loin du sol.
Quant à Renart, il ne s'attarda pas,
mais, après l'avoir mené par le bout du nez,
390 il le laissa pendre par le cou.
Renart le roux — puisse-t-il brûler en enfer! —
le chargea de garder les vignes.
Le mâtin avait été bien trompé.
Les gardes l'aperçurent:
395 avec des massues et des barres,
ils l'ont étrillé sous toutes les coutures,
ils ont tellement battu le malheureux
qu'ils l'ont abattu tout raide,
sans qu'il pût crier, gémir, bouger,
400 bien forcé de se tenir tranquille.
Il eut toutes les peines du monde à en réchapper,
c'est ce qu'il dit, je vous le garantis.
L'on devrait exterminer Renart,
tout le monde devrait persécuter
405 celui qui traite ainsi les braves gens.
Pour rien au monde, je ne renoncerais
à le détruire ou à le pendre,
s'il n'était pas en mesure de se défendre:
ne m'a-t-il pas outragé et insulté?
410 Voilà trop longtemps que je supporte sa perfidie.
    Voilà, Renart, tout ce que tu as fait.

Cui baux en est, mal dehet ait !
Toz jorz nos avés fet moleste,
De vos se pleint chascune beste.
415 Mes par ma barbe, se je puis
Et je en mon conseil le truis,
Quant vos de ci escaperois,
James beste n'atraperois.
Renart, fait il, molt es haïs. »
420   Cil qui n'estoit pas esbaïs
Ne trop hastis en sa parole,
(Molt a esté a bone escole)
Vers terre tint enclin son chef,
Et fet senblant que li soit gref.
425 Bien se sot tere et bien parler,
Bien respondre et bien aparler,
Quant il en voit et leu et ese.
Or li covient que il se tese,
Car il voit lo roi corocié.
430 Son chef a un poi redrecié.
Il n'ot en lui rien que aprendre,
Bien se sot garder et desfendre.
Itant a dit qu'il li otroit
Qu'il puisse respondre et a droit,
435 Et que au droit dire s'acort :
« Tant en ferai n'en aurai tort.
— Renart, fet Nobles, bien as dit.
Ja en ce n'en aura desdit.
Or diras, nos escoteron :
440 Se tu dis bien, nos nos teron. »
Renars respont : « Sire, bien dites.
Vus avés dit, ne sui pas quites
Des semonses que m'avés fetes,
Que vos avés desor moi tretes.
445 De Tybert et de la mesenge
M'escondi bien, conment qu'il prengne,
Et del corbel et de Copee,
Que par moi ne fu escropee ;
Ne a Tybert ne fis otrage,
450 Ne au corbel de son formaje.
Bruns li ors qui se rest clamés,

Maudit soit qui s'en réjouit !
Tu n'as cessé de nous faire du mal,
chaque bête se plaint de toi.
415 Mais par ma barbe, si je le puis
et en trouve le moyen,
quand tu sortiras d'ici,
tu ne pourras plus attraper personne.
Renart, termina le lion, tout le monde te hait. »
420   Le goupil que rien ne troublait
et qui ne se hâtait jamais de parler
(il avait été à très bonne école),
garda la tête baissée vers le sol
et fit mine d'être accablé.
425 Il savait se taire ou parler,
répondre et discourir à propos,
lorsqu'il jugeait opportun de le faire.
Pour l'heure, il lui faut se taire,
car il voit le roi en colère.
430 Il a légèrement relevé la tête.
Il n'avait plus rien à apprendre du roi
dont il sut bien parer les coups.
Alors il a demandé au roi de lui accorder
de pouvoir répondre selon la justice,
435 en se conformant à la vérité :
« Je m'arrangerai pour avoir le droit de mon côté.
— Bien parlé, Renart, dit Noble.
Personne ne s'opposera à ta requête.
Parle donc et nous t'écouterons :
440 si tu parles bien, nous nous tairons.
— Sire, répondit Renart, vous avez raison.
Vous avez dit que je ne me suis pas justifié
des assignations que vous m'avez faites
et que vous avez lancées contre moi.
445 S'agissant de Tibert et de la mésange,
je repousse l'accusation, quoi qu'il arrive,
de même que pour le corbeau et Coupée
que je n'ai pas mutilée ;
je n'ai rien fait de mal à Tibert
450 ni au corbeau pour son fromage.
Quant à Brun l'ours qui s'est plaint lui aussi,

Certes a tort en sui blamés :
Onc ne perdi par moi sa pel.
Ne ne fis mal a Roïnel
455 Në a mon conpere Ysengrin :
A tort m'acoillent mi voisin.
Las ! mal serviche ai toz jors fet,
Por bien fere a l'en le col fret.
Chascun le set, n'i a si sort,
460 Que tex ne peche qui encort [1].
Male grace m'a Dex donee,
Mes itex est ma destinee
Que ja cel bien ne saurai fere
Qu'en ne me tiegne a contrere.
465 Certes molt ai a çous bien fet
Qui or m'ont porchacié cest plet :
Vos m'en avés hui fet semondre
Et je sui toz prest de respondre
Au jogement de vostre cort. »
470 A cest mot, Ysengrins acort
Devant le roi entre les autres,
Et Roonels li felz, li veltres,
La mesenge et Tybers li chaz,
Et Bruns qui est de grant porcas,
475 Dame Rosete la jeline
Et dame Pinte sa voisine.
Tuit font devant lo roi lor pleinte,
N'i a mester parole feinte.
      Renart se seigne a mein esclenche.
480 Bien voit que n'i a mestier genche,
Que li covient que raison rende.
Grant poür a que l'en nel pende.
S'or n'est Renars en mal liens,
Molt sera bons rectoriens ;
485 Se il sens perte s'en eschape,
Senz caperon set taillier cape [2].

      1. Il s'agit d'un proverbe fréquent dans le *Roman de Renart* (VII,
104 ; X, 341 ; IX, 1826 ; I, 2032 ms. M) *Encourir,* difficile à rendre en
français moderne, signifie « recevoir un dommage, une peine », « expier ».
      2. La locution, *Senz caperon set taillier cape,* fait allusion au pro-

il m'accuse assurément à tort :
jamais il n'a perdu sa peau par ma faute.
Je n'ai pas non plus fait de mal à Roënel
455 ni à mon compère Isengrin :
c'est à tort que mes voisins m'accusent.
Que je suis à plaindre ! J'ai eu le tort de toujours rendre
Un bienfait n'est jamais rendu.   [service.
Personne n'est assez stupide pour ignorer
460 que l'on punit les innocents.
Dieu ne m'a pas accordé sa grâce,
mais telle est ma destinée :
je ne saurai accomplir une bonne action
sans qu'on la retienne contre moi.
465 J'ai assurément fait du bien
à ceux qui m'ont intenté ce procès.
Vous m'avez invité à comparaître aujourd'hui
et je suis tout prêt à me conformer
au jugement de votre cour. »
470   A ces mots, Isengrin se précipite
devant le roi au milieu des autres,
suivi de Roënel le cruel molosse,
de la mésange et de Tibert le chat,
de Brun qui multiplie ses efforts,
475 de dame Rosette la poule
et de dame Pinte sa voisine.
Tous exposent leurs griefs devant le roi,
l'heure n'est pas aux mensonges.
        Renart se signe de la main gauche,
480 il voit bien qu'il est inutile de ruser
et qu'il lui faut rendre des comptes.
Il a grand-peur qu'on ne le pende.
Si aujourd'hui Renart n'est pas dans de mauvais draps,
c'est qu'il aura été un habile orateur ;
485 s'il en sort indemne,
c'est qu'il sait faire une omelette sans casser les œufs.

---

verbe : *Mal fait la chape qui ne fait le chaperon.* Le chaperon apparte
nant nécessairement à la chape complète, il fallait être très rusé pour
faire une chape sans le chaperon.

De toutes pars s'ot acuser
Q'a peine s'en set escuser.
   Ce dit Nobles : « Que vos est vis ? »
490 Renars respont : « Jel vos plevis
Que de mesfet ne me recort
Dont envers els oüsse tort.
Il diront ce que il voudront :
Ja por ce rien ne me toudront,
495 Se vos plest qui mis sires estes.
Molt sui sordiz de plusors bestes :
A tel ai porté grant onor
Qui puis m'a fet grant desonor.
Je sai que li tors n'est pas miens :
500 Totes voies veincra li biens.
Onques de riens ne m'entremis
Por qoi doüsse estre enemis
Dant Ysengrin mon cher compere,
Ne onques par l'ame mon pere
505 A sa feme ne quis folie ;
Si l'a molt por moi asaillie.
Tot en sui je pres de desfendre,
Se nus m'en voloit entreprendre
(Jel vos di bien senz autre faille)
510 O par juïse o par bataille. »
   Ysengrins est saillis en place,
Prie le roi ne li desplace,
Se sa droiture velt prover
Tot sens mençoigne controver.
515 Nobles conmande que il die,
N'i a celi quel contredie.
« Renart, dist Ysengrins, entent !
Je sui cil qui son droit atent
Des granz anuis que tu m'as fez
520 Que nos avons çaiens retrais.
Ne me sont encor amendé,
Si l'avoit li rois conmandé.
Molt as einz fet bestes pener
Q'a cort te poüst amener,
525 Et de joanes et de canus
En as asez por fol tenus.

Les accusations fusent de partout,
si bien qu'il a grand-peine à trouver des excuses.
« Qu'en pensez-vous ? » a demandé Noble ;
490 et Renart de répondre : « Je vous jure
que je ne me souviens d'aucune faute
dont je me sois rendu coupable envers eux.
Ils peuvent dire ce qu'ils veulent :
ils n'ont aucune raison de me déposséder,
495 si du moins vous le souhaitez, vous mon seigneur.
De nombreuses bêtes m'assourdissent de leurs calom-
un tel que j'ai glorifié   [nies ;
m'a depuis couvert de honte.
Je sais que le tort n'est pas de mon côté :
500 de toute façon le bien l'emportera.
Je ne me suis jamais mêlé de rien
qui dût me valoir l'inimitié
de sire Isengrin mon cher compère,
pas plus que je n'ai jamais, par l'âme de mon père,
505 fait des propositions déshonnêtes à sa femme
qu'il a pourtant brutalisée à cause de moi.
Je serais tout prêt à m'en justifier,
si quelqu'un voulait me provoquer,
je vous le dis tout net, sans chercher à me dérober,
510 soit dans un jugement de Dieu, soit en duel judiciaire. »
    Isengrin s'est redressé d'un bond
et prie le roi de bien vouloir accepter
qu'il apporte la preuve de son bon droit
sans inventer aucun mensonge.
515 Noble lui ordonne de parler,
il ne se trouve personne qui s'y oppose.
« Renart, dit le loup, écoute !
C'est moi qui cherche à obtenir justice
pour les grands tourments que tu m'as causés
520 et que nous avons céans exposés.
Je n'en ai pas encore obtenu réparation,
bien que le roi l'ait ordonné.
Tu as fait souffrir bien des bêtes,
avant qu'il n'ait pu te faire venir à la cour.
525 Des jeunes et des vieux,
tu en as pris beaucoup pour des imbéciles.

Por ceuls qui de toi clamor font
Et qui ci enprés toi estont,
Por moi qui par moi sui honis
530 Voil que cest plet soit hui feniz.
Par la verité m'en irai :
Ja, se je puis, n'en mentirai
Que je n'en die tot le voir
Se je le puis apercevoir.
535 Je n'ai mester de trere alonge
Ne de controver ci mençoigne,
Si que garant en troverai,
De traïson te proverai
Et mosterai tot par raison
540 Et felonie et traïson.
Bien en saurai l'acaison dire,
Se t'en voloies escondire. »
Renars resport : « Bien dit avez.
Or dites conment le savés. »
545 Fet Ysengrins : « Jel vos dirai,
Ja mot ne vos en celerai.
Mes conperes estes en loi ;
Si m'avés mené a besloy
Plus de cent fois que je n'en mente.
550 Meinte beste avés fet dolente.
Bien ont plussors aperceü
Que mainte fois m'as deçoü.
Or sai bien, se cort ne me faut,
Que tu en es venu au saut.
555 Molt ai por toi mauls endurez,
Meinte foiz t'en es parjurez :
De ma feme m'as malbailli. »
Ce dist Renars : « Tu as failli :
Onques a ta feme nel fis,
560 Ne a toi de rien ne mesfis. »
     Dist Ysengrins : « Certes, Renart,
Jel mosterrai de moie part
Que vos a force l'asaillistes.
Au croz trover pas ne faillistes :
565 Voiant moi, ou vousisse o non,
Li batistes bien le crepon.

Au nom de ceux qui portent plainte contre toi,
et qui se tiennent ici debout auprès de toi,
en mon nom propre, à moi que tu as déshonoré,
530 je veux que ce procès s'achève aujourd'hui.
Je suivrai le chemin de la vérité.
Oui, autant que possible, je ne manquerai pas
de dire à ce propos toute la vérité
si je peux la connaître.
535 Je n'ai pas besoin de demander un délai,
ni d'inventer ici des mensonges,
je trouverai des témoins
assez nombreux pour te convaincre de trahison
et montrer, preuves à l'appui,
540 ta perfidie et ta traîtrise.
Je saurais bien en faire la démonstration
si tu acceptais de t'en justifier.
— Bien parlé, répondit Renart.
Donnez-nous donc votre version des faits.
545 — Je te la donnerai, dit Isengrin,
sans t'en cacher le moindre mot.
Tu es mon compère selon la loi divine,
et pourtant tu m'as trompé,
sans mentir, plus de cent fois.
550 Tu as fait souffrir de nombreuses bêtes.
Beaucoup peuvent attester
que tu m'as trahi bien des fois.
A présent je suis sûr que je peux compter sur la cour,
le moment est venu pour toi de sauter le pas.
555 Que de souffrances j'ai endurées par ta faute !
Tu t'es maintes fois parjuré,
et l'affaire avec ma femme m'a fait du tort.
— Erreur, dit Renart :
jamais je n'ai touché à ta femme,
560 et je ne t'ai pas causé le moindre tort.
— En vérité, Renart, reprit Isengrin,
je prouverai, quant à moi,
que tu lui as fait violence.
Tu n'as pas manqué de trouver le trou :
565 sous mes yeux, sans me demander mon avis,
tu l'as bel et bien baisée.

Molt vos vi boter et enpoindre
Et durement la coe estreindre.
Iloc la tenistes por sote.
570 Ne semblot pas jeu de pelote.
Ce ne porrïez pas desfendre,
Ne vos en veïsse descendre
Et vos braies sus enmonter.
Ne m'est honte del reconter;
575 Mes, se je celer le poüsse,
A nulhui dire nel doüsse. »
     Ce dist Renars : « Ja Dex ne place
Le crëator que tant me hace
Que la chose soit si corue
580 Que ma conmere aie ferue
Plus bas de l'ueil si con vos dites.
Dont seroie je plus qu'erites.
Or puis je bien de fi savoir
Que vos ne savés honte avoir,
585 Que ce avés amenteü
Dont li autre se sont toü.
Ja n'en doüssiez fere conte
Qui a Hersent tornast a honte.
Mes bien avés tel chose aprise :
590 Molt avés honte arere mise.
Bien avés vergoigne adossee
Qui honissiez vostre esposee.
Le monter et le sofacher
Fis je tot por lui fors sacher.
595 Enpoindre et traire me veïtes,
Bien sai que mal i entendistes;
Mes je nel fis se por bien non,
Or m'en rendés mal gerredon.
Jel fis por bien et por francisse,
600 Mes or ai perdu mon service.
Que fous fis que m'en entremis,
Or en estes mes enemis.
     — Renart, de tant te pues vanter
Bien ses a fol messe chanter.
605 Ce est bien chose conneüe,
Meinte honte ai par toi eüe.

Je t'ai vu pousser et frapper avec vigueur
et lui serrer fort la queue,
la traitant comme une moins que rien.
570 Ah ! çà n'avait rien d'une partie de balle !
Tu ne pourrais nier
que je t'aie vu descendre de dessus elle
et remonter ton pantalon.
Je n'ai pas honte de le raconter,
575 mais, si j'avais pu le cacher,
je ne l'aurais dit à personne.
    — Jamais ne plaise à Dieu le créateur, répondit Renart,
qu'Il me haïsse au point
de laisser l'affaire aller aussi loin :
580 j'aurais touché ma commère
plus bas que l'œil ainsi que tu le dis.
Je serais alors pire qu'un hérétique.
Maintenant, je suis convaincu
que vous n'avez aucun sens de l'honneur,
585 puisque vous avez rappelé
ce que les autres avaient passé sous silence.
Vous n'auriez pas dû en faire un récit
qui fût outrageant pour Hersant.
Mais il est une chose que vous savez faire,
590 c'est de faire fi du déshonneur ;
il faut que vous ayez oublié tout sentiment de honte
pour déshonorer votre épouse.
Je l'ai hissée, je l'ai soulevée,
j'ai tout fait pour la tirer dehors.
595 Vous m'avez vu pousser et tirer,
je sais bien que vous y avez vu du mal,
mais je n'avais que de bonnes intentions ;
maintenant vous me récompensez bien mal de mes
Je l'ai fait en tout bien, tout honneur,   [services.
600 mais j'ai perdu mon temps à vous servir.
J'ai été bien bête de me mêler de cette affaire
qui a fait de vous mon ennemi.
    — Renart, tu peux bien te vanter
de savoir débiter des balivernes à un public de fous.
605 Il est notoire
que j'ai subi, par ta faute, bien des affronts.

Tu es de tel autorité
Qu'en toi n'a point de verité.
Tant me conseillas en l'oreille
610 Qu'entrer me feïs en la selle
Et avaler el puis dedenz.
La male gote aies es denz!
A tantes riens as tu fet honte
N'est nus qui en sache le conte.
615 Tu deïs qu'o toi porroie estre
Laiens en paraïs terrestre
O il avoit gaaigneries
Et plein et bois et praeries :
N'estovoit cele rien rover
620 Qu'en ne poüst iloc trover :
Et qui voloit manger poissons,
Ou lus ou troites ou saumons,
Tant en avoit con li plaisoit,
A son talant les eslisoit.
625 De toz biens ert li lius garnis.
Einsi fui par toi escarnis.
Je cuidai que deïsses voir,
Mes je ne fis mie savoir :
Molt m'engignas a icele ore.
630 El seel entrai sans demore :
Et la corde si destorteille,
Tu eres ja en l'autre seille.
Traïtres es et losengers.
Je fui pesans et tu ligiers,
635 Je avalai et tu montas.
Quant enmi le puis m'encontras
Donc fu mes cuers iriés et teins.
Molt es de felonie pleins.
Je demandai que tu queroies :
640 Tu me deïs qu'en mont iroies.
« C'est custume que chascuns tient,
Quant li uns vet, li autres vient. »
D'enfer estiés eschapés,
O je reseroie atrapés.
645 Iluec remeis, tu t'en issis.
Tel traïson de moi feïs.

La confiance que tu inspires est si grande
que tu peux te livrer entièrement au mensonge.
Tu me rebattis tellement les oreilles
610 que tu me fis entrer dans la seille
et descendre dans le puits.
Puisses-tu avoir une rage de dents !
Tu as déshonoré tant de créatures
qu'il est impossible de les compter.
615 Tu disais que je pourrais être avec toi
là-dedans au paradis terrestre
où il y avait des prairies,
des plaines, des bois, des pâturages,
et que l'on trouvait en ce lieu
620 tout ce que l'on pouvait demander,
et que, si l'on voulait manger du poisson,
des brochets, des truites, des saumons,
on en avait à volonté,
on les choisissait à son gré :
625 le lieu regorgeait de tout.
C'est ainsi que tu te moquas de moi.
Je m'imaginais que tu disais vrai,
mais je manquai de sagesse :
tu m'as bien trompé alors.
630 J'entrai sans retard dans le seau,
la corde se déroula,
tandis que tu te trouvais déjà dans l'autre seille,
traître et fourbe que tu es !
J'étais lourd, toi léger,
635 je descendis, tu remontas.
Quand tu me croisas au milieu du puits,
j'entrai dans une colère noire.
Tu n'es que perfidie.
Comme je te demandais ce que tu cherchais,
640 tu me dis que tu remonterais sur terre :
« C'est une coutume que chacun respecte :
quand l'un arrive, l'autre s'en va. »
Tu t'étais échappé de l'enfer
où je serais à mon tour pris au piège.
645 Je restai dans le puits, toi, tu en sortis.
Voilà la trahison que tu commis à mes dépens.

En l'eve soffri grant moleste,
Trois foiz me reclost sor la teste.
Molt i endurai grant mesese,
650 De boivre estoie asés aese.
Li blanc moine me traitrent fors,
Mes tant me batirent le cors
O potences et o bastons
Qu'il me mistrent a ventrellons.
655 De pex me firent tel aport
Qu'iloc me lasserent por mort
En un fossé qui fu pulens.
Par la coe me traitrent ens
Et aprés s'en sont retorné.
660 En ort leu m'orent ostelé,
De puor dui estre crevez.
Molt ai esté par toi grevez.
D'iloc me parti a grant peine,
Ge ne pooie avoir m'aleine :
665 Encor m'en dolent tuit mi membre.
Molt sui dolans, quant moi en menbre.
Tu me feïs aler peschier
Et en l'eve tant acrocier
Tote la coe oi engelee
670 Et en la glace seelee :
Sens la coe perdre au partir
Ne m'en pooie departir.
— Ysengrin, dis le tu a certes
Que tu oüs par moi ces pertes ?
675 Par foi tu paroles a force,
Ta lecherie te fist force.
Otre mesure fus costos
Et de poissons trop covoitos :
Ja n'en cuidoies prou avoir.
680 Voir dit li livres de savoir,
Qui tot covoite trestot pert.
Ce os je bien dire en apert :
Tex quide avoir tot a sa part
Qui del tot s'en desoivre et part.
685 Molt est honis qui tant covoite
Que son gaaing pert et s'aoite.

J'endurais d'atroces souffrances dans l'eau
qui par trois fois me submergea.
C'est une bien rude épreuve que je subis là.
650 Ah ! oui, j'avais de quoi boire !
Les moines blancs me hissèrent hors du puits,
ils me rouèrent le corps de tant de coups,
avec des béquilles et des bâtons,
qu'ils m'étendirent à plat ventre ;
655 ils me gratifièrent de tant de coups de pieu
qu'ils me laissèrent pour mort sur place
dans un fossé infect.
Ils m'y traînèrent par la queue
avant de repartir.
660 Dans quel endroit répugnant ils m'avaient logé !
La puanteur aurait dû me faire crever.
J'ai beaucoup souffert par ta faute.
Je quittai ce lieu à grand-peine,
incapable de reprendre haleine ;
665 j'en ai encore tous mes membres endoloris.
Quel souvenir douloureux !
Tu me fis aller pêcher
et rester si longtemps immobile dans l'eau
que j'eus toute la queue gelée
670 et scellée dans la glace :
si je n'avais pas sacrifié ma queue,
je n'aurais pu repartir.
— Isengrin, es-tu sérieux quand tu dis
que c'est moi qui t'ai causé ces malheurs ?
675 Ma foi, tu as beau parler,
c'est la gourmandise qui t'entraîna.
Tu te comportas en glouton effréné,
avide de poisson,
tu pensais n'être jamais rassasié.
680 Le Livre de la Sagesse dit la vérité :
à tout convoiter, on se retrouve les mains vides.
Je me permets de te le dire franchement :
tel qui pense tout avoir pour lui tout seul
se retrouve sans rien.
685 C'est une honte de perdre son bien et ses richesses
par excès de convoitise.

Des que tu les poissons sentis,
Di moi por qoi tu t'alentis
O dous ou trois en revensises.
690 Mes por escarni te tenisses,
Se tu n'en fusses toz cargiés.
Por fol i fus tant atargiés.
Qant del venir t'alai somondre,
Lors començas un poi a grondre.
695 Quant je fui anuiez d'atendre,
Si te laissai as poissons prendre.
Se mal t'en vint, por qoi m'en blames ?
Unques des poissons n'en menjames.
— Renart, bien te ses escuser
700 Et gent par parole amuser.
Ne porroie hui avoir retrez
Les maus que tu m'as diz et fez.
Tos tens m'as tenu por bricon.
Un jor que mangai d'un bacon,
705 Grant talant avoie de boivre :
La me soüs molt bien deçoivre.
Tu me deïs que d'un celer
T'en avoit on fet celerer,
En ta garde estoient li vin
710 Toz tens au soir et au matin.
La me menas bien a envers,
Tu m'as chanté de meint fax vers. »
    Ce dit Renars : « Or as tu tort.
De ce sui bien en mon recort
715 Que tant boüs que tos fus ivres,
Si te vantas que tot sans livres
Chanteroies bien un conduit.
Puis conmenças a si grant bruit
Que tuit cil de la vile vindrent,
720 Qui a grant merveille le tindrent.
Quant j'oï la noise venir,
Nus nel me doit a mal tenir,
Se me mis a l'eslideor [1],

---

1. *Soi metre a l'eslideor : eslideor* est un dérivé d'*eslider* « glisser »
comme *parleor* l'est de *parler, aleor* d'*aler, baigneor* de *baigner*...

Dis-moi pourquoi tu ne t'es pas contenté,
dès que tu sentis les poissons,
de revenir avec deux ou trois.
690 Mais tu te serais cru déshonoré
si tu n'en avais pas ramené toute une cargaison.
Tu étais complètement fou de t'y attarder si longtemps.
Quand j'allai t'inviter à partir,
tu répondis par un léger grognement.
695 Aussi, lassé d'attendre,
te laissai-je à ta pêche.
S'il t'arriva malheur, pourquoi m'en accuser ?
Nous ne mangeâmes jamais de ces poissons.
    — Renart, tu sais bien te trouver des excuses
700 et amuser les gens par tes discours.
La journée ne me suffirait pas pour raconter
toutes les méchancetés que tu m'as dites et faites.
Tu m'as toujours pris pour un imbécile.
Un jour que je mangeai du jambon
705 et que j'avais grand soif,
tu sus très bien me tromper
en me disant que
l'on t'avait fait maître de chai
et que les vins étaient sous ta garde
710 continuellement du matin jusqu'au soir.
Là encore tu m'as tourneboulé la cervelle,
tu m'as raconté toutes sortes d'histoires.
    — C'est toi qui te trompes, répliqua Renart.
Je me rappelle fort bien
715 que tu bus outre mesure si bien que, complètement saoul,
tu te vantas de chanter tout un motet
sans partition.
Tu te mis alors à faire un tel vacarme
que tous les villageois
720 arrivèrent, frappés d'étonnement.
Quand j'entendis venir la tempête,
personne ne doit me blâmer
si je pris la tangente,

C'est donc d'abord » se mettre à glisser sur la glace », puis « s'échapper, se sauver ».

Car de morir oi grant poor.
725 Retenuz i fui par un poi,
Mes je m'en vinc au melz que poi.
Avoir me durent entrepris,
Car molt nos avoient sospris.
Si fus batus, a moi qu'en tient?
730 Qui mal chace, mal li avient.
— Renart, fet il, molt sez de bole,
Tu t'ies jetez de meinte fole.
Renart, molt es de male part.
La me tenis tu por musart
735 Ou tu me feïs la corone
D'eve caude conme a persone
Si grant et si ample et si lee
Que tote oi la teste pelee :
Ne me remeist poil sus les joes.
740 Tu t'en alas fesant tes moes.
De moi devoies moine fere.
Certes molt es de mal afere :
Par toi est ma char afeblie.
Aillors te crui, si fis folie :
745 Un tronçon me donas d'anguille
Qu'eüs conquise par ta guille,
Por moi esprendre et alecher.
(En meint leu m'as fet trebucher.)
Je demandai ou la trovas.
750 Por moi decoivre controvas
Que chareter tant en portoient,
A bien petit qu'il nes gitoient :
Por fol avoie tant targié,
Qu'outre mesure erent chargié.
755 Sovent s'aloient arestant,
Des anguilles i avoit tant.
Je demandai par quel senblance
En poüsse renplir ma pance :
Tu me deïs qu'il te jeterent
760 El charetil, quant te troverent.
Tant m'en alas amonestant
Que je lor ving tot au devant,
Si fis senblance d'estre mort.

car j'eus grand-peur de mourir.
725 Je faillis bien être attrapé moi aussi,
mais je m'en tirais du mieux que je pus;
ils auraient dû se saisir de moi,
car ils étaient tombés sur nous à l'improviste.
Si tu fus battu, qu'ai-je à y voir?
730 Qui sème le vent récolte la tempête.
— Renart, dit Isengrin, tu t'y connais en tromperies,
tu t'es tiré de maintes mauvaises affaires.
Renart, tu es foncièrement mauvais.
Tu me pris pour un nigaud
735 le jour où tu me fis avec de l'eau chaude
une tonsure comme à un curé,
si grande, si ample, si large
que j'eus toute la tête pelée :
il ne me resta pas un poil sur les joues.
740 Tu partis en me narguant.
Tu devais faire de moi un moine.
Ah! oui, tu es méchant de nature :
me voici, par ta faute, tout souffreteux.
Ailleurs je te fis confiance : quelle inconscience !
745 Tu me donnais un morceau d'une anguille
que tu avais attrapée par ta ruse,
pour m'allécher et m'attirer.
(Dans combien de pièges tu m'as précipité !)
Comme je te demandais où tu l'avais trouvée,
750 pour me tromper, tu inventas
que des charretiers en transportaient une si grande quanqu'ils en étaient presque réduits à les jeter.   [tité
J'étais fou d'avoir tant tardé,
car ils étaient chargés outre-mesure.
755 Ils s'arrêtaient fréquemment,
tant il y avait d'anguilles.
Je demandai de quelle manière
je pouvais m'en remplir la panse :
tu me répondis qu'ils t'avaient jeté
760 dans la charrette, quand ils t'avaient trouvé.
Tu m'encourageas si bien
que je vins au-devant d'eux
et fis semblant d'être mort.

Lors refui je batus si fort
765 Et de leviers et de bastons
Qu'encor m'en delt tot li crepons.
N'est merveille se j'ai ennui,
Quant de toi vengiés ne me sui.
En un des plus lons jors d'esté
770 N'auroie je pas reconté
Les mals, les anuis que m'as fes.
Mes ore est tant mené li ples
Que a cort en somes venu.
Se par droit en somes tenu,
775 De toi aurai encor venjance,
Bien en ai en Deu ma fiance.
Je t'ei menee loiauté
Et tu a moi deloielté :
Quant m'estordras, que que nus die,
780 Petit valdra ta renardie. »
       Renars respont par bon confort :
« Sire Ysengrin, vos avez tort,
Vos me blamés ne sai de qoi.
Cil autre baron sont tuit qoi,
785 Qui vos oent, ne dient mot :
Tels i a vos tienent por sot.
Vostre raison est descoverte
Qu'avez dite mençonge aperte,
Car qui trop ment, s'arme en pert.
790 — Ahi Renart, trop ai sofert
Ton grant ennui, ton grant desroi.
Mes se j'en ai congié del roi,
Ja auras la bataille a l'oil. »
Renars respont : « Rien tant ne voil. »
795 De bataille son gage tent
Ysengrins et li rois le prent,
Renars aprés le suen tendi
Si que li rois bien l'entendi.
Bien sevent li baron sanz dote
800 Que la bataille i afiert tote.
S'or ne set Renars escremir,
Mar vit la bataille arammir.
       Li rois demanda ses ostages,

Alors je fus encore une fois si vigoureusement battu
765 à coups de gourdin et de bâton
que j'en ai encore mal aux reins.
Il n'est pas étonnant que je sois exaspéré
de ne pas m'être vengé de toi.
Je n'aurais pas assez de l'un des plus longs jours
770 de l'été pour raconter
les malheurs et les tourments que tu m'as causés.
Mais maintenant l'affaire a pris une telle importance
qu'elle nous a conduits à la cour.
Si la justice règne,
775 je me vengerai bientôt de toi,
je fais confiance à Dieu.
Si j'ai été loyal envers toi,
tu as été déloyal à mon égard :
quand tu sortiras de mes mains, quoi qu'on en dise,
780 ta ruse ne te servira pas à grand-chose. »
Renart répondit avec assurance :
« Sire Isengrin, vous avez tort,
je ne vois pas ce que vous me reprochez.
Les autres barons qui sont là à vous écouter,
785 sont tous silencieux, ils ne soufflent mot :
il y en a qui vous prennent pour un sot.
Le fond de votre pensée est mis à jour,
il est évident que vous avez menti ;
et à trop mentir, on perd son âme.
790 — Ah ! Renart, j'ai trop longtemps supporté
les excès de ta méchanceté et de ton dérèglement.
Mais si le roi m'en donne la permission,
tu verras bientôt la bataille.
— Il n'est rien que je désire autant », répliqua Renart.
795 Isengrin présenta son gage de bataille
et le roi le prit ;
ensuite, Renart donna le sien
sans aucune équivoque pour le souverain.
Il est certain pour les barons
800 que la bataille est devenue inévitable.
Si maintenant le goupil ne s'y connaît pas en escrime,
il se repentira d'avoir vu engager la bataille.
Le roi demanda les otages

Qui molt estoit cortois et sages :
805 A nul d'els nes a pardonés.
Ysengrins a les suens livrés.
Por lui a fet Brun l'ors entrer,
Tybert le chat et Chantecler
Et le levre sire Coart :
810 Cels met Ysengrins de sa part.
Renars en rot des mels banez
Que il ot a sa part tornez :
Grinbert et Baucent le sengler
Qu'il ot fet o soi asenbler,
815 Et Espinart le heriçon,
Et segnor Belin le moton.
Cil firent a Renart secors,
Molt en pesa dan Brun li ors.
La bataille ont aterminee
820 A quinze jors sans demoree.
Grinbert li acreante bien.
Ne li faudra por nule rien
Que Renart ne face conbatre
Por l'orgoil Ysengrin abatre.
825 Li rois a dit : « Tenez vos pes !
A vos ostels alez huimés ! »
    Li baron sont tuit departi.
Malement ont le chanp parti
D'entre Renart et Ysengrin
830 Qui molt estoient mal voisin.
Renars n'iert pas de tel puissance
Conme Ysengrins, mes sa fiance
Avoit Renars en escrimie,
Por ç'out la bataille aramie.
835 Engigneuz est, et s'il n'est forz,
Sun senz valoit un grant esforz.
De l'entredous se set covrir
Et bien taper por descovrir
Son conpaignon, quant il voit ese
840 De fere chose qui li plese.
Tant s'est entremis del aprendre,
Ne l'en porroit nus entreprendre.
Tant sot Renars d'engins plussors,

en souverain très courtois et très sage :
805 il n'en a dispensé aucun d'eux.
Isengrin a livré les siens :
pour le représenter, il a fait entrer l'ours Brun,
le chat Tibert, Chantecler
et le lièvre sire Couard.
810 Voilà ceux qu'il a ralliés à sa cause.
Pour sa part, Renart s'est concilié
quelques-uns des plus nobles :
Grimbert et le sanglier Baucent
qu'il a gagnés à son parti,
815 et le hérisson Epineux
et sire Belin le mouton.
Ils se sont faits les défenseurs de Renart,
au grand déplaisir de sire Brun l'ours.
Ils fixent la date du duel
820 à quinze jours de là, sans ajournement possible.
Grimbert donne sa parole au roi :
il ne manquera en aucun cas
de faire combattre Renart
afin d'abattre l'outrecuidance d'Isengrin.
825 « Tenez-vous en paix, dit le roi,
et maintenant regagnez vos demeures ! »
    Les barons se sont séparés
après avoir fixé les conditions d'un funeste combat
entre Renart et Isengrin
830 qui se comportaient en mauvais voisins.
Si Renart ne possédait pas la force
d'Isengrin, il plaçait sa confiance
dans les feintes de l'escrime :
c'est pour cette raison qu'il avait accepté la bataille.
835 Renart est rusé : s'il n'est pas robuste,
son intelligence vaut bien une grande force.
Il sait se garantir du coup donné en pleine tête
et bien frapper pour mettre à découvert
son adversaire, quand il voit l'occasion
840 d'agir comme il lui convient.
Il s'est si bien exercé à la technique du combat
que personne ne pourrait le mettre en difficulté.
Il connaît de si nombreuses ruses,

De luite, de janbet, de tors,
845 Ains qu'Ysengrins baillier le puisse,
Li bruisera ou bras u cuisse.
Ysengrins entent molt a el,
En pez se gist a son ostel,
Car el droit qu'il a tant se fie
850 Que Renart en son cuer desfie.
Se il le puet as poinz baillier,
Forment le cuide travellier.
Molt desire que li jorz viegne
Que en sa bataille le tiengne.
855 Molt li desplest en son corage
Que la bataille tant li targe :
Ja ne quide mes veoir l'ore
Que ele soit, trop li demore.
    Renars refu en molt grant peine
860 D'armes conquerre la semeine,
Et Ysengrins tot ensement
Reporchasce armes belement.
En grant porchaz est del haster
Et en poine del aprester.
865 Son escu e s'autre armeüre,
Cote a quise et afoutreüre,
Chausces gamboisees bien fetes
Que il a en sez janbes traites.
Son escu est vermeuls trestoz,
870 Et la cote roge desoz ;
Baston de neflier ot bien fet,
Bien fu armés au jor de plet.
Renars qui meint a escarnis
Ne restoit mie piz garniz :
875 Asés avoit de buens amis
Qui de lui se sont entremis.
Escu roont a sa maniere
A conmandé que l'en li quere :
Un l'en ont quis qui fu tot gaunes.
880 En sa cote n'ot pas deus aunes,
Molt fu bien fete et aiesee.
N'out chauce ne fust ganboisee.
Un baston ot d'une aubespine

il s'y connaît en lutte, en crocs-en-jambe, en tours
845 qu'avant qu'Isengrin puisse le saisir,
Renart lui brisera un bras ou une cuisse.
Isengrin met ailleurs son espérance,
couché en paix dans son logis,
car il a une si grande confiance en son bon droit
850 qu'il défie Renart en son cœur.
S'il peut l'empoigner,
il pense lui donner bien du fil à retordre ;
il attend avec impatience le jour
où il combattra le goupil.
855 Il lui déplaît fort
que la bataille tarde à venir :
il lui semble qu'il n'en verra jamais l'heure,
tant l'attente est longue.
Renart, de son côté, s'est donné beaucoup de peine
860 durant la semaine pour se procurer des armes ;
Isengrin, de la même manière,
cherche lui aussi, activement, des armes,
se préoccupant fort de hâter les préparatifs
et se donnant de la peine pour s'équiper.
865 Il s'est procuré l'écu et le reste de l'armure,
la cotte et la garniture de feutre,
les chausses rembourrées, de bonne fabrication,
qu'il a enfilées.
Son écu est entièrement vermeil
870 et sa cotte, au-dessous, rouge.
Il a un bâton de néflier bien taillé.
Le voilà armé de pied en cap pour le jour du combat.
Renart, qui avait nargué bien des gens,
n'est pas de son côté moins bien équipé :
875 il avait beaucoup de bons amis
qui se sont occupés de lui.
Il a commandé
un écu rond à sa taille :
ses amis lui en ont procuré un qui était tout jaune.
880 Pour sa cotte, il avait fallu peu de drap,
elle était bien taillée et confortable ;
ses chausses, bien sûr, étaient rembourrées.
Il possédait un bâton d'aubépine

Qui molt estoit bons en plevine.
885 En lui fu molt bien enploiez.
De coroiez fu bien liëz
De chef en chef jusqu'au somet.
Einsi armés a la cort vet.
Ysengrins s'en iert ja tornés
890 Qui molt estoit bien atornés.
En la cort est venu Renart,
Et Ysengrins de l'autre part,
Et li baron furent ensenble,
Chascuns a dit ce que li senble.
895   Renars ne fu pas esperdus;
Haut fu rooingniés et tondus,
Et col et barbe se fist rere
Por le despit de son conpere.
Ysengrins l'ot en grant despit,
900 Et sa forche proisoit petit :
Onc n'i deigna oster cevoil.
Ja fussent ensenble son voil :
Molt desire q'as meins le teigne,
Ja ne cuide q'a tans i viengne ;
905 Mes einz que il le tiegne as meins
Sera plus malades que seins.
    Hermeline fu en peor
Por dan Renart et en freor,
Et Perchehaie et Malebrance.
910 Molt par estoit la dame france.
En crois s'estent en sa tesnere,
Por Renart fet digne proiere.
A Damledé prie et aore
Que Renart garisse et secore
915 Et de mal engin l'escremisse
Qu'en la bataille ne perisse.
Si doi fil plorent en meson,
Chascun d'ouz fesoit s'orison
Por lor pere qui tant les eime :
920 Quant il les voit, baus filz les cleime.
    Hersent prie por son segnor
Que Dex li face tel onor
Que ja de la bataille n'ise

de bonne qualité
885 et qu'il maniait avec dextérité;
il était tout harnaché
de courroies.
C'est avec ces armes qu'il se rendit à la cour.
   Isengrin était déjà en route
890 dans un fort bel équipement.
Et les voici à la cour, Renart d'un côté,
Isengrin de l'autre.
Les barons réunis,
chacun a donné son avis.
895 Renart était tout à fait calme,
la tête entièrement tondue,
la nuque et la barbe rasées
pour faire la nique à son compère.
Isengrin, plein de mépris pour lui,
900 faisait peu de cas de sa force: [veux.
il n'avait même pas daigné couper un seul de ses che-
Ils seraient déjà aux prises, s'il n'avait tenu qu'à lui:
il désirait vivement tenir Renart entre ses mains,
il trouvait que ce moment tardait trop;
905 mais avant d'en arriver là,
il sera plus malade que bien portant.
       Hermeline était pour Renart
en proie à de vives alarmes,
ainsi que Percehaie et Malebranche.
910 C'était une dame de grande noblesse.
Elle s'étendit, les membres en croix, dans sa tanière
et prononça pour Renart une fervente prière;
elle invoqua et pria le Seigneur Dieu
de protéger et d'aider son époux,
915 de le préserver de la tricherie,
afin qu'il ne mourût pas dans la bataille.
Ses deux fils pleuraient au logis,
priant tous deux
pour leur père qui les aimait tant:
920 celui-ci, en les voyant, déclara qu'ils étaient bons fils.
       Hersant priait Dieu
de lui accorder la grâce
de ne point laisser son mari revenir de la bataille

Et que Renart veincre le puisse,
925 Qui molt soef li fist la chose
En la ternere, ou ert enclose.
Ja par lui ne s'en fu conpleinte ;
Mes Ysengrin qui a fet meinte,
L'en fist conpleindre, ce li poise.
930 Molt a en lui franche borgoise.
Tuit sont a cort et povre et riche.
Ysengrins metra en la briche
Renart, s'il puet par sa bataille :
N'i valdra sis engins maaille.
935   Quant Nobles vit sa gent venue
Par qui la bataille ert tenue,
Brichemer fet avant venir
Por recorder et retenir
Le jugement de la bataille,
940 Et prie que par le droit aille.
Brichemer est venus avant
Et dit qu'il fera son conmant.
A sei a tret trois des barons
Qui molt estoient de grans nons.
945 Li liparz estoit li premiers
Qui molt estoit estoz et fiers,
Et Baucent qui a gent le cors
Et mesire Bruianz li tors.
Cil quatre sont avant venu
950 Por les plus sages sont tenu
Qui cel jor fussent en la place.
N'i a celui qu'asés ne sache
Por un grant jugement tenir
Et por un grant fes sostenir.
955   Cil quatre vont a un conseil :
Dist Brichemers : « Je me merveil
Que Renars ossast ce penser
Dont nos l'oïmes encuser
A Roonel et a Tiebert
960 Et a Brun l'ors qui molt nos sert.
Des autres clamors i a tantes
Que je ne soi a dire quantes.
Pinte se pleint et Tiecelins.

et d'octroyer la victoire à Renart
925 qui la posséda avec tant de douceur
dans la tanière où elle était coincée.
S'il n'avait tenu qu'à elle, elle ne se serait jamais plainte ;
mais Isengrin, qui en fait de toutes sortes,
l'amena à se plaindre, à son grand déplaisir.
930 C'était une très noble bourgeoise.
Tous, pauvres et riches, étaient réunis à la cour.
Isengrin mettra Renart en mauvaise posture,
s'il le peut, grâce au combat qu'il va lui livrer,
et sa ruse ne vaudra pas un clou.
935   Quand Noble vit ses barons assemblés
pour arbitrer le duel,
il ordonna à Brichemer de s'avancer
pour rappeler et appliquer
les règles du duel,
940 et il le pria de se conformer au droit.
Brichemer s'avança
et dit au roi qu'il agirait selon sa volonté.
Il prit avec lui trois barons,
de très grands seigneurs.
945 Le premier était le léopard,
très audacieux et très farouche ;
vinrent ensuite Baucent au corps élégant
et messire Bruyant le taureau.
Ils se sont avancés tous les quatre,
950 on les considérait comme les plus sages
parmi ceux qui étaient présents en ce jour.
Ils étaient tous les quatre fort qualifiés
pour diriger un grand débat judiciaire
et prendre la responsabilité d'une lourde affaire.
955   Ils se mirent à délibérer :
« Je m'étonne, dit Brichemer,
que Renart ait osé méditer ces forfaits
dont nous l'avons entendu accuser
par Roënel, par Tibert
960 et par Brun l'ours qui est un vassal de valeur.
Les autres plaintes sont si nombreuses
qu'il m'est impossible de les compter.
Pinte se plaint ainsi que Tiécelin.

Tot ce prist sor soi Ysengrins,
965 Par toz çouls a doné son gaje
    Et si en a livré ostage
    Que il conoistre un jor li face,
    Se il le nie, en nule place.
    Segnors, qui poüst apesier,
970 Le mal oster et abessier,
    Ce fust grant sens, ce m'est avis.
    Ei je bien dit ? Que vos est vis ? »
    Baucent respont : « Bien avés dit. »
    Tuit l'otroient sanz contredit.
975 Tuit quatre sont venu au roi,
    Si li dient tot en reqoi :
    « Sire, vostre baron loassent
    Que cil dui baron s'acordassent.
    Sauve t'anor et ta querele,
980 Molt tenisson la pes a bele. »
        Molt plest au roi ce qu'il ont dit,
    Ja par lui ne seront desdit.
        « Seignor, fet il, or en parlez ! »
    Ysengrin premier apelez :
985 De tot la querele en lui tient.
    A moi de rien n'en apartient
    Fors solement de droit tenir.
    Del sorplus vos les convenir.
    Moi ne poise se il s'acordent,
990 Ne voil que par moi se decordent.
    Mels einz la pes d'oulz que la guerre,
    Se la poés entre els conquerre. »
        Quant Brichemer l'a entendu,
    Tornez s'en est col estendu,
995 A Ysengrin dist en l'oreille
    Que li rois forment se merveille
    Qu'en ne puet pez entre els douz metre
    Ne por doner ne por premetre :
    Face le bien, pregne droiture
1000 De Renart por la forfeture,
    Et por ce que sore lui mist
    Que a sa feme force fist.
    Dist Ysengrins : « N'en parlés pas !

Isengrin s'est chargé de toutes les plaintes,
965 au nom de tous les plaignants il a donné son gage
et livré ses otages,
pour obtenir un aveu de Renart,
si celui-ci persiste à nier, en quelque endroit que ce soit.
Seigneurs, si l'on pouvait ramener la paix,
970 effacer et éteindre le mal,
ce serait très sage, me semble-t-il.
Est-ce le bon parti ? Qu'en pensez-vous ?
— Vous avez bien parlé », répondit Baucent.
Tous de l'approuver sans réserve.
975 Ils se rendirent tous quatre auprès du roi
et lui dirent en tête à tête :
« Sire, vos barons aimeraient conseiller
à ces deux seigneurs de se réconcilier.
Si votre honneur et vos droits légitimes étaient respectés,
980 nous serions très favorables à la paix. »
Le roi apprécie fort leurs propos,
ce n'est pas lui qui va les contredire :
« Seigneurs, dit-il, débattez-en donc !
Appelez Isengrin le premier :
985 c'est le principal intéressé.
Mon rôle à moi
se limite à faire respecter le droit.
Je vous laisse décider du reste.
Il ne me déplaît pas qu'ils se réconcilient,
990 je ne veux pas être entre eux un ferment de discorde,
je préfère qu'ils soient en paix plutôt qu'en guerre,
si vous pouvez les réconcilier. »
Dès qu'il a entendu les paroles du roi,
Brichemer s'en va à toutes jambes
995 pour dire à l'oreille d'Isengrin
que le roi s'étonne fort
que l'on ne puisse rétablir la paix entre eux
ni par des dons ni par des promesses :
qu'il agisse donc comme il convient en acceptant
1000 que Renart répare son forfait
et réponde aux accusations du loup,
concernant le viol de sa femme.
« Pas question ! répondit le loup.

Je voil qu'en m'arde en est le pas
1005 Que je a lui prendré acorde.
Ne voil q'autre fois s'i amorde
A fere honte a son conpere
Ne a pelgesir sa conmere.
Je verrai bien qui me fet droit. »
1010 Brichemers dist que il voudroit
Que la chose fust si menee,
Si deduite et si atornee
Que entr'els douz fusent amis
(Let est qu'il soient enemis)
1015 Si que chascun son droit oüst,
Que a mal torné ne li fust.
Dist Ysengrin : « Ja Deu ne place
Que je pes ne acorde face
De ci qu'en voie le plus fort
1020 Et sache liqueus en a tort :
Bien me porra tenir por ivre
Se je l'en les partir delivre.
Dites lo roi et son barnage,
Que ce sache et fol et saje,
1025 Que por noient la pes requiert ;
Ja de si el champ fete n'iert :
Chascuns dira ce qu'il voudra,
El champ verons qui meus vaudra.
Dites au roi que droit me tiegne !
1030 La bataille aim, conment qu'il vegne. »
     Quant Brichemer ot en la fin
N'en aura pes vers Isengrin,
Au roi a dite cel novele
Par qoi s'ire li renovele :
1035 « Sire, fait il, a moi entent !
Ysengrins sa bataille atent
Qui n'a talant de fere pes.
Honis soit qui en fera mes
Nule acorde se le champ non.
1040 L'en en tendra l'un a bricon. »
Or est li plet molt enpiriés.
Car Brichemers est molt iriés
De l'orgoil qu'Isengrin li dist,

Je préfère être brûlé sur-le-champ
1005 plutôt que de faire la paix avec lui.
Je ne veux pas qu'il se risque une autre fois
à infliger un affront à son compère
ou à coucher avec sa commère.
Je verrai bien qui me rend justice. »
1010 Brichemer reprit qu'il souhaiterait
que l'affaire fût conduite
et arrangée de telle façon
que tous deux fussent réconciliés
car leur inimitié était bien fâcheuse,
1015 et que chacun obtînt justice
sans être lésé.
« A Dieu ne plaise, répondit Isengrin,
que je fasse la paix, que je me réconcilie,
avant que l'on voie qui est le plus fort
1020 et que l'on sache qui a tort.
L'on croira que je suis ivre
si je laisse Renart repartir.
Dites au roi et à ses barons,
à tous, sages et fous,
1025 qu'il est inutile de réclamer la paix.
Elle ne sera conclue qu'après la bataille,
chacun peut dire ce qu'il voudra,
c'est sur le terrain que nous verrons qui est le meilleur.
Dites au roi qu'il fasse respecter mes droits !
1030 Je choisis la bataille, quelle qu'en soit l'issue. »
Quand Brichemer se rendit compte
qu'Isengrin ne voulait pas de la paix,
il rapporta la nouvelle au roi
dont la colère se ranima :
1035 « Sire, dit-il, écoutez-moi !
Isengrin veut sa bataille,
il n'a pas envie de faire la paix.
Honte à celui qui désormais réglera
un accord sans passer par le champ clos !
1040 L'un d'eux passera pour un minable. »
A présent, l'affaire est sérieusement aggravée,
car Brichemer est très irrité
par l'arrogante réponse d'Isengrin

Quant de pes fere l'escondist.

1045 Dist Brichemer : « Se vos volés
Droit fere si con vos solés,
Se vos tenés la droite voie,
Ce est le meuz que je i voie,
Q'amedous les metons la fors,

1050 Penst chascun de garder son cors.
Quant il seront enmi la place,
Qui meuz porra fere, si face. »
Ce dist li rois : « Par seint Richer,
Por verté vos os aficher,

1055 N'en prendroie pas tot l'avoir
Que li plus richez puist avoir
Que je la bataille n'en aie.
Jamés n'aurai en els manaie.
Ne sai q'alés plus atendant :

1060 El champ les metés, jel conmant. »
Quant la parole out recitee
De la bataille et recontee,
Puis les ont mis el champ ensamble.
Li plus hardis de peor trenble,

1065 L'un tenoit l'autre par la mein.
Nobles apele un capelein,
Mon seignor Belin le moton.
Molt est sages, pas n'en doton ;
Cil aporta le seintuaire

1070 Sor qoi font les seremenz fere.
Li rois a fet crïer son ban
Qu'il n'i ait nul de tel boban
Qui face noise ; en pes se tiengne,
Conme prodome se contiengne.

1075 Molt est li rois de grant justice.
Del serement fet la devise
Danz Brichemers et Brun li ors
Que l'en tenoit as deus meillors.
« Seignor, fet il, or m'entendez,

1080 Si je di mal, si m'amendez !
Renars jurra premerement
Et fera tot le serement
Qu'a Ysengrin n'en a tort fet

au moment où il refusa ses propositions de paix.
1045   « Si vous voulez, dit Brichemer,
rendre la justice à votre habitude,
en suivant la voie de l'équité,
la meilleure solution à mes yeux,
c'est que nous les mettions en place tous les deux
1050 et que chacun se protège.
Quand ils seront au milieu du champ clos,
que le meilleur gagne.
— Par saint Riquier, répondit le roi,
je me permets de vous dire le fond de ma pensée,
1055 je préfère renoncer à la fortune
du plus riche des hommes,
plutôt qu'à ce combat.
Qu'ils ne comptent pas sur ma pitié !
Et vous, je ne sais ce que vous attendez encore :
1060 conduisez-les dans le champ clos, je l'ordonne. »
Les règles du duel une fois exposées et rappelées,
les barons ont placé les deux adversaires sur le terrain.
Le plus courageux tremble de peur,
1065 ils se tiennent tous deux par la main.
Noble appela un chapelain,
messire Belin le mouton,
d'une grande sagesse, à n'en pas douter,
qui apporta le reliquaire
1070 sur lequel les serments sont prêtés.
    Le roi fit solennellement proclamer
que personne n'ait l'audace
de faire du tapage, que chacun soit calme
et se tienne comme il faut.
1075 C'était un prince d'une justice exemplaire.
La formule du serment fut énoncée
par sire Brichemer et Brun l'ours
qui n'avaient pas leurs pareils.
    « Seigneurs, dit le sénéchal, écoutez-moi,
1080 et si je commets des erreurs, corrigez-moi !
Renart jurera le premier
et sans réserve prêtera le serment
qu'il n'a pas fait de tort à Isengrin,

Ne a Tybert le chat forfet,
1085 N'a Tiecelin n'a la mesenge,
N'a Roonel, coment qu'il prengne.
Alez, fetes le serement
A Ysengrin enterement ! »
Renars s'ajenoille en la place,
1090 Moult s'apareille et se rebrache.
Desor les seinz estent sa mein.
Il a juré par seint Jermein
Et par les seinz que iloc voit
Que de cest plet nul tort n'avoit :
1095 Les seinz bese, puis si s'en lieve.
A Ysengrin durement greve
Ce qu'il fet acroire por voir
La mençoigne par son savoir.
A jenuz s'est a terre mis.
1100 Dist Brichemer : « Oiés, amis !
Ce jurerez : Renars est faus
Del serement, et tu loiaus. »
Dist Ysengrin : « Je l'acreant. »
Les seinz besa. Tot meintenant
1105 S'est redrechés, puis si s'en vet
Enmi le camp, s'oreison fet
Et prie Deu qui tot sormonte,
Que il li doinst venger sa honte
Si qu'au partir l'onor en ait
1110 De Renart qui li a fet let.
Baisa la terre, puis se dreche,
Son baston afete et adrece,
En plusors sens le retornoie,
En sa mein lace la coroie.
1115 Son escu prent et puis se mole,
En plusors sens le baston crole.
Tot entor encline a la gent,
Molt se deduit et bel et gent.
A Renart dist que il se gart
1120 Qu'il ne mete le jor a gast.
Quant Renars l'ot, del cuer sospire :
Tot s'est teüs, ne velt mot dire.
Renars sot letres de s'enfance,

ni fait de mal à Tibert le chat,
1085 pas plus qu'à Tiécelin ni à la mésange,
ni à Roënel, quoi qu'il arrive.
Allons, prêtez loyalement
serment à Isengrin ! »
    Renard s'agenouilla sur le terrain,
1090 se prépara avec soin, retroussa sa manche,
puis étendit la main sur les reliques.
Il jura par saint Germain
et par les reliques qu'il voyait là
qu'il n'avait aucun tort dans ce procès.
1095 Après avoir baisé les reliques, il se releva.
Isengrin, exaspéré
par l'habileté du goupil à faire prendre
le faux pour le vrai,
s'est agenouillé sur le sol.
1100 « Écoutez, mon ami, dit Brichemer ;
vous allez jurer que Renart a prêté
un faux serment et que, vous, vous êtes loyal.
    — Je le certifie », répondit Isengrin
qui baisa les reliques et tout aussitôt
1105 se releva pour se diriger
au milieu du champ clos où il a fait sa prière
et demandé à Dieu, le Maître du monde,
de lui accorder de laver son déshonneur
en sorte que la victoire finale lui revienne
1110 contre Renard qui l'a outragé.
Le loup baise la terre, puis se redresse ;
il apprête et brandit son bâton,
il le retourne dans tous les sens,
il enroule la courroie autour de sa main.
1115 Il prend son écu, le plaque contre lui.
Il brandit de nouveau son bâton,
puis s'incline à plusieurs reprises devant l'assistance,
se comportant avec élégance.
Il conseille à Renart de veiller
1120 à ne pas perdre de temps.
    A ces mots, Renart pousse un profond soupir :
il se tait obstinément, il refuse de souffler mot.
Instruit depuis sa jeunesse,

Molt ot oï de nigromance :
1125 Tant ot entendu puis aillors
Qu'ot oblié les moz mellors.
Son baston prent con afaitiez :
Bien senble home qui soit haitiez,
Gentement le sot a soi trere.
1130 Bien fu apris de tel afere.
En plusors sens l'a essaié,
N'a pas senblant d'ome esmaié.
En ses doiz la coroie lace,
Aprés se drece de la place.
1135 Quant il le tint, si fu soürs
Conme castel enclos de murs.
Li escrimir li est joiaus,
Car il en set toz les enviaus.
Sun escu sor sa teste tient :
1140 Se Ysengrins pres de lui vient,
Tel escremie li donra
Qui a grant honte li vendra.
Ysengrins est de grant aïr,
Molt tost l'est alez envaïr.
1145 « Renart, fait il, mal es bailliz.
Toz jorz mes soie je failliz,
Se ne me venz de ma veutance
Que me feïs par sorcuidance
Quant tu a ma feme joüs
1150 Et a force le porjoüs. »
Renars respont : « Sire, mal dites.
Otroiés que je soie quites !
Fere vos ferai grant homage
A chevalier de haut parage :
1155 Puis irai por vos otre mer,
Si me volés quite clamer.
— Renart, fait il, ne te travailles !
Je ne croi que tu noient vailles.
Qant tu de mes meins torneras,
1160 Ja puis ne me ranproneras. »
Renars respont : « C'est devinaille ;
Bien verron a la definaille
Lequel que soit plus deçoü. »

Renart a acquis de bonnes connaissances en magie ;
1125 mais depuis lors il s'est occupé d'autres choses
si bien qu'il a oublié les meilleures formules.
Se saisissant avec grâce de son bâton,
il paraît vigoureux.
Il a su, d'un geste élégant, ramener l'arme à lui.
1130 Il ne manquait pas d'expérience.
Il brandit son bâton,
sans aucun signe d'inquiétude.
Il entoure la courroie autour de ses doigts,
puis se redresse.
1135 Armé de son bâton, il se sent autant en sûreté
qu'un château fort entouré de ses remparts.
Pour lui, l'escrime est un jeu
dont il connaît toutes les feintes.
Il tient son écu sur sa tête :
1140 si Isengrin s'approche de lui,
Renart le chargera si bien
qu'il lui donnera une bonne leçon.
Isengrin, avec une extrême violence,
s'empresse de l'attaquer.
1145 « Renart, dit-il, te voilà mal parti.
Que je sois à jamais un lâche
si je ne me venge de l'affront
que tu eus l'arrogance de me faire
en couchant avec ma femme
1150 et en la prenant de force.
— Seigneur, répondit Renart, c'est mal parlé.
Tenez-moi quitte,
et je vous rendrai l'hommage que l'on doit
à un grand seigneur,
1155 avant d'aller pour vous outre-mer ;
mais consentez à me déclarer quitte.
— Renart, inutile de te fatiguer !
Je ne t'accorde pas la moindre valeur.
Quand tu sortiras de mes mains,
1160 tu ne pourras plus jamais te railler de moi.
— Simple supposition, répondit Renard ;
nous verrons bien au bout du compte
qui de nous deux sera le plus déçu.

Dist Ysengrins : « Trop ai vescu,
1165 Se de vos ne me puis venger. »
Ce dit Renart : « Or oi danger,
Qu'alez tote jor maneçant ;
Mes asailliez de meintenant ! »
A cest mot Ysengrins acort,
1170 Renars n'a talant qu'il s'en tort,
Son escu tint devant son front,
Met pié avant, sovent s'esgront.
Molt le vet Ysengrin hastant,
Renart se vet bien defendant,
1175 Jete retreite et entredeus :
Au quel que soit, en iert li dels.
Ainz qu'il se partent de l'assaut,
Renars le fiert que pas ne faut :
Tel coup les l'oreille li done
1180 Tote la teste li estone.
A cel asaut mal li eschet :
Tot chancele, a poi ne chet.
Quant sa teste a voü seignier,
De sa mein se prist a segnier ;
1185 Deu prie qui ne faut ne ment
Que il le gart d'afolement :
Par sa feme est, ce dit, traïs.
Longuement fu si esbahis
Que il ne sot quel ore estoit,
1190 S'ert nuis ou jorz, quel tens estoit,
Por le cop qu'il a reçoü.
Renart l'a bien aperceü,
N'en fist senblant qu'il lo soüst
Ne que aperceü l'eüst,
1195 Mes d'autre part torna sa chere
Encor se gart qu'il ne le fere !
S'il en puet leu ne ese avoir,
Encor li fera mels savoir,
Car n'a talant de lui atraire.
1200 En sus le fera de lui trere :
Ne li laira pas aprocher,
Au baston se set esmocher.
     Dant Ysengrins de loin esgarde.

— J'ai trop vécu, dit Isengrin,
1165 si je ne puis me venger de toi.
— Et maintenant, dit Renard, voici des menaces
dont vous ne cessez d'user.
Attaquez plutôt sur-le-champ ! »
Sur ce, Isengrin se précipite,
1170 sans que Renart cherche à fuir le contact :
l'écu devant le front,
il s'avance en poussant des grognements.
Isengrin s'acharne à le harceler,
mais Renart se défend bien,
1175 lançant son bâton, frappant le loup par le milieu de la
il en cuira à l'un ou l'autre   [tête :
avant la fin de l'assaut.
Renart le frappe, sans le manquer ;
il lui assène près de l'oreille un coup
1180 à lui ébranler toute la tête.
Cet assaut laisse le loup mal en point,
il chancelle, manque de tomber.
Quand il voit sa tête en sang,
il se met à faire le signe de la croix,
1185 il prie le Dieu de Vérité
de lui éviter d'être estropié :
il se dit trahi par sa femme.
Il demeure longtemps hébété au point
de perdre la notion de l'heure,
1190 du jour et de la nuit, du temps,
par suite du coup qu'il a reçu.
Si Renart s'en est rendu compte,
il fait mine de ne pas le savoir
ni de s'en être aperçu,
1195 il regarde d'un autre côté.
Qu'il veille cependant à ce que l'autre ne le frappe !
S'il peut en avoir l'occasion,
il agira avec lui encore plus prudemment,
car il n'a pas envie de le combattre corps à corps.
1200 Il l'éloignera de lui,
il ne le laissera pas se rapprocher,
sachant jouer du bâton pour se protéger.
Comme sire Isengrin regarde le goupil à distance,

Renars li dit por qoi il tarde
1205 Q'a la bataille ne revient :
Bien set qu'a fere li convient.
Ysengrins se fu apensez,
Que molt a esté esmaiez.
Porpensé s'est que trop demore.
1210 Isnelement li recort sore,
Met pié avant, jete retrete.
Mes Renars durement se guete.
Ysengrins jete, pas n'areste,
De son baston vole la teste,
1215 Met pié ariere, si s'en trait.
Renars qui set asez de fait,
Li dist itant : « Dant Ysengrin,
Dex qui sor toz est voirs devin,
Set bien quel droit vers moi avés.
1220 Baston vos faut, dont nel savez ?
Car faisons pais a mon seignor
Ainz que vous aiez deshonnor ! »
Dist Ysengrins : « Faites moi tondre,
S'assez n'en ai pour vous confondre. »
1225   Quant assez ramposnez se furent
Li dui baron qui ou champ furent,
De rechief andui s'en reviennent,
Moult cointement leurs escus tiennent.
Ysengrins gete et fait son esme
1230 Que geter weille parme esme.
Entre escu et baston se met [1].
De lui prendre moult s'entremet,
Enmi le champ son escu lesse.
Et Renars son baston eslesse :
1235 Tel coup li donne, ainz qu'il le tiengne,
Jamais n'iert jor ne l'en souviengne.

---

1. « Les vers 1229-1230 disaient qu'Isengrin jette le premier tout en
pensant qu'il visera bien ; le vers 1231, *Entre escu et baston se met*,
indique la position d'Isengrin en visant : il porte son écu devant lui pour
se protéger et lève son bâton en arrière et au-dessus de lui, comme on le
fait en visant avant de jeter un bâton ; il se trouve par conséquent entre
l'écu et le bâton » (G. Tilander, *Notes sur le texte du Roman de
Renard*, p. 674).

celui-ci lui demande pourquoi il tarde
1205 à reprendre le combat :
il sait qu'il ne peut y échapper.
Isengrin réfléchit,
car il a été durement secoué.
A la pensée qu'il perd son temps,
1210 il s'élance d'un bond sur le goupil,
se mettant en position, lançant son bâton ;
mais Renart se tient fermement sur ses gardes.
Isengrin, sur sa lancée, jette son bâton
dont la tête vole en l'air ;
1215 il se met hors de garde et se retire.
Renart, qui est un fin connaisseur,
lui dit alors : « Sire Isengrin,
Dieu qui, plus que personne, connaît la vérité,
sait bien quel droit vous avez sur moi.
1220 Votre bâton vous trahit, n'est-ce pas évident pour vous ?
Faisons donc la paix devant monseigneur Noble
avant que vous ne connaissiez la honte de la défaite.
— Fais-moi tondre, répondit Isengrin,
si je ne suis pas assez fort pour te détruire. »
1225   Après s'être copieusement insultés,
les deux barons qui se mesuraient en champ clos
reviennent l'un contre l'autre,
tenant leur écu avec beaucoup d'élégance.
Isengrin lance son arme et pense
1230 bien ajuster son coup.
Il se retrouve entre son bouclier et son bâton.
Il se prépare à en venir aux mains
et jette son écu au milieu du champ.
Renart lance aussi son bâton
1235 et lui assène, avant de le saisir, un coup
dont il se souviendra toujours :

Le bras senestre li a frait.
Or a Ysengrins mult mestrait.
Andui ont leurs escus gerpiz,
1240 Si s'aerdent parmi les piz :
En pluseurs sens se vont tastant.
Longuement furent en estant,
Ne veïstes gens tant combatre.
Li uns ne pooit l'autre abatre :
1245 Ja ne doit on de ce plaidier.
Ysengrins ne se puet aidier
Fors seulement de son bras destre,
Que perdu avoit le senestre.
L'un d'euls tourne, l'autre retorne :
1250 Nulz des vassaus pas ne sejorne.
Mult tournent ainz que nul en chiee.
Ysengrins sueffre grant hachiee ;
Mais dens a un pou plus agües
Que Renars et plus esmoulues.
1255 Contre Renart molt se herice,
Bien li descire sa pelice.
Renars li fait un tour françois,
Ysengrin nel doutoit ançois.
Renars l'estraint, pas ne se faint :
1260 Jambet li fait, de lui l'enpaint,
A la terre le gete envers.
Renars li vint sus en travers.
Les dens li brise en la bouche,
En la chiere li crache et mouche,
1265 Es iex li boute le baston.
Souvent li poile son grenon :
Traire li fait moult male fin.
Puis li a dit : « Sire Ysengrin,
Encui verrons qui droit aura
1270 Et qui miex fere le saura.
De vostre famme m'accusez :
Certes moult estes amusez,
Quant vous ci pour vostre moillier
Moi et vos faites traveillier. »
1275 Ysengrins voit qu'il le laidenge,
Moult est dolens qu'il ne se venge :

il lui a cassé le bras gauche.
Quel mauvais coup pour Isengrin !
Tous deux ont maintenant abandonné leurs écus
1240 pour se saisir à bras-le-corps,
et chacun de chercher une prise.
Longtemps ils restèrent debout.
Jamais vous n'avez vu un combat aussi acharné.
Aucun des deux ne parvenait à abattre l'autre :
1245 pas de discussion sur ce point.
Isengrin ne peut se servir
que de son bras droit,
car il a perdu l'usage du gauche.
Ils tournent à tour de rôle,
1250 sans qu'aucun des deux vassaux se repose.
Ils font de nombreux tours avant que l'un ne succombe.
Isengrin souffre cruellement,
mais il a les dents un peu plus pointues
et tranchantes que Renart ;
1255 le poil tout hérissé,
il lacère la peau de son adversaire ;
lequel lui joue un tour à la française
que le loup ignorait jusqu'à cette heure.
Il l'étreint de toutes ses forces,
1260 lui fait un croc-en-jambe, le repousse loin de lui
et le renverse sur le sol ;
l'attaquant par le côté,
il lui brise les dents dans la bouche,
lui lance au visage crachats et morve,
1265 lui enfonce son bâton dans les yeux,   [moustache.
prend un malin plaisir à lui arracher les poils de sa
Il lui fait passer un bien mauvais quart d'heure.
Puis il lui dit : « Sire Isengrin,
nous verrons aujourd'hui qui aura le bon droit pour lui
1270 et qui aura le dessus.
Vous m'accusez à propos de votre femme ;
en vérité, on s'est bien moqué de vous,
puisque c'est pour votre femme
que vous nous mettez à la torture, vous et moi. »
1275 Isengrin se rend compte que l'autre l'insulte,
il lui en coûte de ne pouvoir se venger,

Ce poise li n'en puet plus faire.
Renars li fait honte et contraire.
Entre ses dens moult se demente
1280 Et dit : « Fox est qui met s'entente
En famme pour riens qu'ele die :
Poi sont de fames sanz boidie.
Ja la moie ne crerai mais.
Par famme est plus guerre que pais,
1285 Par famme sont honis maint homme,
De touz les maus est famme somme,
Fox est qui trop i met s'entente. »
Ysengrins ainsi se demente,
Ainssi se complaint bellement.
1290 Renars le fiert menuement
Et sur le nez et sur la face.
Ysengrins ne scet que il face,
Que bien voit que il est en trape.
A ce mot li bastons eschape
1295 Que Renars tenoit en sa main.
Cilz qui n'ot pas le cuer trop vain
Se voult lever, mais ne puet estre,
Qu'il n'a vertu fors de sa destre.
Renars li fet de grans anuis :
1300 De la poudre li gete ou vis.
Ysengrin tient pour non sachant,
Aus mains li vait les iex cerchant.
Mais par sa grant mesaventure
Li avint si fort aventure :
1305 Son doi en la bouche dedens
Li chiet, et cilz le prent aus dens,
La char trenche jusques a l'os,
Ses mains lace derrier son dos.
De l'estraindre pas ne se faint :
1310 Car en tel guise le destraint,
Ou weille ou non, l'estuet descendre
Et desoz lui le fet estendre.
Or est Renars en mal trepeil.
S'il a paour, ne m'en merveil.
1315 Ysengrins des genous le serre.
Renars ne vit ne ciel ne terre.

il souffre d'être réduit à l'impuissance.
Renart l'accable d'outrages et d'offenses.
Entre ses dents, il se répand en lamentations,
1280 en disant : « Il faut être fou pour s'intéresser
à une femme, quoi qu'elle puisse dire :
il en existe peu qui soient loyales.
Jamais plus je ne croirai la mienne.
La femme est ferment de discorde plus que de paix,
1285 c'est par la femme que bien des hommes ont connu le
elle concentre en elle tous les vices.   [déshonneur;
Il faut être insensé pour s'y intéresser beaucoup. »
Voilà ce que dit Isengrin dans ses plaintes
et ses tristes lamentations.
1290 Renart le crible de coups
sur le nez et sur le visage.
Isengrin ne sait que faire,
car il voit bien qu'il est pris au piège.
Mais à ce moment-là Renart laisse échapper
1295 le bâton qu'il tenait dans sa main.
Le loup qui n'était pas complètement abattu,
essaie de se lever, sans y parvenir,
car il n'a de force que dans son bras droit.
Et Renart de lui infliger de terribles tourments :
1300 il lui lance de la poussière au visage.
Il le prend pour un nigaud.
De ses mains il cherche les yeux du loup.
Mais pour son grand malheur
il lui arriva une triste mésaventure :
1305 son doigt glissa dans la bouche
d'Isengrin qui le saisit avec les dents
et trancha la chair jusqu'à l'os.
Il lui enlaça les mains derrière le dos,
il l'étreignit pour de bon
1310 il le serra avec une telle vigueur
qu'il le força, bon gré mal gré, à descendre
et l'étendit sous lui.
Voici Renart dans un cruel piège :
rien d'étonnant qu'il ait peur.
1315 Isengrin le serre avec ses genoux,
Renart ne voit plus le ciel ni la terre

Juré avoit faus serement;
Il li parra prochainement
Con fausse loi il a menee.
1320 Hui est venu a sa journee;
Merci quiert pour les sains de Romme.
Mais ne li vaut pas une pomme,
Car Ysengrins le fiert et maille,
Tant que Renars gient et baaille.
1325 Ysengrins le fiert en la chiere,
Ne tient pas sur lui sa main chiere.
Renars n'a pooir de deffendre,
Tout li couvient souffrir et prendre.
Il vosist miex estre aillors :
1330 Son cuer en est en grant doulours,
Devenus est plus frois que glace,
Ainz velt morir, ce dist, en place
Que pour lui recreant se claint.
A ce mot a geté un plaint,
1335 Semblant fet d'omme qui soit mort,
Que en lui n'a mais point d'effort.
Ysengrins un petit le lache,
Moult le mort et moult le dessache.
Renars ne muet ne pié ne main :
1340 Bien fait semblant qu'il n'est pas sain.
Ysengrin l'a batu si fort
Enz ou champ l'a laissié pour mort :
Li baron sont de lui parti,
    Atant la cour se departi.
1345 Onc Troïen n'orent tel joie,
Quant reçurent Elaine a Troie,
Con Brun li ours et Ysengrins,
Et Chantecler et Tiesselins
Et dame Pinte et Roëniaus
1350 Pour Renart, qui ert desloiaux.
Li parent Renart ont grant honte :
Nobles n'en veult oïr nul conte,
Ainz conmande que on le pende.
Tyberz li chaz les iex li bende,
1355 Et Roëniaux les mains li lie,
Bien ont Renart mis a la lie.

Ayant prêté un faux serment,
il va bientôt payer
le prix de son parjure.
1320 Il est arrivé au jour de son jugement.
Il demande grâce par les reliques de Rome,
mais sa prière ne vaut pas tripette,
car Isengrin le frappe à coups redoublés
tant et si bien que Renart geint et crie de douleur.
1325 Isengrin le frappe au visage
d'une main qui n'a rien de caressant.
Renart est incapable de se défendre,
il lui faut tout souffrir, tout accepter.
Il préférerait être ailleurs :
1330 son cœur souffre mille douleurs.
Il est devenu plus froid que glace,
mais mieux vaut, se dit-il, mourir sur place
plutôt que de se déclarer vaincu.
Alors, il a poussé une plainte,
1335 on dirait qu'il est mort,
car on le sent à bout.
Isengrin relâche un peu sa prise,
il le mord et le secoue avec vigueur,
sans que Renart bouge pied ni main.
1340 Il paraît fort mal en point.
Isengrin l'a battu avec tant de violence
qu'il l'a laissé pour mort dans le champ clos,
et que les barons se sont éloignés de lui.
    La cour s'est alors dispersée.
1345 Jamais les Troyens n'éprouvèrent,
lorsqu'ils accueillirent Hélène dans Troie,
une joie semblable à celle de Brun l'ours et d'Isengrin,
de Chantecler, de Tiécelin,
de dame Pinte et de Roënel
1350 au sujet de Renart le déloyal.
Les parents de Renart sont couverts de honte :
Noble se refuse à les écouter,
mais il ordonne que le goupil soit pendu.
Tibert le chat lui bande les yeux,
1355 Roënel lui lie les mains.
Ils ont mis Renart en bien piteux état.

De pamoison fut revenuz.
Bien fu le jor por fol tenuz :
Se de lor meins pooit partir,
1360 Jamés n'iroit home aatir.
Tote la cort oïssiez bruire !
Molt se hastent por lui destruire.
    Renars por sa vie tenser
Prie qu'en le laist confesser,
1365 Qar a rejehir li covient
Toz les pechés dont li sovient.
Il li ont fet venir Belin.
O lui ameine Chanteclin.
Renars se fet a lui confes,
1370 Et cil li encarja son fes
Solonc les pechez qu'il a fet
De qoi il a vers Deu mesfet.
    Si con il confesoit Renart,
Atant es vos frere Bernart
1375 Qui de Grant Mont ert repairez.
Trova Grimbert qui fu iriez.
Enquis li a et demandé
Conment li rois a conmandé
Que Renars fust molt tost penduz,
1380 Par nullui ne fust desfenduz.
Quant li freres ot la parole,
Molt li poisse, se l'en l'afole.
Il ert de grant franchise pleins,
Molt ert cortois, n'iert pas vileins.
1385 En son cuer l'a aperceü
Par le grant duel qu'il a oü,
Que meine Grinberz li teisons
Et Espinarz li heriçons.
    La u vit Noble bonement,
1390 Le salua molt doucement.
Li rois se drece en son estant,
Ne set frere que il eint tant ;
Joste lui le fet asegier.
Li freres l'aquelt a proier
1395 Por Deu li otroit, se li plest,
Que Renart sain et sauf li les.

Le voici revenu à lui.
Il ne fait plus peur :
s'il pouvait s'échapper de leurs mains,
1360 jamais plus il n'irait s'attaquer à personne.
Ah ! si vous aviez entendu le vacarme de la cour !
Tous s'empressent pour son exécution.

Renart, pour préserver sa vie,
prie qu'on le laisse se confesser,
1365 car il lui faut avouer
tous les péchés dont il se souvient.
L'on a fait venir Belin
qui amène avec lui Chanteclin.
Renart se confesse à lui,
1370 et celui-ci lui impose une pénitence
en rapport avec les péchés
qui furent une offense à Dieu.

Tandis que Belin confessait Renart,
survint frère Bernard
1375 qui arrivait de Grandmont.
Trouvant Grimbert tout affligé,
il lui demanda
comment il se faisait que le roi eût ordonné
de pendre Renart sur-le-champ,
1380 sans que personne le défendît.
L'explication donnée,
il éprouva une grande peine à l'idée que l'on allait tuer
Il était d'un naturel fort généreux,   [Renart.
très courtois, sans rien d'un vilain.
1385 Il l'a ressentie au fond de son cœur
à la vue du grand chagrin
que manifestent Grimbert le blaireau
et Épineux le hérisson.

Dès qu'il eut le plaisir de distinguer le roi,
1390 il lui fit un salut plein d'onction.
Le roi se lève :
il ne connaît pas de frère qu'il affectionne autant ;
il le fait asseoir auprès de lui.
Le frère se met à le prier
1395 de bien vouloir, par Dieu, consentir
à lui laisser Renart sain et sauf.

Einsi le racata li frere.
« Segnor, por Deu le devez fere.
Ne puet aler o Deu le grant
1400 Qui ne pardoinst son mautalant.
Itel conseil te voil doner
Que tu lesses Renart aler. »
Molt deproia l'enpereor
Que Renart li doinst par amor :
1405 « Por ce, fet il, sui je venuz.
Proier vos voil ne soit penduz,
Ançois laissiés Renart aler :
Dex le vos puist guerredoner !
Donez le nos a Deu servir
1410 Qui se laissa por nos morir !
Por amor Deu, le nos donés !
Renart, de quoi s'est affichés,
Jel quit fere moine ordener :
En tot le mont n'aura son per. »
1415 Le frere dist l'enpereor :
« Dex ne velt mort de peceor,
Mes soit confes et se gart bien :
Dont sera sauf le crestïen.
S'il est retez de guerpilage,
1420 Il est au meins el repentage. »
      Nobles entent que bien a dit.
Nel voudroit avoir escondit
De rien que il li demandast
Ne que fere li conmandast.
1425 Renart li rendi bonement
Sens nul autre contenement.
Renart a gité de prison,
Frere en a fet en sa meson.
Poissons li donent por amordre,
1430 Bien le dotrinent de lor ordre,
De dras a moine l'ont vestu
Le fil a putein, le testu.
Einz la quinzeine fu garis ;
Cil qui tant a esté maris
1435 Toz fu gariz et repassés.
Par meint maveis pas est pasez.

C'est ainsi que le frère racheta le goupil.
« Sire, au nom de Dieu, c'est votre devoir de le faire.
L'on ne peut pas aller auprès du Dieu tout-puissant,
1400 si l'on ne renonce pas à sa colère.
Je tiens à te conseiller
de laisser partir Renart. »
Il supplie instamment l'empereur
de lui faire l'amitié de lui remettre Renart :
1405 « C'est pour cette raison, dit-il, que je suis venu.
Je veux vous prier de ne pas pendre Renart,
mais de le laisser partir :
puisse Dieu vous le rendre !
Donnez-le-nous pour servir Dieu
1410 qui accepta de mourir pour nous !
Pour l'amour de Dieu, donnez-le-nous !
Renart, je compte le faire ordonner moine,
lui qui s'est vanté de l'avoir été :
il n'aura pas son égal dans le monde entier. »
1415 Et le frère d'ajouter pour l'empereur :
« Dieu ne veut pas la mort du pécheur,
mais qu'il se confesse et se conduise bien :
alors le chrétien sera sauvé.
Si Renart est accusé de tromperie,
1420 il est au moins sur le chemin du repentir. »
     Noble juge que le frère a bien parlé.
Il ne voudrait lui refuser
rien qu'il lui demandât
ou lui ordonnât de faire.
1425 Il lui remet Renart de bonne grâce
sans plus de discussion.
Le frère a donc délivré Renart
et fait de lui un religieux de sa maison.
Les frères lui donnent des poissons pour l'attirer,
1430 ils lui enseignent avec soin les préceptes de leur ordre
et le revêtent de l'habit monacal.
Le fils de putain, l'obstiné,
en moins de quinze jours, le voilà guéri ;
lui qui a été si malmené,
1435 le voilà tout à fait guéri et rétabli.
Il a traversé bien des mauvaises passes.

Bien retient ce que en l'enseigne,
N'a pas semblant que il se feinne,
Les signes fet del moiniage :
1440 Molt le tienent li moine a sage,
Cher est tenuz et molt amez.
Or est frere Renart clamés.
Molt est Renart de bel service,
Volenters vet a seinte iglise.
1445 Sovent li menbre des jelines
Dont il selt rongier les eschines.
A peine tient estacïons,
Car sovent a tentacïons.
Bien li seent si vestement,
1450 Molt se deduit onestement,
Si met s'entente a l'ordre prendre
Que il n'i a que entreprendre.
    Un jor fu la messe cantee,
Renart de cuer l'ot escotee.
1455 Tot dereniers ist du moster,
En sa mein tenoit un sauter.
Quatre capons bien sejornez
Lor avoit un borjois donez
Qui avoit non Tiebaut le riches :
1460 N'iert pas vers els avers ne chices.
Renars les a aperceüs :
Or sera il bien deçoüz,
Se il n'en fet ses gernons bruire ;
Belement s'en cuide deduire.
1465 « Par Deu, fait il, ne m'apartient
Cil qui de char manger se tient.
N'ai pas fet veu de manger char.
Molt le tendroie a grant eschar :
Qui cest veu fere me feroit,
1470 Dex le set, molt me mesferoit.
De char ne me puis atenir.
Se je en puis en leu venir,
Je mosterai que je soi fere.
Qui qu'en doive parler ne tere. »
1475   Le jor trespasse et la nuit vient.
Renart qui des chapons sovient,

Il retient ce qu'on lui prêche,
il ne donne pas l'impression de manquer de zèle,
il accomplit tous les gestes d'un bon moine :
1440 les frères le tiennent pour très sage,
ils l'estiment et l'aiment beaucoup.
Et voici maintenant qu'on l'appelle frère Renart.
Plein de zèle,
il se rend volontiers à la sainte église.
1445 Souvent il se souvient des poules
dont il avait l'habitude de ronger l'échine.
Il a de la peine à observer les stations,
car il est la proie de fréquentes tentations.
Son habit lui va très bien,
1450 il se conduit de façon fort dévote
et s'applique à suivre la règle,
en sorte que l'on n'a rien à lui reprocher.
    Un jour, après la célébration de la messe
que Renart avait fort dévotement écoutée,
1455 il sortit de l'église le tout-dernier,
tenant dans sa main un psautier.
Or un bourgeois du nom de Thibaud le riche
avait donné aux moines
quatre chapons bien dodus :
1460 ce bourgeois n'était ni avare ni chiche envers eux.
Renart a aperçu les chapons :
il regrettera
de ne pouvoir les croquer,
il pense bien s'en régaler.
1465 « Par Dieu, dit-il, dans ma famille
personne ne s'abstient de manger de la viande.
Je n'ai pas prononcé un tel vœu.
Je le considérerais comme une bonne plaisanterie :
celui qui me contraindrait à ce vœu,
1470 voudrait ma perte, Dieu le sait.
Je ne saurais me priver de viande.
Si l'occasion s'en présente,
je montrerai ce que je sais faire,
sans souci des médisants. »
1475 Le jour s'en va, la nuit vient.
Renart pense aux chapons,

Ne les pot metre en oblïance :
Tote trespasse obedïence,
Vient as chapons, si les desnoche [1],
1480 L'un en manja, au cuer li toce ;
Les autres trois a mis en terre,
Que lendemein les vendra querre ;
Covert les a bien de terrier,
Arere s'est venuz chocier.
1485 Ne sot nus mot de son aguet
Ne del larecin qu'il ot fet.
Si li chaï par aventure,
Molt retret bien a sa nature.
Lendemein aprés les matines
1490 Renart, qui tant eime jelines,
D'un des capons se rest dinés,
Puis est el cloistre retornés.
Li tiers manja que nus nel sot.
Au qart manger iluoc passot
1495 Uns freres qui bien l'aperçoit
Que Renars li ros les deçoit.
Quant reconté fu au covent,
Renart en out blame sovent.
Renars lor en velt droit ofrir :
1500 Frere Bernart nel pot soffrir :
Ja ravoit mangié un corbel
Qu'il avoient en lor prael.
Tant larecins lor avoit fet,
Que bien voit que il s'est mesfet.
1505 A Renart ont toluz les dras,
Congié li donent, tot fu gras :
Ne demandoit autres loreins
Ne mes qu'il fust hors de lor meins.
A merveilles lié s'en fesoit,
1510 Car li ordres li desplaisoit.
Tornez s'en est tot le chemin,
Encor nuira a Ysengrin.

---

1. E. Martin avait corrigé en *desjoche* « sortir du juchoir ». Mais le
manuscrit A a bien la forme *desnoche,* doublet sans doute de *desnoer,*
« désarticuler, déboîter ». Ici, Renart « rompt les articulations des
poules, les éreinte, les déchire ».

sans parvenir à les oublier.
Rompant son vœu d'obéissance,
il se dirige vers les chapons et leur casse les reins,
1480 il en mange un qu'il a frappé au cœur
et enterre les trois autres
qu'il viendra chercher le lendemain.
Après les avoir bien recouverts de terre,
il retourne se coucher,
1485 sans que personne se soit rendu compte de sa ruse
ni du larcin qu'il a commis.
Voilà la bonne aubaine qui lui est échue,
il revient vite à son naturel.
Le lendemain, après les matines,
1490 Renart qui aime tant les poules
a, de nouveau, déjeuné d'un des chapons,
avant de retourner au monastère.
Il dévora le troisième à l'insu de tout le monde,
mais, alors qu'il mangeait le quatrième,
1495 passa un frère qui se rendit compte
que Renart le roux les trompait.
Une fois la nouvelle rapportée au couvent,
Renart en reçut de nombreux reproches.
Il voulut offrir réparation,
1500 mais frère Bernard ne put le supporter,
car le goupil avait déjà mangé un corbeau
que les moines avaient dans leur pré.
Il avait commis à leurs dépens tant de larcins
qu'il comprit qu'il s'était causé du tort.
1505 Les frères le défroquèrent
et le congédièrent : comme il était gras et dodu,
il ne désirait rien d'autre
que d'être hors de leurs mains.
Cette perspective le comblait de joie,
1510 car la vie monastique ne lui convenait pas.
Il prend la route pour s'en aller.
Il continuera à persécuter Isengri.

Li moigne l'ont mis a la voie,
Toz solz s'en vet, nus nel convoie.
1515 Molt manache ses enemis.
Par qui il fu en peine mis.
Sa teste jure coronee
Que ja s'ire n'iert pardonee
A Ysengrin ne a Tybert
1520 Par qui il a tant maus sofert.
Roeniaus ert en une haie,
De loin le voit, forment l'esmaie,
Si s'escrie : « Vois le rendu
Que devïen avoir pendu. »
1525 Cil n'a talant de ranproner,
Forment s'aqelt a trestorner
Tant que il vint en sa tesnere
Ou a trové sa feme chere.
Quant le vit, grant joie en a,
1530 En son cuer s'en esleeça,
Car molt avoit grant dol oü
D'Ysengrin qui l'avoit veincu.
Si dui fil font joie molt grant
Quant lor pere voient vivant :
1535 Quant sein le voient repairier,
Or nes porroit nus corocher.
Molt fü bien acesmés li estre.
Renart qui fu rés conme prestre,
Ot molt grant talant de manger.
1540 L'eve commanda a hucher
Et l'en li a tost aportee.
Ses filz ont la table posee.

Chassé par les moines,
il s'en va tout seul, sans personne pour l'accompagner,
1515 se répandant en menaces contre ses ennemis
qui ont été la cause de ses tourments.
Il jure par sa tonsure
de ne jamais renoncer à sa colère
contre Isengrin et Tibert
1520 qui lui ont valu tant de souffrances.
Roënel, tapi dans une haie,
le voit de loin et l'accable de ses sarcasmes
en criant : « Voilà le moine
que nous aurions dû pendre. »
1525 Renart n'a pas envie de plaisanter,
il prend résolument le parti de s'éloigner,
jusqu'à ce qu'il arrive dans sa tanière
où il retrouve sa chère femme.
Elle éprouva beaucoup de joie à le voir,
1530 elle se réjouit en son cœur
car elle avait beaucoup souffert
de la défaite qu'Isengrin avait infligée à son époux.
Ses deux fils lui font fête
lorsqu'ils voient leur père en vie ;
1535 du moment qu'ils le voient revenir en bonne santé,
personne ne pourrait ternir leur joie.
La maison était fort bien parée.
Renart, tonsuré comme un prêtre,
avait grand appétit.
1540 Il ordonna d'aller chercher l'eau
qu'on lui a aussitôt apportée.
Et ses fils ont dressé la table.

A, A TOT, avec.

A, *verbe, peut avoir le sens d*'il y a.

AAISIER, mettre à l'aise, réjouir, satisfaire, prendre ses aises.

ABAI, jappement.

ABET, ruse.

ABETER, tromper.

ABOETER, reluquer.

ABONIR, devenir bon, être fidèle.

ABRICONER, tromper.

ABRIVÉ, ABREVIEZ, ardent, impatient.

ABSTENANCE, abstinence.

ACESMER, orner, équiper.

ACHENER, faire signe, désigner d'un geste.

ACHESON, ACHOISON, ACAISON, ACESON, prétexte, raison, cause, occasion, accusation.

ACOARDER, devenir couard, lâche.

ACOINTE, ami, familier.

ACOINTEMENT, rencontre, commerce.

ACOISIER (soi), se taire, s'apaiser.

ACOISON, *voir* ACHESON

ACOLER, embrasser, passer les bras autour du cou.

ACONSEÜ, *part. passé du v.* aconsivre.

ACONSIVRE, atteindre en poursuivant.

ACOPIR, cocufier.

ACORDE, accord, raccommodement.

ACOURER, ACORER, mettre à mal.

ACOUTER, appuyer.

ACRAANTER, ACREANTER, promettre, accorder.

ACUEILLIR A, commencer à.

ADÉS, aussitôt

ADENZ, à plat ventre, la face contre terre.

ADESERTIR, changer en désert, ravager, ruiner.

ADONT, alors.

ADOSSER, mettre derrière le dos, oublier.

ADOULÉ, *adj.*, chagrin.

ADRECE, chemin direct, chemin, raccourci.

ADRECIER, diriger.

AERDRE, saisir, accrocher.

AFAITEMENT, belles manières, habileté.

AFAITIÉ, instruit, habile, poli, fin, bien informé.

AFETIER, AFAITIER, préparer, façonner, se réconcilier, dresser.

AFICIER, AFICHIER, déclarer, juger, se vanter; fixer.

AFÏER, promettre, jurer.

AFIERT, de *aferir*, convenir, appartenir.

AFINER, finir, réaliser, mettre fin à la vie de, tuer, mourir.

AFOLER, blesser, endommager.

AFONDRE, s'enfoncer, être submergé.

AFOUTREÜRE, garniture de feutre.

AGENCIER, arranger les choses, ajuster.

AGENSIR, arranger, ajuster.

AGUAIT, guet, embuscade.

AIDIER (soi), être en pleine force, employer ses forces.

AÏE, AŸE, aide.

AINC, jamais.

AINÇOIS, voir ANÇOIS.

AINZ, voir EINZ

AÏR, violence, impétuosité.

AÏRIER, irriter.

AÏT, subj. prés. du v. aider.

AIS, planche.

AIVE, aïeul, ancêtre.

ALACHER, dégager, soulager, lâcher.

ALECHIER, attirer, inciter à.

ALIBORON, ellébore.

ALOSÉ, renommé.

ALOSER (soi), se vanter.

ALUCHIER, favoriser, placer.

AMBEDUI, AMBEDOUS, tous deux.

AMBLER, aller l'amble (allure où le cheval avance en même temps les deux jambes du même côté).

AMBLEÜRE, allure; possibilité de chevaucher (sens érotique).

AMENDISE, amende.

AMER, aimer.

AMMONE, aumône.

AMONT, en haut.

AMORDRE (soi), se risquer à, se mettre à, s'habituer à; amordre, engager à.

ANÇOIS, mais, avant; ançois que, avant que.

ANDUI, ANDOI, tous les deux.

ANE, cane.

ANEAX, ANEL, anneau.

ANEL, fondement.

ANGUISSIER, presser, tourmenter, harceler.

ANQUENUIT, ce soir.

ANVIS (a), malgré lui.

AOITE, avantage, profit.

AOURER, AORER, adorer, prier.

APAIER, faire la paix, accorder.

APAROLER, appeler.

APARTIENT (ne m'), n'est pas de ma famille.

APERT, évident.

APOIGNANT, piquant des éperons, en hâte.

APORT, provision, offrande.

APOSTOILE, pape.

APROISMIER, s'approcher de.

AQEUDRE (soi — au suen), se tenir à, s'associer à son parti.

ARAISONNER, ARAISNIER, adresser la parole.

ARAMIR, engager, prendre la parole.

ARCHERES, meurtrières par lesquelles l'on peut tirer à l'arc.

ARCIE, ARCHIE, portée d'un arc.

ARÇONS (monter es), faire l'amour.

ARDOIR, brûler.

ARDRE, voir ARDOIR.

AREE, labour; terre labourée.

ARENGIER, mettre en rang, en ordre de bataille.

ARME, âme.

ARNE, âne.

AROCHER, lancer un projectile contre quelqu'un, attaquer.

AROTER, AROUTER, mettre en troupe, rassembler pour mettre en route.

ART, artifice, ruse, art.

AS, aux.

ASEGIER, asseoir, disposer.

ASENS, sentiment, avis, idée.

ASÉS, beaucoup.

ASSENER, viser, atteindre, frapper.

ASEÜR, ASOÜR, en sécurité.

ASSOTER, rendre sot.

ATANT, alors.

ATARGER, s'attarder.

ATENPRER, *voir* ATREMPER.

ATIREMENT, accord, volonté, dessein.

ATIRIER, équiper, préparer, arranger, fixer.

ATORNER, préparer, équiper, établir, statuer.

ATOIVRE, bétail.

ATRAIRE, attirer, essayer de séduire.

ATREMPER, mêler, tremper.

AUGE, 3e *pers. du s. du prés. du subj. 'du v.* aller.

AUMONERE, sacoche de pèlerin.

AÜNER, réunir.

AUNER SES BURAUS, mesurer ses vêtements comme avec une aune, *i.e.* frapper avec un bâton, étriller.

AUQUES, un peu.

AUS, *pronom*, eux.

AUT, 3e *pers. du s. du prés. du subj. du v.* aller.

AUTORITÉ, confiance (que l'on inspire).

AUTRER, *voir* AUTRIER.

AUTRESI, aussi.

AUTRETEL, tel.

AUTRIER, l'autre jour, naguère.

AVAL, en bas.

AVALER, descendre; *a l'avaler!*, à terre!, en bas.

AVEL, désir, plaisir.

AVENABLE, convenable.

AVERSIER, AVRESIER, ennemi, adversaire, démon.

AVISER, regarder, reconnaître.

AVOI, *interjection*, eh là!

AVOIER, conduire, guider, marcher.

AVOUTIRE, AVOUTERE, adultère.

AVOUTRE, bâtard.

AVOUTRER, commettre un adultère, accuser de bâtardise.

AVRESIER, *voir* AVERSIER.

AX, *pronom*, eux.

AŸE, aide.

BAAILLIER, bâiller (de faim, de désir, de douleur).

BACELER, jeune homme, jeune noble.

BACON, pièce de lard.

BAELLIER, *voir* BAAILLIER.

BAILLE, enceinte.

BAILLER, prendre, saisir, porter, donner, livrer.

BAILLI, traité.

BAILLIE, pouvoir, manière.

BALANCE (en grant), en danger.

BALER, danser.

BAN, défense proclamée hautement.

BANDON (a), sans restriction, sans réserve, impétueusement: *mettre a bandon*, condamner, proscrire.

BARAT, ruse, tromperie.

BARBACANE, ouvrage avancé d'un système de fortification pour défendre une porte, un pont.

BARETERES, trompeur.

BARNAGE, BARNÉ, assemblée des barons.

BARNESSE, noble dame.

BARON, grand seigneur, mari, homme généreux et noble.

BASSET, à voix basse.

BATANT, immédiatement, vite.

BATRE (le crepon, la croupe), posséder charnellement.

BAUDOR, hardiesse, joie.

BAULIEVRE, balèvre, ensemble des deux lèvres.

BAUS, BALT, gai.

BAUS, BEAX, BIAX, beau.

BAUTESTAL, discussion.

BÉ, *déformation de* Dieu.

BEER, désirer, aspirer à, avoir la bouche ouverte.

BER, *cas sujet de* baron.

BERE, bière, cercueil.

BESLOY (mener a), tromper.

BIEVRE, castor.

BLANDIR, caresser, flatter.

BOBAN, orgueil, arrogance.

BOËLE, boyaux, entrailles.

BOFOI, orgueil, arrogance.
BOIDIE, tromperie.
BOISIER, tromper.
BOISIERRES, BOISERES, trompeur.
BOLE, tromperie.
BONTÉ, faveur, avantage, service, valeur.
BORDELERE, prostituée.
BORDON, bâton du pèlerin.
BORSE TROVEE (avoir), avoir bien de la chance.
BOT, BOZ, crapaud.
BOTER, BOUTER, pousser.
BOUET, BOUEL, conduit, boyau, trou.
BRACONER, valet de chien.
BRAIER, ceinture.
BRANCHE, partie du *Roman de Renard.*
BRANDELER, balancer.
BRAON, chair de la cuisse.
BREF, BRIEF, lettre, brevet.
BREMENT, BRIEMENT, brièvement.
BRERE, BRAIRE, crier.
BRICHE, mauvaise situation.
BRICON, sot, fou.
BROCE, broussaille, fourré.
BROCHER, éperonner.
BROION, BRAION, piège à gros gibier, traquenard.
BUCHETER, casser du bois en bûchettes.
BUER, pour mon, ton, son... bonheur, avec chance, avec raison.
BUÉS, bœuf.
BUFFET, soufflet.

ÇA, ici.
CAEL, CHAEL, jeune chien.
CAIENS, céans.
CAITIS, *voir* CHAITIF.
CAMBERERE, chambrière, servante, fille de peu.
CAMEL, chameau.
CAOIR, choir, tomber.
CAR, *avec un impératif, marque une requête pressante* : donc.
CARERE, CHARIERE, QUAR-

RIERE, chemin de charrette, voie.
CARTRE, CHARTRE, prison.
CASCUNS, chacun.
CASTAX, château.
CASTÏER, CHASTÏER, instruire, réprimander, faire la leçon.
CASTOIVRE, CHASTOIVRE, ruche.
CAUT, CHAUT, *du v.* chaloir, importer.
CELERER, cellérier.
CEPEL, piège.
CERT, assuré, certain.
CERVOISE, bière.
CESTUI, celui-ci.
CEU, ce.
CEVOIL, cheveu.
CHA, çà.
CHAAIGNON, nuque (c'est notre *chignon*).
CHAALLER, traiter de manière injurieuse, traiter comme un petit chien.
CHACEÏS, poursuite.
CHAÏ, *passé simple du verbe* chaoir, tomber.
CHAIAUX, CHAEL, CHEAUX petit du renard, *ou* jeune chien.
CHAITIF, CHAITIS, CAITIS, prisonnier, malheureux.
CHAMER, se plaindre en justice.
CHAMP, combat singulier, bataille en champ clos.
CHAMPAIGNE, plaine.
CHAMPETER, combattre en champ clos.
CHAOIR, tomber.
CHAOIT, CHEOIT, *participe passé de* choir : tombé.
CHAON, nuque.
CHAR, viande.
CHARRA, *futur de* choir.
CHARRETIL, charrette.
CHARRIERE, *voir* CARERE.
CHASTÏER, *voir* CASTÏER.
CHEF, CHES, tête, bout, fin; *a chef de foiz*, un beau jour;

de chef en chef, d'un bout à l'autre.

CHEN, chien.

CHEOIT, *voir* CHAOIT.

CHEVECE, encolure, ouverture du cou.

CHEVEE ROCHE, creux de rocher, grotte.

CHEVELER, arracher le poil.

CHIERE, CHERE, *nom,* visage; *faire chiere,* avoir l'air.

CHIET, CHET, 3ᵉ *personne du s. du prés. de l'indic. du v.* choir.

CHOCIER, coucher.

CHOISIR, apercevoir.

CHOSE, testicules, coït; affaire, grief.

CHOSER, accuser, blâmer, quereller.

CHOÜ, CHEÜ, chu, tombé.

CIET, *voir* CHIET.

CIL, *démonstratif de l'éloignement,* ceux-là *ou* celui-là *ou* ce *(adj.).*

CIS, CIST, *démonstratif de la proximité,* celui-ci, *ou* ceux-ci, *ou* ce *(adj.)*

CIT, cité.

CLAMER (soi), se plaindre, se proclamer.

CLAMOR, doléance, plainte en justice.

CLEIM, plainte.

CLÉS, taquet d'un piège.

CLINER, incliner, baisser.

CLOCER, CLOCHIER, boiter (cf. clochard, à cloche-pied).

CODRE, coudrier, noisetier.

COE, queue.

COIEMENT, tranquillement, en cachette.

COILLE, parties sexuelles.

COILLIR EN IRE, éprouver de la colère contre quelqu'un.

COINTE, brave, présomptueux; prudent, sage, habile; élégant.

COINTEMENT, avec élégance.

COLEE, coup (à l'origine sur le cou).

COLEÏCES, à glissière.

COLOIER, lever la tête, tendre le cou pour voir.

COMPAIGNE, compagnie.

CONBRER, saisir, retenir.

CONCHÏER, souiller, outrager, se jouer de.

CONCILE, assemblée.

CONDUIT, escorte, compagnie, sauf-conduit.

CONDUIT, polyphonie sur paroles latines.

CONFÉS, confessé.

CONFESSE, *nom,* confession.

CONFONDRE, détruire.

CONFORT, réconfort, encouragement, courage.

CONFORTER, réconforter, soutenir.

COMMUNAL, commun, qui est à tous.

COMPERER, payer.

CONPING, bourbier.

CONQUESTER, gagner.

CONROI, ordre, disposition, soin.

CONSALX, CONSAUS, conseil.

CONSITOR, assemblée solennelle (c'est le mot *consistoire*).

CONTENIR (soi), se conduire.

CONTENT, querelle, débat.

CONTOR, seigneur, comte.

CONTOR, ruse, détour.

CONTRAIRE, difficulté, contrariété, mésaventure.

CONTREDIT, *nom,* interdiction.

CONTREMANDER, s'excuser de ne pouvoir comparaître.

CONTREMONT, en remontant, en haut.

CONTRESTER, résister.

CONTRET, CONTRAIT, paralysé.

CONTREVAL, en bas.

CONTROVER, imaginer, inventer.

CONVENANT, convention.

CONVERSER, vivre, demeurer.

ÇOOIGNOLE, CEOIGNOLE,

piège à bascule, trébuchet (c'est notre mot *chignole*).

COP, *voir* COX.

COPE, faute.

CORAGE, CORACHE, cœur, sentiment, pensée.

CORONE, tonsure; *a corone*, en cercle.

CORS, COURS, course.

CORS SEINT, relique.

CORT, cour, siège de justice où l'on plaide.

CORTIL, jardin potager.

COS, coq.

COSTERE, flanc (d'une vallée.)

COSTOS, dépensier, difficile.

COSTURE, COTURE, terre cultivée.

ÇOU, CO, CE, cela.

COÜ, chu, tombé.

COUE, COE, queue.

ÇOULE, jeu de choule, sorte de jeu de boule (qu'on lançait avec un maillet)

COURRE, *nom*, bâton de coudrier.

COUS, coup.

COUTE, coussin, matelas, couette.

COUVERTURE, feinte, dissimulation.

COVINE, COUVINE, conduite, attitude.

COVOITÉ, convoitise.

COX, COUS, cocu.

CRAANTER, CREANTER, promettre, assurer.

CRAVANTER, écraser, abattre.

CREANT, promesse, engagement, créance due à quelqu'un.

CREMER, CREMIR, CRIEMBRE, craindre.

CREPON, reins, croupion.

CREVER (en parlant de l'aube), poindre.

CRI, réputation.

CRIEME, crainte.

CRIENT, CRENT, 3e *personne du s. du prés. de l'indic. du verbe* craindre.

CROISSIR, briser, rompre.

CROLER, agiter, secouer.

CROPERE, coup donné sur la croupe.

CROPIR, CROUPIR, être à croupetons.

CROT, CROZ, trou (sens obscène).

CROTE, CROUTE, caverne, trou, souterrain.

CRUÉS, *nom*, creux, trou.

CUDIER, *voir le mot suivant*.

CUIDIER, croire, s'imaginer.

CUMUNALEMENT, en commun, en général.

CURE, souci.

CUVERT, CUIVERT, canaille, maraud.

DAHEZ AIT, maudit soit.

DAMACHE, dommage.

DAMACHER, endommager.

DAMAJE, dommage.

DAMLEDEX, DAMEDEU, le seigneur Dieu.

DAN, DANT, DAM, seigneur, titre et rang de la noblesse (entre le comte et le baron).

DANREE, denrée, quantité d'une marchandise correspondant au prix d'un denier.

DE CI A, DE SI A, jusqu'à.

DÉ, Dieu.

DEÇOIVRE, DECEVOIR, tromper.

DEÇOÜ, déçu, trompé.

DEDUIRE (soi), se comporter, se réjouir.

DEDUIT, plaisir, amusement, divertissement.

DEFOIS (mettre en), s'opposer à.

DEFRIPER (soi), se démener, s'agiter.

DEFRIRE (soi), griller, brûler.

DEGROCIER, se fâcher, se plaindre.

DEGUERPIR, abandonner.

DEHAITIER, DEHETIER, affliger, attrister, désoler.

DEJOSTE, à côté.

DEJUS, en bas, en dessous.

DELEZ, à côté.

DELIT, plaisir.

DELIVRE, alerte, agile; libre, délivré.

DELIVREMENT, promptement, facilement.

DELS, DEUS, douleur.

DEMEINE (en), en personne; en son pouvoir.

DEMENTER (soi), se lamenter.

DEMORANCE, retard.

DEPARTIR, séparer.

DEPORT, plaisir.

DEPUTERE, de mauvaise race, pervers.

DERENNIER, DES RAISNIER, raconter; soutenir en justice; soutenir sa cause par les armes; converser; disputer.

DESBENDER, délier.

DESCONFORTER, abattre, décourager, désoler.

DESCONSEILLIÉ, déconcerté, découragé.

DESCONVENUE, incorrection, malheur, aventure fâcheuse.

DESCOPLER, détacher.

DESCORDE, DESCORT, discorde, dispute.

DESDIRE, renier, contredire, médire.

DESFAÉ, mécréant, misérable, maudit.

DESFERME SA MALE, ouvre sa malle, dit ce qu'il a à dire (cf. vider son sac).

DESFUBLER, ôter son manteau (en défaisant la broche qui le maintient).

DESJOCHER, sortir du juchoir.

DESLOËR, déconseiller, blâmer.

DESOIVRE, DESSOIVRE, du v. dessevrer, séparer.

DESORE, dessus.

DESPIT, mépris.

DES QUE, jusqu'à.

DESROCHIER, renverser, culbuter, forcer, détruire.

DESROI, dérèglement, violence, désordre, trouble, incorrection.

DESSERVIR, mériter.

DESTOR, lieu ou passage détourné.

DESTOUPER, déboucher.

DESTRE (aller a), marcher à la droite de, avoir le pas sur.

DESTRECE, douleur.

DESTREINDRE, serrer, presser, tourmenter.

DESTROIT, nom, défilé, passage étroit.

DESVOIER, égarer, donner le change.

DETRERE, tirer.

DETRERS, DETRES, derrière.

DEULT, DELT, DEUT, 3e pers. du s. du prés. de l'indic. du v. doloir, faire mal.

DEUS, nom, voir DUEL.

DEVÉ, DESVÉ, fou furieux.

DEVERIE, folie.

DEVERS (par), du côté de, près de.

DEVÏER, mourir, tuer.

DEVISE, convention, volonté, entretien, manière; par tel devise, ainsi; par tel devise que, à la condition que.

DEVISER, raconter, dicter, exposer, arranger.

DEVOIER, voir DESVOIER.

DIS, nom, jour (cf. vendredi, dimanche...)

DOINT, DOINST, DOIGNE, subj. du v. donner.

DOIS, table.

DOL, DOUS, voir DUEL.

DOLOIR, faire mal, s'affliger, souffrir.

DONE, nom, donation.

DONRAI, DORRAI, futur de donner.

DONT, donc, alors.

DONT, interrogatif, d'où.

DOTER, SOI DOTER, douter, redouter.

DRAS, vêtements.

DROIT FEIRE, régler un litige.

DROITURE, droit, ce qui est de droit, ce qui convient, bien légitime; droite.

DUEL, douleur, deuil.

DUREMENT, beaucoup, fort.

DUSQUE, jusque, jusqu'à ce que.

ECHARGAITIER, monter la garde.

EFORCEMENT, violence, force.

EIM, 1re pers. du s. du prés. de l'indic. du v. aimer.

EINC, jamais.

EINÇOIS, voir ANÇOIS.

EINS, EINZ, avant, mais; einz... que, plutôt que, avant que; eins mes, jamais.

EIRE, OIRRE, voyage.

EL, art. contracté, en le.

EL, autre chose.

ELLAIZ, voir ESLÉS.

ELS, eux.

EM, EN, on; l'en, l'on.

ENANGLÉ, serré dans un coin.

ENBATTRE, pousser, chasser.

ENBLER, dérober.

ENBRONCHIER, baisser, pencher (surtout en parlant du visage).

ENCHAUS, poursuite, chasse, poursuite amoureuse.

ENCLIN, incliné.

ENCLINER, s'incliner profondément.

ENCOMBRIER, nom, difficulté, dommage.

ENCONTRE (male), mauvaise rencontre, mauvaise chance.

ENCOPER, accuser, inculper.

ENCOR, maintenant, encore, un jour, encore une fois, aussi, pourtant.

ENCORRE, courir un danger.

ENCOSTE, auprès, à côté.

ENCRIME (felon), effroyable coquin, scélérat.

ENCROÈR, accrocher, pendre, jucher.

ENCUI, aujourd'hui.

ENDEMENTIERS QUE, ENDEMENTRES QUE, ENDEMETERS QUE, pendant que.

ENFANCE, légèreté digne d'un enfant, folie.

ENFANTOSMER, ensorceler.

ENFERM, ENFERS, malade.

ENFERMETÉ, maladie, infirmité.

ENFONDRER, enfoncer, briser.

ENGANER, bafouer, tromper.

ENGIGNERES, ENGIGNE-OR, trompeur.

ENGIN, ENGING, piège, ruse, intelligence, talent.

ENGINGNIER, tromper.

ENGRAIGNIER, augmenter, accélérer.

ENGRÉS, ardent.

ENHERMIR, désoler, ravager.

ENMI, au milieu de.

ENORTER, exhorter, conseiller.

ENOSSÉ, étranglé avec un os, mort étouffé.

ENPARLIER, orateur, avocat, qui a la parole facile.

ENPEINDRE, pousser, jeter avec violence.

ENPERERE, ENPERIERE, empereur.

ENPIRER, blâmer, accabler, endommager.

ENPRENDRE, entreprendre.

ENS, à l'intérieur.

ENSEMENT, pareillement.

ENSORQUETOT, par-dessus tout.

ENTALENTÉ, qui a un vif désir de.

ENTECHÉ, souillé, entaché.

ENTENDRE, comprendre.

ENTENTE, intention, pensée, désir, application.

ENTER, placer, faire entrer.

ENTESNIER, ENTAISNIER, entrer dans une tanière.

ENTICIER, exciter.

ENTOCHIER, piquer, toucher.

ENTREPRENDRE, mettre en difficultés, surprendre.

ENTRESAIT, ENTRESET, tout de suite.

ENVAÏE, attaque.

ENVERS (a), mal, de travers.

ENVERSÉ, tourné à la renverse.

ENVIAUS, tour, ruse.

ENVOISIER, se réjouir, s'amuser.

ERE, *imparfait du v.* être.

ERRANT, vite.

ERRAUMENT, aussitôt, vite.

ERRER, voyager, marcher.

ERT, *futur ou imparfait du v.* être.

ES VOS, ESTES VOS, voici.

ES, *art. contracté*, en les.

ESBANOIER, se divertir.

ESCACHIER, écraser, briser.

ESCAME, escabeau.

ESCHAR, plaisanterie.

ESCHARNIR, bafouer, railler.

ESCHAUGUETER, monter la garde.

ESCHERIE, partage, lot.

ESCHIS, ombrageux, qui fait des écarts.

ESCHIVER (soi), se dérober.

ESCÏENT (a), à dessein, en connaissance de cause.

ESCLAIRER (a l'), au lever du jour.

ESCLAVINE, vêtement de pèlerin fait d'une étoffe velue.

ESCLENCHE, gauche.

ESCLOT, sabot, empreinte du sabot, trace.

ESCOÉ, ESCOUÉ, privé de sa queue.

ESCOILLIER, châtrer.

ESCOLLE, école, condition.

ESCOLLÉ, instruit, habile.

ESCONDIRE (soi), se disculper.

ESCOPER, ESCOPIR, cracher, outrager.

ESCORPÏON, scorpion, fouet, instrument de torture.

ESCOTER, payer son écot.

ESCOUT, *du verbe* escoudre, secouer.

ESCREMIE, escrime.

ESCREPE, ESCHARPE, sacoche pendue au cou, bourse de pèlerin.

ESCRISIE, brisée.

ESCROPER, mutiler.

ESCUISSIER, casser la cuisse.

ESCUSER (soi), se tirer d'affaire.

ESERISIER (a l'), à la tombée de la nuit.

ESFORCEMENT, violence, force.

ESFROI, agitation, peur, abattement; *estre en esfroi*, se tourmenter.

ESGAIER (soi), s'écarter.

ESGARDER, considérer, décider, ordonner.

ESGART, jugement, arrêt, délibération, attention, examen minutieux; manière d'agir; *par esgart*, avec justice, équitablement; *faire esgart*, décider; *tenir l'esgart*, tenir conseil; *metre soi en l'esgart*, se soumettre au jugement de; *en l'esgart*, en face, vis-à-vis.

ESGRAMI, triste, fâché.

ESGRONDRE, gronder, faire un petit bruit pour attirer l'attention.

ESLAISSIÉ, à toute bride, en toute hâte.

ESLAISSIER, *voir* ESLESSIER.

ESLÉS, ESLAIS (a), de toutes ses forces, à vive allure.

ESLEESCIER, réjouir, manifester sa joie.

ESLESSIER (soi), s'élancer, fondre.

ESLEÜ, élu, choisi.

ESMAIER, effrayer, inquiéter.

ESMÏER, mettre en miettes.

ESMOCHIER (soi), se garantir, se battre (*à l'origine*, chasser les mouches).

ESPARDRE, étendre.

ESPERITAL, ESPERITABLE, spirituel.

ESPÏÉ, en épis.

ESPLOIT (a), rapidement.
ESPLOITIER, agir, agir avec ardeur et rapidité, s'empresser.
ESPOIR, *adv.* peut-être.
ESPOIT, broche.
ESPRENDRE, s'enflammer, incendier.
ESQACHIER, briser, écraser.
ESSART, espace défriché.
ESSAUCIER, EXAUCHIER, élever, glorifier.
ESSOINE, ESSOIGNE, excuse
ESSONBRE, obscurité.
ESTABLE, ferme.
ESTABLETÉ, certitude.
ESTAL (livrer), défier au combat, attaquer, livrer bataille.
ESTANS, sec, séché.
ESTANT (en, en son), debout, immobile.
ESTENDEILLIER (soi), s'étirer.
ESTER, se tenir debout, être, rester; *laissiez ester,* renoncez à votre projet, ne vous inquiétez pas de; *esta,* 3e pers. du s. du prés. de l'indic., ou forme de l'impératif pour commander le silence ou l'arrêt (halte); *en estant,* debout, immobile.
ESTERLIN, monnaie anglaise.
ESTESTER, décapiter.
ESTOIRE, histoire.
ESTONER, retentir, tonner.
ESTOR, bataille, attaque, mêlée, tumulte.
ESTORDRE, échapper.
ESTORMI, réveillé, mis en déroute.
ESTOT, ESTOZ, hardi, audacieux.
ESTOTIE, propos hardi et mensonger, folie.
ESTOVOIT, il fallait.
ESTRACE, origine, race.
ESTRAINE (a bonne), de belle manière.
ESTRANGE, étranger.
ESTRAYER, aller librement.
ESTRE, *nom,* lieu.

ESTRIVER, lutter contre, s'efforcer.
ESTROUX (tout a), parfaitement, certainement.
ESTUET, ESTEUT, *du v.* estovoir, il faut.
ESTUI, resserre, garde-manger.
ESTUT, il fallut.
EÜR, chance.
EUZ, yeux.
EVE, eau.
EZ, voici.

FAÇOIZ, *subjonctif prés. du v. faire,* fassiez.
FAILLE, faute.
FAIRE (LE), faire l'acte amoureux (*cf.* faire cela, faire la chose).
FART, tromperie, déguisement.
FAUDESTUET, siège royal.
FAUSET, voix haute et perçante.
FAUT, 3e *pers. du s. de l'indic. prés. du verbe* faillir, manquer, échouer.
FAUTRE, point d'appui de la lance.
FAUVE ANESSE, hypocrisie, fausseté.
FAVELE, hâblerie.
FAZ, 1er *pers. du prés. de l'indic. du v.* faire.
FEL, félon, cruel.
FENIR, finir.
FERA, 1er *ou* 3e *pers. du futur de* faire.
FERIR, frapper (*le mot peut avoir un sens obscène*).
FERMIR, frémir.
FERRÉ (chemin,) grand-route.
FERTÉ, forteresse.
FES, fardeau, charge, entreprise difficile; *tot a un fes,* ensemble, d'un seul coup.
FESTU (rompre le), *ici,* pour rendre l'engagement plus solennel.
FI, certain; *de fi,* avec certitude.
FÏANCE, confiance, certitude.

FICHIER, se précipiter, transpercer.

FIENS, fumier.

FIERT, 3ᵉ *pers. du s. du prés. de l'indic. du v.* ferir, frapper (*cf.* sans coup férir).

FINER, finir, cesser.

FLAEL, fléau, bâton.

FLAIRIER, exhaler une odeur, puer.

FLICHE, flèche de lard.

FOISON (male), petite quantité.

FOLER, mutiler, maltraiter, outrager.

FOLER LA VANDANGE, faire l'acte sexuel.

FORCE, grand ciseau.

FORCE, FORCHE, fourche.

FORCE (a), avec vigueur.

FOREIN, étranger, extérieur.

FORFAIRE, causer du tort.

FORMACHE, FORMAGE, fromage.

FORMENT, beaucoup, fortement.

FORMÏER, fourmiller.

FORNIER, celui qui tient un four banal, boulanger, pâtissier.

FORS, *prép.*, sauf; *adv.*, dehors.

FORSJUGER, condamner irrégulièrement. ·

FORTRAIRE, enlever, soustraire.

FOU, *nom,* hêtre.

FOU, *nom,* feu.

FOUTRE, FOTRE, posséder charnellement.

FOX, fou.

FOYEE, FOIEE, FIEE, fois.

FRAITE, ouverture, brèche.

FRANC, FRANS, noble.

FRANCISSE, FRANCHISE, noblesse, générosité.

FRAPE, ruse; *male frape,* mauvais pas (*cf.* fiere frape).

FRAPIER (soi metre au), prendre la fuite.

FREMÏER, FORMÏER, frissonner, avoir des picotements.

FREPE, guenille.

FRIAND, *se dit de personnes ardentes au plaisir, gourmandes.*

FRIÇON, frayeur.

FROISSIER, briser, rompre.

FRONCHIER, renifler.

FRUME, tromperie, ruse; mauvaise mine, grimace.

FUERRE, paille, fourrage; *aler en fuerre,* aller en quête.

FUIRON, furet.

FUSICÏEN, médecin.

FUST, bois, pièce de bois, tronc.

FUSTER, fustiger, battre de verges.

GAAIGNERIE, prairie.

GAB, GABET, plaisanterie, farce.

GAIGNON, GAINNON, mâtin, mauvais diable.

GAÏN (fromage de—), fromage d'automne fait au moment où le lait est le plus gras.

GAITE, guetteur.

GAMBOISEES, matelassées et piquées.

GANDIR, s'enfuir, s'échapper.

GARÇON, GARS, valet de bas étage.

GARDE (avoir), avoir peur, craindre.

GARDER, regarder, se garder; *garder (que),* prendre garde que, veiller à ce que.

GARIR, garantir, sauver, échapper au danger, se sauver, approvisionner.

GARISON, défense, salut, remède, moyens, entretien, provisions, vivres.

GARMENTER, se lamenter.

GARRA, *futur de* garir.

GART, 3ᵉ *pers. du s. du prés. du subj. de* garder.

GAST (metre a), détruire, dilapider.

GASTE, dévasté, désert, inculte.

GAUDINE, lande boisée.

GELINE, poule.

GENCHE, GUENCHE, ruse, tromperie, détour.
GENTIL, noble.
GERNON, *voir* GRENONS.
GERRE, guerre.
GESTE, faits, actions mémorables; poèmes; groupe de traditions épiques; famille.
GIENT, 3ᵉ *pers. du s. du prés. de l'indic. du v.* geindre.
GIEZ, patte d'ours.
GILE, GUILE, ruse.
GIRON, devant du vêtement.
GIRRA, *futur de* gésir.
GITE, *verbe*, jette.
GLATIR, crier, hurler.
GLOS, GLOT, GLOZ, glouton, terme d'injure (canaille, brigand).
GODITOËT, *expression anglaise*, Dieu le sait.
GONE, longue cotte.
GONNELE, paletot, peau.
GRACÏER, rendre grâces, remercier.
GRAFE, burin.
GRAILE, trompette ou cor qui rendait un ton aigu.
GRAIN, *adj.*, affligé, de mauvaise humeur, en colère.
GRAINDRE, GREGNOR, GRAIGNEUR, GRANOR, plus grand.
GRANDIME, GRANDESME, très grand.
GRELLE DOIT, index.
GRENONS, GUERNONS, moustaches, mâchoires.
GRESILLON, grillon.
GRIEF, GREF, pénible, douloureux, triste.
GRIS, petit-gris, sorte d'écureuil.
GROCIER, grogner, protester.
GRONDRE, gronder, grogner.
GUEINCHOIS (faire le tour), s'enfuir.
GUENCHIR, GUENCIR, obliquer, se détourner, échapper par un détour.
GUERPIR, GERPIR, laisser, quitter, renoncer à

GUERPILAGE, GORPILLAJE, caractère, mœurs du goupil, tromperie.
GUERREDON, récompense.
GUERREDONNER, récompenser.
GUICET, guichet, porte basse.
GUICHE, ruse, finesse.
GUISE, manière.

HACE, *subj. du v.* haïr.
HACHIE, HACHIEE, peine, tourment.
HAEZ, *ind. pr. du v.* haïr.
HAIESIER, *voir* AAISIER.
HAITIÉ, content, bien portant, guéri.
HANTIN, séjour, lieu où se trouvent des volailles.
HAOIT, *imparfait du v.* haïr.
HARDEMENT, audace, hardiesse.
HARDILLONS, chapelets d'anguilles.
HART, corde pour pendre.
HASCHIE, *voir* HACHIE.
HASTEREL, HATEREL, HATER|EAX, HATERIAUX, nuque, tête.
HEE, *subj. du v.* haïr.
HERBERGIER, installer, loger.
HERCIER, frapper, tirer, percer, blesser.
HERENS, harengs.
HERITES, hérétique.
HESE, HAISE, barrière, clôture.
HIDE, épouvante.
HOCHIER, remuer.
HORDEÏS, galeries de bois élevées sur un mur de château pour permettre à ses défenseurs d'en battre le pied.
HOUCEPIGNIER, houspiller, battre.
HOURDER, palissader, fortifier.
HOUSIAUX, bottes.
HUCHIER, crier, faire venir.
HUI, aujourd'hui.
HUIER, huer, exciter par des cris.

HUIMES, maintenant, désormais.

HUIS, porte.

IAUS, *pronom*, eux.

IERT, *futur ou imparfait du v.* être.

IES, 2ᵉ *pers. du s. du présent de l'indic. du v.* être.

ILEC, ILEQUES, là.

ILOC, ILOQUES, là.

IRASCU, en colère.

IREEMENT, avec colère.

IRESTRE, irriter.

ISNEL, INNEL, INNEAX, rapide.

ISSI, *adv., forme de* einsi.

ISSI, 1ᵉʳ *ou* 3ᵉ *pers. du s. du passé simple du v.* issir, sortir.

IST, 3ᵉ *pers. du s. du prés. de l'indic. du v.* issir, sortir.

ITANT, alors.

ISTROIS, 5ᵉ *pers. du futur de* issir.

JA, déjà, autrefois; maintenant; bientôt; assurément.

JAEL, femme publique.

JALOIE, mesure pour liquides, environ un seau.

JANBET, croc-en-jambe.

JANGLERES, bavard, hâbleur, médisant.

JANGLOIS, bavardage.

JEI, je.

JEL, je le.

JERRAI, *futur du v.* gésir.

JES, je les.

JETER HASART ARRERE MAIN, *terme de jeu :* jeter un mauvais coup de dés, *ici,* avoir mauvaise chance.

JOGLERES, JOGLEOR, jongleur.

JOIANZ, joyeux.

JOINTE, degré, intervalle de hauteur musicale.

JONCHERE, lieu où poussent les joncs.

JUGLERE(S), jongleur.

JUI, *adv.,* aujourd'hui, maintenant.

JUI, JUT, JUST, *passé simple du v.* gésir.

JUÏSE, JOÏSE, jugement, épreuve judiciaire.

JUS, en bas.

JUSTICIER, gouverner.

LABOR, labeur, travail.

LAC, LAS, LAZ, lacet, filet (*cf.* tomber dans le lac).

LAÇON, lacet.

LAIDENGIER, injurier, maltraiter.

LAIDURE, injures.

LAIENS, là.

LAIER, LAIRE, laisser, abandonner.

LAIS, *nom,* legs.

LARDER, *verbe,* frire comme du lard, faire tort à.

LARDER, *nom,* garde-manger.

LAS, LAZ, *adj. ou nom,* malheureux.

LÉ, *adj.,* large.

LECHERES, LECERES, homme livré à la débauche ou à la gourmandise, terme d'injure.

LECHERIE, gourmandise, luxure.

LEDENGIER, *voir* LAIDENGIER.

LEEMENT, LIEMENT, joyeusement.

LEENS, LAIENS, LAENZ, làdedans.

LERAI, LERRAI, LAIRAI, *futur du v.* laier.

LERES, LERRE, larron.

LERME, larme.

LES, LEZ, *prép.,* près de (*cf.* Plessis-les-Tours).

LET, LAIT (faire), faire dommage.

LEUS, *nom,* loup.

LEUS, *nom,* lieu.

LI, *pronom,* lui *ou* elle.

LÏANCE, hommage lige, obligation.

LICE, barrière, palissade placée en avant du mur d'une place forte.

LIÉ, joyeux.

LIEMENT, joyeusement.

LIGE, vassal qui a promis à son seigneur toute fidélité contre qui que ce soit, sans restriction.

LISSE, LICE, femelle de chien de chasse.

LIVROISON, compte, fourniture, remise.

LO, 1re *pers. du s. du prés. de l'indic. du v.* loer, conseiller.

LOBER, tromper, railler.

LOCHIER, LOCIER, se soulever, se détacher.

LOGE, tente, cabane.

LOI, religion, coutume, serment.

LOIER, *nom,* récompense, salaire (*c'est notre* loyer).

LOIER, *verbe,* lier, attacher.

LOPE, LOUPE (faire la), faire la grimace.

LOS (a son), d'une manière digne d'approbation.

LOSENGER, *nom,* flatteur, trompeur.

LOSENGIER, flatter, tromper par des flatteries.

LOUFFES, railleries, moqueries.

LOUVIAUS, louveteaux.

LOVIERE, tanière du loup, piège à loups.

LUES, là.

LUI *souvent employé pour* elle.

LUIT, *participe passé de* luire, couvrir (la brebis), en parlant du bélier.

LUITE, lutte.

LUS, brochets.

LUT, 3e *pers. du s. du passé simple de* loisir, être permis.

MAILLE, *nom,* petite monnaie valant un demi-denier (*cf.* sans sou ni maille).

MAILLIER, frapper avec un maillet.

MAINBOURNIR, administrer.

MAINS, *adv.* moins.

MAIS, MES, *adv.,* davantage, à l'avenir, jamais; *ne... mais, ne... plus : onques mais, ains mais,* jamais; *mais hui,* désormais; *ne mais que,* si ce n'est que, sauf; *mais que,* à condition que.

MAL, MAUS, *adj.,* mauvais.

MALAGE, maladie, souffrance.

MALBAILLI, maltraité, mal loti.

MALDEHEIT AIT, maudit soit.

MALE VEUE (aler, aler a, en), mauvaise situation.

MALEOIT, maudit.

MALFÉ, diable.

MALOSTRU, infortuné.

MANACIER, menacer.

MANAGE, MESNAGE, maison, demeure, habitants d'une maison, famille, meuble, ustensile.

MANAIE, merci, pitié.

MANC, manchot, privé d'un membre.

MANERES (erbes de), toutes sortes d'herbes, simples.

MANGONNEAX, machines de guerre.

MANOIR, *verbe,* demeurer.

MANUIER, habile.

MAR, pour (mon, ton, son...) malheur, à tort. *Peut être l'équivalent d'une négation.*

MARCHE, terre, province.

MAREMENT, douleur, déplaisir.

MARTIRIER, martyriser, tourmenter.

MAT, abattu, vaincu.

MATER, vaincre, dompter.

MAUTALENT, colère, dépit.

MAUX, mal.

MECINE, remède.

MEENIÉ, MEHAINGNIÉ, MAENNIÉ, mutilé, blessé, malade.

MEESME (par), directement, à bonne hauteur.

MEFFET, faute, tort, méfait.

MEIN (tierce), tierce personne.

MEINS, moins.

MEINTENANT, sur-le-champ.

MELLER, MESLER, brouiller, semer la discorde.

MENÇOIGNE, mensonge.

MENDRE, moindre.

MENGÜE, MENJUE, MANJUE, 3ᵉ *pers. du s. de l'indic. prés.* de manger.

MERCI, grâce, pitié, miséricorde.

MEREL MESTRAIT, mauvais jeu, faux coup.

MES, *voir* MAIS

MESAESMER, MESAASMER, traiter honteusement.

MESCHEANCE, MESCEANCE, malchance.

MESCHIEF, infortune, dommage.

MESCHINE, MESCINE, jeune fille ou jeune femme, femme ou fille de la noblesse, servante.

MESCOÜ (il li est —), il lui est arrivé une mésaventure.

MESCROIRE, ne pas croire, soupçonner.

MESEL, lépreux, terme d'injure.

MESESE, malheur, chagrin.

MESESTANCE, désagrément.

MESHUI, dorénavant, désormais.

MESNEE, MESNIE, famille, suite, domesticité.

MESNIL, maison.

MESPRENDRE, commettre une faute, manquer à quelqu'un.

MESPRESURE, faute, tort.

MESPRISON, méprise, faute.

MESSAJE, messager, message, fonction de messager.

MESTIER (avoir), être utile à quelqu'un, avoir besoin de.

MEÜ, *part. passé du v.* movoir.

MEUDRE, MIELDRE, meilleur.

MEÜRER, mûrir, s'amender.

MEUS, MEUZ, mieux.

MIE, chair molle ; *ailleurs*, c'est un renforçant de la négation.

MIRE, médecin.

MIRER, regarder, admirer.

MIS, *adj. possessif*, mon.

MOE, moue, grimace ; *faire la moe*, se moquer de.

MOIE, mienne.

MOIE CORPE, mea culpa.

MOIENEL, MOIENAX, petit cor de chasse.

MOIGNE, moine.

MOILLIER, *nom*, épouse.

MOLESTE, grief, dommage.

MON, *particule affirmative*.

MONT, monde.

MONTEE, monte, saillie.

MOSTELE, belette.

MOSTIER, monastère, église.

MOT (n'en savoir), avant de bien se rendre compte des choses, avant de savoir ce qui arrive, inconsciemment.

MOTE, colline, hauteur.

MOVOIR, se mettre en route, partir, causer, soulever, provoquer (une querelle, une guerre).

MUCHIER, MUCIER, cacher.

MUE (en), à l'abri.

MUIR, 1ʳᵉ *pers. du prés. de l'indic. du v.* mourir.

MUIRE, *inf.*, mugir, crier.

MUSART, étourdi, nigaud.

MUSE (faire la), tromper.

MUSER, être distrait, s'amuser.

MUSTEL, MUSTEAX, gras de la jambe.

NACES, NACHES, fesses.

NAI, NAIE, non.

NAVRER, blesser.

NE, *conjonction*, ni, ou, et.

NEÏS, pas même, même, encore.

NEL, ne le.

NENIL, NANIL, non.

NEPOROC, néanmoins.

NEPORQANT, NEPOURQUANT, néanmoins.

NEQUEDENT, pourtant.

NES, *voir* NEÏS.

NES, ne les.

NESUN, NEISUN, NISUN, aucun, quelque; personne.

NIES, NIEZ, neveu.

NIGROMANCE, magie, sorcellerie.

NOÇOIER, épouser.

NOER, nager.

NOIENT, NEENT, rien, néant; *peut avoir le sens positif de* quelque chose.

NOIER, nier.

NOIF, neige.

NOISE, bruit, tapage, querelle.

NOISOUS, querelleur, bruyant.

NON (par), formellement.

NONE, environ trois heures de l'après-midi.

NOREÇON, bête à l'engrais.

NOVEL (de), bientôt, à brève échéance, récemment.

NUISEMENT, dommage, détriment.

NUL, NUS, *peut avoir le sens de* quelque, quelqu'un.

O, *préposition*, avec; *adv. relatif*, où; *conjonction de coord.*, ou bien.

OBEDIENCE, obéissance.

OÉ, OUE, oie.

OEILLE, brebis (*cf.* ouailles).

OEN, OAN, OUAN, cette année, à présent.

OÉS, UÉS, utilité.

OI, 1re *pers. du s. du prés. de l'indic. du v.* OÏR, entendre, ou du *passé simple du v.* avoir.

OÏ, 1re *ou* 3e *pers. du s. du passé simple du v.* OÏR.

OIANCE, audience.

OIGNEMENT, onguent.

OIRE, OIRRE, ERRE, chemin, voyage; *de grant oire, grant erre, de bonne erre,* en hâte.

OISSIR, sortir (*cf.* issir).

OISSU, issu.

ONC, jamais.

OR, ORE, ORES, *adv.*, maintenant; *peut renforcer l'impératif.*

ORAI, ORA, *futur d'*OÏR, entendre.

ORALLE, *voir le suivant.*

OREILLE, lisière, orée du bois.

OREILLIER, prêter l'oreille, écouter.

OREINS, OREINZ, tout à l'heure, il y a peu de temps.

ORENDROIT, maintenant, désormais.

ORER, OURER, prier, souhaiter, demander.

ORGUENER, chanter, chanter la seconde partie d'une polyphonie à 3 voix.

ORINAL, urinal.

ORINE, origine.

ORNE (a), à la suite.

ORRAI, *futur du v.* ouïr.

ORS, *nom*, ours.

ORT, ORD, répugnant.

OS, *adj.*, audacieux.

OS, OST, HOST, armée, assemblée.

OSTELER, héberger.

OSTOR, autour.

OT, 3e *personne soit du prés. de l'indic. du verbe* oïr, *soit du passé simple du verbe* avoir. OT *est souvent l'équivalent de* il y eut.

OTTROIER, accorder, octroyer, consentir.

OU, *art.*, en le.

OU VOIT, dès qu'il (elle) voit.

OUAN, *voir* OEN.

OULTRAGE, excès, présomption, témérité.

OÜR, *voir* EÜR.

OURNE, *voir* ORNE.

OUS, *pronom*, eux.

OUT, *voir* OT.

OUTRAGE, *voir* OULTRAGE.

OUTREE, en avant!

OVRE, *peut avoir un sens obcène*, acte vénérien.

OVRER, *nom*, ouvrier.

OVRER, *verbe*, agir.

PAILLER, paille de la basse-cour.

PALEFROI, cheval de voyage.

PAR, *particule augmentative et*

jouant le rôle d'un superlatif.

PARFONT, profond.

PARSOME, total, fin; *a la parsome*, en conclusion, en somme.

PART (de male), avoir une mauvaise nature.

PARTENCIER, discuter jusqu'au bout, vider une querelle.

PARTIR, partager (*cf.* répartir).

PAS, passage (*cf.* le pas de la mort).

PASSET, marche régulière au pas.

PAUMER, PALMIER, pèlerin.

PAUTONER, gueux, vagabond.

PECUNAILLE, argent, richesse.

PEIOR, pire.

PEL, peau.

PEL, PEX, PIEX, pieu, épieu.

PELIÇON, pelisse, vêtement de dessous pour le buste, doublé de fourrure, sorte de chandail.

PELOTE (jeu de), jeu de balle.

PENDANT, penchant, côté, colline, descente, montée; testicule.

PENDRE A l'UEIL, menacer.

PENÉ, maltraité.

PERECOUS, paresseux, lâche.

PERIERE, machine de guerre.

PERNÉS *pour* PRENEZ.

PERTUIS, trou.

PESANCE, peine, affliction.

PESAZ, tige de pois.

PETIT, *adv.* peu; *a bien petit que, par un petit*, il s'en faut de bien peu que.

PETITET (un), un tout petit peu.

PEUS, poil.

PIEÇA, il y a longtemps que.

PIECE (molt grant), un très long moment.

PIEX, pieux.

PILET, dard, javelot, trait d'arbalète.

PINNE, PIGNE, peigne.

PLACE, 1re ou 3e *pers. du s. du subj. prés. de* plaire.

PLAGNE, plaine.

PLAIER, couvrir de plaies, blesser.

PLAISSIÉ, PLASCIÉ, PLASSEÏZ, clôture faite de buissons entrelacés, enclos fermé de haies.

PLAIT, PLET, parole, querelle, accord, affaire, procès, tribunal du roi, assises, mauvais tour, état, situation.

PLAÏZ, plie, poisson.

PLANÇON, tige.

PLEGE, garant, caution.

PLEIN, PLAIN, *nom*, plaine, terrain libre.

PLEIN (a), entièrement.

PLENIER, complet, grant, vaste.

PLENTÉ, abondance, multitude.

PLESSIER, courber, accabler.

PLEVINE, garantie.

PLEVIR, promettre, jurer.

PLOIER, plier, déployer.

POE, patte.

POGNANT, *voir* POINDRE.

POI, 1re *pers. du s. du passé simple de l'indic. du v.* pouvoir.

POI, PO, POU, peu; *a poi, par pou*, il s'en faut de peu que.

POILLIER, malmener.

POINDRE, piquer des éperons, piquer.

POÏR, *voir* PUÏR.

POIRE, *v.*, péter.

POISE, *nom*, balance.

POISON, boisson, breuvage salutaire, potion.

POÏST, 3e *pers. du subj. imparfait du v.* pouvoir.

POISTRON, derrière, croupe.

POOIR, pouvoir.

POOR, peur.

POON, paon.

PORCHACIER, POURCHACIER, rechercher, réunir, pourchasser, chercher à obtenir, poursuivre avec ardeur; *soi porchacier*, se tourmenter, se procurer...

PORCHAZ, action, effort, quête, recherche.

PORPENSER, méditer, réflé-
chir.
PORQUERRE (soi), se mettre
en peine.
PORT, défilé.
POTENCE, bâton, béquille.
POUDRE, poussière.
POUDRIERE, tas de poussière,
bourrier.
POURPRIS, enclos.
PRAEL, pré.
PREMEREIN, premier.
PRENDRE A, commencer à ;
prendre et partir, se sauver.
PREU, PROU, *adj.*, utile, cou-
rageux.
PREU, *adv.*, assez, beaucoup
(*cf.* peu ou prou).
PREU, PROU, *nom*, profit,
avantage.
PRIMES (a), d'abord.
PRISON, prisonnier.
PRIVÉ, familier, parent.
PRIVEEMENT, en se cachant.
PRODOME, homme sage et
loyal, homme de bien, « hon-
nête homme ».
PROIER, prier.
PROISIER, priser, apprécier,
faire cas de.
PROVOIRE,   PROUVOIRE,
prêtre (*cf.* la rue des Prou-
vaires).
PUÏR (POÏR) SES JEUS (faire),
faire repentir de.
PUISQUE, après que, dès que.
PULENT, infect.
PUNAIS, PUGNAIS, puant.
PURE, *nom*, pure vérité.
PUT, PUTE, *adj.* mauvais.

QUANQUE, tout ce que, tout
ce qui.
QUANT, lorsque, puisque.
QUASSIER, blesser, estropier.
QUATIR (soi), se cacher.
QUE, *peut signifier :* car, *ou* ce
qui, ce que, *ou :* de quoi (*ex :*
n'a que donner ne qu'ache-
ter). *L'expression* faire que
fous *signifie :* agir en fou,

faire ce que ferait un fou.
Que... que... que, aussi bien...
que... et...
QUEIL, quel.
QUEL, que le, qui le.
QUE QUE, pendant que *ou*
quoi que.
QUEREAX, carreaux, flèches.
QUERNEAX, créneaux.
QUERRE, chercher.
QUES, qui les *ou* que les.
QUESTRE, bâtard.
QUEU, cuisinier (*cf.* maître-
queux).
QUIDIER, *voir* CUIDIER.
QUIER, *du v.* querre, chercher,
prier (*cf.* je requiers).
QUIEX, quel, ce que.
QUIL, qui le.
QUI QUE, qui que ce soit qui.
QUIS, *part. passé*, cherché.
QUIT, je crois, je pense.
QUITE, tranquille.
QUITEMENT, librement, sans
charge ni redevance, complè-
tement.
QUITTIER, libérer, absoudre,
acquitter, céder.

RAGE, tumulte.
RAIERE, rigole.
RAIM, rameau, brin, rejeton.
RAION, fossé, rigole.
RAISON, parole, propos ; *metre
a raison*, adresser la parole.
RAMENTEVOIR, rappeler.
RAMPONE,   RANSPRONE,
quolibet, raillerie.
RANDON (de), avec impétuo-
sité, avec rapidité : *être en mal
randon*, être mal parti, être
en mauvaise posture.
RE, R-, *préfixe, a souvent le
sens de :* de son (mon, ton)
côté.
REBRACIER, retrousser (sa
manche ou son vêtement).
RECET, logis, refuge.
RECIGNIER, RECHIGNIER,
découvrir (les dents), montrer les dents en grimaçant.

RECLAMER, implorer, supplier.

RECORCIER, retrousser.

RECRAANT, RECREANT, s'avouant vaincu, renonçant, lâche, épuisé.

RECROIRE (soi), se lasser, s'arrêter, s'avouer vaincu.

RECTORÏEN, rhétoricien, savant.

RECUIT, RECUIZ, madré, roublard.

REE, rayon de miel.

REGARDER (soi), regarder autour de soi.

REGEHIR, confesser.

REHUSER, reculer, s'éloigner.

REMEINDRE, voir REMANOIR, rester.

REMEINT, 3e pers. du s. du pr. de l'indic. de remanoir, rester.

REMEIS, REMES, 1re pers. du s. du passé simple ou participe passé de remanoir, rester.

REMEIST, REMEST, 3e pers. du s. du passé simple de remanoir, rester.

RENDATION, couvent, maison religieuse.

RENDU, moine.

RENEIÉ, RENOIÉ, infidèle, traître, pervers.

REPAIRIER, revenir.

REPASSER, guérir.

REPENTISON, repentir.

REPOST, caché.

REPROVIER, reproche, proverbe.

REQUERRE, prier, rechercher, attaquer.

REQUOI (en), à part, en secret.

RERE, raser.

RES A RES, tout contre.

RESCORE, RESCORRE, délivrer, sauver.

RESGART, attention, crainte.

RESOGNIER, RESOINGNIER, RESOIGNIER, respecter, craindre.

RESOIN, crainte, appréhension, souci.

RESPIT, délai.

RESPITIER, prolonger, remettre, accorder un répit, différer.

RESVERTÜER (soi), reprendre ses forces.

RETER, accuser.

RETRAIRE, raconter, retirer, revenir.

RETRET, RETRAIT, part. passé de retraire.

REÜSER, se dérober.

REVEL, révolte, violence.

REVERCHIER, fouiller.

REZ, RES, nom, pleine mesure, botte.

REZ, RES, adj., rasé.

RIEN a souvent le sens positif de chose.

RIVE, bord du puits.

ROËLE, petite roue, roue, roue de la Fortune.

ROILER, secouer.

ROIS, filet.

ROISEL, filet fin.

ROLLEÏZ, palissade de troncs horizontaux.

ROMANZ, français (opposé au latin).

RONCIN, cheval de charge, de peu de valeur.

ROOINGNIÉ, rasé.

ROTE, ROUTE, troupe, compagnie.

ROTRUENGE, chanson à refrain, ritournelle.

ROVER, ROUVER, demander, ordonner.

ROVOISONS, rogations.

RUER, jeter, lancer.

RUEVE, 3e pers. du s. du prés. de l'indic. du v. rover.

SA, verbe, 1re pers. du prés. de l'indic. de savoir.

SACHIER, tirer.

SAILLIR, SALIR, sauter.

SAINE, voir SENE.

SAINTEFÏER, sanctifier.

SAINTIME, très saint.

SAINTUAIRES, SEIN-

TUAIRE, reliquaire, relique.

SAIVE, sage.

SAJETE, SAIETE, flèche.

SANER, guérir.

SAOL, rassasié (*cf.* manger tout son soûl).

SAUS, sauvé, sain et sauf.

SAUT (DIEX VOS), Dieu vous sauve!

SAUTER, *nom*, psautier.

SEEL, seau.

SEGNIER, faire le signe de la croix.

SEICLE, *voir* SIECLE.

SEINZ, relique; pèlerinage vers un saint.

SEJORNÉ, *adj.*, vigoureux, reposé, dodu.

SEJORNER, se reposer, attendre.

SEL, se le (se *est la conjonction moderne* si) *ou* si le (si *est un adverbe*).

SELLE, seille.

SELT, SEULT, 3ᵉ *pers. du s. du prés. de l'indic. du v.* soloir, avoir l'habitude.

SEMONCE, assignation en justice.

SEMONDRE, avertir, sermonner, exciter.

SEMPRES, aussitôt.

SEN, intelligence, manière, sens, état.

SENBLANCE, semblant, apparence, manière.

SENE, SENNE, SANE, *nom*, synode, assemblée de prêtres.

SENÉ, *adj.*, sensé, prudent.

SENGLER, sanglier.

SE... NON, sinon.

SENTE, SENTELE, chemin, sentier.

SEOIR, être assis, être situé.

SERDRE, s'accoupler.

SERGENT, SERJANT, serviteur *ou* homme d'armes non noble.

SERMONNIER, prêcheur.

SERRE, *nom*, serrure.

SES, *adj. possessif*, son *ou* ses.

SES, si les.

SESINE, SAISINE, possession.

SETE, bête puante.

SEULT, 3ᵉ *pers. du s. du prés. de l'indic. du v.* soloir.

SEURONDÉ, plein à déborder.

SEUT, SIUT, suit.

SEVENT, 3ᵉ *pers. du pl. du prés. de l'indic. du v.* savoir.

SI, *adj., poss.* ses.

SI, S', SE, *adv.*, ainsi, aussi, pourtant, alors, et.

SIECLE, SIEGLE, SECLE, monde, vie terrestre.

SIL, si le.

SI QUE, en sorte que, si bien que.

SIS, *adj. possessif*, son.

SIVEZ, SIVI..., *formes du verbe* suivre.

SOAVET, doucement.

SOE, sienne.

SOËF, doucement.

SOENTRE, après, à la suite.

SOFACHIER, SOUFFACHIER, soulager, soulever.

SOI, 1ʳᵉ *pers. du passé simple de* savoir.

SOI, SOIF, haie renforcée de piquets, clôture.

SOIER, couper.

SOIGNANT, maîtresse, concubine, adultère.

SOIL, seuil.

SOJOR, repos, paix, délassement.

SOJORNER, *voir* SEJORNER.

SOLALLER, SOLLELIER, profiter du soleil, être exposé au soleil, sécher au soleil.

SOLAUS, soleil.

SOLAZ, SOULAS, joie, plaisir.

SOLDEE, gage, salaire, solde.

SOLOIR, SOULOIR, avoir l'habitude.

SOMIER, cheval de charge.

SOMME, SOME, point capital, essentiel, résumé.

SON, *nom*, sommet.

SONET, chanson.

SONGNANT, *voir* SOIGNANT.

SORCUIDANCE, outrecuidance.
SORDIZ, calomnié.
SORE, sur, dessus.
SORT, sourd, bête.
SOT, 3e *pers. du s. du passé simple de* savoir.
SOUDRE, payer, acquitter.
SOUE, SEUE, SOE, sienne.
SOUËF, doucement. (*cf.* SOËF).
SOUFFACHIER, *voir* SOFACHIER.
SOUFFRETE, pénurie, misère.
SOUFFROITEUX, SOFRETOS, qui est dans le besoin, nécessiteux (*cf.* souffreteux).
SOULDUIANT, SOSDUIANS, fourbe.
SOURPORTER, entraîner, dominer.
SOUT, *voir* SOT.
SOVIN, couché sur le dos.
SUEIL, SOIL, 1re *pers. du s. du prés. de l'indic. de* soloir.
SURANNEZ, de l'autre année, de plus d'un an.
SUS, en haut; *en sus*, en haut, au loin, à l'écart; *or sus*, debout.

TABORIE, vacarme.
TAISIR, TESSIR, taire.
TALENT, envie.
TAMÉS (ne vos), ne craignez rien.
TANCIER, TENCIER, disputer, quereller, faire effort, tancer.
TANS, TENS, TEMPS (par), bientôt.
TANT, *adj.* si nombreux.
TECE, TECHE, marque distinctive, qualité en général.
TEINT, pâle, obscurci.
TEL... QUE (par), à la condition que...
TENANT (en un), de suite.
TENDRA, *futur des verbes* tenir *et* tendre.
TENCE, dispute, querelle.
TENCHIER, *voir* TANCIER.
TENIR A, considérer comme.

TENSER, protéger, défendre.
TERDRE, frotter, nettoyer, torcher.
TERRIER, terre, terreau.
TESSON, blaireau.
TESTIMONIE, témoignage.
TINBRE, tambour.
TINEL, massue.
TING, 1re *pers. du s. du passé s. du v.* tenir.
TOLIR, TOUDRE, enlever.
TOR, taureau.
TORNEÏS, *adj.* tournant.
TORT, 3e *pers. du s. du subj. prés. du v.* tourner.
TOT (del, du), complètement, tout à fait.
TOUR FRANÇOIS, prise de lutte (ceinturer et faire pression sur le buste).
TOUSE, jeune fille.
TRAIRE, TRERE, tirer, tracer, produire; *traire alonge*, allonger son discours; *le mal trere*, supporter la peine; *trere a chef*, terminer, venir à bout.
TRAMETRE, transmettre, envoyer.
TRAPE, piège.
TRAVAIL, peine, tourment.
TRAVELLIER, tourmenter, molester, fatiguer.
TREBUCET, piège à bascule.
TRECHERE, TRICHERE, trompeur, fourbe.
TRECHIER, tricher, tromper.
TREF, poutre, tente.
TREPEIL, mêlée, inquiétude, danse.
TRESCHE (faire la—), tourner en rond.
TRESCHIER, danser.
TRESLUE, mensonge, ruse.
TRESPAS, passage.
TRESPENSÉ, très pensif, soucieux.
TRES QUE, depuis, jusqu'à.
TRESTUIT, *sujet pluriel*, tous.
TREÜ, tribut.
TRIBOLER, TRIBULER, secouer.

TRICHIER, tromper.

TRIEGE, rencontre de chemins, carrefour, route.

TRIES, derrière.

TRIEVE, TRIVE, trêve.

TROP, beaucoup.

TROTON (le grant), au grand trot; *en mal troton*, dans une position critique, mal en point.

TRUANDER, mendier.

TRUIS, 1re *pers. du prés. de l'indic. du verbe* trouver.

TRUISSE, *prés. du subj. du v.* trouver.

TUIT, tous.

U, OU, *art.*, en le.

UÉS (a), au profit de, dans l'intérêt de.

JIS, UZ, porte.

ᴜLLER, USLER, HULER, OLLER, hurler.

VAILLANT (le), la valeur de...

VAIN, VEIN, abattu, sans force.

VAIR, fourré avec la peau du ventre de l'écureuil appelé petit-gris.

VAIREZ, guère.

VASSEL, vaisseau, pot *(qqf. avec un sens obscène)*.

VEAUTRE, *voir* VELTRE.

VEER, VEHER, VAER, refuser, contredire.

VEIL, WEIL, VUEIL, je veux.

VELS, VELT, 2e *et* 3e *pers. du prés. de l'indic. du verbe* vouloir.

VELS, VEIL, VIAUS, vieux.

VELTANCE, affront, mépris.

VELTRE, chien de chasse, molosse.

VENDRA *est la* 3e *pers. du s. du futur de* venir *et de* vendre.

VENDRE, faire payer.

VENERRE(S), veneur.

VENTRELLONS (a), sur le ventre.

VERGOINE, honte.

VERGONDER, déshonorer.

VERTU, force, puissance, miracle; *par vertu*, avec force.

VESPRES, environ six heures du soir, le soir.

VET, 3e *pers. du s. du prés. de l'indic. du v.* aller.

VÏAIRE, visage.

VÏANDE, nourriture, vivres.

VÏAS, VÏAZ, vivement, vite.

VIAUS, du moins, au moins.

VIEZ, vieux, vieille.

VILAIN, paysan.

VILE, ferme, village.

VILTANCE, affront, mépris.

VILTÉ, bassesse, abjection.

VIS, *nom*, visage.

VIS, *adj.*, vivant.

VITAILLE, nourriture.

VOIE, chemin, route.

VOIE (fornir la), accomplir jusqu'au bout le pèlerinage.

VOIL, 1re *pers. du prés. de l'indic. du v.* vouloir.

VOIL (mon, ton, son), suivant (ma, ta, sa) volonté.

VOIR, vrai; *por voir*, en vérité.

VOIR, VOIREMENT, *adv.*, oui, certainement.

VOIRE, *nom*, vérité.

VOISDIE, ruse.

VOISEUS, VOISOUS, VOIZÏÉ, intelligent, rusé, prudent.

VOIST, 3e *pers. du subj. prés. du v.* aller.

VOIZ, 1re *pers. de l'ind. prés. du v.* aller.

VOIZÏÉ, *voir* VOISEUS.

VOLT, 3e *pers. du passé simple de* vouloir.

VOLTRER, vautrer, rouler.

VOUSSISSE, VOUSIST, 1re *et* 3e *pers. du subj. imparfait du v.* vouloir.

VOUT, *voir* VOLT.

VOUTRILLIER, se vautrer.

VUIT, vide.

TABLE

PUBLICATIONS NOUVELLES

GF GRAND-FORMAT

Vous trouverez chez votre libraire le catalogue complet de notre collection.

GF — TEXTE INTÉGRAL — GF

3093-X-1991. — Imp. Bussière, St-Amand (Cher).
N° d'édition 13459. — Janvier 1985. — Printed in France.